IDÉOLOGIE, RÉVOLUTION ET UNIFORMITÉ DE LA LANGUE

 *PHILOSOPHIE ET LANGAGE*

Brigitte Schlieben-Lange

idéologie, révolution et uniformité de la langue

Texte français revu par Christine Le Gal

MARDAGA

Texte original en français, revu et corrigé par Christine Le Gal.
Les chapitres 2.1.1, 2.3, 3.3.3, 6.2.2, 6.2.3, 6.2.4 et 6.2.5 ont été traduits en partie sur des modèles allemands par Christine Le Gal.

© 1996, Pierre Mardaga, éditeur
Hayen 11 - B-4140 Sprimont
D. 1996-0024-4

Avant-propos

La recherche sur la pensée sémiotique et linguistique de la Révolution Française m'accompagne depuis 1976. Les Archives Nationales, au Palais Soubise d'abord, sous forme de CARAN maintenant, sont devenues pour moi un lieu de tranquillité sereine, mieux encore : le lieu de rendez-vous avec ces textes, ces personnages, ces autographes des dernières années du XVIIIe siècle, bref, un lieu de transformation où je me fais interlocuteur qui participe à leurs débats et qui s'habitue à un discours monotone et pathétique à la fois. Je deviens une de ces révolutionnaires qui réfléchissent constamment sur le langage[1] et je reste en même temps linguiste des dernières décennies du XXe siècle qui suit de très près les évolutions et transformations de la sémiotique et de la linguistique contemporaine.

Le livre que je soumets maintenant au lecteur n'est pas le premier livre que j'écris sur la Révolution Française : dans mes rêves, j'en ai conçu plusieurs qui répondent à des questions bien différentes.

Au début de mes recherches, c'étaient des questions de socio-linguistique : comment se fait-il que les sujets parlant une autre langue que le français en France parlent tous d'une manière tout à fait uniforme sur leur langue et le français ? Les racines de ce discours se trouvent sans doute dans les débats linguistiques de la Révolution. J'aurais pu répondre à la question qui me préoccupait par la mise en évidence des rapports entre les attitudes actuelles face aux langues dominées, langues régionales, « patois »[2] et les débats révolutionnaires : la partialisation des domaines linguistiques, le fait que la bonne langue se trouve toujours ailleurs, la caractérisation par les locuteurs de leur propre langue comme rude, pauvre, obscure, à la rigueur riche, savoureuse, imagée, harmonieuse par opposition au français clair[3], etc. ; ce sont tous des éléments d'un discours révolutionnaire sur la langue.

Venait ensuite le livre sur la Révolution entre oralité et écriture. Vers 1980, c'est la préoccupation du futur médiatique des cultures qui s'est imposée et a déclenché, entre autres, l'intérêt pour les différences structurelles entre les différents moyens de communication, surtout les différences entre oralité et écriture, ceci aussi dans une perspective historique pour mieux comprendre ce qui se passe sous nos yeux par le biais des processus historiques, achevés et accessibles à la fois. Dans cette perspective, les bouleversements médiatiques qui ont accompagnés, voire constitués jusqu'à un certain point, la Révolution méritent toute notre attention.

Les années 80 ont été ausssi les années d'une réflexion poussée sur l'histoire de la linguistique qui, déchirée entre le générativisme et sa modélisation d'après les sciences naturelles d'une part et des approches ancrées dans les humanités historiques, textuelles, sociolinguistiques, s'est volontiers penchée sur son histoire pour y déceler des orientations. Il est tout à fait évident que l'historiographie de la linguistique ne commençait souvent qu'avec la grammaire historique du début du XIXe siècle. Mais même ces historiens traitant aussi la pensée linguistique avant 1800, ont le plus souvent laissé une lacune entre 1770 et 1820. Rien de plus naturel que de s'intéresser à cette lacune. Et en fait, la pensée linguistique de la Révolution est apparue entre autres sous la forme d'une théorie unitaire des sciences, très proche d'ailleurs de certains modèles du XXe siècle — je pense surtout à la *Unified Science* du *Wiener Kreis* —, basée sur une théorie des signes et de la langue : je parle de celle des *Idéologues*. Des questions s'imposaient : dans quelle mesure cette théorie répondait-elle aux expériences révolutionnaires d'une part et son oubli au début du XIXe siècle était-il lié à cette même Révolution. Voilà un nouveau livre à écrire.

Mais ce n'est pas tout : les événements politiques des dernières années ont conféré une actualité inattendue à la politique d'uniformisation qui m'intéressait. Avant 1989, il s'agissait surtout pour moi de mettre en garde contre une conception uniformisante de la langue niant le droit à la diversité et combattant images, voix, irrégularités, et d'y opposer une pensée de la diversité, de l'imagination, du dialogue, de dénoncer en quelque sorte la théorie linguistique des Idéologues issue d'une interprétation spécifique de la Révolution Française et de montrer, au contraire, la générosité d'une théorie linguistique qui, elle aussi, est passée par l'expérience révolutionnaire : celle de Wilhelm von Humboldt[4]. Les événements plus récents me font repenser cette priorité, évidente à mes yeux jusqu'ici. Le droit à la diversité doit être reformulé en termes de son fondement universel ce qui est d'ailleurs une pensée bien humboldtienne et herderienne : *die Einheit der Vernunft in der Vielzahl der Stimmen*[5]. Voici encore deux livres à écrire avec des finalités politiques bien divergentes.

Aurait-il mieux valu laisser le sujet de la pensée linguistique pendant la Révolution Française dans le domaine de la potentialité, des livres conçus et jamais rédigés qui se superposeraient dans la perspective *du* livre irréel qui répondrait à toutes les questions si jamais on l'écrivait ? Le sujet se prête de par sa pluridimensionnalité à un tel traitement. J'ai décidé de procéder différemment, et cela pour deux raisons : l'une est biographique. Venant d'une sociolinguistique qui se veut interprétative et ethno-méthodologique, j'ai toujours compris mes expériences avec les théoriciens révolutionnaires sur le modèle de l'observation participante. J'ai fait un voyage dans un temps lointain où j'avais rendez-vous (dans les Archives Nationales) avec une population qui m'intéressait : j'ai vécu avec eux, j'ai essayé de comprendre leur manière d'interpréter le monde qui les entourait, j'ai lu leurs textes au point de pouvoir produire des textes à leur façon. Mais il y a un danger mortel que craignent tous les ethnologues : le «going native», c'est-à-dire de devenir un membre de l'ethnie, de cesser d'observer et de ne rien faire d'autre que de participer. Quand l'ethnologue sent ce danger venir, il n'a qu'une possibilité : celle de quitter l'ethnie, de partir, de redevenir observateur et de donner une forme extériorisée aux observations collectées. Il faut se défaire de la hantise de la participation pour redevenir observateur qui pourra communiquer ses résultats à la communauté scientifique et qui, par cet acte même d'anéantissement de la participation dans l'extériorisation objectivisante, reconquiert la liberté de participer à la vie d'autres ethnies. Ceci pour le côté personnel. J'ajouterais que, toujours de ce côté-là, j'ai un devoir à remplir : un de mes étudiants, Manfred Otten, m'avait reproché deux semaines avant sa mort prématurée lors d'un accident de bateau en 1976, d'avoir traité un sujet digne de tout un volume sous forme d'un article assez court *Von Babel zur Nationalsprache*. Je n'ai jamais pu me débarrasser de l'idée que je lui devais encore ce livre.

L'autre raison est que je veux, en toute modestie, réunir les travaux que j'ai réalisés dans ce domaine et les rendre accessibles. Il s'agit parfois de présenter des documents inconnus ou seulement connus de nom ; d'autres fois, il s'agit de réinterpréter des documents fort connus dans la perspective du discours uniformisateur sur la langue qui a émergé dans les conditions révolutionnaires et précisément dans la finalité de domestiquer ces conditions. Je m'excuse auprès des lecteurs de n'avoir pas réussi à faire disparaître les traces des livres antérieurs non écrits ce qui donnera probablement un caractère de palimpseste à cette version de dernière main.

Mes propositions de lecture ne se substitueront certes pas à la consultation des Archives et des grands ouvrages de référence tels que l'*Histoire de la langue française* de Brunot et les *Procès-Verbaux du Comité d'Instruction Publique* rassemblés par Guileaume. Je ne sais que proposer *une* interprétation qui me paraît fort cohérente : le débat reste ouvert.

Je tiens beaucoup à remercier très vivement tous les amis et collègues qui ont accompagné mon cheminement à travers les Archives de la Révolution : Sylvain Auroux, Jacques Guilhaumou, Winfried Busse, Jürgen Trabant, Annie Geffroy, Sonia Branca, Jean-Paul Sermain, Sebastiano Vecchio, Rolf Reichardt et Ilona Pabst qui m'a prêté en outre sa précieuse aide technique. Je remercie la VW-Stiftung qui m'a permis de fuir les contraintes de la vie universitaire et la maison d'édition Mardaga qui m'a offert la possibilité de publier ce livre dans sa prestigieuse collection *Philosophie et langage*.

J'ai rédigé ce livre en français en y intégrant des passages déjà existants en allemand. Je remercie infiniment Christine Le Gal d'en avoir fait un tout cohérent en me prêtant sa langue et son style.

NOTES

[1] L'idée de l'historiographie finaliste écrite dans la perspective du contemporain (aiguisée toutefois par le savoir sur la façon dont l'histoire a continuée) est fondée sur les réflexions historiographiques de Collingwood appliquées à l'histoire des langues par Coseriu, 1958.
[2] Cet état de mes réflexions se trouve dans Schlieben-Lange, 1980.
[3] V. Schlieben-Lange, 1992.
[4] L'œuvre linguistique de Wilhelm von Humboldt, surtout dans les perspectives ouvertes par mes amis Jürgen Trabant et Hubert Ivo, avait toujours constitué l'horizon de mes réflexions sur la linguistique aux alentours de 1800.
[5] Je me réfère ici aussi à la reprise de la formule herderienne par Jürgen Habermas, 1988.

Chapitre 1
Le discours sur les signes et la langue pendant la Révolution Française

1.1. LES SIGNES ET LA LANGUE

> «Nous avons insisté sur la puissance des mots, sur l'influence des signes, sur la nécessité d'appliquer à la machine politique l'énergie de ces puissants ressorts.»
> (Louvet, an IV)

1.1.1. La Révolution de la langue

La Révolution Française est un moment crucial dans l'histoire de la pensée sémiotique et linguistique. Une historiographie de la linguistique de la Révolution qui ignorerait la pensée linguistique de la Révolution et les répercussions immédiates et lointaines de la Révolution dans les réflexions sémiotiques et linguistiques se priverait d'un important accès à son propre sujet.

L'historiographie de la Révolution ne peut d'autre part ignorer les aspects symboliques de celle-ci sans fausser gravement ses interprétations. Je n'opère pas pour le moment de distinction systématique entre le symbolique et le linguistique. Il s'agit tout simplement du côté sémiotique de la Révolution avec la langue comme manifestation essentielle.

Une distinction du linguistique et du symbolique (image, cri) prendra de l'importance par la suite.

Pour les contemporains, le rôle constitutif des symboles et de la langue dans le processus révolutionnaire était tout à fait évident. L'importance du symbolique et surtout du linguistique, qui quelquefois éclipsaient même le social et le politique, était reconnue par tous les participants et tous les observateurs étrangers.

1.1.2. «Logomachie» et «loyaume des mots»

Ceux qui regrettaient cette prépondérance parlaient de *logomachie*[1], de la lutte des mots qui avait supplanté les conflits «réels» d'ordre social ou politique.

> «Voilà ce qui a reconstruit parmi nous la tour de Babel, et ce qui a fait de la politique une logomachie.» (Mercier, *Nouveau Paris*, 1798 : II, 3)

Pour les autres, la lutte autour de la justesse des mots était simultanément la lutte pour la légitimité de la parole. La constitution d'une nouvelle légitimité ou de la légitimité tout court ne pouvait se faire qu'à travers une langue de la légitimité. La constitution, la représentation, le vote, le mandat impératif, la parole des intermédiaires[2] sous forme de porte-paroles, tout dépendait de l'instauration d'une langue de la légitimité. C'est l'aspect que J. Guilhaumou a développé dans son ouvrage *La langue politique et la Révolution Française*. Pour les défenseurs du rôle central de la langue dans le processus révolutionnaire, il s'agissait de constituer *le loyaume des mots*[3].

> «La France n'est point un royaume, parce que ce n'est plus un pays où le roi soit tout & le peuple rien. La France n'est pas un empire, à proprement parler, parce qu'elle n'est pas soumise à un empereur, c'est-à-dire à un chef militaire qui commande dans une vaste étendue de pays. [...] Enfin la France n'est point une République, parce que chaque volonté individuelle, passant par diverses filières de représentations, ne concourt pas directement à faire sortir la volonté générale. [...] Qu'est-ce donc que la France ? Il faut un mot nouveau pour exprimer une chose nouvelle [...] Nous nommons royaume un pays régi souverainement par un roi; le pays où la loi seule commande, je le nommerai loyaume.» (Domergue, *Journal de la langue française*, 1791, III : 186)

1.1.3. Le vide symbolique

La raison pour laquelle les mots et les autres symboles acquirent une telle importance durant la Révolution Française, est bien évidente et aussi pourquoi, à un moment donné, tout fut susceptible de devenir symbole. Dans la mesure où les insitutions de l'Ancien Régime : l'aristocratie, le royaume et surtout l'eglise, étaient abolies, ils ne pouvaient plus gérer les univers symboliques traditionnels et laissaient derrière eux un vide symbolique effrayant qui demandait impétueusement à être comblé.

Le processus de perte des univers symboliques se faisait d'abord jour sous forme d'un certain dépaysement. Les objets d'art des châteaux et des monastères circulaient et ne trouvaient plus place. Peu à peu le dépaysement fit place à la destruction et finalement à la destruction organisée. Les ravages symboliques se firent de plus en plus visibles. Des processus analogues se déroulèrent dans la langue : les mots perdaient leur sens ; ils étaient employés dans une *extension* (*latitude*) apparemment illimitée ; il fallait les redéfinir, et chaque groupe, voire chaque individu proposait une définition différente.

La dévaluation des symboles traditionnels créa une situation extrêmement instable dans laquelle le niveau symbolique était surchargé en espoirs et défaites. Les acteurs de la Révolution devaient à tout prix répondre à ces besoins symboliques, ce qui explique en partie l'omniprésence du discours sur les symboles et sur la langue.

1.1.4. L'historiographie révolutionnaire face à la Révolution de la langue

Malgré cette importance évidente du niveau symbolique et linguistique dans les processus révolutionnaires, l'historiographie révolutionnaire du Bicentenaire n'en a guère fait cas. Ce fait s'explique en partie par la dominance de l'*Histoire de la langue française* de Ferdinand Brunot, du volume IX, 1 surtout. Souvent on se résigne à supposer que tout ce qu'on pouvait dire au sujet de la langue est dit là-dedans. Et c'est en partie juste[4] : Brunot a dépouillé tous les documents pertinents des Archives Nationales. Mais il l'a fait dans une perspective partiale, celle de l'histoire de la diffusion et de l'élaboration du français. Les autres langues en jeu ne l'intéressaient pas puisqu'il s'agissait d'écrire l'histoire du français. En plus, toute perspective non immédiatement liée au français lui était étrangère : les questions sémiotiques, l'oralité et l'écriture, la grammaire générale, les dialogues, etc. étaient hors champ. Il faut donc faire double emploi de l'*Histoire de la langue française* : il faut se laisser guider vers les textes par Brunot puis ensuite les relire attentivement et à rebours. On verra, en procédant ainsi, à quel point les sélections et les lectures de Brunot sont partiales.

Dans les années 70, deux ouvrages ont paru, qui étaient consacrés à la politique linguistique de la Révolution et ont gardé leur valeur jusqu'à aujourd'hui :
- *Le français national* par Renée Balibar et Dominique Laporte, 1974. Les auteurs proposent une interprétation marxiste : la politique linguistique correspondrait aux exigences du développement d'un marché national.
- *Une politique de la langue* par Michel de Certeau, Dominique Julia et Jacques Revel, 1975. Il s'agit d'une interprétation de l'enquête menée par l'Abbé Grégoire en 1791 et 1792, interprétation qui reste précieuse puisqu'il en ressort clairement la menace de la diversité des langues ressentie par les contemporains.

L'intérêt pour la politique linguistique était renouvelé. Deux genres de travaux s'ensuivirent : les uns se tenant aux voies ouvertes par Brunot tout en proposant des interprétations différentes[5], les seconds essayant de relire les documents et d'en trouver d'autres[6]. Mais les travaux de l'un et l'autre type n'ont pas eu de répercussions dans l'historiographie de la Révolution. Par contre, les autres systèmes symboliques, surtout visuels, ont attiré quelque attention et ont acquis une place dans l'historiographie[7].

En ce qui concerne la pensée linguistique, surtout quand elle ne se limite pas à la politique linguistique face aux langues dominées, les travaux de synthèse restent à faire, et le présent volume veut contribuer à la mise en relief de quelques aspects.

1.2. UN DISCOURS SUR LES SIGNES ET LA LANGUE

> «L'historien est à la fois frappé par la prolifération de ces textes et par leur monotonie certaine.»
> (Baczko, 1978)

1.2.1. Activités linguistiques vs discours sur le langage

Il s'agira de reconstruire le discours sur la langue et non les activités linguistiques elles-mêmes. On a quelquefois reproché aux linguistes qui travaillaient sur la Révolution Française de ne rien dire sur les changements qu'a subi le français durant cette période[8]. D'un côté, ce n'est vrai qu'en partie : il y a de très bons travaux sur les activités linguistiques elle-mêmes, le foisonnement de la formation des mots par exemple, les registres — quelquefois fictifs — prenant forme écrite[9]. Et d'un autre côté, le choix du niveau méta-linguistique en tant qu'objet de recherche n'est que trop légitime. C'est à ce niveau que la Révolution a laissé des traces : en définissant un nouveau rapport entre langue nationale et variétés/langues marginales et ébauchant une pensée linguistique basée sur l'analogie, l'écriture et l'univocité, pensée qui est devenue de plus en plus importante au point d'écraser toute autre conception du langage de nos jours[10].

J'insiste donc sur une distinction nécessaire basée sur le fait que l'homme, être réfléchissant, dispose de la faculté de développer une attitude réflexive sur ses activités. Pour le moment, je ne souhaite pas faire la distinction entre les différents types d'activités linguistiques qui peuvent être l'objet de la réflexion. Il est bien clair que les révolutionnaires ont une vision totalisante des phénomènes langagiers, qu'ils ne se restreignent pas aux seules langues historiques ou bien à *la* seule langue historique, le français, mais qu'ils envisagent aussi les moyens et les finalités des activités langagières. J'emploie donc les notions «discours linguistique», «discours sur le langage» dans un sens large et non spécifié. On a souvent discuté l'approche adéquate de ce niveau réflexif : faut-il parler de conscience linguistique, de savoir linguistique, d'attitudes face à la langue, d'idéologie ou de discours?[11] Chacune de ces possibilités implique un choix théorique. Si j'ai décidé d'employer, dans ce contexte, le concept de discours, concept plurivoque et problématique lui aussi[12], c'est pour plusieurs raisons : d'une part, je veux me concentrer sur les réflexions linguistiques sous forme discursive, c'est-à-dire celles qui ont été formulées, et non pas les éléments de conscience, de savoir ou d'attitudes qui seraient restés intérieurs et qu'il faudrait éliciter. C'est un choix imposé en partie par le fait qu'il s'agit d'une recherche historique qui rend difficile (pas impossible) les élicitations d'un savoir non explicite. D'autre part, la notion de discours permet de traiter la différence entre les deux niveaux. C'est d'ailleurs aussi le cas de la notion d'idéologie qui implique la distorsion systématique du niveau réflexif. La notion de discours est plus ouverte à cet égard-là : la vérité ou la fausseté du niveau discursif n'est pas en jeu ; c'est son indépendance (et même sa prépondérance) par rapport aux activités qui compte. C'est justement cet écart entre activités et discours qui m'intéresse. Dans cette perspective, le discours n'apparaît pas en tant que reflet des activités ; c'est une réalité, partiellement indépendante des activités sur lesquelles elle réfléchit, se constituant simultanément sur la base de celles-ci et contre elles. Par conséquent, je vais traiter les réalités sous-jacentes non pas en tant que fondement (ce qui serait parfaitement juste dans une autre optique) du discours, mais en tant que conditions de son émergence. Ce que j'essaierai de montrer, c'est que le discours linguistique des révolutionnaires émane du besoin très fortement ressenti de dompter une réalité chaotique, hétéroclite et multiforme, d'opposer un discours clair et uniforme à une réalité sur le point d'échapper à ceux qui l'ont pourtant générée. Difficile de dire s'il s'agit d'un discours normatif ou descriptif. Il y a ceux qui, comme Domergue, conçoivent le discours linguistique d'après le modèle de la législation. Une société délibérante prendra les décisions en matière de langue tout comme les législateurs prennent des décisions dans le domaine politique[13]. Il y en a d'autres, et ce sont les plus nombreux, qui tiennent un discours descriptif qui, de par l'allusion constante à la nature en tant que modèle et garantie, a une composante normative très marquée. On parle de la réalité telle qu'elle est et, en même temps, telle qu'elle doit être.

On pourrait faire la distinction entre un discours « naïf » et un discours théorique, distinction qui correspondrait à la distinction bien connue entre *cognitio clara confusa* et *cognitio distincta adaequata*, formulée par Leibniz en interaction avec les messieurs de Port-Royal[14]. Cette distinction n'a pas d'importance au premier abord : Robespierre, Barère, Grégoire tout comme d'autres, innombrables qui prennent la parole en matière de langage, n'ont pas une formation professionnelle, une approche systématique, méthodique, théorique des questions linguistiques. Cela va changer pendant la Révolution : le discours sur le langage après Thermidor prendra une allure plus systématique ; la réflexion sur la langue va devenir la plaque tournante de la réflexion théorique des Idéologues. Cette même distinction, peu importante au début, pourra nous permettre de différencier les diverses phases dans l'élaboration d'un discours sur le langage.

1.2.2. Discours vs textes

Il est clair que le discours se manifeste sous forme de textes particuliers. Le texte est le lieu où le sujet historique pose des finalités, opère des choix, en fonction de ces finalités, en puisant dans le(s) discours déjà existant(s). Par cette activité même, il transcende le discours et peut le transformer[15]. Le discours est la répétition, la récurrence, le riche réservoir où puisent les sujets producteurs de textes. Et inversement, chaque texte reprenant les éléments fournis par le discours contribue à renforcer la puissance du discours et lui confère un air d'incontournabilité. Cet aspect de récurrence, de monotonie dans l'argumentation et de prolifération dans une foule de textes frappe toute personne s'intéressant au discours révolutionnaire en matière de langage. La décision d'une recherche sur le discours implique un problème méthodologique. Nous courons le risque de mêler constamment la description du discours et le discours lui-même, la langue objet (les discours révolutionnaires) et le méta-langage (celui de nos descriptions), terme opéré et terme opératoire. Je tiens beaucoup à cette distinction formulée très clairement par Régine Robin :

> « Un problème de définition sur lequel j'ai quelque peu insisté dans mon travail est celui de la séparation rigoureuse à opérer entre l'utilisation que les hommes d'une époque font d'un terme dans la langue savante (utilisation qui se fait en fonction d'une idéologie bien précise), et un concept opératoire utilisable dans une discipline qui se constitue en tant que science, c'est-à-dire qui fonde et définit son objet, sa méthode et son langage propre autorisant la connaissance de cet objet. » (Robin, 1970 : 17 *sq.*)

Pour permettre au lecteur d'opérer cette distinction, je mets en italiques tout ce qui appartient au discours révolutionnaire.

1.2.3. Discours linguistique(s) des Lumières et discours révolutionnaire(s)

Ce discours révolutionnaire puise à son tour dans les différents discours sur le langage élaborés pendant le XVIIe et le XVIIIe siècle. Grâce aux travaux des collègues historiographes de la linguistique, nous disposons de connaissances assez poussées dans ce domaine. Je peux donc tout à fait me limiter à renvoyer à ce stock de connaissances concernant la grammaire générale, les conceptions sémiotiques, les courants rationalistes et sensualistes, les théories sur l'origine et l'histoire des langues, les débats lexicographiques sur la néologie et l'abus des mots, les théories sur l'écriture et sur la pluralité des styles, etc.[16] Il s'agira plutôt ici de reconstruire, sur la base de ces connaissances, l'élaboration d'un discours assez homogène et systématique en matière de langage pendant la Révolution. Cette homogénéité va même au-delà des divergences dans les finalités. La distinction entre discours politique, pédagogique et scientifique est justifiée dans une optique de systématisation ; elle peut même servir à mettre un peu d'ordre dans la périodisation. Sans doute, la finalité pédagogique est présente pendant toute la Révolution. Mais il ne faut pas exagérer ces distinctions : c'est justement un trait caractéristique de la Révoluiton qu'il y a unité du descriptif et du normatif (comme nous l'avons dit plus haut) et unité du politique, du pédagogique et du scientifique qu'il serait difficile, plus encore : inadéquat de démêler. La finalité pédagogique rend une élémentarisation nécessaire. Et c'est précisément le procédé scientifique par excellence, *l'analyse*, qui procure les *éléments*. Les *éléments* d'une science sont donc tout ce qu'il y a de plus scientifique et de plus pédagogique en même temps. Dès que la finalité pédagogique est ôtée aux auteurs — comme c'est le cas lors de la suppression des Ecoles Centrales par Napoléon — la science n'est plus la même : elle n'est plus révolutionnaire. Il suffit de lire l'introduction au second volume des *Elémens d'Idéologie* de Destutt de Tracy, rédigé après cette suppression, pour voir confirmée cette unité révolutionnaire des finalités pédagogique et scientifique.

Les révolutionnaires font un emploi très étendu des éléments discursifs que leur fournissent les débats linguistiques du XVIIIe siècle. Ils y puisent dans une attitude d'écléctisme et de stéréotypisation. Les encadrements théoriques très élaborés deviennent méconnaissables. Le discours en voie de formation sous le signe de l'uniformité, de la nature et de l'analogie fait des ravages dans ce fonds riche. C'est un nouveau discours qui instrumentalise et égalise la linguistique des Lumières. Il faudra mettre en évidence le caractère systématique de ce nouveau discours.

1.2.4. Les contradictions à l'intérieur du discours révolutionnaire

Le discours en matière de langage et de symboles qui se forme pendant la Révolution n'est pas sans contradictions internes, et il faudra se garder de ne voir que l'uniformité et d'ignorer tout ce qui est conflit émergeant à l'intérieur du même débat où chaque groupe cherche à imposer son interprétation des faits langagiers aux autres[17]. Ceci vaut pour les révolutionnaires qui éprouvent le besoin de développer un nouvel ordre symbolique puissant. D'autre part, même les contre-révolutionnaires qui ne partagent pas ce souci, bien au contraire, ne peuvent se soustraire au côté contraignant de la formation d'un discours symbolique et linguistique dépassant les contradictions internes.

Ainsi, il y a beaucoup de débats ou même de textes qui confrontent rhétorique et anti-rhétorique, une vision rousseauiste et une vision condillacienne de l'origine des langues[18], la propagande des images et la tentative d'abolition de tout vestige d'images et d'imagination. Le débat autour des dénominations des entités du nouveau calendrier, sur lequel je reviendrai plus tard, est tout à fait exemplaire dans cette perspective. Ceux qui favorisent des dénominations numériques, parce que plus proches de la nature, s'opposent aux propagandistes des noms imagés — *qui parlent le langage énergique des signes* — et qui, pour une fois, l'emportent dans ce débat. C'est surtout dans les premières phases que les différentes propositions ont un poids identique; la dernière phase qui sera celle de la systématisation et de la théorisation, va aboutir à imposer le discours de l'analogie et à marginaliser le rhétorique, le symbolique et l'imagé.

1.2.5. Le réseau discursif

Les éléments du discours linguistique entretiennent d'étroits rapports avec les éléments des autres discours révolutionnaires. Nous avons déjà vu les contiguïtés avec le discours de la légitimité et du droit. Il en est de même avec le discours pédagogique, le discours sur l'art, le discours sur la constitution, sur la liberté et l'égalité, sur le fanatisme et la tyrannie. On peut aller jusqu'à dire que les éléments des différents discours révolutionnaires doivent avoir avant tout cette qualité de renvoyer à des éléments d'autres discours et de les mettre en rapport. Les éléments de discours ont des «valences» libres; ils doivent enchaîner sur des éléments d'autres discours. Gaspard a très bien analysé le fonctionnement de la Montagne[19], qui renvoit aux montagnes, élevées et régions de liberté, à celle de la Suisse avant tout, patrie de Wilhelm Tell et de Rousseau, patrie idéale de la sagesse; qui renvoie en outre au Sinaï, montagne de la législation, au Parnasse, montagne des Dieux de l'Antiquité, à la géographie des lieux de réunion révolutionnaires et aux factions réunies dans ces salles. La montagne est en plus l'espace de génération de toute une géographie révolutionnaire avec des éléments tels que des *sources*, des *cavernes* qui enchaînent à leur tour sur d'autres éléments du discours. On est face à un cas analogue à la généalogie des peuples celtes et germaniques. Il suffit de nommer un de ces peuples : *celtes, francs, goths, vandales*[20] pour déchaîner un jeu presque illimité de renvois aux *origines*, à l'*état de nature*, au *bon sauvage*, à la *liberté*, à la *féodalité*, à la *barbarie*, à l'*esclavage*... Cet exemple montre très clairement que les éléments du discours de ce genre se prêtent à des emplois bien différents et qu'ils sont à la disposition de tous les groupes politiques. L'évaluation des peuplades non-romanes dans le discours dépend surtout de la vision de l'histoire et des origines qui domine le discours. Dans un discours rousseauiste des origines, l'évocation des celtes sera un élément positif. Dans un discours progressiste, tel que la plupart des Idéologues l'ont tenu (Condorcet, Volney), le retour en arrière serait un retour à la *barbarie*, à l'*esclavage*. Dans cette perspective, la distance entre *celtes*, *francs* et autres peuples barbares se réduit. Même les grecs, dans cette optique, courent le risque de se voir «assimilés» aux peuplades barbares. Je reviendrai plus tard sur ces différentes perspectives historiques.

Prenons un autre exemple, celui du *laconisme* qui joue un rôle de premier ordre dans le discours sur la production des textes, thème que nous aborderons plus tard. Là encore, il s'agit d'un élément de discours qui a toutes les qualités requises, notamment de répondre aux problèmes actuels et simultanément de renvoyer à d'autres discours, celui de la légitimité en particulier (*cf.* chap. 4.5).

Les auteurs révolutionnaires ont ainsi instauré un réseau dense d'éléments de discours, pour partie métaphoriques (pensons aux métaphores optiques, sur l'électricité et le magnétisme, la chimie et l'aérostatique), garantissant la co-présence de plusieurs autres éléments discursifs, à la limite du réseau tout entier. L'emploi de l'un de ces éléments provoque une avalanche d'associations; les éléments se tendent la main pour resserer les mailles du réseau auquel les sujets ne peuvent échapper. Il ne leur reste plus qu'à jeter le réseau-filet sur les adversaires politiques, d'où cette impression de flottement, de glissement des reproches : les *vandales*, les *rhéteurs*, les *complotteurs*, ce sont toujours les autres[21]. Il serait très intéressant de réaliser une description linguistique de ce réseau. A côté de la néologie foisonnante, le réseau discursif et son fonctionnement me paraît être la tâche la plus captivante pour une linguistique de la Révolution. Je laisse de côté, dans cette étude, la question du fonctionnement pour reconstruire le contenu systématique du discours linguistique.

Ce qui rend l'opération encore plus passionnante, c'est le fait qu'il y a un constant va-et-vient entre les moyens de communication. Le même texte peut changer plusieurs fois entre l'oral et l'écrit. Certains fragments circulent, ce qui fait l'effet d'un montage, d'un bricolage sur la base d'un nombre restreint d'éléments. Plus encore : les éléments discursifs renvoient à des éléments non-discursifs visuels, aux images, tels qu'ils apparaissent dans les caricatures, dans les affiches et les périodiques, dans les fêtes et au théâtre. Rolf Reichardt a montré, dans son analyse des Jeux de l'Oie révolutionnaires, les dimensions dans lesquelles les renvois systématiques fonctionnent à l'intérieur des jeux (suite des anneaux, sauts en avant et en arrière, matrice sémantique) ainsi qu'à l'extérieur de ceux-ci car chaque élément discursif et chaque illustration (se commentant mutuellement) renvoient à leur tour au système des estampes, du théâtre, des fêtes[22]. Chaque élément appartient à la fois à un paradigme thématique et à un paradigme médiatique. Il s'agit en quelque sorte d'une machine de production de sens déchaînée. Ceci vaut tant pour la description du fonctionnement du jeu de l'oie que pour l'univers symbolique de la Révolution dans son ensemble.

1.2.6. Un discours prophétique?

Beaucoup d'éléments du discours révolutionnaire en matière de langage peuvent paraître anachroniques, prématurés. Les conditions favorisant les langues régulières, univoques, non-imagées n'existaient pas encore. Ce n'est que de nos jours que les techniques d'information et la mondialisation des formes de vie ont créé les conditions favorables à une langue conforme à la conception révolutionnaire. Il semble étrange qu'Orwell confère des traits utopiques au *Newspeak* de *1984* alors que les révolutionnaires croyaient, eux, donner une vision «réaliste» des faits langagiers[23]. Le décalage entre la réalité et tout ce qui était prévisible d'une part et le discours visionnaire des révolutionnaires d'autre part tend à s'estomper pour nous qui connaissons les développements qu'avaient souhaités les révolutionnaires. Des dons prophétiques? Certainement pas. Une ligne directe entre la pensée linguistique des Révolutionnaires et la réalité linguistique de nos jours? On ne peut reconstruire une tradition de la pensée linguistique dans sa totalité. Il sera néanmoins permis de chercher des traces d'une telle tradition émergeant, comme nous l'avons déjà vu, sur le chemin de l'histoire de la pensée linguistique[24]. Le procédé le plus raisonnable sera de réexaminer la question des conditions. La faisabilité technique et la mondialisation ne sont peut-être que des conditions externes ou, mieux encore, les prolongations d'autres conditions déjà données du temps des révolutionnaires. Nous devrons revenir sur cette question-ci.

1.3. L'HISTOIRE

> « Ohne Tegel wäre die Reise allzu glatt von Eden über Babel, Jerusalem, Athen, Rom und Paris zu jenem neuen Garten Eden verlaufen, dem man den Namen Hollywood zu geben versucht ist. »
> (Trabant, 1985)

1.3.1. Les durées de l'historiographe

L'historiographie a pour but de reconstruire des processus, des changements qui s'opèrent entre un point A et un point B de l'axe chronologique. Comme on sait, la distance entre les deux points constituant le cadre de nos reconstructions peut être courte, moyenne, longue ou même très longue. Si J. Trabant parle de la libération et de l'irritation que Wilhelm von Humboldt (résidant à Tegel) a provoquées au cours du long trajet de Eden à Hollywood, il opère dans la très longue durée. Dans cette perspective, la Révolution de Paris serait certainement un moment de concentration, de cristallisation, plus encore : d'accélération sur le chemin de l'histoire universelle du discours sur les symboles et le langage.

Dans l'optique de l'événementiel, il s'agirait de reconstruire les processus qui se déroulent entre 1789 et 1799, processus de concentration d'abord, puis d'élaboration et de diffusion au détriment des conceptions divergentes, dirigés contre une réalité chaotique, diffuse, processus de stabilisation et de systématisation enfin. Il y a donc deux chronologies qui se superposent : la longue durée de l'histoire des médias et de la langue conçue en termes d'universalité et la courte durée de la construction d'un discours uniformisateur face à une réalité chaotique.

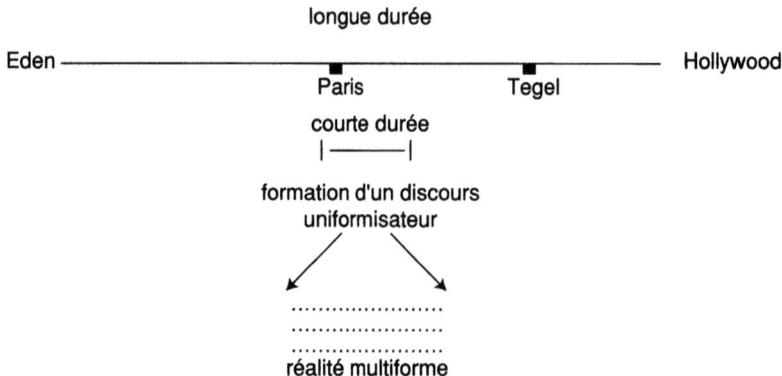

1.3.1.1. La perspective de l'histoire universelle

Le trajet de la très longue durée dont parle J. Trabant, est celui esquissé par A. Leroi-Gourhan. D'après les données paléontologiques et anthropologiques, il faut penser que les arts visuels, symboliques et la langue articulée ont le même âge. L'indépendance relative du symbolique et du phonétique se maintient encore après l'invention des écritures idéographiques. L'événement qui change radicalement les rapports entre les deux ordres, c'est ce que Leroi-Gourhan appelle le *graphisme linéaire* qui se soumettra entièrement à la langue phonétique et qui créera un rapport d'ancillarité entre graphie et phonie :

> «Chez les Anthropiens primitifs, la main et la face divorcent en quelque sorte, concourant l'une par l'outil et la gesticulation, l'autre par la phonation, à la recherche d'un nouvel équilibre. Lorsque la figuration graphique apparaît, le parallélisme est rétabli, la main a son langage dont l'expression se rapporte à la vision, la face possède le sien qui est lié à l'audition, entre les deux règne ce halo qui confère un caractère propre à la pensée antérieure à l'écriture proprement dite : le geste interprète la parole, celle-ci commente le graphisme.
>
> Au stade du graphisme linéaire qui caractérise l'écriture, le rapport entre les deux champs évolue de nouveau : phonétisé et linéaire dans l'espace, le langage écrit se subordonne complètement au langage verbal, phonétique et dans le temps. Le dualisme verbal-graphique disparaît et l'homme dispose d'un appareil linguistique unique, instrument d'expression et de conversation d'une pensée elle-même de plus en plus canalisée dans le raisonnement.» (Leroi-Gourhan, 1964 : 290 *sq.*)

Il y a un moment historique de la domination quasi-totale du phonétique sur le graphique qui a complètement perdu ses manifestations indépendantes. Il existe exclusivement sous forme d'écriture alphabétique. Ceci signifie en même temps que les symboles non-linéaires ne fonctionnent plus en tant que support de l'émotion et de l'irrationnel.

> «C'est donc vers un resserrement des images, vers une rigoureuse linéarisation des symboles que tend l'écriture. Armée de l'alphabet, la pensée classique et moderne possède plus qu'un moyen de conserver en mémoire le compte exact de ses acquisitions progressives dans les différents domaines de son activité, elle dispose d'un outil par lequel le symbole pensé subit la même notation dans la parole et dans le geste. Cette unification du processus expressif entraîne la subordination du graphisme au langage sonore, elle réduit la déperdition de symboles qui est encore caractéristique de l'écriture chinoise et correspond au même processus que suivent les techniques au cours de leur évolution.
> Elle correspond aussi à un appauvrissement des moyens d'expression irrationnelle.» (Leroi-Gourhan, 1964 : 293)

C'est justement à la fin du XVIIIe siècle que le linéaire phonétique l'a emporté sur le symbolique autonome. Le débat sur les hiéroglyphes, non-analysés à ce moment, est peut-être la plus claire expression de cette victoire. C'est aussi le point sur lequel se concentre Derrida dans sa critique sur Rousseau. Dans son *Essai sur l'origine des langues*, Rousseau critique bien sûr l'écriture au nom de la langue vocale et spontanée ; il reconnaît néanmoins simultanément l'autonomie des images et des symboles du *langage énergique des signes* qui, tout comme le cri non-analysé, dont nous allons reparler plus loin, est en quelque sorte le meilleur langage, celui des émotions qui a conservé l'énergie des origines[25].

«*L'écriture, qui semble devoir fixer la langue est précisément ce qui l'altère*; elle n'en change pas les mots mais le génie; elle substitue l'exactitude à l'expression. L'on rend ses sentiments quand on parle et ses idées quand on écrit. En écrivant on est forcé de prendre tous les mots dans l'acception commune; mais celui qui parle varie les acceptions par les tons, il les détermine comme il lui plaît; moins gêné pour être clair, il donne plus à la force, et il n'est pas possible qu'une langue qu'on écrit garde longtems la vivacité de celle qui n'est que parlée. On écrit les voix et non pas les sons : or dans une langue accentüée ce sont les sons, les accens, les infléxions de toute espèce qui font la plus grande énergie du langage; et rendent une phrase, d'ailleurs commune propre seulement au lieu où elle est. Les moyens qu'on prend pour suppléer à celui-là étendent, allongent la langue écrite, et passant des livres dans le discours énervent la parole même. En disant tout comme on l'écriroit on ne fait plus que lire en parlant.» (Rousseau : 67 *sq.*)

Qu'advient-il ensuite selon Leroi-Gourhan ? Ce sera une revalorisation du visuel qui nouera un nouveau rapport avec la langue phonétique sous forme d'audiovisuel. C'est tout autre chose que le symbolique autonome avant sa soumission par l'alphabet. L'interprétation et l'imagination ne sont pas prévues dans ce rapport.

Dans cette perspective d'histoire universelle (perspective si chère aux Lumières), on peut avancer la thèse que les révolutionnaires font leur la tâche d'instaurer définitivement la langue linéaire, sous forme alphabétique, contre les survivances du symbolique et des formes de pensée à base symbolique. L'imagination, les images, les indéterminations qui demandent des interprétations individuelles seraient vouées à la disparition et — il suffit de le dire clairement dans un discours linguistique combattant — les vestiges chaotiques d'un monde passé. On trouve, soit dit en passant, déjà des signes précurseurs d'un discours rebelle qui prévoit les exigences de l'audiovisuel[26].

Résumons : dans l'optique de la très longue durée, la Révolution, malgré les apparences, ne serait que le point culminant dans le processus de désautonomisation du symbolique. A cet instant historique, le processus trouverait dans le discours linguistique des Révolutionnaires sa formulation explicite.

1.3.1.2. La perspective événementielle
(*cf.* liste des événements en annexe)

Dans la perspective de l'événementiel, nous assistons à la formation, c'est-à-dire à l'homogénéisation et à la formulation explicite d'un discours uniformisateur sur le langage destiné à dompter la réalité chaotique. Considérons de plus près une liste, bien sûr sélective, des dates dans le domaine qui nous intéresse. Je pars de l'idée, qui sera justifiée plus tard, que la formation du discours linguistique s'inscrit dans un processus plus large. Je ne me limite pas, dans ce cadre-ci, aux seules dates concernant directement les symboles et la langue, mais j'y inclus toutes les dates importantes pour l'organisation de l'espace et du temps, de la pédagogie et des arts. On pourrait, avec quantité de bonnes raisons d'ailleurs, y intégrer aussi les dates marquant la surveillance policière et hygiénique, les projets d'urbanisation, la politique religieuse, etc. Mais je pense que la sélection des dates publiée en annexe concerne le noyau d'un projet homogène qu'il nous faudra aborder par la suite.

Si l'on doit opérer une périodisation, on peut constater que les problèmes linguistiques et culturels étaient bien présents et déjà diagnostiqués pendant une première phase dont le terme coïnciderait avec la chute de la Gironde en mai 1793. Les Révolutionnaires ne font souvent que reprendre des projets déjà conçus sous l'Ancien Régime. L'un des premiers grands projets mené à bien est la réorganisation de la France dans l'espace (hiver 89/90). Le problème de la diversité des langues en France et, par la suite, le problème de la promulgation des lois, décrets, plus : de l'esprit des législateurs, dans toute la France est bien connu : on essaie de réaliser des traductions dans les différentes langues. On a aussi diagnostiqué un autre problème, celui du dépaysement des œuvres d'art que nous avons évoqué plus haut. Il fallait ouvrir le débat sur leur valeur et leur conservation. Il y avait enfin les premiers programmes très élaborés dans le but de donner une permanence aux acquis révolutionnaires par le biais de l'éducation. Tous ces projets qu'on poursuivit encore dans les premiers mois de la Convention étaient très sérieux; mais il n'existait pas encore de lien entre eux.

Après la chute de la Gironde, pendant tout l'An II, la Convention montagnarde mobilisa ses forces pour formuler un projet compact dans le domaine de la politique linguistique et culturelle. Ce sera, bien sûr, un programme égalitaire et tous les reliquats de la culture élitaire y seront abolis. Cette culture égalitaire sera basée sur l'uniformité de l'espace, du temps et de la langue. Tous les efforts se concentreront sur le développement de ce projet sans précédents et dont les conséquences seront considérables[27]. La métrisation de l'espace, le calendrier républicain et l'ouverture du Louvre ne sont que les aspects les plus spectaculaires de ce projet.

La Convention, après Thermidor, et le Directoire ont, bien entendu, la volonté de terminer la Révolution d'une part; mais, en ce qui concerne le projet d'uniformisation de l'espace et du temps, ils se présentent comme continuateurs de la Révolution. Ils reprennent énergiquement les projets et, en partie, avec grande efficacité. Quant aux projets pédagogiques, on renoue avec la période pré-montagnarde, avec Condorcet notamment. Les conceptions égalitaires des Jacobins doivent faire place à de nouvelles institutions élitistes. C'est la période d'un déplacement du discours linguistique du politique vers le scientifique, du projet vers le système. Mais les grandes lignes du discours linguistique restent les mêmes.

On peut donc, dans notre perspective, distinguer trois phases : la première phase du diagnostic et des projets dispersés, la deuxième phase de formation concentrée et la dernière de stabilisation et de théorisation. Nous avons donc à faire à trois moments historiques : un moment touchant au diagnostic (les Assemblées), un moment intéressant la formation (An II) et enfin un moment concernant la théorisation (les Idéologues). Ce sont trois moments différents avec des accentuations différentes que nous essaierons de faire ressortir dans les chapitres 2, 3-5 et 6. Puisqu'il s'agit d'une périodisation idéalisée, il nous sera permis de négliger pour un instant les contradictions internes des périodes et de rassembler les témoignages dans une perspective systématique. Nous essaierons plus tard de faire ressortir avant tout les aspects systématiques communs aux trois phases pour mieux cerner le moment dans la longue durée. Mais nous allons recourir aux différences et aux changements chaque fois que l'histoire s'oppose à une systématisation outrée.

1.3.2. L'histoire des Révolutionnaires

L'expérience révolutionnaire la plus cruciale fut sans doute la conscience d'assister à un moment exceptionnel de l'histoire, d'assister ou encore mieux : de contribuer à des événements irréversibles instaurant le commencement d'un temps nouveau, de vivre finalement une accélération inouïe du temps. Cette expérience fondamentale est constitutive pour la pensée révolutionnaire ainsi que celle réalisée en matière de langage. Tout doit s'axer dans les coordonnées temporelles; chaque phénomène est classé sur cet axe : *ancien/nouveau*, retour en arrière/ouverture vers un progrès infini ou bien : appartenant à un moment exquis.

1.3.2.1. La rupture temporelle

La conviction de vivre une rupture temporelle, d'assister à l'amorce d'un temps nouveau, est partagée par tous les contemporains, français et observateurs étrangers, ceci dès 1789 et plus fortement encore en 1792. Cette expérience est générale et précède toute interprétation spécifique de ce que *nouveau* signifie. En 1789, Sylvain Maréchal datait déjà son *Almanach des Honnêtes Gens* de l'*An premier du Règne de la Raison*.

On trouve déjà en 1789 d'une façon assez généralisée des datations nouvelles : 1789 = *l'an premier de la liberté*. Le sentiment de devoir procéder à une datation nouvelle se généralise ave la proclamation de la République. Ce sera l'an I de l'*ère française* dont l'organisation définitive se fera avec le calendrier de 1793 : *Le temps ouvre un nouveau livre de l'histoire...*[28] pouvait affirmer Romme en présentant le projet du calendrier, et ceci en accord total avec un observateur étranger ayant assisté à la bataille de Valmy le 21 septembre 1792, Johann Wolfgang von Goethe.

« Von hier und heute geht eine neue Epoche der Weltgeschichte aus, und ihr könnt sagen, ihr seid dabeigewesen. » (Goethe, 1981 : 235)

Tout pouvait être classé par rapport à cette césure : tout phénomène était ou *ancien* ou *nouveau*, *ancien style* ou *nouveau style*, appartenant à l'Ancien Régime ou au temps nouveau. Le temps nouveau avait besoin d'un homme nouveau (*homo novus*) qu'il fallait créer par le biais d'une éducation nouvelle bien sûr. Il est facile de voir que c'est à l'éducation que revenait la tâche immense de mener le temps nouveau à sa plénitude, de ne pas gaspiller la possiblité historique d'un début tout à fait nouveau.

1.3.2.2. Les interprétations

S'il y avait accord pour l'expérience fondamentale, cette expérience se prêtait à des interprétations et des associations très diverses qu'on pouvait de nouveau combiner entre elles de différentes manières.

L'interprétation probablement la plus populaire et qui a l'avantage de réunir la vision chrétienne du monde et le rousseauisme est celle de la considération du temps révolutionnaire comme temps de grâce, de restitution d'un état originel que l'humanité avait perdu suite au péché originel. L'homme nouveau, ce serait l'homme en état de grâce, libéré des péchés de la vision chrétienne, l'homme en état d'égalité de la vision rousseauiste. Il s'agirait d'une histoire avec deux points cruciaux que nous allons visualiser de la façon suivante :

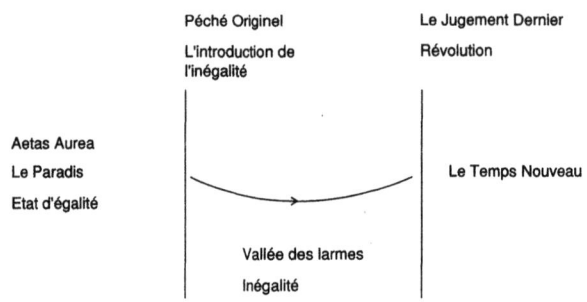

En fait, il y eut de fortes tendances millénaristes et messianiques, précisément dans les milieux artisanaux et ruraux[29]. Ceci signifie que, dans un discours populaire, l'interprétation chrétienne identifiant le temps révolutionnaire au temps eschatologique après le Jugement Dernier, était tout à fait courante. Le temps eschatologique : cela implique le jugement des malfaiteurs (le *Jugement Dernier des Rois*) et une vie complètement renouvelée pour les victimes : le Règne du Ciel est de ce monde. Le temps historique, le voyage à travers la vallée des larmes, était définitivement terminé. Le parallèle avec la conception rousseauiste est évidente. Là aussi, il y avait péché originel, l'invention de la propriété qui a détruit l'égalité parmi les hommes, égalité qu'il faudra restituer. Ce qui est commun aux deux conceptions, c'est l'idée que l'histoire est parvenue à son terme : l'histoire humaine est le trajet long et triste du péché et de l'inégalité entre deux éternités, celle du Paradis et celle du Temps de la Régénération. Cette superposition des deux visions du monde ouvre déjà des possibilités illimitées à un va-et-vient discursif. Les possiblités se multiplient encore si on prend en considération les histoires respectives sur la grâce en matière langagière. Dans l'interprétation chrétienne de l'histoire, il y a eu deux péchés, celui d'Eden et celui de Babel qui fut sanctionné par la dispersion des langues, dispersion et diversité révoquées dans la Pentecôte. Ce qu'il faut dans cette vision, c'est un renouvellement et une généralisation de l'événement pentecostal[30]. Pour Rousseau également, il y a eu péché originel en matière de langue : c'est l'introduction de l'écriture qui a détruit l'authenticité de la parole, du cri, du signe[31]. C'est un péché de destruction d'authenticité et d'individualisation à la fois. Dans la perspective rousseauiste, il faudrait donc rétablir les signes énergiques, les cris unanimes[32], aller à «la recherche d'un langage «énergique des signes qui soit novateur et primitif à la fois» (Baczko, 1978 : 335). Reprenons notre schéma :

Le temps nouveau est surchargé : non seulement il faut juger les malfaiteurs, mais encore il faut rétablir un état pré-babélien de la langue. Il est évident que la superposition du modèle chrétien et du modèle rousseauiste donne lieu à des équations discursives productives, mais qui ne resteront pas sans contradictions : la restitution de l'unité en matière de langues, l'abolition de la diversité, héritage de Babel, pourront-elles être achevées sans écriture? Sera-ce forcément le retour au non-analysé : au cri, au geste, au signe visuel? Ou faudra-t-il analyser les langues pour trouver ce qui est uniforme et universel?

Une deuxième interprétation serait celle que le temps nouveau, c'est le temps des utopies, des uchronies[33]. Elle partage avec la première interprétation la supposition que le temps nouveau n'appartient plus au temps historique, que c'est un temps hors du temps ouvrant des possibilités tout à fait nouvelles. Et sur ce point, cette interprétation diffère de la première. Il ne s'agit pas d'un retour en arrière, de la restitution d'un état paradisiaque; il s'agit plutôt de mettre en œuvre l'inouï, ce qui ne pouvait être pensé jusque là que dans les rêves des philosophes et des poètes. Baczko a démontré de manière convaincante que cette idée de réaliser une utopie a dominé les révolutionnaires dans tous les domaines : dans les projets pédagogiques, dans les projets d'urbanisation, dans tous les projets scientifiques qui sont inspirés par cet esprit utopique en le niant dans le même temps[34], ce qui a comme conséquence que « l'écart entre l'imaginaire et le réel se réduit » (Baczko, 1978 : 410) : le temps des révolutionnaires, c'est le temps des utopies; l'imaginaire — ce dont on rêve et ce qu'on souhaite — se confond avec la réalité. Il ne faut pas s'étonner que le discours utopique s'étend aussi à la langue et son organisation nouvelle[35].

Le moment est venu pour les révolutionnaires de dire comment la langue devrait être et, en même temps, de la transformer de manière à ce qu'elle ressemble à ce qu'elle doit être.

La troisième interprétation, très proche de la seconde mais nettement différenciée de la première, est celle qui voit dans la Révolution l'ouverture d'un progrès infini. La Révolution a aboli toutes les contraintes et les obstacles s'opposant au progrès et a créé les conditions propices à sa propagation. Il n'y a pas de retour en arrière ; le progrès mène par définition vers des possibilités nouvelles. Mais au contraire de l'interprétation utopiste, le nouveau temps reste ancré dans l'histoire. Ce n'est pas la non-histoire, l'éternité qui commence, mais une histoire meilleure qui va aller de l'avant. Le texte incarnant le mieux cette interprétation est l'*Esquisse d'un tableau historique des progrès de l'esprit humain* de Condorcet dont le chapitre 10 est le projet d'une société autre mais située dans le temps de l'histoire[36]. Dans la vision de Condorcet, le progrès, les Lumières et le bonheur social sont intimement liés à la communication, à la libre circulation des idées, à l'échange et au commerce. Chaque société ou groupe se renfermant sur lui-même devient dogmatique et par-là rétrograde. C'est en ce sens-là, que la Révolution a défriché la voie, qu'elle a détruit les barrières qui s'opposent à la libre circulation des idées de façon que le progrès doit être le résultat nécessaire de cette communication illimitée. Cette proclamation de foi en le progrès sur la base de la communication, écrite pendant la poursuite par la Terreur, garde tout son pathétique. Elle reste isolée : il s'agit pour les autres auteurs d'éviter quelque chose, de se défendre contre l'abus, la diversité, le chaos. Aucun auteur révolutionnaire ne partage cette confiance dans la liberté du marché communicationnel garantissant le progrès.

Il faut ajouter que l'interprétation progressiste se heurte massivement à la première. Les cris et les images non analysés, pouvant paraître souhaitables aux rousseauistes, ne le sont pas pour les progressistes qui veulent procéder à des analyses guidées par la raison. Il n'existe qu'un seul cas de figure qui permettrait aux deux conceptions contradictoires de se fondre, c'est celui où les résultats de l'analyse correspondraient aux entités primitives, énergiques, simples des premiers temps. Ce cas n'est guère imaginable pour la langue. Les cris, les interjections sont antérieurs à toute analyse et ne peuvent être le résultat de l'analyse. Mais on trouve ce schéma de pensée dans les réflexions sur l'art : le cercle, le triangle, donc les formes géométriques les plus simples pourraient éventuellement correspondre aux exigences de la conciliation des contraires[37].

> «Le cercle et le carré, voilà les lettres alphabétiques que les auteurs emploient dans leurs meilleurs ouvrages.» (Ledoux, 1804, cité d'après Baczko, 1978 : 329)

Soit dit en passant, cette quête d'une conciliation des contradictions est un thème de réflexion que l'on retrouve fréquemment à la fin du XVIIIe siècle, souvent sous la forme nature vs raison ; la pensée révolutionnaire n'était pas dialectique et, pour cette raison, ne pouvait résoudre le problème de la même manière que Kleist qui, dans son *Versuch über das Marionettentheater* n'hésite pas à penser une nature, ayant traversé la réflexion, devient nature réfléchie, nature d'un second ordre.

Une quatrième interprétation, en apparence la plus exagérée, est en vérité la plus modeste et la plus réaliste. C'est l'idée que la Révolution ouvre une nouvelle ère, ni plus, ni moins. Ce n'est pas un temps hors du temps ni le début du progrès illimité, c'est le commencement d'une nouvelle période de l'histoire qui, à bien des égards, diffère de la précédente, une ère sous l'égide de la France, l'Ere française qui commence le 22 septembre 1792.

La France cherchera à universaliser ses acquis, elle ne pourra pour autant pas nécessairement les éterniser. Une nouvelle période commence mais qui sera historique elle aussi. Citons Duhem qui le 5 octobre 1793, en pleine discussion sur le nouveau calendrier, met en garde contre des tentatives de rendre éternel ce qui est temporel :

> «Duhem. Citoyens, la révolution française n'a point encore touché au terme marqué par la philosophie, et déjà cependant elle a présenté des époques mémorables, qu'il serait doux aux législateurs de consacrer; mais qui peut leur répondre que ce qu'ils inscriront, sera ce qu'elle aura produit de plus grand. Ne faisons pas comme le pape de Rome; il remplit son calendrier de saints; et quand il en survint de nouveaux, il ne sut plus où les placer. Sous ce point de vue seul, je vous invite à renoncer à la dénomination morale, et je vous propose de vous en tenir à la dénomination ordinale qui est la plus simple.
>
> Il en résultera l'avantage que vous cherchez. Votre calendrier qui n'eût été que celui de la nation française, deviendra celui de tous les peuples. Ils ne s'écarteront jamais de l'ordre numérique qui est celui de la nature. Vous éviterez l'écueil où sont venus échouer tous les législateurs qui vous ont précédés.» (AP 76 : 122)

C'est ce mélange de fierté et de scepticisme qui va inspirer les Idéologues; ils évoqueront souvent l'*Ere Française* qui sera une nouvelle ère de la pensée linguistique.

1.3.2.3. Le moment sublime

Les dimensions extrêmes de la pensée révolutionnaire concernant le temps, ce sont l'éternité — ainsi que nous venons de le voir : le temps hors du temps, envisagé avec un frémissement enthousiaste par les uns, avec un certain scepticisme par les autres — et le moment. Comme nous le savons de la théologie : ce sont des extrêmes qui se rejoignent. Pour Dieu, le moment se confond avec l'éternité; la théodicée se fait dans un moment : le temps est tout et rien à la fois. L'expérience du moment dans sa plénitude était une expérience cruciale de la Révolution d'après les témoignages. Ce sont ces moments qui ont profondément touché ceux qui les ont vécus.

« Quel est le cœur glacé qui ne palpite pas dans ces moments augustes, l'âme froide, qui ne s'élève pas, j'ose dire, jusqu'au ciel, avec les acclamations de la foi universelle, l'homme apathique qui ne sent pas son être s'agrandir et ses forces s'élever, par un noble enthousiasme, au-dessus des forces de l'humanité? (...) Ranimez cette énergie devant laquelle tombent les Bastilles.» (Delon, 1988 : 370)

Il y a beaucoup de concepts qui se prêtent à être mis en rapport avec cette expérience révolutionnaire du temps : le *sublime*, l'*enthousiasme*, l'*énergie*. Ce sont surtout les métaphores des nouvelles sciences : l'électricité, le magnétisme qui sont employées pour rendre tangible cette dimension de la pensée sur le temps. Inutile de dire que cette expérience se rallie plus facilement aux concepts rousseauistes — cri, geste, image — qu'aux analyses prolongées.

NOTES

[1] Voir les citations dans le chapitre 2.3.
[2] L'importance des intermédiaires et des porte-parole a été mis en relief récemment dans l'historiographie de la Révolution (Vovelle éd., 1981).
[3] Titre d'un article important sur la créativité lexicale et les dictionnaires : Branca-Rosoff, 1985.
[4] Pour une évaluation de l'œuvre monumentale de Brunot, v. Droixhe/Dutilleul, 1990.
[5] Par exemple Balibar/Laporte, 1974, Calvet, 1974, Renzi, 1981, Higonnet, 1980.
[6] Je pense à de Certeau/Julia/Revel, 1975, Alcouffe/Brummert, 1985, et aux travaux de Guilhaumou, Vecchio, Branca, Busse et d'autres.
[7] Gombrich, 1979, Herding, 1988, Herding/Reichardt, 1988, Vovelle, 1986, Vovelle (éd.), 1988, Vovelle, 1989. En ce qui concerne l'intérêt nouveau des historiographes de la Révolution pour les aspects culturels Koselleck/Reichardt (ed.), 1988, Reichardt, 1989, Reichardt/Schlieben-Lange, 1989, Bonnet (éd.), 1988.
[8] Oesterreicher, 1990.
[9] Je pense surtout aux travaux de lexicologie (Frey, 1925) et aux travaux portant sur les procédés textuels (Lüdi, 1986, Guilhaumou, 1986d).
[10] V. Trabant/Kamper, 1991.
[11] Schlieben-Lange, 1982.
[12] Maingueneau, 1991 évoque une dizaine d'acceptions différentes, et on en pourrait ajouter d'autres, prises surtout dans des traditions non-françaises (Halliday, Habermas).
[13] Aspect central dans Guilhaumou, 1989.
[14] Pour l'application des distinctions leibniziennes dans la linguistique v. Coseriu, 1958 et Schlieben-Lange, 1988b.
[15] Pour la critique du concept de discours et la confrontation discours vs texte Frank, 1983.
[16] Il faut penser avant tout aux travaux de Sylvain Auroux, Jean-Claude Chevalier, Simone Delesalle, Daniel Droixhe, Hans-Helmut Christmann, Ulrich Ricken, Gerda Haßler, Jürgen Trabant, Lia Formigari, Hans Aarsleff, Pierre Swiggers.
[17] On est étonné de voir que, souvent, les contradictions internes dans le discours révolutionnaire ne sont pas perçues en tant que telles mais comme témoignages d'un seul dis-

cours homogène (p. ex. France, 1983, et Brasart, 1988, en ce qui concerne l'attitude des révolutionnaires face à la rhétorique, Baczko, 1978, quant aux positions rousseauistes et condillaciennes en matière de langage).

[18] Guilhaumou, 1989, met en relief l'orientation condillacienne en matière linguistique même de la part d'auteurs qui, à d'autres égards, défendent des positions rousseauistes.

[19] Gaspard a démontré le fonctionnement du reseau discursif autour de la Montagne dans sa contribution au Colloque de St-Cloud (sous presse).

[20] Le vandalisme est un thème révolutionnaire qui permet de faire ressortir le fonctionnement du jeu discursif pendant la Révolution : un concept ambigu est employé en tant que classificateur dénonciateur et déclenche, chaque fois qu'il est employé, une avalanche d'associations discursives : Despois, 1886, Sprigath, 1980, Bianchi, 1982, Michel, 1988, Deloche/Leniaud, 1989, Schlieben-Lange/Knapstein, 1991.

[21] V. Baczko, 1989.

[22] V. Reichardt, 1988 et 1989.

[23] V. Schlieben-Lange, 1983, Trabant, 1985, Busse/Trabant (éd.), 1986.

[24] On pourrait penser à des étapes telles que l'idée d'une « Unified Science » élaborée dans le cercle de Vienne. Mais il faudra surtout penser aux changements des modes de production et de communication qui ont créé des conditions favorables à l'uniformisation des modes de perception et des systèmes symboliques (les chemins de fer, les modes de production industriels, la télécommunication, la technique des ordinateurs...) et qui ont, à long terme, établi les bases pour que s'impose le modèle linguistique formulé pendant la Révolution.

[25] Pour la notion d'énergie v. Delon, 1988.

[26] On trouve des traces d'une telle conception chez Mercier (V. Schlieben-Lange, 1988c).

[27] Il y a un débat violent sur la question de savoir si la période jacobine était la fin de la science et de la culture (Bonnet éd., 1988, Guedj, 1988, Dhombres, 1989). Quelle qu'en soit l'évaluation en termes de l'événementiel ou de la longue durée, on s'étonne de l'audace et de l'omniprésence du projet.

[28] Romme dans son « Rapport sur l'ère de la République », prononcé à la Convention le 20 sept. 1793 (AP 74, 550).

[29] Baczko, 1978.

[30] Schlieben-Lange, 1976.

[31] Barny, 1978.

[32] Cobb, 1970 et 1981, Milliot, 1988.

[33] V. Krauß, 1988, pour le concept de l'uchronie.

[34] V. aussi Ozouf, 1970.

[35] Baczko, 1978 (406 sq.) renvoie à la grammaire générale qui serait perçue en tant qu'une des possibilités de retrouver une unité perdue (cité au chapitre 3.2.4, p. 114). C'est tout à fait juste, mais en même temps ce constat cache la différence des positions rousseauiste et condillacienne : cri vs langue universelle. L'idée que la Révolution française était aussi (surtout ?) une révolution culturelle et linguistique n'a été formulée explicitement que récemment : Koselleck/Reichardt (éd.), 1988, Bonnet (éd.), 1988, Guilhaumou, 1989, Reichardt/Schlieben-Lange, 1989, Deloche/Leniaud, 1989 : « La communication est le nerf secret de la Révolution, le moyen de diffuser les idées, de faire appliquer les décisions dans l'ensemble du territoire, d'instaurer une véritable égalité politique. » (Deloche/Leniaud, 1989 : 24).

[36] Baczko, 1978, donne une interprétation de la dixième époque de Condorcet, en soulignant que cette époque post-révolutionnaire ne signifie pas la fin de l'histoire, mais le commencement d'une histoire différente.

[37] Baczko, 1978, nous renseigne sur les réflexions sémiotiques des architectes de la Révolution (Ledoux, Boullée) dans le chapitre Une ville nommée Liberté. Pour eux, les

formes géométriques simples sont un langage originel, celui de la nature même. Le cercle, le corps sphérique, le cube (qui symbolise l'immutabilité), voilà les formes que nous fournit la nature et auxquelles revient l'architecture de l'utopie. C'est «le langage énergique des signes qui soit novateur et primitif à la fois» (Baczko, 1978 : 335). V. aussi Gusdorf, 1978, Starobinski, 1977, Nerdinger et al., 1990, Deloche/Leniaud, 1989 qui identifient le terme même de signe comme centre des débats révolutionnaires : «Dans la confusion des idées consécutives à la tourmente, un mot revient sans cesse et, dans son ambivalence même, jette quelque lumière sur cette pensée déchirée : il s'agit du terme signe. Tantôt compris comme symbole générateur du mythe, à l'origine d'un modèle moral de la culture, tantôt réduit à sa stricte dimension sémiotique, ébauche d'un modèle scientifique, le signe se révèle être au point focal de tous les débats.» (Deloche/Leniaud, 1989 : 16) Les deux modèles correspondent au discours jacobin et au discours idéologique respectivement.

[38] Il faudrait approfondir les observations formulées ici par une confrontation du discours révolutionnaire sur le moment sublime avec la tradition philosophique du sublime, surtout avec Kant (tout en tenant compte de la discussion contemporaine de ces textes : Foucault, Deleuze, Lyotard).

Chapitre 2
Diagnostic d'une réalité multiforme

> « Voilà ce qui a reconstruit parmi nous la tour de Babel, et ce qui a fait de la politique une logomachie. »
> (Mercier, *Nouveau Paris*, 1798)

Une des thèses centrales de ce livre est que le discours révolutionnaire en matière de langue s'est formé sur la base de la perception d'une réalité linguistique chaotique, inquiétante, irritante, perception vague d'abord qui s'est transformée dans les premières années en certitude. Il s'agissait de canaliser cette réalité, de la dompter, de la modifier enfin. Les phénomènes inquiétants dataient en partie d'avant la Révolution mais devenaient plus perceptibles en raison de la mobilisation des masses d'une part et du désir de communiquer à la France entière la bonne nouvelle de la Révolution d'autre part. Ce fut tout d'abord la réalité orale qui n'avait pas été perçue dans tout ampleur à Paris, ville largement alphabétisée. Ce fut ensuite, et intimement lié à la première observation, la diversité des langues parlées en France qui était en principe connue mais n'avait que peu intéressé les habitants éclairés de Paris. Pour chaque échec politique, la question se posait de savoir s'il ne fallait pas en chercher les causes dans ces conditions linguistiques.

Il existait en outre un nouvel ordre de phénomènes linguistiques et sémiotiques directement liés à la Révolution inconnus sous cette forme-là auparavant. C'est la créativité éruptive tant linguistique que sémiotique. Dans le domaine de la langue, ce sont surtout l'explosion de la formation des mots et le déchaînement des changements sémantiques; dans le domaine des signes, on peut observer la sémiotisation totale de la vie. Avant d'aborder le projet de l'uniformisation, projet de domestication d'une réalité chaotique, allons jeter un regard sur les premières tentatives pour comprendre cette réalité et développer des activités politiques tenant compte de celle-ci.

2.1. ORALITÉ ET ÉCRITURE

> « Dans les tempêtes révolutionnaires, les affiches remplacent les tocsins, rassemblent tumultuairement les factions, font trembler les gouvernans derrière leurs satellites, enflamment les opinions, et mettent à tous les écrivains placardeurs, un fer chaud à la main. »
> (Mercier, *Nouveau Paris*, 1798)

On pourrait avancer la thèse que la Révolution Française est un moment historique de «ré-oralisation», peut-être le dernier en Europe. On ne saurait saisir le dynamisme de la Révolution sans tenir compte de cette poussée vers l'oral. Avant de développer cette thèse, résumons très brièvement les principales différences entre oralité et écriture[1].

a) Degré du détachement par rapport à la situation

La langue, d'une manière générale, permet à l'être humain d'échapper jusqu'à un certain point aux contingences immédiates de la situation; on peut évoquer le passé et le futur, donc maintenir les traditions et projeter dans l'avenir. On peut parler de ce qui arrive en un autre lieu, même si ce lieu est hypothétique, voir fictif. Cet acquis fondamental de la langue humaine se voit perfectionné dans l'écriture qui est, à cet égard, une «langue plus accomplie». Le prix de cette perfection en est la perte de l'insertion dans une situation.

Dans le détail, le discours parlé est constitué par la *simultanéité* (fugacité vs permanence) et *l'unité de lieu* (du moins jusqu'à l'invention du téléphone et de la radio). Ce dernier point implique l'utilisation des possibilités langagières (déictiques locaux, démonstration, gestes, mimique, intonation) qui n'ont pas d'équivalents dans l'écriture et pour lesquelles il faut d'abord développer des possibilités de transmission (ponctuation par exemple). La condition préalable d'oralité est en outre l'*identité des personnes impliquées*.

b) Faculté de dialogue

Fondamentalement, le discours oral apparaît sous la forme d'un échange interpersonnel; on parle pour un partenaire connu, la production et la réception constituent dans le dialogue une unité indissoluble. Le locuteur anticipe les facultés de compréhension de son auditeur («taking the part of the other»), l'auditeur reconstruit les intentions du locuteur. Les activités complémentaires sont utilisées dans la phase suivante de l'entretien; s'assurer d'avoir bien compris (questions, assurances prises auprès de l'interlocuteur, paraphrases, clarifications, etc.) est donc un phénomène qui accompagne en permanence la production du discours oral.

Dans les textes écrits, la personne à laquelle on s'adresse peut être connue mais elle peut également être simulée ou finalement quasiment « inimaginable ». Les textes perdent graduellement les caractéristiques se rapportant aux propriétés connues ou imaginées de l'auditeur. La production du texte et sa réception se distinguent l'une de l'autre. Le lecteur solitaire arrive au dilemme entre réceptivité non-productive et productivité de l'interprétation uniquement guidée par le texte qui reste toujours le même.

c) Emotions/rapport direct à la personne

Il s'agit ici du corollaire des conditions a) et b). Le discours oral est lié de façon unique à une personne et à sa mimique et sa gestuelle. Le texte, par contre, est filtré, dépouillé de personnalisation, d'incarnation et de spontanéité, porté par les conventions et l'arbitraire.

d) Problèmes d'organisation

Les problèmes de programmation et d'organisation sont très différents dans les deux modes langagiers. Le discours oral se programme à court terme, il est impossible d'effacer le « déjà-dit »; il faut donc trouver des procédés adaptés à ce problème d'organisation (anacoluthes, pauses, remplissages, signaux de classification, segmentation). Les textes écrits, eux, peuvent être programmés à long terme, les ébauches en rendent la programmation possible, une re-lecture permet de se remettre en mémoire ce qui a déjà été écrit; les gommages et les ratures effacent l'écrit.

e) La mémoire

Les textes communiqués oralement doivent être enregistrés dans la mémoire des individus, ce qui exige certaines particularités formelles (« formulaic style »). L'écriture autorise, par contre, une communication indépendante de la conscience de certaines personnes, et donc aussi la liberté de la forme. Mais on achète cette liberté de forme par la perte de la mémoire.

On a récemment insisté sur la différence entre le côté médial et le côté conceptuel des deux modalités langagières[2]. Le fait d'employer la modalité phonétique (point de vue médial) n'implique pas nécessairement que le texte soit conçu selon les principes organisateurs de l'oral (point de vue conceptuel) et un texte écrit peut ne pas être conforme aux exigences conceptuelles de l'écriture. Bien qu'il existe une affinité profonde de l'aspect médial et de l'aspect conceptuel, on assiste quelquefois à des dissolutions ou à des transitions.

Des problèmes de cet ordre surgissent surtout dans les situations «semi-orales»[3], c'est-à-dire des situations dans lesquelles s'opère une fluctuation constante entre les deux modes de communication.

Formulons à partir de ces distinctions préliminaires quelques thèses sur le rapport entre oralité et écriture durant la Révolution.

1. En considérant de façon statique l'histoire culturelle de la France au XVIIIe siècle, on pourrait constater, à raison, qu'il y existe *côté à côté deux cultures plutôt isolées l'une de l'autre*[4] : d'une part, une pure culture d'écriture et de lecture qui est représentée par la couche sociale véhicule des Lumières, surtout implantée à Paris et dans une moindre mesure dans les villes de province, et d'autre part une (ou plutôt : plusieurs) culture(s) orale paysanne. Les représentants de la culture écrite seraient les acheteurs de l'Encyclopédie, les lecteurs de Diderot et d'Alembert; les représentants de la culture orale s'attacheraient — quasiment sans Histoire[5] — à transmettre les traditions locales et liraient tout au plus durant les veillées hivernales de temps en temps des romans de colportage. Maintes raisons nous donnent à soupçonner la coexistence — ébauchée ici dans ses très grandes lignes — de deux cultures relativement indépendantes l'une de l'autre : d'une part la situation de l'alphabétisation que l'on peut reconstruire du moins partiellement à partir de l'Enquête Maggiolo[6], l'histoire de la divulgation des différents types littéraires, thème dont les recherches sont assez complètes pour le XVIIIe siècle[7] et enfin — et non des moindres — les difficultés croissantes de communication entre la ville (c'est-à-dire bien sûr entre la «Cité Révolutionnaire» en particulier) et la campagne durant la Révolution qui devraient fortement présenter un aspect d'histoire culturelle, négligé jusqu'à présent.

2. L'histoire de l'écriture et de l'oralité au XVIIIe siècle est pourtant beaucoup plus complexe si on la considère sous un angle dynamique. On peut notamment distinguer *deux tendances contradictoires* : l'idéalisation du dialogue d'une part (3), d'autre part l'extension de la culture écrite à tous les domaines de la vie sociale et, conformément à la prétention universelle des Lumières, à tous les milieux sociaux (4). La divulgation de la culture écrite ne peut se faire qu'en s'appuyant sur les traditions orales mais les marginalise dans le même temps (5).

3. Ainsi que l'a vu très justement Habermas, le XVIIIe siècle est le siècle où la bourgeoisie remplace l'absolutisme représentatif dans le domaine

public[8]. Au début du XVIIIe siècle, le domaine public littéraire a élaboré les formes d'organisation et de communication qui ont permis, à la fin du siècle, à la politique de s'articuler sous forme d'opinion publique et d'exprimer ses exigences. Le *dialogue* et la discussion, en tant que lieu où naissent consensus et raison grâce au raisonnement de personnes privées, sont les formes de communication idéales du XVIIIe siècle. Cet échange se fait surtout oralement : dans les salons, les cafés, les clubs et sociétés. Ce dialogue entre personnes privées a aussi bien sûr un côté écrit : la très importante littérature sous forme de correspondance, la genèse d'une presse différenciée. La forme du dialogue entre également dans des genres littéraires déjà existants. La dialoguisation a 'trans'-formé divers univers de discours (littérature, philosophie, sciences, etc.)[9]. Mais dans l'idéal, ce dialogue a lieu oralement et c'est cet idéal qui fut introduit dans le domaine public parlementaire de la première phase de la Révolution. On pourrait écrire l'histoire des assemblées de la Révolution Française entre autres comme l'histoire de la transposition du modèle des clubs — raisonnement des personnes privées — au niveau de la démocratie représentative (et de son échec). La privatisation de la conversation, telle qu'elle se trouve consignée dans les ouvrages conversationnels autour de 1800, s'est développée dans un sens contraire à l'évolution du nouveau domaine public représentatif. L'idéal de la recherche d'un consensus dans le dialogue dépassait en tout cas les formes historiques concrètes de la sociabilité, des médias et des organes politiques et se voulait, telle que les Lumières l'entendaient, de portée universelle : cet idéal est encore en œuvre dans la théorie de la vérité par consensus prônée par Habermas[10].

4. La caractérisation du XVIIIe siècle par Werner Krauss est d'autre part elle aussi pertinente :

> «Au dix-huitième siècle, le concept et la signification de la littérature sont étendus d'une manière inimaginable jusque là : la littérature doit dès lors constituer le dénominateur commun pour *tous* les efforts de la vie intellectuelle.» (Krauss, 1960 : 33)

Cette *littérarisation du XVIIIe siècle* a deux aspects : elle touche d'une part tous les domaines culturels et doit d'autre part — dans l'idéal — atteindre toutes les couches de la population. C'est très précisément aussi la signification des Lumières. On peut constater, concernant le premier aspect, que la production livresque dans les domaines les plus divers augmente tant au XVIIIe siècle que le besoin d'informations secondaires se fait pressant pour la première fois dans l'histoire du livre. Ce phénomène génère des revues de critique littéraire et des ouvrages de référence et le XVIIIe siècle fut donc ainsi le «siècle des dictionnaires et des compilations». Pour ce qui est du second aspect — la littérarisation de toutes les couches sociales — ce thème des Lumières reste également omniprésent durant la période révolutionnaire (toutes phases confondues) : il sous-tendait aussi la politique éducative des Jacobins. Bien sûr, cette littérarisation de larges couches sociales impliquait une modification des procédés textuels : simplification de l'argumentation, stéréotypisation, utilisation aussi du dialogue comme forme plus aisément appréhendable, plus proche de l'oral. Le dialogue est donc ambivalent à la fin du XVIIIe siècle : d'une part le lieu où la raison s'installe sur la base du consensus des personnes privées « sensées », d'autre part procédé de l'élémentarisation pour les couches sociales vers lesquelles il faut porter la littérature[11].

5. *L'écriture s'imposera* précisément et paradoxalement *par le biais de procédés et de réseaux de communication appartenant au domaine oral.* Il a déjà été question de procédés de dialoguisation et de simplification rapprochant énormément les textes écrits des textes oraux authentiques, tout au moins au niveau de l'intention si ce n'est au plan de la réalisation. Mais les canaux également, qui ont permis la diffusion des textes écrits, appartenaient à l'origine au domaine oral, que ce soient les clubs et sociétés au sein desquels on lisait les textes à haute voix ou les prêtait, ou bien les colporteurs qui distribuaient dans un premier temps une littérature « légère » à un public d'empreinte surtout orale et qui se firent ensuite les plus importants diffuseurs de la littérature des Lumières. Vient s'ajouter à cela que la censure (comme toujours quand elle règne) rendait nécessaire le détour par la tradition orale. On peut donc avancer en forçant un peu que l'essor de la culture écrite au XVIIIe siècle n'aurait guère été possible sans un réseau bien huilé de communication orale. Cependant, l'utilisation des possibilités qu'offraient les systèmes de communication orale va de pair avec leur croissante marginalisation. C'est au début du XIXe siècle qu'on commence à enregistrer des documents de cette culture orale afin de les archiver.

6. Toutes ces tendances contradictoires des Lumières convergent durant la *Révolution Française* et seront alors vécues comme telle dans l'Unité de la nation et l'Egalité des couches sociales. Les documents que nous tenons de cette époque révolutionnaire sont caractérisés par une *constante oscillation entre l'oral et l'écrit*. Il est dans certains cas absolument impossible de distinguer si un texte appartient, à l'origine, au domaine de de l'écrit ou de l'oral. Les formes écrites et orales se succèdent à un rythme rapide, entraînées par l'accélération du temps généralement ressentie par la population et y contribuant peut-être elles-mêmes. La rencontre de l'*idéal* du dialogue et de la *réalité* des formes orales traditionnelles dans des couches de la population qui vivent pour la pre-

mière fois leur propre importance (ces deux formes — idéal et réalité — étant déjà ancrés dans la pensée des Lumières) a conduit à une «efficience» — peut-être unique dans l'histoire par sa forme concentrée — des formes de communication orale. Cette rencontre génère une nouvelle qualité : la proximité *de la discussion et de l'action* devient un des éléments porteurs de la Révolution.

Mais cet idéal du discours politique qui entraîne forcément au consensus de tous les êtres doués de raison, s'enferre par ailleurs dans l'aporie de par son institutionnalisation. Cette aporie du discours public institutionnalisé ainsi que la violence des actions découlant des lectures publiques et des discussions furent alors les «culs-de-sacs culturels» de la Révolution.

2.1.1. L'oralité dans la Révolution Française : idéal et réalité

Il s'agit maintenant d'étayer par des exemples concrets la thèse que les formes de communication orale ont joué un rôle important durant la Révolution Française, ou plus précisément : que la jonction de l'idéal du dialogue cher aux Lumières et de la réalité des couches sociales nouvellement impliquées dans la culture (écrite) et la politique a représenté une collusion «explosive».

2.1.1.1. Une réalité chaotique

La réalité : état des lieux de l'alphabétisation aux alentours de 1870

Nous disposons d'un document unique en son genre qui nous permet d'avancer des données sur la situation de l'alphabétisation dans la France des XVIIIe et XIXe siècles : il s'agit de l'enquête Maggiolo. Maggiolo, recteur de l'Académie de Nancy durant le Second Empire, a réalisé, après son départ à la retraite en 1877, une enquête auprès de toutes les communes françaises, lesquelles devaient consigner pour quatre tranches chronologiques (1686-90; 1786-90; 1812-16; 1872-76) le nombre d'actes de mariage signés de main propre. Le fait que quelqu'un écrive son nom ne permet, bien évidemment, pas d'extrapoler que cette même personne sache généralement lire et écrire. Les données sont pourtant très probantes; sur la base du dépouillement réalisé par F. Furet et J. Ozouf[12], on peut constater la bipartition de la France durant les trois premières tranches chronologiques : le Nord d'une part avec un taux d'alphabétisation relativement élevé et le Sud (Bretagne et Val de Loire inclus) d'autre part avec un taux d'alphabétisation nettement plus faible. Ce n'est que pour la dernière tranche (1872-76) que la «ligne Maggiolo» commence à s'estomper. On peut donc, pour l'époque qui nous intéresse et malgré toutes les réserves méthodologiques, constater l'existence de «deux Frances».

L'impression d'une France méridionale et rurale dont le pourcentage des habitants sachant lire et écrire est très faible, dans laquelle en fait le curé et le notaire — dans la mesure où il y en a un — sont souvent les seuls participants à l'écriture, se trouve renforcée par les réponses à l'Enquête de l'Abbé Grégoire sur la situation des «patois» dans la première phase de la Révolution, en particulier à la question 36 concernant la lecture dans les campagnes[13] :

> «Aussi peu de gens du peuple savent-ils et mal lire et mal écrire. On lit dans ces Ecoles le Nouveau Testament non pas parce que ce livre est le meilleur mais parce qu'il est à meilleur marché, tout contrefait et rempli de fautes. Le catéchisme s'y enseigne mal et ce qui est bien terrible c'est que les maîtres donnent aux enfants l'exemple de tous les vices, car ils sont tous ou presque tous des coureurs, des ivrognes des vagabonds des voleurs etc. etc. etc. Le peuple lit donc très peu et les curés (excepté qu'ils lisent maintenant les nouvelles) lisent en général aussi peu que lui. Le peuple aurait sans doute le goût de la lecture et s'il avait des livres il y consacrerait beaucoup de moments qu'il ne peut consacrer à ses travaux précieux, mais des heures, un livret, quelqu'un de ces mauvais almanachs, c'est là toute sa bibliothèque.» (de Certeau *et al.*, 1975 : 208)

Le rapport suivant originaire de la Gironde montre que même ceux qui savent lire traitent les textes écrits sur la base des traditions orales :

> «Ceux des gens de la campagne de ce district qui savent lire aiment volontiers la lecture, et, faute d'autre chose, lisent l'Almanach des Dieux, la Bibliothèque bleue et autres billevesées que des colporteurs voiturent annuellement dans les campagnes. Ils ont la fureur de revenir vingt fois sur ces misères, et, quand ils en parlent (ce qu'ils font très-volontiers), ils vous récitent pour ainsi dire mot à mots leurs livrets.» (Gazier, 1880/1969 : 146)

L'interprétation des réponses à l'Enquête qu'en font de Certeau et ses co-auteurs, donne l'impression d'une culture presque totalement orale :

> «Fait significatif, presque toutes passent des sources écrites, seules demandées, aux sources orales, d'ailleurs évanouissantes, telle une rumeur à peine audible. Si l'idée de document est à Paris identifiée à celle d'*écriture*, en province l'objet visé à travers les sources est plus fort que cette contrainte : le *patois* ramène le document vers l'*oralité*. Une présence semble interdire ou effacer la perception des *textes* patois (écrits ou gravés) pour ramener l'idiome des campagne du côté de la *voix*.» (de Certeau *et al.*, 1975 : 72)

En lisant les réponses à l'Enquête de l'Abbé Grégoire, on ne peut se soustraire à l'évocation d'une réalité orale foisonnante, chaotique, douée d'une variabilité infinie qui échappe à toute tentative de domestication. C'est comme une hydre qui menace les Lumières en même temps qu'elle séduit par ses chants harmonieux. De Certeau rend très bien compte de cette attitude ambigüe face à la réalité empreinte d'oralité qui se présente aux observateurs :

> «La culture apparaît donc comme un «effort» dont les résultats restent éphémères, toujours fragiles, et devront finalement s'effacer devant la génialité, la séduction et la facilité de la nature. Langue du peuple et, on le verra, langue de la passion, le patois reviendra. Déjà il «revient naturellement», dès que l'*Aufklärung* cesse de progresser. Le labeur culturel se trouve ainsi institué dans une position menacée et agressive par rapport au retour eschatologique de la langue maternelle.» (de Certeau *et al.*, 1975 : 104)

Les travaux récents sur les traditions culturelles du Midi aux XVIIe et XVIIIe siècles[14] confirment ce qu'ont ressenti les correspondants de l'Abbé Grégoire : la permanence d'un réseau littéraire presque entièrement basé sur l'oralité où l'écrit dans la plupart des cas ne joue qu'un rôle ancillaire. Il en est de même dans les travaux concernant la production de textes pendant la Révolution Française[15] : l'impression de se trouver face à une culture fonctionnant dans le mode oral devient encore plus forte. Considérons, à titre d'exemple, le *Discours civic de Fos de Laborde al pople de Galhac d'Albigés* de 1790, analysé par Robert Lafont[16]. Il s'agit d'un texte occitan pour la phonologie et la grammaire mais qui, malgré son aspect extérieur occitan ne pouvait être compris par ses destinataires :

> «Mais tout est obscur. Car cet auditeur ne possédait pas plus en occitan qu'en français les modèles langagiers — les programmes praxémiques — qui produisent le sens, objet même de la compréhension, étymologiquement «*saisie* commune». S'il voulait être compris vraiment de ce *bous autres memo* qui le hante, il lui fallait faire exactement le contraire de ce qu'il a fait : établir la frontière non sur la phonologie, mais sur le praxémique, non sur les apparences signifiantes, mais sur la réalité des moyens de la signifiance. Il lui fallait entrer non dans «l'accent», mais dans les *mécanismes* de la parole gaillacoise.» (Lafont, 1985 : 320)

Rendez-vous manqué au plan du lexique politique qui est à la base de la production de sens, tel est le diagnostic de Lafont. J'irais plus loin : c'est l'entière formulation, totalement conçue selon les mécanismes conceptuels de l'écriture qui fait obstacle à la compréhension. Il ne suffirait pas de changer le lexique, de produire un lexique politique propre, il faudrait encore développer des techniques linguistiques pour rendre les contenus révolutionnaires dans le monde de l'oralité qui n'est coutumier des formulations dé-situées.

Pour le Nord et pour Paris en particulier, le rapport entre lettrés et analphabètes se présente sous une toute autre lumière : on estime le pourcentage des personnes capables de lire à 60-75 % pour le Paris révolutionnaire. Ces différences peuvent éclairer certains malentendus fondamentaux entre Paris et la province au cours de la Révolution. Il ne faut, bien sûr, pas par ailleurs négliger le fait que c'est à Paris précisément que la Révolution a atteint des couches sociales — qui l'ont également portée — où l'ancrage de cet apprentissage de la lecture était relativement fragile et pour lesquelles les formes, les situations et les habitudes de communication orale étaient donc prédominantes : je pense en particulier aux apprentis artisans et aux femmes (dont l'alphabétisation s'est faite avec une génération de retard selon l'Enquête Maggiolo).

2.1.1.2. *Un idéal menacé*

C'était une présupposition fondamentale des activités politiques pendant la Révolution que l'idéal et les formes de la vie publique tels qu'ils se pratiquaient au XVIIIe siècle dans les cercles de discussion et dans les clubs, devaient servir de modèle à la prise de décision politique. L'assemblée de personnes privées douées de raison et libres de tout engagement par rapport à un groupe ou une corporation parviendrait au fil du discours à un consensus raisonnable[17]. Ce modèle fit figure d'obligation pour tous les parlementaires durant la première phase de la Révolution. On peut même avancer que les discours politiques de cette phase-là, bien que conçus par écrit et sur le modèle de textes eux-mêmes transmis par écrit, présentaient des passages de rhétorique « authentique » et visaient à la mise en place de consensus et à la prise de décision *dans la* situation même de l'Assemblée et du discours. Les procédés du discours qui avaient fait leurs preuves dans de *petits* groupes furent transférés l'Assemblée *Nationale*. Pour ce qui est de l'écriture, le pendant de ce modèle était le libre échange des opinions dans la presse en plein essor après la suppression de la censure afin de créer une opinion publique d'empreinte essentiellement raisonnable. Il s'est cependant avéré au cours de la Révolution que le transfert de ce modèle était un échec. La représentativité des assemblées était un élément nouveau par rapport à la présence de tous les participants dans les petits groupes. Les assemblées (et leurs comités) développèrent leur propre dynamique qu'on ne pouvait guère communiquer en tout moment au peuple « représenté » et qui ne « passait » plus du tout vers la fin. La négociation d'un consensus raisonnable fit place à la constitution d'identité des groupes. Enfin, les factions ne recherchèrent plus le discours rationnel mais firent taire par la peine de mort les opinions concurrentes qui avaient contribué au clivage de l'opinion publique à laquelle on s'adressait. Dans la presse, cela correspondit au remplacement de l'argumentation par la presse d'opinion et enfin la réintroduction partielle de la censure pendant la Terreur.

Les cercles de discussion sur le modèle desquels on avait tout d'abord institutionnalisé la vie parlementaire se firent de plus en plus concurrents de celle-ci. De plus en plus, les discours parlementaires furent préparés et aiguisés dans les clubs en tant que lieu de génèse des *factions*. Les clubs, les sociétés populaires et, au fur et à mesure que progressait la Révolution, les sections des communes s'appréhendèrent comme correctif de la vie publique parlementaire. C'est ainsi que les sections forcèrent l'exclusion des Girondins de la Convention. La Commune décida l'édition de ses propres *affiches* (journaux muraux) qui, en tant que rapport autorisé, devaient corriger la variété de la presse d'opinion. C'est ainsi qu'on opposa au libre échange des opinions un avis autorisé :

> «Les séances du Conseil-Général ont un intérêt qui leur a mérité une place dans tous les journaux. Mais souvent les faits, soit par erreur volontaire, soit mauvaise-foi, sont dénaturés d'une manière affligeante pour les bons esprits qui aiment la vérité toute entière.» (*Affiches de la Commune de Paris*, n° 1, 14/6/1793).

Il advint donc la chose suivante : à l'opinion publique parlementaire, représentative, communiquée et programmée qui perd de plus en plus son immédiateté, on oppose les opinions formées dans d'autres contextes de discussion (clubs, sociétés, sections) considérées comme d'émanation plus spontanée, plus authentique et donc, par certains côtés, comme restée encore fidèle au modèle du «discours public» (dans le sens habermasien). Mais, d'autre part, ces cercles de discussion, perçus comme correctif à une opinion publique parlementaire que l'on considère comme toujours plus stérile, sont ceux-là même qui suppriment le discours rationnel en remplaçant un des éléments contistutifs, à savoir l'argumentation sur les opinions, par l'introduction d'avis autorisés.

La résignation, voire le désespoir de ne pas voir se constituer une opinion publique réunissant toute la nation, sont en partie dus à des conceptions politiques différentes. Pour les uns, c'est l'assemblée des représentants du peuple qui doit élaborer l'opinion publique, pour les autres, rousseauistes, c'est justement la représentativité qui est l'entrave de la volonté générale.

Mais au-delà de ce désaccord au plan théorique, il y a une méfiance qui va s'approfondissant au cours des évènements et qui concerne le fonctionnement oral des délibérations. On craint d'être la proie de machinations «rhétoriques». On a peur que ce soit le «beau parleur», celui qui sait le mieux saisir et émouvoir les autres membres du même corps politique, qui impose son opinion et non pas celui qui a les meilleurs arguments mais ne maîtrise pas l'art des la séduction rhétorique. Ce soupçon est nourri par des personnages particuliers qui envient à leurs collègues les dons rhétoriques, mais simultanément soutenu par un souci général d'une menace pour cette égalité à peine assurée.

Ce ne sont pas seulement les procédés rhétoriques que l'on suspecte, mais la *voix* même, la vocalité des discours. Les observations concernant la prononciation des orateurs et partant la séduction qui en émane, sont bien connues[18]. Ce sont surtout les orateurs du Midi[19] qui enchantent l'auditoire parisien, comme Mirabeau par exemple qui «prononçait les finales avec tant de soin» (Brasart, 1988 : 176). La voix de Vergniaud, estimé par beaucoup d'historiographes comme le meilleur orateur de toute la période révolutionnaire, était «puissante et flexible», douée d'une «rondeur mélodieuse»[20]. D'ailleurs, Vergniaud connaît très bien les avantages d'une voix pleine. Evoquant les inconvénients de la salle de l'Assemblée Législative, il dit :

> «Elle condamne à un silence funeste pour la chose politique les hommes qui n'ont pas, dans l'organe de la voix, la même force que dans leur âme, la même étendue que dans leur esprit, et donne peut-être trop d'avantages à ceux qui, avec moins de Lumières, ont une voix plus sonore et une constitution physique plus prononcée» (cité d'après Brasart, 1988 : 88 *sq*.)

Robespierre, par contre, a la réputation d'avoir une voix peu séduisante. Tout en disposant d'une gamme très riche de ressources rhétoriques, il est un orateur plutôt médiocre. C'est chez lui que se manifeste le plus clairement cette dissociation des techniques rhétoriques et de la voix. Dans cette perspective, le combat entre Gironde et Montagne apparaît comme une lutte des voix. Ce furent les voix des orateurs de la Gironde qui séduisirent les auditeurs parisiens et qui effacèrent celles des Montagnards même quand elles ne résonnaient plus. La Convention, dit Robespierre, faillit être «endormie au bruit des voix enchanteresses de quelques intrigants»[21]. Les témoignages, leur quantité et leur univocité, montrent très nettement à quel point on était encore sensible aux charmes de la voix, et à quel point on se sentait séduit et menacé à la fois.

Ceci nous mène au cœur d'une contradiction interne du discours sur l'oral et l'écrit préformé dans la philosophie linguistique des Lumières. D'une part, l'action politique exige la réflexion, l'analyse à laquelle se prête l'écriture. D'autre part, le sujet révolutionnaire agit dans un moment sublime, dans un *chairos* (v. chap. 1.3.2.3); il apparaît sous une forme sensible, vocale surtout, ce qui lui confère l'énergie des origines non encore estompée par l'écriture qui décontextualise et détruit par là le moment, l'énergie et l'authenticité associées à celui-ci (*cf.* chap. 1.3.2.2 et 1.3.2.3).

2.1.2. Les transitions

Un des problèmes centraux de la Révolution, c'est la médiation, et ceci à plusieurs égards : entre les couches sociales, entre les conceptions politiques et surtout aussi entre les cultures. Et, dans cette perspective, la médiation entre oralité et écriture devient tout à fait centrale. Le concept d'intermédiaire[22] a été proposé afin de permettre une compréhension plus profonde de la dynamique révolutionnaire. Il était, bien sûr, nécessaire bien avant la Révolution de franchir les frontières entre les cultures et entre les moyens de communication, et les procédés de transition tels que la lecture publique et le procès-verbal ont une longue tradition. Mais ce n'est qu'au moment où un mouvement populaire se déclenche et s'organise que les intermédiaires susceptibles d'assumer ces tâches de médiation interviennent de façon cruciale dans ces processus. Comment organiser le passage de la pluralité des complaintes orales vers des documents écrits homogénéisés et bien structurés : telle était la question qui se posait à tous ceux qui participaient aux processus d'élaboration des Cahiers de Doléances. Comment garantir l'univocité des lois écrites dans les processus de diffusion orale, comment empêcher la dispersion dans des interprétations infinies et même contre-révolutionnaires ? On n'exagèrera guère en supposant que les succès aussi bien que les échecs de la Révolution furent intimement liés aux transitions plus ou moins heureuses entre oralité et écriture.

2.1.2.1. De l'oralité à l'écriture

Comme nous l'avons dit en début de chapitre, il s'agit d'une double transition, celle d'un mode de communication à l'autre, de l'oral à l'écrit, et simultanément, d'une stratégie communicationnelle à une autre, d'une technique qui se réfère à la situation et aux personnes présentes à une autre technique qui en fait abstraction. C'est là le point de départ de la Révolution : une pluralité d'opinions ancrées dans des situations concrètes qui doit alors subir les processus d'homogénéisation, de désituationnalisation et de dépersonnalisation. Cette structure fondamentale va accompagner tout le processus révolutionnaire, tantôt sous forme d'une simple transposition de mode de communication, tantôt sous forme de développements des stratégies de « littéralisation ».

2.1.3.1.1. La transition médiatique : le procès-verbal

Afin de communiquer le discours oral (bien que préconçu dans le mode écrit) du parlement à la commune et à la nation, il était tout d'abord nécessaire de le « traduire » dans le médium de l'ériture, ceci afin de simplement dépasser la distance locale et la non-identité des personnes concernées. Cette « traduction » ou transposition impliquait la perte d'immédiateté et de charisme des personnes ; elle exigeait également une sélection des faits à rapporter. On trouve, outre les compte-rendus officiels et très fidèles des discours parlementaires du *Moniteur*, aussi maints condensés des « résultats » dans des revues, entre autres dans le *Journal de la Langue Française* de Domergue. Les instances de diffusion furent alors démultipliées autant que faire se peut. Les procès-verbaux firent l'objet d'une lecture ambigüe : il semble d'une part que le *peuple* ait eu une image très plastique des différents orateurs, ce qu'on peut expliquer par la faculté encore active de réactualisation de l'écrit et par les narrations orales ; d'autre part, le passage de l'oral à l'écrit faisait naître le besoin de réinterprétation, de simplification et de stéréotypisation des positions représentées. Les compte-rendus des discours touchaient très peu la province, n'y parvenaient uniquement que les textes législatifs et les décrets, donc les seuls résultats sans rapports détaillés, et ce sans traduction ou dans des traductions succinctes dans les langues minoritaires. Les groupes de la population les moins familiarisés à l'écriture abstraite étaient donc ainsi confrontés aux écrits les plus condensés et les plus abstraits.

Outre ces protocoles parlementaires, les comités, Sociétés Populaires et enfin la Communes de Paris éditaient également des rapports sous la forme des affiches sus-mentionnées. Mais il existait également des procès-verbaux des Sociétés et des filiales de clubs en province qui se considéraient simultanément comme des contributions au discours parisien : ces compte-rendus furent aussi fréquemment adressés sous forme épistolaire aux organes parisiens supposés compétents en la matière. La médiation entre cité et campagne fut un échec dans les deux sens : de la cité vers la campagne en raison de l'abstraction croissante des procès-verbaux et donc de la désituation qui en découlait ; de la campagne vers la cité parce que les lettres, conçues comme arguments dans un discours rationnel, furent de plus en plus aspirées par le tourbillon des fractionnements et de l'uniformisation violente de l'opinion qui s'ensuivit et connurent ainsi un triste sort : soit réduites à l'acquiescement pur et simple (*cf.* les citations dans les affiches) ou « classées » sans autre forme de procès.

Sans doute, la transposition médiatique qu'est le procès-verbal, était ressentie par les contemporains comme nécessaire et douloureuse à la fois. Il y avait toujours une réalité concrète et vocale qu'il fallait quitter pour un texte fixe et abstrait.

2.1.2.1.2. La transition conceptuelle : la formulation par écrit

En sus, la simple transposition ne suffisait souvent pas. Il fallait élaborer des techniques de formulation permettant de se détacher des expériences et des paroles particulières. C'est ce qu'ont fait les intermédiaires, les porte-paroles qui disposaient déjà d'une formation littéraire[23].

Mais à part ces processus de médiation rendus nécessaires par la dynamique révolutionnaire, on peut constater un autre phénomène : une explosion de l'écriture dans les couches sociales qui n'avaient pas eu accès à l'écriture jusques là. C'est grâce aux soins de D. Roche, J. Guilhaumou, H.-J. Lüsebrink et d'autres[24] que l'on a pris conscience de ce mouvement énorme vers l'écrit qui s'est déclenché durant la Révolution, mouvement, répétons-le, qui n'était pas dû à des nécessités politiques, mais à des besoins personnels.

Ce besoin personnel de traiter les expériences révolutionnaires *par écrit* engendre des textes souvent malhabiles mais qui ne manquent pas de pathétique. La question de savoir pourquoi il ne suffisait plus de rendre compte des expériences vécues dans le domaine oral, a été largement discutée[25]. Le domaine oral est d'une part gravement atteint durant la Révolution[26] : les dénonciations déclenchaient une fuite dans le privé, à l'extrême dans l'intériorité; les expériences faites étaient d'autre part ressenties comme inquiétantes et irritantes, et cela à tel point qu'on éprouvait une nécessité existentielle de prendre ses distances et de comprendre ce qui s'était passé ainsi que le rôle qu'on avait joué dans ces évènements — prise de distance qui n'était possible que dans le «médium» de la distanciation par excellence, l'écrit. Mais quittons ces suppositions sur les les rapports entre Révolution et naissance de l'autoréflexion des sujets devenus personnalités libres et solitaires[27] et penchons-nous sur un extrait de l'un de ces textes, le *Journal de ma vie* de Jean-Louis Ménétra[28], pour voir de plus près comment fonctionne le passage de l'oral à l'écrit. Ménétra, lui-même sans-culotte et sectionnaire, réfléchit sur les expériences réalisées sous la Terreur :

> «Pendant cet espace la terreur planait sur la France et particulièrement à Paris où tous étaient non seulement dans la plus grande pénurie mais aussi dans toutes les horreurs dans les assassinats Tout était dans le plus grand désordre Le Français ne respirait que le sang Ils ressemblaient à ces cannibales et étaient de vrais anthropohages Le voisin dénonçait d'un sang-froid son voisin Les liens du sang étaient oubliés Je les ais vus ces jours d'horreur et j'ai vu [celui de voir] toutes les dénonciations que l'on venait faire à cet infâme comité révolutionnaire Lorsque je fus nommé pour leur faire rendre des comptes des hommes que je croyais probes dénonçaient d'un sang-froid pour un mot échappé L'homme était à l'instant incarcéré et même souvente fois guillotiné
>
> Vous mes malheureux amis vous serez toujours présents à ma mémoire Respectable Saint Cristau fermier général qui m'avait pris en amitié qui m'envoyait chercher sou-

vente fois par son valet de chambre pour manger avec lui Tu devais périr tu étais riche Les monstres n'en voulaient qu'à ta fortune Mes paroles à l'assemblée tous les efforts que je fis pour ramener tous les eprits en ta faveur tout fut nul L'homme honnête plaignait ton sort mais il était muet

J'y étais malheureux Marie pour avoir prêté ingénument quelques fonds tu fus dénoncé et tu péris Tous mes efforts pour te sauver furent nuls et je vis le moment où j'allais te rejoindre lorsque [par] cet homme vindicatif parla contre moi alors que je ne faisais que de demander la liberté à des hommes qui avaient trahi leur patrie Elle fut étouffée sous les huées des hommes probes qui étaient dans l'assemblée Et toi malheureux Barbet homme bon et loyal toi avec qui les soirs nous passions quelqu'instant Deux mouchards titrés de la section suivaient tes pas et tes démarches Je t'avais prévenu tu étais Lyonnais c'était un pêché capital Ils te firent boire et te firent parler Ils t'arrêtèrent te menèrent chez le commissaire homme dur qui ne cherchait qu'à trouver des coupables pour faire connaître au comité de sûreté générale qu'il remplissait aussi bien que le comité révolutionnaire la place qu'on lui aviat confiée Ces hommes étaient devenus barbares sans humanité (Ils) eussent tout sacrifié soi-disant pour soutenir la patrie et tout le contraire ils cherchaient à la détruire

J'étais de garde le jour de son arrestation J'arrive avec ma compagnie L'officier que je relève me dit qu'il a quelqu'un aux arrêts Je vais voir Quelle est ma surprise C'est Barbet A l'instant je le fais sortir Il passe tranquillement la nuit avec moi Je le questionne Il ne sait nullement pourquoi il est incarcéré L'on me dit d'avoir l'œil sur cet homme On le conduit à la Concergierie Trois jours après il périt sur l'échafaud Oh homme que je vois encore quelquefois une seule parole le rendait à la vie et une parole mal expliquée l'a fait mourir (Roche, 1982 : 261-263)

Dès le premier abord, le texte se présente comme ancré dans l'oralité : il y manque toute trace de ponctuation ; on y trouve à sa place des blancs qui iconisent le rythme parlé. Les entités séparées par des blancs sont des entités parlées, le souffle du sujet parlant anime la main du sujet qui écrit. On y retrouve ensuite beaucoup de traits caractéristiques du français parlé[29] : des segmentations (« Je les ais vus ces jours d'horreur... »), des présents historiques, même sous la forme d'*aller + infinitif* (« Je vais voir »), etc. A certains égards, on pourrait même parler d'une scripturalisation ratée : Une personne maîtrisant ce « médium » n'en a pourtant pas entièrement saisi le fonctionnement conceptuel. C'est le cas quand il s'agit de transformer la situation en contexte, de formuler explicitement par écrit ce que le lecteur ne sait pas. On y trouve souvent des pronoms personnels dont la référence n'est pas claire du tout : *L'homme était à l'instant incarcéré* — s'agit-il de l'homme suspect générique ou d'une personne spécifique ? *J'étais de garde le jour de son arrestation* — qui est arrêté : est-ce Barbet auquel s'adressait l'apostrophe immédiatement précédente ou quelqu'un d'autre ? Naturellement, ce sont des hésitations qui ne concernent que le lecteur lointain, le sujet écrivain aussi bien que ceux qui l'entourent savent de qui il s'agit.

Autre trait saillant du texte, dû au même défaut — ou dirais-je : refus — de désituation : l'emploi abondant des démonstratifs. On a l'impression que Ménétra veut maintenir, par ce procédé récurrent, le lien avec la réalité concrète et vécue, qu'il souhaite précisément éviter de céder totalement à la force désituatrice de l'écrit. *Ces jours d'horreur, cet infâme comité révolutionnaire, cet homme* : ce sont des réalités qu'il ne faut pas perdre. Dans des textes constitués et pensés à l'écrit, les démonstratifs ont une fonction textuelle anaphorique ou cataphorique ; ici, par contre, ils renvoient à la situation vécue, contraignent le lecteur à quitter le texte pour une réalité qui lui échappe de plus en plus avec la distance.

Il s'agit donc d'un texte dont le côté conceptuel de la mise en écriture est partiellement raté : au lieu de l'interponction, le rythme du parlé ; au lieu de la référence univoque, la présupposition d'un savoir commun ; au lieu des procédés anaphoriques, le renvoi à la situation. On est en droit de se demander si Ménétra écrit ainsi parce qu'il ne maîtrise pas les procédés scripturaux ou parce qu'il refuse volontairement la possession par l'écrit et ses mécanismes et parce qu'il veut maintenir un rapport oral-écrit avec une nette priorité pour l'oral et un rôle ancillaire pour l'écrit. Il est difficile de trancher ; on se demande même si cela est bien nécessaire : l'incapacité à maîtriser ce nouveau « médium » et le refus de s'y soumettre vont de pair. La fixation sur les modèles que fournit l'oral va plus loin. Ménétra maîtrise parfaitement les procédés de la narration scénique ainsi que nous l'observons dans la scène avec Barbet. Il s'inspire des modèles de rhétorique destinée à la prononciation, surtout dans les oraisons funèbres. Les commémorations des amis, victimes de la Terreur, et leurs apostrophes (*respectable Saint Cristau, Marie, et toi malheureux Barbet*), les parallélismes, les paradoxes (*Ils eussent tout sacrifié soi-disant pour soutenir la patrie et tout le contraire ils cherchaient à la détruire*) sont de vrais petits chefs d'œuvre d'une rhétorique funèbre et ne manquent guère de pathétique. Un autre procédé, fréquemment employé par Ménétra, est la formulation de vérités gnomiques se référant à des sujets génériques : *Le Français ne respirait que le sang, Le voisin dénonçait d'un sang-froid son voisin.* Il s'agit là aussi d'un procédé renvoyant au fonctionnement d'une culture orale dont les expériences sont cristallisées dans un réseau de topoi et qui fait un large emploi de formulations génériques et stéréotypées.

Le passage conceptuel de l'oral à l'écrit n'est pas aisé : on peut constater maladresse et même, en partie, échec. Mais il serait trop facile d'en rester là. On est simultanément impressionné par la recherche des procédés susceptibles de rendre les expériences révolutionnaires. Un participant veut prendre, par l'écrit, ses distances par rapport aux évènements mais continue, dans le même temps à se méfier de l'écrit. Il a fait des expériences déroutantes et tente de se saisir du vécu inquiétant, de le rendre aux autres par toute une gamme de procédés. C'est la pluralité des modèles[30] tant oraux qu'écrits qui garantit l'authenticité de l'individu qui écrit. La multiplicité des perspectives correspond au déchirement du sujet qui est en même temps acteur sur la scène politique et orateur funèbre, ami bon-vivant et partie du sujet collectif. L'échec de la scripturalisation est simultanément réussite d'un sujet qui se situe entre oral et écrit, qui est à la fois victime et acteur de la Révolution.

2.1.2.2.1. De l'écrit à l'oral – la transition médiatique : la lecture publique

Les procès-verbaux ne furent l'objet d'une lecture solitaire que dans de très rares cas : la lecture en commun ou lecture à haute voix est une forme très répandue et complémentaire des compte-rendus pendant la Révolution. Rudé cite comme instances de diffusion majeures de la «pensée révolutionnaire» (déjà couchée sur papier) les places, les tavernes, les marchés et les échoppes d'artisan.

> «With all this, a considerable — perhaps the preponderating — part in spreading ideas and moulding opinions must still have been played by the spoken word in public meeting-places, workshops, wine-shops, markets, and food-shops.» (Rudé, 1959 : 215)

Ce sont pourtant certainement des textes qui ont précisément soustendu la diffusion de la pensée révolutionnaire sur les places publiques. L'évocation de Campe des premiers mois de la Révolution pourra expliciter ce phénomène :

> «Das erste, was uns außer der hin und her wallenden Volksmenge auffällt, sind die vielen dicht ineinandergeschobenen Menschengruppen, welche wir teils vor vielen Haustüren, wo entweder Bürgerwachstuben sind oder Bäcker wohnen, teils vor allen denjenigen Häusern erblicken, deren Mauern mit Affichen beklebt sind. Diese Affichen oder Bekanntmachungszettel sieht man in allen Straßen, besonders an den beiden Seitenwänden aller Eckhäuser und an dem ganzen Gemäuer aller öffentlichen Gebäude auf den Quais und sonstigen freien Plätzen, eine so unzählbare Menge, daß ein rüstiger Fußgänger und geübter Schnelleser den ganzen Tag, vom Morgen bis an den Abend, herumlaufen und lesen könnte, ohne nur mit denjenigen fertig zu werden, welche man an jedem Tage von neuem ankleben sieht. (...) Vor jedem mit dergleichen Zetteln, die in großen Bogen, mit großer Schrift gedruckt, bestehn, beklebten Hause sieht man ein unendlich buntes und vermischtes Publikum von Lastträgern und feinen Herrn, von Fischweibern und artigen Damen, von Soldaten und Priestern, in dicken, aber immer friedlichen und fast vertraulichen Haufen versammelt, aller mit emporgerichteten Häuptern, alle mit gierigen Blicken den Inhalt der Zettel verschlingend, bald leise, bald mit lauter Stimme lesend, darüber urteilend und debattierend. Zehn oder zwanzig Schritte weiter hin stößt man auf einen anderen ebenso bunten und vermischten Haufen, der einen an die Mauer gelehnten Tisch mit einer kleinen Verdachung umgibt, worauf die fliegenden Blätter und Broschüren des Tages feilgeboten werden, welche zu eben der Zeit von vielen hundert Kolporteuren durch alle Straßen der Stadt, nicht bloß mit dem Titel, sondern oft auch dem Hauptinhalte nach, ausgeschrien werden. Auffallend und

befremdend für den Ausländer ist hier der Anblick ganz gemeiner Menschen aus der allerniedrigsten Volksklasse, zum Beispiel der Wasserträger, welche die Küchen aller Häuser der Stadt, wohin keine Wasserleitungen führen, mit dem unreinen Seinewasser versorgen — auffallend, sage ich, ist es, zu sehen, welchen warmen Anteil sogar auch diese Leute, die größtenteils weder lesen noch schreiben können, jetzt an den öffentlichen Angelegenheiten nehmen, zu sehen, wie sie ihre Eimer wohl zwanzigmal in einer und ebenderselben Straße niedersetzen, um erst zu hören, was der Kolporteur ausruft oder was etwa einer von denen, welche vor den Bekanntmachungszetteln sich angehäuft haben, mit lauter Stimme abliest und was von anderen darüber geurteilt und vernünftelt wird, zu sehen — was ich mehrmals beobachtet habe —, wie vier, fünf oder, sechs solcher armseliger Lastträger mit einem ihrer Kameraden, der den seltenen Vorzug besitzt, Gedrucktes lesen zu können, in Verbindung treten, ihre Liards zusammenlegen, sich dafür gemeinschaftlich eins der fliegenden Blätter oder der kleinen Broschüren des Tages kaufen und nun zwischen ihren Eimern oder sonstigen Lasten sich dicht zusammenstellen, um dem vorlesenden gelehrten Kameraden mit vorgehaltenem Ohre, starren Augen und offenem Munde zuzuhören.» (Campe, 1789/1961 : 147 *sq.*)

Une source hongroise écrite en latin vise sans doute le même phénomène qu'elle appelle *promiscue legere* :

«Sparsis libellis ephemeridibus gallicis «Moniteur» dictis vulgabantur et in caffeariis, tabernis in Hungaria promiscue legebantur» (Szirmay, 1807)

La lecture à haute voix et la situation y afférente me semblent avoir joué un rôle crucial dans la Révolution. Les textes revêtus du prestige de l'écriture mais simultanément résultats concrets du discours public (oral) font l'objet dans ce traitement en commun des informations d'une re-situation, d'une ré-interprétation et conquièrent par cette actualisation leur intérêt pour le public en discussion. L'interprétation commune prend fréquemment un tour volontariste et l'assurance qu'on a bien compris le message se transforme en un projet d'action. Les sujets qui reçoivent le texte lu à haute voix se font sujets de nouvelles actions grâce à la productivité de l'interprétation.

De nombreux exemples prouvent que la situation de la lecture publique a joué un rôle priomordial pendant la Révolution. Outre les rapports des observateurs tels que ceux cités plus haut, les procès-verbaux, principalement des Sociétés rurales, l'Enquête de l'Abbé Grégoire et la discussion autour de la politique des traductions reflètent bien les processus de la transmission des informations et des projets d'action qui s'ensuivirent.

La recherche intensive sur la production textuelle pendant la Révolution dans le Sud de la France et surtout l'établissement d'un inventaire des textes en occitan[31] a clairement montré que la majeure partie des textes écrits qui ont été conservés, était destinée à «l'oralisation programmée»[32], que la «compréhension des textes» dépendait de la lecture à haute voix en occitan[33].

Ph. Gardy distingue, tout comme nous, entre les deux sens de la transition : de l'oral vers l'écrit (ce sont surtout des transcriptions de chansons qui circulent par «voie orale») et de l'écrit vers l'oral, avec d'innombrables textes destinés à cet emploi :

> «L'inventaire nous montre qu'il s'agit incontestablement de la catégorie de textes à la fois la plus nombreuse et, surtout, la plus bavarde.» (Gardy, 1990 : 166)

Les textes eux-mêmes nous fournissent quelquefois des informations sur les situations de lecture publique :

> «A Saint-Hilaire, le 31 janvier 1790 le curé à l'issue de la messe «a fait en langue vulgaire lecture des dites lettres patentes du Roy et décret... accompagnée des réflexions, instructions et interprétations relatives sur chaque article pour les donner à comprendre à l'auditoire; à la même époque MM les officiers municipaux ont fait attacher à la principale porte de l'Eglise, un placard d'affiche des dites lettres patentes et décret... desquels tous les habitants litterés en ont pris connaissance par la lecture...» (Fournier, 1985 : 166)

> «avés entendut légi aquel discours» (*Adressa as citouyéns*, 1790; Boyer, 1985 : 309)

> «Ausou sublar a mes aureilles qu'uno troupo de gens dau pople n'ausoun qu'a mitá ce que se dis. Un moument de patienço, braves gens : vous vau expliquar de qu'es questioun dins lou lengatgi que vous es lou plus familier» (*Délibération des Pères de famille de Sisteron*, 1789; Martel, 1985 : 296)

Ce dernier texte justement nous montre très clairement le problème fondamental des lectures publiques, surtout quand elles impliquent un changement de langue. Il s'agit d'un discours français prononcé par l'avocat Teissier et qui est traduit sur place par un autre avocat Hodoul. C'est cette traduction qui sera tirée à 400 exemplaires. Soit dit en passant, les rapports entre oral et écrit sont plus compliqués que ne le suggère notre distinction de la transition dans les deux sens : il s'agit d'un texte écrit, lu à haute voix, traduit et expliqué à haute voix en provençal puis imprimé en provençal par la suite. Le problème que je voulais évoquer, c'est le rapport entre les deux versions du discours :

> «Bref, si l'on compare les propos de notre avocat avec ce qu'il est censé traduire, on constate d'énormes différences. Différences quantitatives : cinq pages de texte occitan contre treize de texte français. Qualitatives, surtout. Des attaques contre les priviliégiés, il ne reste pratiquement rien. Le thème de l'inégalité devant l'impôt n'est qu'ébauché. Le blocage des carrières est, lui, totalement absent. Quant aux réserves finales du texte de Teissier, et à son appel à la vigilance, c'est comme si elles n'avaient jamais existé. Rien ne trouble l'hommage à Necker et à Louis XVI. Par ailleurs l'auditeur occitanophone aura sans doute eu du mal à comprendre comment fonctionnent les Etats de Provence, et ce qui les distingue des Etats Généraux.
>
> En revanche, il aura eu tout le temps de méditer sur le devoir de gratitude auquel on le renvoie. Merci au Roi, à Necker, à Mirabeau, à on ne sait trop quel notaire ami de la raison, etc. Bref, on invite le bon peuple à remercier des gens auxquels, au fond, il ne doit rien. Et on ne lui parle que fort peu, en fin de compte, de ce qui peut le concerner directement : impôt, propriété des terres, voire éducation.» (Martel, 1985 : 292)

La lecture publique implique donc le danger d'un détournement, d'une falsification du sens de l'original. L'importance et l'ambigüité du groupe des intermédiaires se font jour dans des situations comme celle de Sisteron. Ce sont des citoyens disposant d'une formation scripturale : des curés, des avocats. Comment éviter qu'ils abusent de leur statut d'intermédiaire ? Il y a deux possibilités : ou bien on fixe les textes, ce qui signifie pour les régions non-francophones qu'on élabore des traductions autorisées ou bien on fixe les personnes dignes de confiance, des *lecteurs patriotes*, solution qui sera plus tard radicalisée par Barère qui proposera l'envoi d'instituteurs dans toute la France. C'est la première solution qu'on choisit dans un premier temps. On pourrait se demander s'il n'aurait pas suffi « de faire suivre la lecture française d'une glose orale en occitan » (Martel, 1984 : 47). Cette possibilité apparemment facile s'avéra vite insuffisante comme le montre bien l'exemple de Sisteron. Il fallait donc trouver des mécanismes pour obliger les lecteurs/traducteurs sur place. Il fallait les impliquer dans un jeu compliqué de passage de l'écrit à l'oral et du français à l'autre langue. Henri Boyer a proposé le modèle suivant pour rendre compte de cette situation communicationnelle à plusieurs axes :

« Plusieurs contrats sont donc impliqués dans le même projet communicatif qui vise la production simultanée d'effets distincts :

1. – En ce qui concerne le peuple, on lui « explique » en occitan les enjeux et les péripéties de la Révolution mais on va surtout chercher à le gagner/conserver à une cause ou du moins à le neutraliser

2. – En ce qui concerne le « lettré », celui qui joue le rôle de lecteur public, il est investi d'un précieux pouvoir de relais dans la communication politique, et on reconnaît l'importance de son statut de bilingue, on légitime même cette place dans la circulation sociale du discours politique.

3. – A l'auditeur, mais aussi au lecteur, la Révolution montre qu'elle prend acte de l'existence d'un bilinguisme, qu'elle respecte les paysans non francophones (= le peuple) puisqu'elle n'hésite pas à s'adresser à eux dans leur idiome.

Il y a donc, à côté de la dimension *illocutoire* fondamentale (informer, expliquer, réfuter, convaincre, exhorter..., en occitan), une dimension *perlocutoire* (flatter, légitimer, impliquer, rassurer...). Un programme complexe, mais aussi rentable, qu'on peut ainsi résumer :

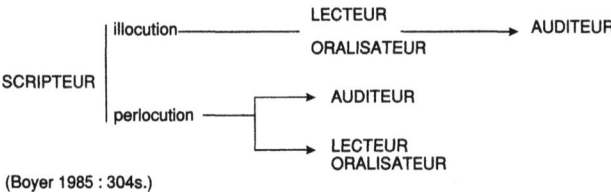

(Boyer 1985 : 304s.)

2.1.2.2.2. De l'écrit à l'oral – la transition conceptuelle : la narration et le dialogue

La tentative de fixation des textes entraîne une seconde difficulté : la lecture publique devait assurer d'une part la transition médiale mais pouvait aussi franchir la barrière conceptuelle si elle était assez libre. Dès le moment qu'on fixe les textes à lire, on cimente cette barrière conceptuelle. Nous l'avons déjà vu dans l'exemple interprété par Robert Lafont (1985) : un texte écrit en occitan, destiné à la lecture publique peut néanmoins rester parfaitement incompréhensible.

On a vite compris cette difficulté et tenté de dépasser cette barrière. On remarque, dans l'inventaire des textes dressé pour l'occitan, différentes stratégies : des efforts de théatralisation, des histoires, des dialogues. On essaie donc d'atteindre un public s'inscrivant dans l'univers oral. On renoue avec ce mode, bien sûr, par des modèles traditionnels : la littérature carnavalesque, les fables édifiantes, le catéchisme, ce qui est encore source d'ambigüités. Quelques revues font leur la tâche de rendre disponibles des textes à la portée de tous et se prêtant à la lecture publique. La *Feuille Villageoise* par exemple, revue parisienne destiné au public des campagnes, contient de nombreux conseils pour la lecture publique (I, p. 123, 240, 241, 359, etc.). L'avertissement présente des idées précises sur la situation de médiation :

> « Il nous semble que les riches Propriétaires les Fermiers aisés, les Curés Patriotes, les Médecins & les Chirurgiens, qui depuis la renaissance de nos Loix, ont contribué si bien à propager l'esprit public dans les Campagnes, auront un moyen de se rendre plus utiles aux Paysans, leurs Concitoyens, en leur procurant, en leur faisant eux-mêmes la lecture de ce Journal. Ils pourront les assembler le Dimanche & les autres jours de Fête, afin que le travail de l'instruction ne nuise aucunement à celui de la culture, & que les jours du repos soient consacrés en même temps aux solemnités religieuses & et aux discussions intéressantes. Ces lectures publiques formeront une Communauté nouvelle & de petits Clubs campagnards, qui répandront les vérités & les vertus sociales dans ces cantons où les unes et les autres étoient si négligées, & où jusqu'ici l'on n'avoit vu que l'orgueil seigneurial & l'obstination rustique toujours en procès ou en défiance. » (*Prospectus*, 1790 : 13)

Un rapport de Paganel (1815) sur la lecture du *Père Duchesne* de Hébert pendant la Terreur montre que d'autres revues furent interprétés comme revues de lecture publique : pendant la Terreur, beaucoup le lirent de façon ostentatoire afin de se laver de tout soupçon; on voyait partout « l'orateur, fumant sa pipe » en première page. Braesch, l'éditeur, ajoute un *sic* à « orateur »; ce n'est pas sans ironie qu'on voit s'imposer la désignation de la « véritable » situation de réception d'un texte dans l'article même sur la lecture solitaire des suspects cultivés[34].

Examinons de plus près les procédés dialogiques dans la *Feuille Villageoise*, revue éditée par Cerutti (parue pour la première fois le 30/9/1790), qui s'était proposée de diffuser les Lumières dans les couches de la société qui, jusque-là, n'avaient pas eu accès à la culture. Il se trouve, par ce procédé, en compagnie de tous les auteurs et éditeurs de catéchismes, canards, almanachs, dictionnaires, jeux de l'oie, etc., destinés à un public qui n'était que superficiellement alphabétisé.

L'éditeur de la *Feuille Villageoise* ne se faisait, contrairement à d'autres protagonistes de la Révolution, guère d'illusions sur le degré d'alphabétisation. Il conseille, dès l'*Avertissement* au premier numéro, de procéder à une lecture et à un commentaire en commun de son journal :

> «Les curés sont les percepteurs de la religion. Cet emploi important, à tous égards, le deviendroit encore plus, s'il s'ajoutoit à l'instruction chrétienne l'instruction civile. Ce seroit donc une sage pensée, et une idée vraiment pastorale, de rassembler dans leur maison ou dans la maison municipale, ou dans la cour des anciens châteaux, ou dans l'église villageoise, les principaux paysans, pour leur lire, chaque dimanche, notre Feuille, et pour leur expliquer les passages qui ont besoin d'être éclaircis ou commentés. Au défaut des curés, les chapelains, ou même les possesseurs de châteaux, pourroient rendre aux villages ce salutaire office, et s'acquérir par-là une domination bien préférable à celle qu'ils ont perdue. Au lieu de vassaux ils auroient des disciples et des prosélites. Si le pasteur, le chapelain, ou le riche du hameau, ne pouvoient se charger de cette honorable instruction, les chirurgiens de la campagne, qui pour l'ordinaire sont animés d'un zèle patriotique, pourroient former chez eux une sorte d'école ou de club ; et là ils développeroient nos préceptes ; ils répondroient aux questions, et si quelquefois ils avoient besoin de nous consulter, ils nous écriroient, en affranchissant le port des lettres, aux frais de la petite communauté.» (Prospectus, 1790 : 9 sq.)

La lecture publique est non seulment appropriée aux facultés d'entendement de la population rurale ; c'est aussi une situation ouverte. Le texte ne se termine pas en un endroit précis mais se prolonge dans la discussion des écoles et clubs en cours de formation. Cette forme forcément traditionnelle de médiation s'avère en fin de compte propice à la diffusion des Lumières car elle permet de concrétiser l'infinité du savoir et de poursuivre le processus des Lumières (*Aufklärung*) dans le dialogue.

La très grande majorité des contributions à la *Feuille Villageoise* est de conception dialogique, soit sous forme de lettres, soit sous forme de conversations fictives. Les auteurs s'adaptent par mimétisme aux facultés d'entendement supposés de leurs lecteurs et expliquent ainsi des thèmes complexes : la nouvelle constitution, la signification d'*égalité*, la nouvelle fiscalité, la constitution civile du clergé, la participation des jurés à la jurisprudence, etc. Il s'agit donc d'un côté de simplification : on imite les procédés oraux afin de faciliter la compréhension ; d'un autre côté, les dialogues reflètent et doublent la lecture publique à laquelle ils sont destinés. Ils confèrent des amorces de re-situation et les stéréotypent, les canalisent dans le même temps.

Considérons le dialogue «Le paysan et son Seigneur» qui commence dans le numéro 3 du 14/10/1790 (33-41) et se poursuit dans le numéro 4 du 21/10/1790 (51-58). Un paysan demande à son seigneur, M. de Grézy, de lui expliquer la *Déclaration des Droits de l'Homme*. Les rôles sont bien plantés : Monsieur de Grézy est un noble éclairé qui explique avec conviction les idéaux de la Révolution. Le paysan lui est inférieur intellectuellement et a besoin d'éclaircissements :

> «J'ai donc voulu lire cette *déclaration des droits*; mais je vous avoue, Monsieur, que je ne l'ai pas bien entendue; il y a des mots qui sont au dessus de ma portée, car elle a été faite par des gens qui ont plus d'esprit que moi.» (33)

Le paysan, bien sûr, apprend rapidement : il paraphrase tout d'abord les explications abstraites du seigneur en les concrétisant pour mieux les comprendre :

> «Enfin ils se lient par des engagements et des promesses réciproques; ils font des conditions, précisément comme vous faites aujourd'hui, quand vous prenez des associés dans une entreprise.
>
> LE PAYSAN. J'entends, Monsieur, ils se disent les uns aux autres : tu protégeras mon champ, je protégerai le tien; tu ne me feras point de mal, je ne t'en ferai point; et si des étrangers viennent nous chercher querelle, nous nous réunirons pour les battre et pour les chasser.» (35)

Il devient toujours plus autonome (éclairé) au fil du dialogue et aborde, par ses questions, des points délicats : le *contrat social* originel n'a-t-il pas été enfreint au cours de l'Histoire, quels moyens y-a-t-il de revenir à ses rapports originels, en quoi consiste cette *égalité des droits* très souvent citée, l'employé est-il donc vraiment égal au seigneur, le soldat à l'officier, l'homme du peuple au fonctionnaire, de quels critères la valeur des différentes tâches dépend-elle en réalité? Ce sont toutes en fin de compte des questions intelligentes et subversives qu'on a le droit de poser dans cette situation historique et pour lesquelles le noble dispose des réponses de l'Assemblée Nationale. Le paysan a donc reçu des réponses déterminées, celles-là précisément que la *Feuille Villageoise* s'était donnée pour mission de diffuser dans l'esprit des Lumières; mais il a ainsi également appris à reconnaître les problèmes et à poser des questions dans ce contexte, éventuellement certaines questions dépassant le cadre de la noblesse éclairée; enfin il a aussi appris quelque chose sur le rapport seigneur/subordonné si bien présenté par Diderot dans *Jacques le Fataliste* : le noble éclairé nécessite ces questions; sans elles, il ne serait rien, du moins pas un seigneur éclairé. Le dialogue reflète, double en outre la lecture publique pour laquelle la *Feuille Villageoise* est rédigée. Il offre des possibilités d'identification : qui ne souhaiterait être le noble éclairé ou le paysan en train de goûter le plaisir des Lumières ? Il ouvre des possibilités de comparaison : le seigneur réel est-il moins éclairé, moins libre de préjugés que l'idéal présenté ? Il incite à dépasser les limites : nous souhaitons poser de telles questions et d'autres encore... Le dialogue spécifique popularisant, né de la condescendance pour et de l'adaptation à des horizons d'entendement limités, présente en même temps une situation idéale pour la conversation dans laquelle toutes les questions peuvent être posées. La comparaison démontre que la situation réelle n'est pas satisfaisante mais l'interrogateur devenu indépendant ne se contentera peut-être pas des questions «autorisées» dans le cadre «éclairé» mais en posera de nouvelles.

Nous avions dit que, dans le cadre de la situation historique, les réponses aux questions sont déterminées : le noble éclairé apporte des réponses auxquelles on peut s'attendre sous une forme stéréotypée et prévisible. Ce type textuel, consistant en un catalogue exhaustif de questions et de réponses, n'existe-t-il pas déjà sous la forme centenaire du catéchisme ? Ceci n'est-il pas précisément le procédé orthodoxe de fixation et de tradition des principaux dogmes sous une forme facile à mémoriser ? Qui s'étonnera alors de trouver, dans le numéro 5 du 28/10/1790, le *Catéchisme de la Constitution Françoise* (65-78) qui se poursuit dans le le numéro 7 du 11/11/1790 (117-123) ? Les principaux acquis de la Révolution Française y sont présentés en phrases didactiques simples et aisées à apprendre. Il n'est certainement pas tout à fait faux ici de déceler les échos d'un systèmes autoritaire et fermé de la transmission d'un savoir déjà existant. Un nombre limité de questions uniquement est posé — les réponses y sont pré-déterminées, le processus des Lumières s'immobilise et fait place à la tradition centenaire de la transmission des dogmes. Pourtant, en considérant le phénomène de plus près, on y dénote une remarquable permutation des rôles : celui qui pose les questions n'est pas omniscient et ses questions ne sont pas innocentes ; l'astucieux paysan poursuit, en dépit de la forme suspecte, l'auto-processus de la pensée des Lumières. Les questions viennent de la base : le rapport entre celui qui pose les questions et celui qui y répond s'oppose au rapport traditionnel. Même dans le retour à une forme traditionnelle et tendenciellement dogmatique, le processus des Lumières ne peut être stoppé. Chaque situation dialogique, même dans le cas du dialogue utilisé pendant des siècles sous une forme répressive, détient un potentiel d'épanouissement des Lumières : à savoir la mise en question explicite de rapports problématiques et reconnus comme tels.

Ainsi, les dialogues popularisants des écrits destinés à l'information du peuple sont éventuellement d'essence condescendante, on veut s'adapter aux facultés d'entendement dudit peuple, présenter des rôles fixes, «enfoncer» des contenus tout prêts, sans discussion ultérieure et sous une forme facilement mémorisable[35]. Il n'est cependant pas exclus que ces dialogues spécifiques se soient faits, derrière le dos de leurs auteurs et diffuseurs, véhicules d'un véritable courant populaire des Lumières : la lecture publique, ouverte par principe, invitait à une re-situation, son dédoublement dans le dialogue didactique permettait une expérience réelle de la différence et même le retour à une forme fixe de catéchisme n'a su faire opposition au potentiel de l'auto-apprentissage des Lumières.

Comme dans le cas des autobiographies, la réponse à la question de savoir si les transitions conceptuelles ont réussi ou non, doit rester en suspens : on se trouvait tantôt face à des textes écrits dont les auteurs se refusaient à quitter définitivement le domaine oral, tantôt face à des textes écrits destinés à la ré-oralisation qui ne quittent pas entièrement les sécurités offertes par un texte fixé par écrit. C'est justement l'entre-deux sous toutes ses formes qui caractérise largement les productions politico-culturelles des premières années révolutionnaires.

2.1.3. L'oralité fictive

Nous avons parlé jusqu'ici des transformations authentiques, soit sous forme de simple changement des moyens de communication, soit sous forme de transformations conceptuelles issues du besoin de s'exprimer ou de se faire comprendre. Mais, il y a aussi un usage purement symbolique de l'oralité qui correspond à une autre fonction que celle de se faire comprendre. C'est la mise en œuvre d'une oralité fictive afin de créer une connivence, une fraternisation symbolique. On connaît le geste de l'oralité et on en fait usage, non pas pour être mieux compris, mais pour revaloriser ceux qui sont censés parler ainsi. Il s'agit alors de «faire authentique»[36]. Souvent, l'usage des procédés oraux se combine à l'imitation d'une variété basse du français ou d'une langue non-française. L'exemple le plus connu de ce genre d'oralité est la série des journaux centrés sur le *Père Duchesne* ou d'autres personnages populaires[37].

2.1.4. Des fragments discursifs en bricolage

Nous avons vu que des passages de textes changeaient plusieurs fois de l'oral à l'érit et de l'écrit à l'oral. Ceci produit, comme dans les cultures orales en général, une certaine instabilité de la forme. Chaque «mise en acte» produit un exemplaire textuel unique et originaire et il faudrait se demander à quel niveau du texte cette instabilité se répercute en particulier : le simple niveau formel ou bien le niveau sémantique, ou bien enfin le niveau illocutif. Cela devrait très certainement varier selon les genres.

Le théâtre se dégage des formes rigides, fait place à l'improvisation et à la discussion, se rapproche donc des lectures publiques.

On peut constater que les célèbres chansons de la Révolution sont transmises dans de nombreuses versions en concurrence les unes avec les autres et qu'une version définitive ne s'impose que relativement tard. Celle-ci, à son tour, est néanmoins immédiatement la base de nouvelles contrefaçons. Les recueils de chansons de la Révolution contiennent différents textes pour la même mélodie (6 versions de *Ça ira* par exemple) et les *Affiches* présentent de nouveaux textes pour des chansons déjà établies (pour la *Marseillaise* le 7/7/93, 23/9/73, 1/10/93, etc.; pour la *Carmagnole* le 30/9/73). On ne connaît par ailleurs une telle fluctuation que pour les corpus de chansons de tradition orale, pour le Romancero espagnol par exemple.

On peut constater, dans ce contexte, la fluctuation et l'ouverture entre les genres qui en résulte : des chansons sont extraites des pièces de théâtre et font l'objet d'une tradition (et d'une transformation) ultérieure; des pièces de théâtre sont écrites comme représentations scéniques de textes de chanson.

Une autre conséquence, elle aussi bien connue dans l'étude des cultures orales, est la répétition, la recurrence d'un stock de formules et des passages tout faits ainsi que l'impression de déjà-vu (déjà-entendu?) qui s'en dégage. A partir de ces fragments, on peut établir d'innombrables combinaisons entretenant des rapports de parenté les unes avec les autres. Ce sont des fragments qui circulent entre l'oral et l'écrit et qui sont toujours montés de façon différente. L'auteur de ces bricolages multiples s'efface de sorte qu'on croit se retrouver devant un discours collectif, répétitif, stéréotypé, monotone.

2.2. LA DIVERSITÉ LINGUISTIQUE

> « Mais qui déterminera le nombre des idiomes qu'on parle en France ? »
> (Fonctionnaire anonyme du Ministère de la Justice, 1792)

Depuis l'édit de Villers-Cotterêts en 1539, date à laquelle Brunot fait allusion comme point de repère d'une politique linguistique unificatrice[38], la situation linguistique de la France était réglée : le français était la langue officielle, juridique et administrative, ce qui n'empêchait pas les autres langues de la France d'être néanmoins parlées; elles gardaient une certaine importance dans le commerce local; on établit même des niches modestes de cultures régionales fonctionnant sur une base orale ou manuscrite. Le français cumulait la gloire d'être une grande langue littéraire et scientifique qui, à un certain moment, était même sur le point de remplacer le latin en tant que langue universelle. Les langues régionales étaient simultanément de plus en plus dévalorisées. L'histoire des rapports entre français et langues régionales était sans éclats spectaculaires. On peut pourtant noter quelques points importants que je vais illustrer par des exemples occitans[39]. Il semble qu'il y ait une accélération de la dévalorisation dans les années 1750-70. A titre d'exemple probant : le changement des finalités de dictionnaires occitans. Boissier de Sauvages qui, en 1756, avait encore attribué une importance pratique à son dictionnaire languedocien-français, modifie complètement la préface de la seconde édition de 1785 : la seule finalité qu'il admet à ce moment-là est celle d'utilité pour l'auto-correction linguistique des languedociens. Mais des courants s'élèvent aussi contre cette dévalorisation et ils vont de pair avec l'affirmation de l'indépendance régionale, surtout dans les régions dotées d'Etats Généraux, le Languedoc et la Provence, dans les années 80[40]. De nombreux savants languedociens et provençaux se prononcent en faveur de la dignité du provençal ou languedocien et opposent cette *langue à dialectes*, qualité qu'elle partage avec le grec, au français unifié; ils comparent l'énergie et la vitalité de la langue méridionale avec la pureté et la froideur du français[41]. Mais, malgré ces mouvements contre les rapports hiérarchiques entre les deux langues, il existe une certaine routine diglossique[42] dans la vie quotidienne qui est à l'œuvre et sur laquelle on se pose guère de questions.

2.2.1. Les pratiques linguistiques dans le Midi durant la Révolution

La situation mentionnée n'a pas fondamentalement évoluée pendant les premières années de la Révolution. Les documents dont nous disposons et que les occitanistes viennent de compiler et de commenter font apparaître une société bilingue avec une grande variété de situations linguistiques et une grande diversité à l'intérieur de la communauté linguistique occitane[43]. Ce qui change par rapport à la routine de l'Ancien Régime, c'est le développement d'une sensibilité plus aigüe pour les valeurs symboliques de la langue locale, son implantation locale, la possibilité de jouer sur ces valeurs («faire authentique») d'une part et pour les limites et les restrictions de la langue autochtone d'autre part.

Martel, Boyer, Gardy, Fournier et d'autres rendent compte, dans leurs récents travaux, de cette réalité pluriforme, des discussions, des lectures et des procès-verbaux (dont il était déjà question dans le chapitre précédent), des traductions, des signatures et des votes. Il y a malgré tout, dans toute cette variété, un élément d'ordre : le français.

> «Le français devient ainsi la langue de l'ordre, de la légalité nationale, l'occitan celle du désordre, de la spontanéité brouillonne, pour ceux qui sont responsables de la norme écrite. Dans tous les procès-verbaux ce qui sort de la démarche normale traduite en français est le plus souvent résumé en quelques mots, toujours les mêmes, exprimant une réalité indigne d'accéder au niveau d'un langage, d'une formulation écrite détaillée : «jactances, murmures et imprécations, huées, trouble, confusion, violences, chants indécents ou infames, cris pertubateurs, sottises fort grossières».» (Fournier, 1985 : 169)

Ainsi que nous l'avons déjà évoqué, l'occitan (comme la plupart des autres langues régionales) est presque entièrement lié à l'oral et partage le même sort que celui-ci : c'est la langue de la séduction vocale, la «langue énergique du peuple»[44] dont se servaient aussi les jacobins provençaux quand il fallait obtenir un consensus dans le peuple[45], l'écrit étant le domaine du français, comme souvent dans des situations diglossiques[46]. Pourtant, même cette répartition n'est pas tout à fait stable : le «surgissement d'un écrit imprimé»[47] au moment de la Révolution le prouve. On pourrait objecter que ces documents écrits étaient des tentatives, vouées à l'échec, de traduction des textes français pour «faire authentique» sans cependant y parvenir[48]. Mais on trouve aussi des documents appartenant directement à une tradition scripturale autochtone, par exemple : des caricatures locales avec inscriptions occitanes sont absolument surprenantes[49] ou, moins étonnant, des textes greffés sur la tradition toulousaine «mondine» de Godolin et du «Miral Moundi»[50].

La variété règne à l'intérieur de chaque situation et dans chaque localité ; et il s'agit d'autant plus de variétés si on considère le domaine occitan tout entier. Nous avions déjà noté des traditions locales d'écriture occitane. Il en est de même en ce qui concerne les différentes traditions textuelles et les registres linguistiques en usage dans ces traditions. Ph. Martel[51] parle même de «deux Occitanies», et cela sur la base du dépouillement de l'ensemble des textes révolutionnaires en occitan qui nous sont connus et qui se distingueraient par l'emploi de deux registres complètment différents : l'un popularisant et l'autre savant. Et Ph. Gardy qui est le meilleur connaisseur actuel de la littérature occitane pré-révolutionnaire, parle de «styles régionaux»[52] qui étaient la base des efforts pour créer une forme écrite pour les textes révolutionnaires occitans.

2.2.2. La réflexion sur la diversité linguistique

La réalité régionale était, comme au XVIIIe siècle déjà, perçue à plusieurs niveaux. Considérons le cas du domaine linguistique occitan. C'était tout d'abord une réalité locale différente d'un village à l'autre mais aussi une réalité régionale correspondant aux anciennes entités politiques : Provence, Languedoc, etc. Outre ce niveau régional très important, il y avait encore une notion obscure et vacillante d'une unité linguistique supérieure, celle du *gascon*, du *Midi de la France*, des *parlers méridionaux*, etc. En fait, selon le niveau auquel on se référait, on employait des désignations différentes : s'agissant d'opposer l'occitan au français, on parlait de *gascon*, pour opérer une différence entre les variétés régionales, on parlait de *languedocien*, *provençal*, etc., enfin si on voulait se référer à des variétés en deçà du niveau régional, on employait des désignations telles que *cevenol*, *marseillais*. Il y a pourtant deux désignations qui n'entrent pas dans ce jeu des différents niveaux : *patois* et *idiome*. Le terme de *patois*, peu employé au début de la Révolution, fait allusion à la limitation locale tandis que *idiome* met en relief le propre, l'individuel de chaque variété linguistique, indépendamment de l'échelon national, régional ou local. C'est en quelque sorte le terme non-marqué, l'archilexème de tout le champ lexical. Ce système compliqué de dénominations, employé avec une certaine cohérence à l'intérieur de la communauté linguistique[53], donnera à ceux qui le considèrent de l'extérieur sans doute l'impression d'une confusion totale.

La pluralité des situations et des emplois, la variété à l'intérieur de la communauté linguistique, le fonctionnement des désignations, tout ceci datait de l'Ancien Régime. Ce qui changeait, c'était le nombre et l'intensité des situations qui devaient être maîtrisées linguistiquement et, par là, une sensibilité plus aigüe pour les fonctionnements diglossiques. Mais ceci ne touchait pas encore au statut «naturel» de cette pluralité et de cette diversité. Il s'agissait d'une demande de réflexion formulée à l'extérieur et à laquelle répondaient des correspondants de toute la France : la fameuse enquête de l'Abbé Grégoire d'une part et la réflexion extérieure déclenchée par la nécessité de faire connaître les nouvelles lois dans les régions alloglottes, d'autre part.

2.2.2.1. L'enquête de l'Abbé Grégoire[54]

Les réponses au questionnaire de l'Abbé Grégoire, distribué en août 1790, ont fait l'objet de plusieurs études, surtout de l'interprétation de de Certeau, Julia et Revel : *Une politique de la langue*. Je peux donc me limiter à mettre en relief quelques points qui me paraissent importants. Les réponses reflètent une réalité plurielle, variée, mais le lecteur externe, parisien, ignore les règles implicites du jeu : il lit ces réponses qui ne manquent pas de lui donner une impression de chaos total, d'une diversité sans freins.

> «Dans cet univers des voyelles, partout bruissent les particularités. Un royaume vocal de l'idiotisme s'oppose au règne consonnal des «idées», qui est celui de l'universel, de la langue et des Lumières [...]. Signes d'une singularité qui s'érotise en s'éloignant. La pluralité du pays natal et du corps vécu s'opacifie.» (de Certeau *et al.*, 1975 : 114 *sq.*)

Le questionnaire de l'Abbé Grégoire, par ailleurs, exige de la part de ceux qui y répondent une prise de position. Une réalité ressentie comme naturelle auparavant devient alors problématique. Les efforts de réflexion que font les correspondants de Grégoire n'aboutissent pas partout aux mêmes résultats. «Une diversité qu'il faut abolir», dit Chabot, correspondant de Rodez; «une différence à respecter», note le fameux correspondant de Montauban[55] qui réclame l'enseignement en occitan.

2.2.2.2. Les traductions[56]

On possédait, à Paris, des connaissances assez superficielles sur l'état des langues non-françaises en France; les détails étaient quasi totalement ignorés. Dès le début de la Révolution, on ressentit la nécessité de diffuser les nouveaux décrets et lois dans toute la France et de surmonter les barrières linguistiques qui pouvaient s'opposer à cette intention.

A l'initiative du député flamand Bouchette, l'Assemblée Nationale décrète le 14/1/1790 de faire traduire ses décrets dans les «différens idiomes»[57]. Plusieurs personnes proposent leurs services qui sont en partie acceptés (Simon en Alsace, Boldoni pour la Corse, Dithurbide pour le basque, Broussard pour le flamand). Le 20/1/1791, Dugas est chargé de s'occuper des traductions dans les «idiomes méridionaux» :

«L'Assemblée Nationale a décrété le 14 janvier 1790, que le pouvoir Exécutif seroit chargé de faire traduire les Décrets de l'Assemblée dans les différens idiomes, et de les faire parvenir ainsi traduits dans les différentes Provinces du Royaume.

L'éxécution de ce Décret est d'autant plus pressante, que tous les renseignemens pris pour cette exécution n'ont encore conduit à aucun résultat. Elle est nécessaire, parceque surtout aux extrémités du Royaume, la loi est troublée, parce qu'elle n'est pas suffisamment connue.

M. Dugas, Député extraordinaire de la Commune de Gordes, Département du Tarn, très instruit dans la connoissance de tous les Ydiomes Méridionaux, se charge si sa Majesté daigne l'approuver de la traduction de tous les Décrets de l'Assemblée Nationale, sanctionnés par Sa Majesté, en idiôme de chacun des Départements qui suivent :

Lot et Garonne	Agen
des Bouches du Rhône	Aix
de la Charente	Angoulême
du Gers	Auch
de la Gironde	Bordeaux
du Lot	Cahors
de l'Aude	Carcassone
du Tarn	Castres
du Puy de Dôme	Clermont
des Basses Alpes	Digne
de l'Arriège	Foix
de la Haute Vienne	Limoges
de la Lozère	Mende
des Landes	Mont de Marsan
de l'Herault	Montpellier
de l'Allier	Moutiers
des Basses Pyrennées	Navarencx
du Gard	Nîmes
de la Dordogne	Périgueux
des Pyrennées Orientales	Perpignan
de l'Ardèche	Privas
de la Haute Loire	Le Puy
de l'Aveiron	Rhodès
de la Charente inférieure	Saintes
du Cantal	St-Flour
des Hautes Pyrennées	Tarbes
du Var	Toulon
de la Haute Garonne	Toulouse
de la Corrèze	Tulles» (A.N., AA32, 963)

A part Dugas et son «cabinet de traduction», il y a encore d'autres traducteurs pour le domaine occitan : Dousse dans les Landes[58], Bernadau à Bordeaux[59], surtout Bouche en Provence qui traduit la Constitution[60]. Nous ne disposons pas encore d'inventaires complets pour les traductions dans les autres langues[61].

Mais revenons à Dugas dont les pratiques, les correspondances, les traductions (y compris les corrections par des habitants des départements respectifs) ont le plus retenu l'attention des Ministères parisiens et qui a considérablement contribué à répandre l'image d'une réalité extrêmement variée, voire chaotique.

Il était chargé de réaliser des traductions pour les trente départements méridionaux; il produira des traductions pour 23 départements :

Les traductions de Dugas.

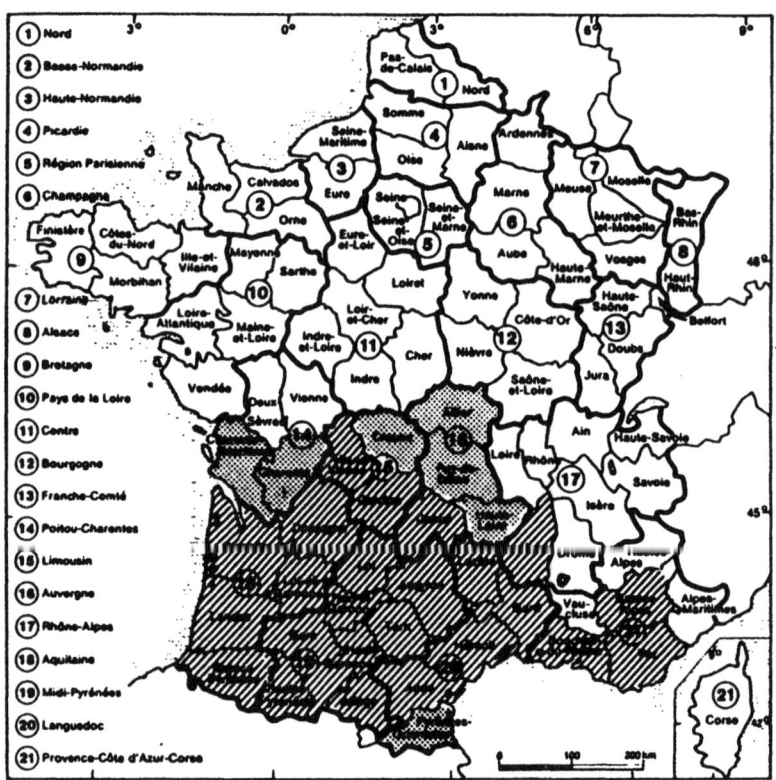

 Traductions faites.

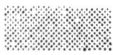 Traductions proposées.

La répartition des départements datait, comme on le sait, de l'hiver 1789/90. Elle avait donc bien un an lorsque Dugas fut chargé de réaliser une traduction pour chacun des départements. Même en tenant compte du fait que la majeure partie de la communication en «idiomes méridionaux» se situait au niveau local, on peut s'étonner de cette décision. N'aurait-il pas été plus raisonnable de renouer avec les quelques traditions scripturales dont il a déjà été question et qui se plaçaient au niveau régional, «provincial»? Mais Dugas avait réussi à convaincre le Ministère de l'Intérieur (peu instruit mais sceptique) qu'il fallait une traduction pour chaque département. Il est difficile de ne pas croire à une argumentation tendenciellement frauduleuse et la suite des événements rendra cette interprétation de plus en plus vraisemblable.

Les premiers manuscrits de Dugas arrivent en octobre 1791; il reçoit donc un premier accompte de 6000 livres[62]. Durant l'hiver, un fonctionnaire du Ministère de la Justice se met à vérifier les traductions réceptionnées et consigne ses observations dans deux documents très intéressants[63] :

> «Observations sur plusieurs difficultés que présente le décret du 14 janvier 1790, qui charge le Pouvoir Exécutif de faire traduire les décrets dans les différens idiomes.»

> «Rapport sur la constitution dans les idiomes propres aux départements de la Corrèze, de la Gironde, du Tarn, del l'Aveyron et des Basses-Pyrénées, présenté au Ministre par Mr. Dugas.»

Certaines choses intriguent le rédacteur de ces deux documents, notamment surtout que tant de mots français émergent dans les traductions. Il ne connaissait certes pas à ses propres dires l'occitan mais attendait de toute évidence quelque chose de mieux :

> «J'ai trouvé les traductions très littérales. Comme presque tous les mots qui y sont employés sont des mots français corrompus, on peut, sans savoir ces idiomes, apprécier la fidélité de chaque traduction, sinon avec une entière certitude, du moins avec une grande vraisemblance. Mais je ne puis m'assurer, si l'on n'a pas quelque fois ou même souvent, employé des expressions propres à un idiome au lieu de celles d'un autre; je ne puis voir si les mots purement françois qui se trouvent en assez grand nombre dans une ou deux traductions sont vraiment des mots de l'idiome dans lequel elles sont faites.» (Rapport 1 f)

Il constate, en outre, que la signature du notable provincial certifiant la traduction conforme ressemble tant à l'écriture du traducteur qu'on pourrait les confondre.

> «Il est à remarquer à ce sujet que l'approbation de la traduction faite en l'idiome du département de l'Aveyron et la signature Bourzes qui la suit sont d'une écriture assez semblable à celle de la traduction même. Si elle méritoit quelque reproche et que le ministre fût forcé de se fonder sur l'approbation qu'elle a reçue, on prétendroit peut-être que cette approbation a été donnée par l'auteur même de la traduction. On ne peut

même assurer que la même difficulté ne seroit pas faite par rapport aux autres.» (Rapport 2f)

Il aurait éventuellement encore pu remarquer que les textes s'appliquant aux différents départements sont également très semblables. Modification systématique du texte de base afin de limiter le travail ou similarité réelle des dialectes occitans si bien que tout traducteur devait forcément aboutir au même résultat? J'y reviendrai plus tard.

Il fait part de ses doutes au Ministre de la Justice en place, Duport et est chargé de retourner les traductions aux départements aux fins de vérification; voici le texte de la lettre du 4/3/1792 envoyée aux départements concernés[64] :

«J'ai hâté surtout les traductions de la Constitution. Je vous envoye MM. celle qui en a été faite dans l'idiome propre à votre département. Je vous serai fort obligé de faire vérifier le plutôt possible, si elle rend exactement le sens de l'original, et en général si elle a les qualités qui forment une bonne traduction. Je vous prie aussi de me la renvoyer avec le résultat de cette vérification, dès qu'elle sera faite. Le désir de répandre les Lumières parmi les citoyens de toutes les classes vous portera sans doute, MM. à vous occuper de ce travail avec tout le soin et toute l'activité que son importance exige.»

La vérification de ces traductions donne un résultat catastrophique; ainsi par exemple, Tarbes (Hautes-Pyrénées) informe que la traduction n'est aucunement *conforme à l'idiome du pays*[65]. Il ressort de l'inventaire ultérieur de Rondonneau que seules trois traductions ont reçu l'assentiment des départements, parmi lesquelles figure également celle dont l'authenticité avait été mise en doute dans le rapport du Ministère de la Justice.

Lorsque Dugas remet en juin 1792 d'autres traductions et demande 8 000 livres, on le fera attendre longtemps. Rondonneau vérifie à nouveau son travail. Le compte-rendu de Rondonneau[65] est daté du 10/11/1792, il est donc achevé au moment même où Dentzel lance un nouveau projet de traduction dont il rend compte dans le *Rapport et projet de decret faits au nom de la Commission de Traduction* (7 nov. 1792)[66], cette fois-ci à l'exclusion de l'occitan.

Il contient la liste de toutes les traductions remises par Dugas dont seule une infime partie a été conservée. On y constate que Dugas a exécuté son travail pour 23 départements au lieu des 30 initialement prévus (*cf.* carte ci-dessus). Il se peut que le retard accusé dans le paiement soit dû à la politique intérieure mais on ne peut exclure une certaine méfiance résultant de la vérification préalable. Rondonneau confirme dans son compte-rendu que Dugas a bien utilisé les bons originaux et n'en a omis aucun passage. Rondonneau procède-t-il selon le principe des implications de Grice et ne dit-il rien (de bon) pour ne pas impliquer de négatif ? Malgré l'instauration d'une commission de traduction le 7/11/1792, l'intérêt porté au problème des traductions s'amenuise au fur et à mesure sous la pression des événements intérieurs et extérieurs d'une part et l'influence du centralisme jacobin d'autre part. Dugas réclame encore son argent en Floréal, an III.

Dugas a sans aucun doute largement contribué à l'image négative de la politique des traductions. Après ces expériences, le procédé ne pouvait paraître que lent, coûteux et suspect. Chaque fois qu'on trouvera des allusions à l'échec des traductions dans des textes révolutionnaires (comme dans le Rapport Grégoire p. ex.)[67], il faudra penser à Dugas et ses machinations.

La confusion répandue par Dugas a simultanément déclenché une réflexion sur l'état de l'occitan (et des langues régionales en général) du côté des responsables parisiens. On avoue dans un premier temps sa propre incompétence face à la situation linguistique :

> «Elle (= L'évaluation) ne peut être qu'en vertu du Mérite de la traduction, de son exactitude et de son utilité. & à cet égard, je ne pourrais me permettre de fixer aucune Evaluation, n'ayant pas toutes les connaissances néccéssaires des ydiomes méridionaux.» (Compte-rendu, Rondonneau 2)

Ces affirmations ainsi que la fuite dans le formel (originaux utilisés, aucun passage manquant, etc.) ne sont pas uniquement d'ordre tactique bien que le souci de ne pas anticiper la décision du ministre joue certainement un rôle. Le passage dans lequel l'auteur des *Observations* et du *Rapport* exprime son étonnement de trouver tant de mots français dans les traductions révèle une totale incertitude quant à l'interprétation à donner à ce fait. La traduction de Dugas est-elle inexacte ou les idiomes méridionaux ne sont-ils en fin de compte qu'un *français corrompu* ? Le fonctionnaire parisien n'est absolument pas en mesure de répondre à cette question.

C'est surtout le concept d'*idiome* qui gêne ceux qui doivent rendre compte des traductions. Le décret de 1790 stipulait que tous les décrets devaient faire l'objet d'une traduction dans les *différens idiomes* et d'envoyer ces traductions dans les *différentes Provinces du Royaume*. Ce concept pose un problème d'interprétation. Alors que le concept de langue renvoie à une langue commune et littéraire et que le concept de patois se réfère à des limites locales et à l'oralité, l'*idiome* est lié à une communauté langagière définissant son identité par l'intermédiaire de celui-ci. On peut donc qualifier d'idiome tant le français que les dialectes des différentes provinces. Il n'y a pas de difficultés particulières pour la plupart des variétés car les idiomes et les provinces coïncident. Par contre, dans le cas de l'occitan, il faut tout d'abord interpréter le concept d'*idiome*. Faut-il opter pour un seul ou quelques idiomes seulement ? Dugas se décide, non sans profit personnel, pour l'interprétation la plus large et insensée : autant d'idiomes que de départements (une unité administrative entièrement nouvelle, est-il besoin de le rappeler ?), donc autant de traductions nécessaires.

> «M. Dugas, chargé par le ministre de traduire ou faire traduire les décrets dans les idiomes de 30 départemens méridionaux, prétend que chaque département a un idiome qui lui est propre. En conséquence il se propose de faire autant de traductions que de départemens. Il convient bien que le fond de l'idiome est souvent le même dans cinq ou six départemens; Mais il ajoute que les différences sont assez fortes d'un département à celui qui l'avoisine, pour que les hommes sans éducation de l'un et l'autre n'entendent pas la même traduction.» (Observations 1)

Le fonctionnaire du Ministère de la Justice voit bien que le concept d'idiome nécessite une interprétation particulièrement dans le cas de l'occitan ou — pour parler le langage des négociations avec Dugas — des *idiomes méridionaux* (qui correspondent à quelques exceptions près aux limites linguistiques de l'occitan) :

> «Le décret du 14 jer 1790 est vague. Il dit bien que les décrets seront traduits *dans les différens idiomes*. Mais qui déterminera le nombre des idiomes qu'on parle en France ? Qui décidera si les différences qui se trouvent entre le langage usité dans tel département et celui qu'on emploi dans tel autre sont assez fortes ou non, pour qu'on doive regarder ces deux langages commes deux idiomes séparés ? Le mot *idiome* a donc besoin d'une interprétation, et l'ass. nat. peut seule la donner.» (Observations 2s)

Tous ces commentaires malhabiles, tâtonnants laissent entrevoir le degré de confusion que déclenche la confrontation inévitable d'une langue littéraire avec une langue (un *idiome*/des idiomes) surtout transmise par tradition orale et qui a conservé toute la diversité caractéristique de cet état. Cette confusion due à une diversité, un foisonnement, une pluralité qu'il était difficile sinon impossible de comprendre et de conceptualiser fut une expérience profonde des premières années de la Révolution. Les deux groupes de documents dont nous venons de parler furent peut-être les plus connus et les plus discutés; mais l'expérience allait être générale et émerger chaque fois qu'il s'agissait de transmettre une volonté politique sous forme textuelle dans une langue littéraire (le français) à ceux qui participaient d'une culture orale et alloglotte. Quand la culture n'était qu'orale, on pouvait encore se tromper sur la diversité existante; mais quand la langue non-française s'y ajoutait, on ne pouvait plus échapper à l'impression d'une diversité chaotique.

2.2.3. Les variétés diatopiques et diastratiques du français

La prise de conscience des *idiomes* non-français est peut-être l'aspect le plus voyant et le mieux étudié de la diversité linguistique en France au moment de la Révolution. Mais n'oublions pas que les échanges multipliés devaient aussi aiguiser la sensibilité pour les variétés du français[69].

Le fait dialectal était quelque peu occulté par le débat sur les *idiomes* non-français. Les deux termes mêmes d'*idiome* et de *patois* étaient neutres quant à la différence français vs non-français. Ainsi, chaque emploi d'un des deux mots pouvait s'appliquer aux deux types différents de réalités ce qui ajoutait encore à la confusion.

Par contre, l'accès des couches basses à l'action politique devait sans doute mener à une confrontation des variétés diastratiques et diaphasiques. Nous avions déjà vu dans le chapitre précédent (2.1.3) qu'on se servait volontiers des registres bas ou du moins de quelques traits saillants de ceux-ci pour «faire populaire»[70]. D'ailleurs, ce sont justement des traits de ces variétés-là qui se sont généralisés dans le français standard. A en juger d'après les histoires internes du français, ce seraient les uniques changements du français qui se seraient opérés pendant la période révolutionnaire[71]. Par contre, ces phénomènes ne faisaient pas, à quelques exceptions près dont il sera question plus tard (*cf.* chapitre 5.2) l'objet de débats explicites sauf sous forme de discussion sur la pluralité des styles. C'est un des paradoxes de l'histoire du français que les changements réels sur le niveau du système, non pas du discours, aient eu peu de répercussions dans les discussions contemporaines.

2.3. LES MOTS NOUVEAUX ET LES CHANGEMENTS SÉMANTIQUES

> « ABUS : il n'est point de mot auquel la révolution ait fait subir une plus étrange métamorphose ; et ce que les François libres appellent aujourd'hui *abus*, l'ancien régime le nommoit *droit*. [...] Ce que le nouveau régime appelle *abus de pouvoir*, l'ancien le nommoit l'*usage du pouvoir*.
> (Chantreau, 1790)

L'aspect linguistique le plus voyant de la Révolution, plus encore que l'oralité renaissante et que la diversité des langues dont on prend note, c'est le foisonnement néologique et sémantique, et ceci dès le début de la Révolution. Une activité créatrice de mots et de significations nouvelles éclate et se fraie un chemin malgré les discussions menées au cours du XVIIIe siècle[72] sur la néologie et la propriété des mots. On assiste à une productivité lexicale d'une rapidité inouïe : le français s'enrichit « chaque jour d'une foule de mots » (Chantreau, 1790 : 6). La rupture chronologique, expérience profonde de la génération révolutionnaire est surtout vécue dans le domaine lexical : le français « nouveau style », « nouveau régime » diffère fondamentalement du français « vieux style », « ancien régime ». On produit des néologismes sans nombre, souvent de courte vie, d'une régularité surprenante : pensons à la série en *-cide*, aux verbes en *-iser* (*septembriser*, *panthéoniser*, etc.), aux noms de groupes et leurs dérivés (*brissotin*, *brissotisme*, etc.). A cette productivité néologique correspond d'autre part l'exclusion des mots désuets, d'*ancien régime*. Mais la néologie n'est pas l'unique moyen de satisfaire ce fort besoin de désigner d'une manière nouvelle une réalité ressentie comme profondément transformée : on se sert aussi de mots anciens, d'éléments d'autres langues (l'anglais avant tout, qui fournit des modèles de dénomination dans le domaine parlementaire et constitutionnel) et on assiste aux multiples transformations des significations des mots déjà en usage. Les activités de dénomination et de redéfinition se font souvent sur un ton presque religieux. L'homme nouveau se promène dans un monde nouveau et repète le geste dénominateur d'Adam. Ou bien : les mots déjà existants dans leur forme vide acquièrent leur plénitude, gagnent tout leur sens[73].

Nous connaissons ces changements grâce aux travaux de Max Frey, de Ferdinand Brunot et, plus récemment et plus en détail, du groupe de St-Cloud[74]. On a quelquefois dit que toutes ces activités néologiques et sémantiques étaient de courte durée et qu'on trouvait bien peu de traces dans le français des XIXe et XXe siècles[75]. Même si c'était vrai (je ne suis pas tout à fait d'accord sur ce point), cela n'empêche pas que des modifications profondes de la conscience sémantique se soient opérées.

C'est précisément ce qui se passe pendant la période révolutionnaire : l'expérience du changement rapide des significations hante les contemporains. C'est un sujet omniprésent, non seulement dans les textes concernant directement des problèmes linguistiques, mais aussi dans les discours politiques, les journaux, etc. Le problème du changement a un côté complémentaire : les significations anciennes persistent et font concurrence aux significations nouvelles. Le conflit des significations est l'aspect synchronique du changement. A part ce conflit dû aux persistances d'usages périmés, il y a aussi conflit entre plusieurs significations nouvelles :

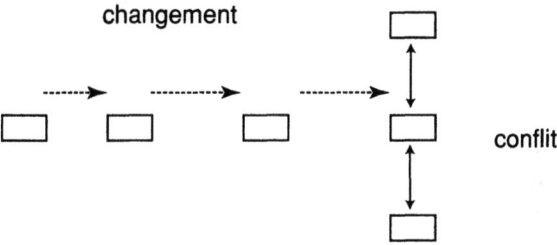

Les révolutionnaires et contre-révolutionnaires sont foncièrement d'accord sur l'importance de la lutte des mots, de la *logomachie*[76] qui se superpose aux luttes politiques et sociales. «Le mot *aristocrate* n'a pas moins contribué à la Révolution que la cocarde» dit Loustalot dès 1789[77] en établissant un parallèle entre symboles linguistiques et symboles non-verbaux et en affirmant en même temps l'importance du symbolique dans la dynamique révolutionnaire. Les témoignages, certifiant que la lutte des mots l'emporte sur la lutte des choses, deviennent toujours plus nombreux au cours des événements.

> «Il s'est élevé une dispute de mots dans plusieurs gazettes, sur le nom qu'on avait donner au départ du roi; on a également varié dans l'Assemblée Nationale sur la dénomination de ce départ et l'on a proposé de substituer le mot **enlèvement** à celui d'**évasion**.» (*Argus Patriote*, 26 juin 1791, cité d'après Guilhaumou, 1986a : 335)

Ce sont les mots, non les faits, qui décident de la mort et de la vie des citoyens[78] :

> «Le seul mot de **république** jeta la division parmi les patriotes... C'est ce mot qui fut le signal du carnage des citoyens paisibles, égorgés sur l'autel de la patrie.» (*Défenseur de la Constitution*, 1, 1791, cité d'après Guilhaumou, 1986a : 335)

«Worte, und nichts als Worte haben von jeher Völker gegen Völker bewaffnet; Worte haben die Welt mit Tränen und Blut überschwemmt. (...) und Millionen der Menschen verlieren durch diesen Wörterschwall Leben und Eigentum.» (*Wörterbuch der französischen Revolutionsprache*, 1799 : IV *sq*.)

Les mots sont importants, au moins aussi importants que les choses. Il faut lutter pour et par les mots justes; il faut lutter contre le langage de l'Ancien Régime. Il est dangereux de laisser survivre des habitudes linguistiques aux changements réels puisque les mots peuvent perpétuer cette réalité qu'on avait cru vaincue et engendrer la réapparition de cette réalité périmée[79].

«Le monstre (= l'esclavage), accablé sous le poids des chaînes que nous avons brisées, rugit encore sourdement, tandis que nous détournons les yeux pour nous admirer, comme Pigmalion, dans notre propre ouvrage; il s'agite et soulève les débris du temple sous lequel nous croyions l'ensevelir; son génie malfaisant veille toujours avec les méchants; il souffle le feu perfide de la discorde; il nous enlace de nouveau, et bientôt nous précipitera dans l'abîme; il ne suffit pas d'avoir détruit les serpents, cherchons les œufs qu'ils ont déposés dans des cavernes obscures et détruisons à jamais le germe de cette race infernale.» (Mercure national et révolutions de l'Europe. Journal démocratique. 14 déc. de l'an II : 1790)

La lutte linguistique est une des formes que prend le conflit entre les factions politiques. On reconnaît le plus sûrement l'appartenance politique à l'emploi de certains mots.

2.3.1. Comment décrire les changements et les conflits sémantiques

Les activités néologiques et sémantiques, leurs aspects révolutionnaires et conflictuels hantent les contemporains qui développent, dans ces circonstances, une conscience linguistique très aigüe se manifestant sous différentes formes. Le geste définisseur accompagne les activités des orateurs et des journalistes qui sont bien conscients qu'il n'y a plus d'emploi innocent des mots[80].

«Il est fâcheux d'être sans cesse obligé d'expliquer les termes dont on se sert; mais dans un moment de révolution, où les idées sont mal affermies, tous les partis abusent des mots pour tromper les hommes simples et crédules.» (*L'ami des Patriotes*, n° XVII du 19 mars 1791, cité d'après Guilhaumou, 1986a : 330)

Les dictionnaires-pamphlets représentent des approches plus systématiques qui tentent de rendre compte des changements et des conflits et d'imposer un usage particulier. L'examen de ces dictionnaires nous démontre la difficulté de trouver les moyens adéquats pour décrire ce qui se passe sous les yeux (et aux oreilles) des contemporains[81].

Le cœur de toute entrée dans un dictionnaire est la *définition*. Comparons les définitions ou les explications en guise de définition figurant dans différents dictionnaires au concept-clé de *constitution* :

CONSTITUTION. C'est une étrange chose que la France ait existé 1400 ans, qu'elle ait eu les époques les plus brillantes sans Lois & sans Constitution. Nos Représentans n'ont pas assez calculé l'impulsion qu'ils alloient donner à la machine, ou plutôt étoient-ils capables d'appercevoir l'abyme où ils précipitoient la Monarchie ? Nous attendons cette Constitution nouvelle, qui doit laisser bien loin celle qui rend heureux depuis un siècle, nos voisins & nos rivaux. Le début de la nôtre annonce tous les maux sans le melange d'aucun bien; mais hélas ! que pouvions-nous attendre de cette horde féroce, imbécille ou tremblante, qui s'est constituée Assemblé Nationale, & qui sera à jamais la honte de la Nation Françoise, qui ne l'a pas anéantie dès ses premiers attentats. (*Nouveau Dictionnaire* : 13).

CONSTITUTION. Quelque chose d'assez extraordinaire, c'est que je suis embarrassé de savoir si ce mot de *constitution* est étranger ou françois. Ce que je sais, c'est que c'est un terme de scholastique, long-temps inconnu, ou au moins peu usité en France, et emprunté de nos voisins, auxquels il est très familier. Il y a raison pour cela; nous serons dans le cas de l'expliquer ailleurs (*Voy.* art. *Prérogative royale*). Mais cela est indifférent. Tâchons de l'analyser.

La constitution physique du corps humain est son organisation, c'est-à-dire la combinaison des différentes parties qui sont destinées à lui donner la vie, le mouvement et l'action. Si toutes ces parties sont bien conformées, si elles sont en bon état, si elle sont à leur place, la constitution est bonne. S'il y a quelque chose de vicieux, la constitution est mauvaise. [...]

La constitution est donc la composition et la combinaison des différentes parties qui donnent la vie, le mouvement et l'action au corps politique de l'état. C'est ce que J.J. Rousseau appelle le *contrat social*; c'est ce que nous avons toujours appelé le droit public de la nation *jus gentis*. Il faut expliquer ce terme (*Dictionnaire raisonné* : 44 *sq.*).

CONSTITUTION : l'auteur du dictionnaire raisonné est embarrassé de savoir si ce mot est étranger ou françois. Il était *étranger* avant à la révolution; l'assemblée nationale travaille à le rendre *françois*. La constitution formera le corps de loi qui convient à un peuple libre pour vivre sous un roi sans cesser d'être libre. Ce sera le pacte fait entre le pere et ses *enfans* : on remarque seulement que les enfans sont majeurs, et stipulent comme tels.

Abandonnons le *mot* pour ne penser qu'à la chose. Lorsque l'assemblée nationale, *malgré vents et marées*, sera parvenue à la confection de cette constitution, nos maux seront finis, et les beaux jours de la France commenceront (Chantreau : 49 *sq.*).

CONSTITUTIONNEL, le. adj. *Constitutional*. Ce qui est conforme à l'ensemble des lois fondamentales d'un Peuple. (Snetlage : 48).

Constitution. F. Staatsverfassung. Vieux mot Français, dont on n'a pas encore su fixer le vrai sens. [...]

Une foule de novateurs, les uns bien, les autres malintentionnés, se liguèrent pour lui en donner une. Un Roi, trop foible pour les circonstances, y donna la main. L'assemblée nationale, appellée Constituante, sua sang et eau, pendant deux révolutions de soleil, pour accoucher enfin d'une *Constitution*. C'etait alors un chef d'œuvre de l'esprit humain. La mère putative de l'enfant le disait, les accoucheurs le faisaient accroire au peuple. Celui-ci croyait sur parole et le répétait, les journalistes le trompétaient aux quatre coins de l'Europe et une foule d'étrangers, la bouche ouverte admirait ce phénomène brillant, qui au bout de 5000 ans, venait éclairer l'univers et donner à la France un bonheur constitutionnel. On a sermenté, on s'est embrassé, on s'est battu, on a égorgé, on a guillotiné, pour l'amour de cette *Constitution*. Mais las! elle n'est plus. Deux têtes de moins, Mirabeau et Louis XVI l'ont précipitée, avec elles, dans le tombeau. On se bat, on s'égorge encore, dans l'espoir d'en avoir une, à laquelle on puisse se tenir. Peut-être la prochaine *Constitution* sera-t'elle ce phénix, et nous mettra-t'elle en état, de fixer le sens du mot *Constitution*. — Peut-être même cela arrivera-t'il, avant l'année 2440. (Reinhard : 99).

Constitution. Die französische Constitution hat, wie man sie sonst der Justiz andichtet, eine wächserne Nase; die fünf Majestäten drehen sie nach Belieben. (*Wörterbuch* : 15).

Ces exemples illustrent bien que les définitions ont une valeur différente pour les auteurs des divers dictionnaires. Le *Nouveau Dictionnaire* et le *Wörterbuch* remplacent la définition par des attaques contre les personnes et les institutions responsables de la *constitution*. Nous pouvons désigner par le terme de dictionnaires pamphlétaires — stricto sensu — les dictionnaires renonçant à toute définition pour se répandre en polémiques. Par contre, la démarche du *Dictionnaire raisonné* est autre : il place l'histoire en second rang après la définition du mot et la discussion des différentes positions philosophiques sur ce thème. Nous avons ici à faire à un représentant typique du dictionnaire philosophique dans lequel les définitions d'ordre linguistique ne jouent qu'un rôle marginal dans la discussion et la critique de concepts philosophiques fondamentaux. Seuls les trois dictionnaires, conçus comme des dictionnaires de mots, de Chantreau, Snetlage et Reinhard s'efforcent à une définition bien que mettant l'accent sur des points différents. Chantreau, pour sa part, inscrit sa définition, ici comme par ailleurs, dans une perspective temporelle. La différenciation *ancien/nouveau* est dominante; c'est le seul cadre possible — s'il en est — pour les définitions. Ces définitions ne se veulent pas valables pour tous les temps; elles doivent seulement, avec un pathétique révolutionnaire, correspondre à cette nouvelle ère et la marquer, elle qui n'est, par ailleurs, pas exempte de traits eschatologiques. Les définitions de Chantreau ressemblent souvent à des déclarations d'intention : le pathétique des déterminations conceptuelles doivent divulguer une certaine signification et astreindre les acteurs politiques dans ce sens. Snetlage et Reinhard, les auteurs allemands des deux dictionnaires révolutionnaires d'information consignent d'abord le mot allemand équivalent. Par la suite, Snetlage s'efforce, en majeure partie, de procéder à une définition suivant le processus en usage au XVIIIe siècle; Reinhard, de son côté, saute ce pas d'une définition intensionnelle (*compréhension*) et passe tout de suite à un énoncé sur l'extension (*étendue*) du concept. Nous trouvons, chez lui aussi, tout au début un énoncé de type historique. Sa valeur est pourtant toute autre que chez Chantreau : il ne s'agit pas de validité mais d'une information destinée au lecteur allemand. Après ses définitions, Reinhard passe fréquemment à une polémique qui, quoique moins virulente, ressemble assez à celle que nous avons observé dans le premier dictionnaire cité ici.

Toutes ces difficultés liées à la définition qui se manifestent sous différentes formes : aggression ou pathétique, donc prise de position en lieu et place de la définition, accentuation de l'évolution sémantique, préférence des définitions extensionnelles plutôt qu'intensionnelles, etc., renvoient à une crise fondamentale de l'interprétation des rapports de signification.

Un coup d'œil sur les verbes qui concrétisent ces rapports de signification montre la variété des problèmes qui émergent dans ce domaine. Prenons par exemple le dictionnaire de Chantreau : *signifier/désigner* (ce qui correspond aux deux rapports *compréhension/étendue*), *représenter/appliquer* (correspond au rapport de représentation courant au XVIIIe siècle de *mot, idée, chose*) *est pris, on l'appelle/elle prend le nom* (problème du sujet de la langue), *doivent porter le nom, nos représentants ont déclaré* (problème du pouvoir de disposer de la langue).

La théorie linguistique et la lexicographie du XVIIIe offrent de nombreuses techniques de description dont la lexicographie révolutionnaire fait un usage divers.

2.3.1.1. La définition : compréhension/étendue

La différenciation traditionnelle entre *compréhension* et *étendue*[11] présente un moyen de maniement aisé pour décrire l'évolution sémantique. Il faut noter que ce sont surtout Snetlage et Reinhard, nos deux observateurs allemands non directement impliqués dans les événements révolutionnaires, qui en font le plus large usage, tout en évoquant toujours la seule *étendue* (ou *latitude*), jamais la *compréhension* (celle-ci pose effectivement problème). On ne peut pas ne pas voir le glissement vers un traitement des significations langagières axé sur la désignation. Le champ de l'étendue est si vaste qu'on pourrait presque parler d'une «dilatation» des mots :

> AGENT : [...] Sous le régime républicain ce terme fait époque dans la langue française, s'étant dilaté par l'usage d'une façon, dont il-y-a peu d'exemples dans l'Histoire des langues. (Snetlage : 6)
>
> ÉGALITÉ : [...] Ce mot, qui n'est rien moins que nouveau ni dans la langue morale ni physique des hommes, ne laisse pas d'avoir fait époque sous le régime révolutionnaire

en France en se dilatant aussi loin, que jamais corps élastique comprimé s'est efforcé de se dilater. Il mérite en conséquence une des premières places parmi les nouvelles expressions. (Snetlage : 73)

L'amplification de l'*étendue* contribue par ailleurs à la prise de conscience de l'indétermination des mots (p. ex. Reinhard, *libre, raison*) qui est en effet un des thèmes de la discussion linguistique sur langue scientifique et langue ordinaire. L'extension ne touche pas seulement au domaine de l'emploi mais aussi parfois aux conséquences de cet emploi, p. ex. :

> SUSPECT. [...] Un petit mot de deux syllabes, d'une signification très connue, mais auquel on a donné, depuis quelques années, une latitude effrayante. Un petit mot qui s'est trouvé surpasser, en vertu, toutes les figures magiques, enchanteresses de tous les mystificateurs et prétendus magiciens, anciens et modernes. Avec ce petit mot, jetté en passant, sur la tête d'un citoyen, le plus respectable, toute l'existence physique et morale de ce Citoyen se trouvait, tout à coup, paralysée. (Reinhard : 333)

On peut dans de nombreux cas décrire les transformations de l'*étendue* comme des modifications de l'exclusion mutuelle des mots (paradigmatique) ou des combinaisons possibles (syntagmatique) même dans des tournures toutes faites (idiomatique). Snetlage fait un très large usage de ces possibilités de description. Le passage d'une langue scientifique à la langue ordinaire constitue un cas particulier de la modification de l'*étendue*. Snetlage et Reinhard font en particulier référence à la chimie (*amalgames, neutralisation,* etc.), à l'anatomie (*fluctuation, ramification,* etc.), à la physique et à la grammaire, les sciences les plus pointues de l'époque, comme sources de la langue révolutionnaire commune. Il resterait à vérifier quelle richesse ces mots spécifiques ont apporté de leur univers discursif d'origine au langage révolutionnaire commun.

2.3.1.2. *La définition : sens propre/sens figuré*

Une façon neutre d'évoquer la juxtaposition des significations sans porter de jugement sur les conflits sous-jacents ni sur l'orientation de l'évolution consiste à juxtaposer les différents modes d'utilisation en tant qu'*acceptions*. La différenciation entre sens propre et sens figuré, telle qu'elle a été développée dans la théorie des tropes[83], est omniprésente dans tous les dictionnaires quoiqu'il faille bien constater que la tendance est à une réduction des sens figurés. Ceci a certainement quelque chose à voir avec une méfiance envers la rhétorique, envers les images en général qui va s'accroissant pendant la Révolution. Nous reviendrons sur ce point dans le prochain chapitre.

2.3.1.3. La définition : synonymie vs polysémie

On a par contre quasiment pas utilisé cette autre possibilité de décrire les différences de signification comme celle des *idées accessoires*. On devra bien expliquer cette réserve, étonnante eu égard au poids traditionnel de cette possibilité, par un voisinnage trop étroit de ce type d'explication avec les dictionnaires de synonymes. Pourquoi ce refus du modèle prestigieux des dictionnaires de synonymes[84] qui étaient la «fièvre de leur temps» (Rivarol) et la préférence pour l'homophonie ou la polysémie? (*cf.* chap. 4.3)

Pour répondre à cette question, il nous faut réfléchir au fonctionnement de la synonymie et de l'homophonie dans la tradition lexicographique du XVIIIe siècle.

Dans la *synonymie*, il s'agit de ne pas confondre des *significations* qui sont identiques en ce qui concerne l'*idée principale* et qui se distinguent en ce qui concerne les *idées accessoires*. On pourrait représenter le fonctionnement des dictionnaires de synonymes par le schéma suivant :

Il ne faut pas confondre

		IP = IP			IP = IP	
Idée			I			I
		IA ≠ IA			IA ≠ IA	
Son		S			S	

Il faut retenir que ces distinctions des valeurs d'après une *idée principale* et des *idées accessoires* fonctionnent au sein de la *même société*, sanctionnées par le même consensus basé sur la conception du mot juste, adéquat — à la nuance près — à la chose représentée. Nous devons constater que le rejet de la synonymie est général. L'Abbé Grégoire déclarera : «La richesse d'un idiome n'est pas d'avoir des synonymes...» (*cf.* chap. 4). Ces distinctions interviennent par ailleurs dans la *même époque*, conçue comme panchronie.

Les dictionnaires d'*homophones*[85] visent, par contre, à la distinction sur le plan de l'expression. Les idées sont bien distinctes, les sons identiques. Le problème de la confusion se pose dès qu'on transpose les mots dans l'écriture : il faut alors distinguer les différentes graphies garantissant l'identité et la distinction des signes homophones.

Idée					
Expression	Son	S	=	S	=	S
	Graphie	G	≈	G	≈	G

Il ne faut pas confondre

Comme dans le cas de la synonymie, ces distinctions fonctionnent dans la même époque et dans la même société; pour l'exprimer plus clairement : l'observation des distinctions donne accès à la bonne société.

Revenons maintenant au cas des homonymes stricto sensu ou des *polysèmes* au sens que leur donne Rodoni. On pourrait représenter ce cas de la manière suivante :

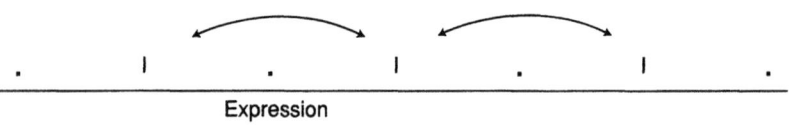

Expression

Il y a tout d'abord identité au plan de l'expression. Cet état de choses rapproche ce phénomène de *l'homophonie*. Mais ce n'est pas le plan de l'expression qui est au centre des préoccupations lexicographiques : ce sont les idées, les contenus qui sont en jeu. Ce fait rapproche donc ce phénomène de la *synonymie* puisqu'il s'agit dans les deux cas d'établir des distinctions sur le plan du contenu. Mais, bien évidemment, il ne s'agit pas de synonymie. L'identité de l'expression est ressentie comme fondamentale. Ce sont les mêmes mots qui ont une signification différente (*compréhension*) ou qui désignent des choses différentes (*étendue*) dans les palais et dans les cabanes, dans la bouche des royalistes et celle des «patriotes». A partir de cette identité de l'expression, il s'agit d'expliquer le changement et le conflit des contenus, non pas de nuances centrées autour de la même idée principale, ni du même sujet (concurrence), ni de la même époque (changement). Les sujets parlants ont un choix à opérer; ils ne peuvent pas employer côté à côté tous les mots avec les nuances indiquées, mais ils doivent employer un mot et prendre parti pour un des contenus concurrents.

2.3.1.4. La pragmatique des mots

Dans tous les dictionnaires, révolutionnaires comme contre-révolutionnaires, une constatation joue un grand rôle : notamment que la pragmatique des mots et les buts dans lesquels on les emploie sont souvent plus importants que la sémantique. Il est ainsi fréquemment possible d'affirmer de façon exacte les conséquences de l'emploi d'un mot bien que le contenu de celui-ci soit encore à définir. On voit même émerger une proportion surprenante : l'emploi d'un mot est d'autant plus lourd de conséquences que celui-ci est vide de sens[86]. On met parfois en rapport les conditions et conséquences de l'emploi avec l'*étendue*, d'autres fois avec les *idées accessoires*; mais leur traitement constitue néanmoins un aspect indépendant de la description des mots. Ces observations concernent en grande partie surtout Chantreau et Reinhard, p. ex. :

> ARISTOCRATE : [...] Ce mot d'*aristocrate* enfin est devenu une injure que les gens du peuple même entre eux se prodiguent. Il n'y pas long-temps qu'un cocher de fiacre traitoit d'aristocrate un cocher de remise. (Chantreau : 15)
>
> *Aristocratie*. [...] Ce mot, ainsi que son primitif *Aristocrate*, a été depuis cinq ans, le signal de bien des massacres et la provocation, à une quantité de barbaries, souvent commises envers des innocens. (Reinhard : 30)
>
> *Démocrate*. [...] Chez les uns c'est un éloge, chez les autres c'est moquerie et dérision. (Reinhard : 122)

2.3.1.5. Paradigmatique et syntagmatique

Le changement et le conflit (deux aspects du même phénomène) sont souvent décrits en termes de paradigmatique et de syntagmatique.

On associait communément la paradigmatique aux dictionnaires de synonymes et, dans la mesure où ceux-ci s'avéraient impropres à la lexicographie révolutionnaire, les éléments d'une description paradigmatique reculèrent. Mais là où on utilisa des oppositions paradigmatiques pour expliquer les mots ainsi que l'ont parfois pratiqué Chantreau et surtout Snetlage, ces oppositions se sont modifiées par rapport à la synonymique : il ne s'agit pas d'énoncer des nuances, mais d'expliquer des mots s'excluant mutuellement (par ex. : *arrêté/décret*, Snetlage : 57 et *insurrection/révolte/mutinerie*, ibid. : 117).

La syntagmatique, par contre, fête son heure de gloire dans les dictionnaires révolutionnaires. De nombreux dictionnaires donnent une grande quantité de syntagmes pour expliquer les mots et de tournures idiomatiques. Les syntagmes doivent être le plus authentique possible : les citations jouent un rôle important, qu'elles soient signalées comme telles, voire même datées (comme chez Snetlage) ou qu'elles figurent aux côtés d'autres syntagmes sans caractéristiques particulières. Ceci est une innovation de la lexicographie révolutionnaire : ce n'est qu'au XIXe siècle que les citations prennent un caractère obligatoire dans les dictionnaires français[87].

Il nous faut expliquer cette «percée syntagmatique» dans les dictionnaires révolutionnaires. Je ne puis qu'exprimer quelques suppositions puisqu'on ne s'est guère intéressé à ce phénomène jusqu'à présent. Considérons séparément les différentes formes de la syntagmatique car c'est, pour chaque forme, un nouvel aspect qui saute aux yeux. Mais, ces aspects que nous allons d'abord traiter séparément, entretiennent éventuellement des rapports particuliers.

Voyons d'abord les symtagmes simples. Nous trouvons fréquemment chez Chantreau, Snetlage et Reinhard l'énumération et l'explication de liaisons plus ou moins strictes du type «substantif + adjectif» ou «substantif + de + substantif», p. ex. :
s.v. *décret* : *décret de prise de corps, d'ajournement personnel, provisoires, constitutionnels* (Chantreau : 58 sq.)
s.v. *civique* : *Serment c., offrandes c., sacrifices c., souscriptions c.* (Reinhard : 83)
s.v. *constitutionnel* : *lois c., monarchie c., principe c., prêtre c.* (Reinhard : 101)

Ces syntagmes étaient certainement des collocations fréquemment utilisées et relativement stables. Un rapprochement de ce phénomène et de l'ébauche que nous avons faite de la crise des rapports de signification pourrait faire émerger qu'il s'agissait précisément là d'une des techniques utilisées par les locuteurs (non les lexicographes) pour clarifier et spécifier les significations par des attributs dans une situation où celles-ci devenaient problématiques et fluctuantes. On peut aussi expliquer ce foisonnement de syntagmes par une tendance à la bureaucratie, l'organisation, l'administration — émergences qui exigeaient ce type de différenciation. Il me semble enfin voir aussi transparaître une tendance aux stéréotypes et aux slogans. Les lexicographes avaient pour leur part deux raisons de tenir compte de ces collocations : elles caractérisaient, d'une part, très largement le type langagier révolutionnaire entre autres pour les raisons que nous avons esquissées («Mais qui pourrait nommer toutes les actions *civiques*, enfantées par la Révolution?», c'est ainsi que Reinhard conclut son entrée pour «civique» mentionné ci-dessus); d'autre part, on ne pouvait donner une plasticité aux significations des nouveaux mots inconnus que par l'accumulation de collocations possibles.

Les mentions de tournures idiomatiques (p. ex. : *mettre à la lanterne*, Chantreau : 113; *il n'y a lieu à délibérer*, ibid. : 60) s'expliquent de la même façon que les syntagmes fixes; mais c'est ici surtout la tendance aux stéréotypes, aux formules marquantes qui se manifeste. Ces expressions idiomatiques sont en outre tout à fait caractéristiques de l'univers symbolique de la Révolution. Ces locutions ont, prises dans leur ensemble, une signification qui ne ressort pas de l'analyse de leurs éléments particuliers et la signification d'ensemble peut devenir une unité de l'univers symbolique révolutionnaire telle que *ça ira, la Bastille, le calendrier* ou *Jean-Jacques*.

Il convient d'interpréter quelque peu différemment la présence des nombreuses citations. Il me semble tout d'abord qu'il agissait ici de faire passer dans les dictionnaires un peu de l'énergie du discours libre et de faire transparaître le souffle de la rhétorique révolutionnaire. Il fallait ensuite aussi démontrer l'authenticité des observations. Le contemporain de cette histoire accélérée se confère une identité de témoin-participant par des citations et fixe ainsi par la même occasion des moments de ce cours historique implacable.

Ce sont encore d'autres raisons qui fondent la *contextualisation dans les anecdotes et dialogues* telle que Rodoni va l'ériger en principe de ses travaux lexicographiques (*cf.* chap. 4.3). Son dictionnaire sera conçu comme ouvrage élémentaire destiné à la jeunesse républicaine. Comme dans d'autres tentatives de vulgarisation de contenus complexes à des couches sociales ne disposant pas d'une grande expérience livresque, l'auteur choisira des formes se rattachant aux habitudes de réception orale de ses lecteurs potentiels, c'est-à-dire qu'il pratiquera ce que nous avons appelé au chapitre précédant (2.1.2.2.2) la transition conceptuelle de l'écrit à l'oral.

2.3.2. Les mots et les choses

Il serait trop facile d'interpréter les différentes tentatives de description des changements et des conflits sémantiques comme les expressions d'un malaise face à une activité linguistique déchaînée. Les tâtonnements multiformes dans les descriptions renvoient à une crise plus profonde : celle du rapport entre les mots et les choses, rapport qui avait été conçu dans «l'épistémè classique» en tant que rapport de représentativité[88]. Certes, déjà les linguistes des Lumières avaient mis en question ce rapport de représentativité[89], mais ils le faisaient plutôt dans une attitude d'élaboration, de différenciation, et non en réponse à une expérience de crise et comme produit d'une interrogation fondamentale sur l'essence des rapports sémiotiques. Tout le débat sur *l'abus des mots*[90], si cher à la seconde moitié du XVIIIe siècle, était ancré dans la certitude d'un rapport de représentativité. Si on parle d'abus, on présuppose l'existence d'une *justesse des mots*, d'un emploi non abusif. Ce seraient alors des individus, des groupes (les habitants des palais opposés à ceux des cabanes) qui feraient un mauvais usage des mots, qui en détourneraient la signification. R. Barny et J. Guilhaumou ont montré dans leurs travaux[91] que cette certitude d'un rapport stable entre les mots et les choses était profondément ébranlée. *Fuite* ou *enlèvement* — telle était la question dont on débattait à l'occasion de Varennes. *Charte* ou *constitution*, *républicain* ou/et *citoyen libre*? Tels furent les grands débats linguistiques de 1791 où on remettait en question les rapports sémiotiques. Guilhaumou[92] oppose une *linguistique du fait*, du sens commun, qui serait celle des modérés à *une linguistique de la loi* qui serait celle des jacobins. Il constate, parmi les jacobins, un clivage linguistique entre ceux, les futurs girondins, qui «mettent en avant un mot, *république*, qui n'a pas encore son référent dans la réalité politique» (Guilhaumou, 1986 : 338) et ceux qui maintiennent l'idée de la *propriété des mots*, tels Robespierre, Domergue (Grégoire, pourrait-on ajouter).

On voit donc, d'une part, ceux qui essaient de maintenir une conception sémiotique basée sur un rapport de représentativité qui serait encore stable. Ce sont, d'un côté, les tradionalistes[93] qui partent d'un ordre des choses conçu comme invariable, auquel les mots devraient correspondre.

> «On se parle beaucoup plus qu'autrefois, parce qu'on a beaucoup plus de choses à se dire ; mais on s'entend beaucoup moins : voilà l'explication du tumulte des assemblées, du silence des meilleurs esprits, et de l'audace de la parole dans ceux qui n'ont pas besoin de savoir ce qu'ils disent.» (Suard, 1791 : 2-3 *sq.*)

> «Nous aurions bien besoin d'un bon définisseur des termes dont l'usage nous est devenu le plus familier, et que tout le monde répète sans les entendre.» (Duquesnoy, 1791 : 152)

Et nous avons, d'autre part, les jacobins qui, eux aussi, partent de l'idée d'une nature invariable des choses, celle du droit naturel, à laquelle doivent se reporter les mots. Dans un cas comme dans l'autre, ce sont les choses qui déterminent les mots. Les choses, ce seraient des ordres naturels, conçus, dans les deux perspectives, comme invariables, universels, que les mots doivent représenter sans équivoque.

Or, il est évident que les mots et les choses changent, au moins dans leurs apparences, si ce n'est dans leur nature profonde. Comment envisager ces changements? Est-ce que ce sont les choses qui changent et les mots qui doivent suivre? Ou l'inverse? C'est ici qu'intervient la différence entre Girondins et Montagnards dont parle J. Guilhaumou. La position «montagnarde» serait celle d'une priorité absolue des choses, ceci en cohérence avec l'essai de maintien de l'idée d'un rapport de représentativité. Les choses seraient en mouvement vers l'ordre naturel et les mots devraient suivre. La position «girondine» serait celle de nommer d'abord pour que la réalité s'adapte aux concepts.

Mais il faut se rendre compte que cette attribution de conceptions sémantiques à des groupes politiques est une abstraction, valable certes, mais en même temps réductrice de complexité. Ce sont souvent les mêmes personnes qui font un emploi discursif des différentes positions. Considérons par exemple Chantreau, un de nos auteurs de dictionnaire (*Dictionnaire national*, 1790). Il argumente souvent de telle sorte que les mots vides (*sons*) acquièrent une réalité politique, p. ex. :

> «PATRIE : [...] De ce que le mot de patrie n'étoit alors qu'un vain son; parce qu'il n'y a point de patrie où des courtisans et des mangeurs de pension; qu'il n'y a point de patrie où il y a des bastilles; qu'il n'y a point de patrie où il y a des Pret..s et des Parl....ts; qu'il n'y a point de patrie enfin où il n'y a point de patrie. Mais aujourd'hui que nos courtisans sont *épars* comme nos pigeons, que les bastilles ne sont plus, que les Pret.s seront ce qu'ils doivent être, et que les Parl...ts ne seront plus ce qu'ils sont encore, il y aura une patrie; elle sera tout pour nous, nous serons tout pour elle.» (Chantreau : 144 *sq.*)

Mais il argumente aussi couramment dans l'autre sens; à savoir, le mot suit l'évolution du monde extra-linguistique :

> «NATION : [...] Mais, comme je ne cesserai de le répéter avec M. le Court de Gébelin, les langues se modifient et prennent le caractère des peuples; ainsi nation a signifié tout parmi nous, dès l'instant que nous avons été réellement une nation.» (Chantreau : 130 *sq.*)

S'il s'agissait dans toutes ces réflexions sur la dynamique du rapport mots-choses encore de rétablir la stabilité de ce rapport, avec des priorités différentes, on rencontre aussi, dès 1791, des éléments de réflexion qui vont au-delà de ce rapport de représentativité. Nous allons revenir sur ces éléments lors de la présentation de la pensée idéologique qui a été développée en matière de langage (*cf.* chap. 6.2.4). Il suffira ici de donner quelques indications.

C'est tout d'abord la mise en relief des *idées* qui sont intermédiaires entre mots et choses et dont l'analyse peut servir à rétablir un juste rapport (mais simultanément plus complexe) entre les mots et les choses. Si des difficultés surgissent dans la classification des *mots* et des *choses*, cela est dû à une analyse insuffisante des *idées*. Pour cela aussi, on en décèle encore un exemple chez Chantreau :

> «DESPOTISME : [...] Les jeunes gens qui, se destinant à l'étude de la politique, voudront avoir des idées justes de ce mot, doivent lire *Montesquieu* et *Boulanger*; veulent-ils des idées absurdes, qu'ils ouvrent *le président Hénaut* et pour des idées contradictoires *Me Linguet.*» (Chantreau : 64 *sq.*)

On voit, ensuite, s'établir une conception des rapports sémantiques forgée d'après le modèle de la discussion parlementaire. C'est Domergue[94] qui fonde en 1791 la «Société délibérante de la langue française» qui sera, dans son intention, à la langue ce qu'est l'Assemblée Législative à la loi. Cette conception est intéressante à deux égards. Premièrement, elle conçoit le rapport sémantique en tant que rapport consensuel : Domergue n'est peut-être pas très conscient des implications de sa proposition. Il s'agit, pour lui, de servir la cause de la justesse des mots par rapport à la réalité. Mais, en fait, il propose de remplacer un modèle de « correspondance » par un modèle de « consensus » sur l'adéquation des mots aux choses[95]. Et ceci implique que le sujet de la langue intervient dans les rapports sémiotiques. Ce sont les sujets, ceux qui emploient et créent une langue, qui participent nécessairement au processus sémantique. On découvre là un élément qui rompt très nettement avec la conception sémiotique de représentativité.

2.3.3. Le sujet de la langue[96]

Mais qui est le sujet de la langue française ? Le débat sur cette question a une longue tradition en France (qui pourtant n'était pas liée à la discussion sémiotique). On discutait en France depuis 150 ans de savoir qui décidait du bon usage et, ici, dominait un modèle consensuel, le consensus étant d'abord basé sur la qualité (Vaugelas : *la plus saine partie*), puis sur la quantité (Beauzée : *le plus grand nombre*). La validité illimitée du consensus sur l'usage fut pour la première fois remis en question par Marmontel en l'opposant à la *liberté de parole*. Mais on assiste d'autre part dans la seconde moitié du XVIIIe siècle à une reprise des discussions sur l'*abus des mots*, un des aspects de cette reprise étant précisément le soupçon explicite que certains groupes avaient intérêt à encourager un « mauvais » usage :

> « Aussi l'artifice des cabinets est il d'égarer les peuples en pervertissant le sens des mots ; et souvent des hommes de lettres avilis ont l'infamie de se charger de ce coupable emploi
>
> En fait de politique, quelques vains sons mènent le stupide vulgaire, j'allais dire le monde entier. Jamais aux choses leurs vrais noms. » (Marat, 1774/1833 : 184)

Dans la mesure où on reconnaît, dans le débat politique, aux *mots* un rôle de pionnier par rapport aux *choses* et où l'usage des mots a des implications pragmatiques, on accorde une importance croissante à la question de savoir qui décide de la signification des mots.

Les dictionnaires « contre-révolutionnaires » (*Nouveau Dictionnaire, Wörterbuch*) s'approprient, mais sur la base de prémisses inversées, l'argumentation politique prérévolutionnaire pour laquelle on cite Marat comme représentant des autres : le groupe des révolutionnaires obscurcit délibérément les mots et falsifie par démagogie leur véritable usage et le peuple se laisse séduire.

Cette question du sujet déterminant les significations est centrale chez Chantreau qui veut précisément aider à l'extension de l'usage révolutionnaire. Sa réponse prédominante est que les divers partis politiques ont un usage langagier divergent. Ceci correspondrait à la supposition, exprimée durant la phase finale des Lumières, d'un usage spécifique aux groupes à la seule différence qu'on abandonne la supposition d'une signification juste, la mieux adaptée aux choses. L'expérience du «match nul» à certains moments de la lutte pour le langage s'y oppose. En outre, la présomption qu'il faille en partie modeler les choses en fonction de la plastique des mots et des idées joue un grand rôle dans la première phase révolutionnaire.

Ainsi, Chantreau fait la différence entre l'usage langagier des aristocrates et des citoyens (*cf.* par exemple *libelle*). Outre cette constatation d'un usage différent selon les groupes politiques, on voit aussi apparaître la notion d'une détermination de l'usage des mots par voie législative, p. ex. :

> «BANQUEROUTE : [...] Nos représentants ont déclaré que ce mot infame ne devoit plus être prononcé dans ce sens.» (Chantreau : 20)

On trouve, enfin, plusieurs passages où Chantreau se pose lui-même comme sujet de l'usage langagier, p. ex. :

> «DÉMAGOGUE : [...] Chaque fois que je me sers du mot Démagogue, je le prends dans le sens où il signifie un aristocrate hypocrite qui cherche à étouffer son frère le *démocrate* en le serrant dans ses bras.» (Chantreau : 62)

Cette émergence de l'individu faisant un usage innovateur de la langue, qui laisse aussi derrière lui les modèles consensuels, conflictuels et parlementaires d'une détermination de la signification et oppose son propre usage au collectif, est préfigurée chez Marmontel et deviendra le principe central chez Mercier. L'idée que c'est la nation entière, le peuple qui est le sujet de la langue sera celle qui va prédominer par la suite.

2.4. LES IMAGES

> «Liberté, ton soleil c'est l'œil de la Montagne.»
> (Gombrich, 1979 : 201)

Après avoir montré à quel point la situation était confuse dans le domaine strictement linguistique (oral-écrit ; pluralité des langues ; pluralité des significations), il me sera permis de développer brièvement une perspective sémiotique dépassant le stricte plan linguistique, d'aborder donc le symbolique, l'image (l'imaginaire). Puisqu'on a beaucoup travaillé, ces dernières années sur les images de la Révolution[97], il suffira de tracer quelques lignes générales et de mettre en évidence les rapports entre l'irruption du langage dont il a été question jusqu'ici et la sémiotisation générale qui s'est opérée pendant les premières années de la Révolution. Cette sémiotisation a plusieurs facettes : on a, d'une part, fortement ressenti le vide symbolique qu'a laissé la destruction du symbolisme royaliste, aristocratique et chrétien ; on constate, d'autre part, une prolifération déchaînée des images. Ces deux tendances convergent en une troisième : l'apparition d'une certaine pesanteur des symboles, d'une sémiotisation généralisée.

2.4.1. Le vide symbolique

Avec l'abolition de la féodalité et de la monarchie puis la déchristianisation, les anciens symboles avaient perdu tout sens. L'ordre qu'ils symbolisaient n'existait plus ; par conséquent, ils cessèrent de représenter un ordre désormais inexistant, ce qui revient à dire qu'ils étaient atteints dans leur fonction centrale de représentation. Mais il ne s'agissait pas seulement et simplement d'une perte, d'une tombée en désuétude de quelque chose de superflu. Il y avait encore un reste de représentativité qu'il fallait combattre si on ne voulait pas courir le danger d'un rétablissement de l'ordre aboli par le biais du rétablissement du rapport de représentativité. Les symboles, si vides de sens, si dévalorisés qu'ils fussent, inspiraient une crainte du retour du refoulé, la crainte *des œufs de serpents dans leurs cavernes* (*cf.* p. 78). Pour bannir toute possibilité de retour, il fallait détruire le pôle symbolique du rapport de représentation — on connaît, dès le début de la Révolution, des activités destructrices des symboles de l'ancien ordre, mouvement auquel Grégoire donnera plus tard la dénomination de *vandalisme*[98].

Cette crise du rapport de représentation qui se présentait tantôt sous une forme lente et mécanique, tantôt sous la forme d'une destruction violente, était très vivement ressentie. Les anciens symboles disparaissaient, dans leur force représentative ou même dans leur matérialité, en laissant une lacune qu'il fallait combler, un «vacuum» qui demandait impérieusement à être rempli (*cf.* chap. 1.1.3).

2.4.2. La prolifération

2.4.2.1. *La circulation dans l'espace et le temps*

Mais la disparition et la dévalorisation des symboles n'étaient qu'un aspect; on assiste aussi, dans le même temps, à un autre phénomène : celui du déchaînement des images, un déchaînement qui a, tout d'abord, un caractère quantitatif souvent perçu par les contemporains comme une accélération dans le temps. Pensons, pour commencer, aux œuvres d'art qui, auparavant, étaient enfermées dans les châteaux et monastères et qui commencèrent alors à circuler librement dans toute la France. Il suffira de lire les commentaires des observateurs incisifs tels que Mercier pour comprendre à quel point cette circulation des images modifia la vie quotidienne. On lira l'anecdote de la paysanne qui, dès le moment où elle s'est trouvée entourée de tableaux et de meubles, dort jusqu'à midi, a sa migraine et exige une nourrice pour son bébé.

> «Leurs femmes ont acheté toutes les nipes des bourgeoises; elles mangent sur des assiettes d'argent; elles ont la migraine, et disent à leurs maris : *Je ne me leverai pas aujourd'hui; qu'on dise que je suis malade.*» (Mercier, 1800, IV : 159)

Et on aboutira à la conclusion que Mercier tire devant la quantité des tableaux accessibles à chacun :

> «On en voit rien, parce que l'on voit trop.» Mercier, Nouveau Paris, VI : 85)

Ajoutons que cette circulation des images dans l'espace correspond à un syncrétisme dans le temps. Toutes les époques sont simultanément présentes et se prêtent à une exploitation symbolique. Quand les révolutionnaires propagent les modèles de l'Antiquité, il s'agit déjà d'un choix face à la multitude des modèles : traditions populaires, imagerie égyptienne de la franc-maçonnerie, images chrétiennes, classicisme académique, etc. Il nous faut d'ailleurs constater que cette coprésence des traditions et des périodes correspond entièrement au «mode de vie» des œuvres d'art dans les châteaux et églises qui était, lui aussi, syncrétiste et qui est maintenant généralisé. Ce ne sera qu'une décision ultérieure, liée à l'établissement des musées, qui instaurera un ordre historique dans les images et une linéarisation du parcours à travers cette histoire[99].

2.4.2.2. La circulation dans les média

Il nous faut aussi prendre en considération une autre dimension de cette prolifération des images : notamment le fait que les images circulent à une vitesse non expérimentée jusque-là dans les différents média. Nous avons déjà parlé des fréquents passages de l'oral à l'écrit et inversement tant au plan médiatique qu'au plan conceptuel. Il nous faudra élargir cette mobilité par les passages du linguistique — vocal ou visuel — à l'image sous toutes ses formes : tableau, théâtre, fête, etc. La même image (p. ex. la montagne, le volcan) peut prendre forme de peinture, de gravure, d'emblème, de station de jeu de l'oie, de carte dans un jeu de cartes, de scène théâtrale (pensons au «Jugement dernier des Rois» de Sylvain Maréchal qui se déroule devant un volcan), d'image vivante dans une fête mais aussi de trope ou d'allégorie dans un texte oral ou écrit... Nous avons mentionné au début que le discours révolutionnaire — dont le discours sur la langue n'est qu'un aspect — avait précisément ceci de déroutant qu'il renvoyait constamment à des éléments non discursifs visuels dans les caricatures, les affiches, les périodiques... Cette référence peut apparaître sous forme de transformation complète, mais elle peut également opérer dans des entités complexes de discours et d'images, par exemple dans des illustrations avec commentaires linguistiques, des pièces de théâtre, des fêtes donnant lieu à des interprétations pluri-dimensionnelles d'une hiérarchisation difficile.

2.4.2.3. La polyvalence des images

Les images sont polyvalentes. Les révolutionnaires font consciemment usage de cette polyvalence pour établir le réseau sémiotique dont il a été question plus haut (*cf.* chap. 1.2.5). Mais, en même temps, cette polyvalence fait également peur de par son jeu autonome et sa résistance à toute tentative de domestication. Ceci était déjà vrai pour les significations linguistiques (*cf.* chap. 2.3), même si celles-ci étaient plus maniables en raison de leur contextualisation et de la possibilité d'une interprétation monosémique (p. ex. par définition). Les images visuelles, par contre, se soustraient à de tels essais. Elles s'imposent avec une violence sensible, grâce aussi à tout le poids de leur contexte traditionnel. Gombrich cite l'exemple de l'œil dans un triangle qui joue un certain rôle dans l'imaginaire révolutionnaire. Il renvoie à la tradition chrétienne de symbole de la Trinité, mais aussi à la tradition égyptienne refonctionnalisée par la franc-maçonnerie. Il en résulte une «exubérance» des significations difficilement contrôlable :

> «The exuberance of meanings that loaded these images with syncretistic belief is also characteristic of the florid language of the time. A medal of the period has the remar-

kable legend : *Liberté, ton soleil c'est l'œil de la Montagne* — not easy to envisage, perhaps, but all the more fervent.» (Gombrich, 1979 : 201)

Gombrich traite encore d'autres images qui font ressortir très nettement le caractère obscur et déconcertant de l'éclatement du symbolisme visuel. Citons-en ici encore un autre exemple :

> «When, in 1792, a national emblem was needed to be printed on the *assignats*, the device was to be an eagle with outspread wings, holding a thunderbolt, supporting a fasces surmounted by the cap of Liberty and surrounded by a serpent in a circle, symbol of Eternity, radiant with light. What is it, then, that is radiant with light, that natural and seemingly obvious symbol of the good and divine? It is the darkest symbol of mystery, the serpent biting its own tail, another of the pseudo-hieroglyphs handed down from that mystical literature of late antiquity mentioned before and much discussed and interpreted by the philosophers of the Renaissance. The perplexing image of the serpent which seems to devour itself is seen as an image of time returning to its origins, and also of the Universe. It stands for all that is unfathomable, irrational and profound.» (Gombrich, 1979 : 203)

Le foisonnement des symboles visuels fit surgir le danger d'une surcharge sémiotique qui, au lieu de combler le vide symbolique sus-mentionné, pouvait décontenancer, désorienter. C'est encore Gombrich qui se réfère à la discussion sur le *bonnet rouge*, symbole visuel à descendance plurielle (*pileus* — signe de la liberté, coiffure des cardinaux, mitre phrygienne de tradition asiatique), qui avait surgi spontanément et s'était très rapidement répandu mais qui, d'autre part, entra en concurrence avec d'autres symboles tels la cocarde tricolore[100]. En mars 1792, Pétion, alors maître de Paris, mit en garde contre la multiplication des symboles :

> «Bientôt vous verriez des bonnets verts, des bonnets blancs, que ces bonnets des diverses couleurs se rencontrent. Une guerre ridicule et sanglante s'engage, l'ordre public est troublé.» (Cité d'après Gombrich, 1979 : 197)

Et Robespierre partage ce souci de la concurrence des symboles, souci qui est dû à la crainte que la polysémie des symboles visuels ne soit pas maîtrisable :

> «Robespierre must have felt this change of mood and supported Pétion. He pointed to his *cocarde tricolore* and said : «S'il est un signe évident qui parle au même temps au cœur et aux yeux, nous l'avons ce signe-là... Y substituer un autre signe ce serait en affaiblir l'énergie, et ce serait supposer qu'il y en a un plus énergique, ce qui n'est pas vrai...» His intervention led to the adoption of a resolution which affirmed the unique value of the tricolore.» (Gombrich, 1979 : 197 *sq.*)

Ce dernier exemple nous ouvre déjà la voie d'une interprétation de la dynamique révolutionnaire dans le champ de l'usage des signes que nous allons développer par la suite pour le discours sur la langue : prolifération et polysémie des images qui rendent urgente, aux yeux des révolutionnaires, la domestication.

Cette méfiance à l'égard des images concerne tout particulièrement un personnage central de la Révolution : l'orateur. Nous avions déjà vu que les orateurs étaient soupçonnés à cause de leur voix (*cf.* chap. 2.1.1.2). Il s'y ajoute la crainte des images séductrices, non-contrôlables. L'éloquence révolutionnaire se trouve donc au centre des activités mais aussi des méfiances révolutionnaires. L'éloquence est d'une part indispensable à l'évolution de l'opinion publique ; la République, à la différence de la monarchie, a besoin d'orateurs. On ne se lassera pas de réaffirmer le lien étroit entre république et éloquence, l'identité entre orateur et législateur :

> «Avez-vous vu des orateurs sous le sceptre des rois? Non. Le silence règne autour des trônes ; ce n'est que chez les peuples libres qu'on a souffert le droit de persuader ses semblables. N'est-ce point une arène ouverte à tous les citoyens? Que tout le monde se dispute la gloire de se perfectionner dans l'art de bien dire, et vous verrez rouler un torrent de lumières qui sera le garant de notre liberté, pourvu que l'orgueil soit banni de notre République.» (St-Just, cité d'après Blanchard, 1980 : 27)

Mais, d'autre part, on se sent livré au jeu des voix et des images qui dispose d'une certaine autonomie et résiste à la raison ainsi qu'à la domination.

2.4.3. La pesanteur

L'espace symbolique, vide après la crise des anciens symboles, demande à être comblé. On observe en même temps la prolifération d'anciens et de nouveaux symboles. Dans une telle situation, tout se prête à la sémiotisation. Tout mot, tout objet peut devenir un signe :

> «During the Revolution, even the most ordinary objects and costumes became political enblems and potential sources of political and social conflict.» (Hunt, 1984 : 53)

Cette sensibilité sémiotique généralisée confère un poids extrême à tout élément discursif, imagé ou comportemental. On se souviendra du retour de la famille royale à Paris après la fuite à Varennes : des milliers d'habitants bordaient les rues, tous tête nue comme s'ils assistaient à un enterrement. Qu'on se souvienne également de la fin du Danton de Büchner où il suffit de prononcer un mot pour se faire tuer. On peut envisager toute l'histoire événementielle de la Révolution sous cet angle : une suite de scènes hautement sémiotisées dans lesquelles il s'établit avant tout un emploi légitime de symboles nouveaux.

La crise de la représentativité qui se manifeste dans la langue mais qui est beaucoup plus générale, a deux facettes[101] : d'une part, les signes ne fonctionnent plus car le rapport à l'ordre symbolisé est interrompu ; d'autre part, tout peut devenir signe du nouvel ordre. La porte est partout grand ouverte à tout genre de sémiotisation. On ne peut parler ni se comporter sans établir un nouveau rapport sémiotique. Cette surcharge sémiotique donne une pesanteur aux comportements révolutionnaires encore perceptible aujourd'hui malgré la distance temporelle : on constate l'impossibilité d'en parler avec légèreté sans être accablé du poids de la responsabilité sémiotique.

NOTES

[1] J'ai développé la distinction esquissée ici dans Schlieben-Lange, 1983, 1990c et 1994a.
[2] Koch/Oesterreicher, 1985, ont proposé une distinction apparentée entre langue de la proximité et langue de la distance. Ils constatent que les sociétés orales connaissent aussi des formulations «de distance». Il existe donc une affinité entre oralité/proximité d'une part et écriture/distance d'autre part, mais pas une interdépendance entre le médial et ce qu'ils appellent le conceptionnel. Je vois des rapports plus étroits entre le médial et le conceptionnel que ne le font les deux auteurs cités.
[3] Cette dénomination, proposée par Fritz Nies en 1979 s'est avérée très fructueuse malgré les critiques de Oesterreicher, 1993. Elle permet de cerner un champ de recherche qui a affaire aux multiples passages médiaux et conceptionnels entre oralité et écriture et à leurs rapports mutuels. Pour une systématisation des passages Oesterreicher, 1994, Schlieben-Lange, 1994a, 1995.
[4] Une telle thèse devrait être formulée dans le cadre d'une théorie de la culture qui tient compte du fait qu'il y a très souvent deux cultures exclusives, antagonistes, qui se définissent mutuellement (Maas, 1980).
[5] En ce qui concerne l'équation oralité = absence d'histoire pendant la Révolution v. de Certeau *et al.*, 1975.
[6] Furet/Ozouf, 1977.
[7] Gumbrecht *et al.*, 1981, Koselleck/Reichardt (éd.), 1988, Vernus, 1988, Darnton/Roche (éd.), 1989, Chartier, 1991, *Dix-huitième siècle*, 21 (1989).
[8] Habermas, 1968, Gumbrecht, 1978, Jüttner, 1993.
[9] Schlieben-Lange (éd.), 1989a.
[10] Habermas, 1973.
[11] Schlieben-Lange, 1989c.
[12] Furet/Ozouf, 1977, Quéniart, 1981, Fournier, 1989.
[13] Chartier, 1986.
[14] Je pense surtout aux activités de Philippe Gardy dans ce domaine.
[15] Boyer/Gardy (éd.), 1985, Mauron/Emmanuelli (éd.), 1986, Boyer (éd.), 1989, *Cahiers critiques du patrimoine*, 1986, Mariana, 1990; mais aussi Viguier, 1895, Galabert, 1899, Hermann, 1900.
[16] Lafont, 1985.
[17] Gumbrecht, 1978.
[18] Aulard, 1882-85, 1885/6, 1914, Brasart, 1988.
[19] Le fait que ce soient surtout les orateurs méridionaux qui enchantent les Parisiens donne à réfléchir. Serait-ce uniquement l'accent méridional encore connu de nos jours, ou faut-il penser à un état moins avancé du système supra-segmental comme le font penser quelques auteurs ?

[20] Brasart, 1988 : 178.
[21] Brasart, 1988 : 193.
[22] Vovelle (éd.), 1981.
[23] C'est probablement aussi le cas des Cahiers de Doléances.
[24] Section «autobiographies» dans Koselleck/Reichardt, 1988.
[25] V. surtout Guilhaumou, 1988c.
[26] Je pense surtout au fonctionnement et aux conséquences de la dénonciation : Cobb, 1970. Lüsebrink cite à cette occasion un passage du *Journal de ma vie* de Ménétra que nous allons analyser dans la suite : Koselleck/Reichardt, 1988 : 418.
[27] Guilhaumou, 1988c, Benrekassa, 1988.
[28] Le texte a été publié par Daniel Roche en 1982. Dans la présentation, comme dans Roche, 1988, tous les deux très intéressants par ailleurs, les points de vue linguistiques font défaut. Séguin, 1985, Erfurt, 1993 et Schlieben-Lange, 1995, traitent des aspects linguistiques. Pour d'autres documents Reichardt, 1985, Lüsebrink/Reichardt, 1986 et Branca-Rosoff/Schneider, 1994.
[29] Dans la perspective de Koch/Oesterreicher, 1991.
[30] En ce qui concerne les lectures en tant que modèles écrits, v. Roche, 1982.
[31] Pour l'inventaire : Pic, 1985 et 1989. Pour l'ensemble des recherches sur l'occitan pendant la Révolution : Boyer/Gardy, 1985, Boyer *et al.*, 1988, *Cahiers critiques du patrimoine*, 1986, Mariana, 1990, *Dictionnaire des usages socio-politiques*, 5 (1991).
[32] Boyer, 1989 : 454.
[33] Boyer, 1985.
[34] Braesch, 2, 1924, 128.
[35] Pour les rapports entre oralité/écriture et mémoire v. Assmann/Assmann/Hardmeier, 1983.
[36] V. Lüdi, 1986.
[37] Braesch (éd.), 1922-1938, Guilhaumou, 1986d.
[38] En commentant la proposition d'Antoine Gautier-Sauzin de Montauban du 18 déc. 1791 (publiée en extrait par Brunot IX, 1 (1967) : 27 *sq.*, publiée entièrement par de Certeau *et al.*, 1975 : 259-263, repris par Damaggio, 1985), Brunot écrit : «C'est là, on le voit, ni plus ni moins qu'un projet hardi de fédéralisme linguistique. L'auteur propose sans vergogne de retourner au-delà de 1539. Il ne pouvait être donné aucune suite à des propositions qui (...) heurtaient l'esprit qui venait de se répandre, et devaient paraître non seulement archaïques, mais absurdes et presque impies, car elles attentaient à la Révolution elle-même, sous couleur de la servir.» (Brunot, IX, 1, 1967 : 29). C'est un très bel exemple de l'attitude de Brunot, qui, à l'intérieur même de sa reconstruction historiographique, oppose une vision instrumentale de la langue française à une vision symbolique, opposition qui nous va accompagner dans la suite.
[39] Les cas occitan et alsacien sont assez bien étudiés. Il manque des recherches d'ensemble pour les autres langues régionales.
[40] V. Fournier, 1982.
[41] Schlieben-Lange, 1984.
[42] Pour la situation sociolinguistique de l'occitan il faut toujours consulter les ouvrages d'Auguste Brun. V. aussi les travaux récents sur la littérature, surtout ceux de Philippe Gardy.
[43] V. les ouvrages cités dans la note 2.1 : 31.
[44] Merle, 1990 : 81.
[45] C'est surtout Jacques Guilhaumou qui a reconstruit le mouvement jacobin à Marseille et ses particularités (Guilhaumou, 1989 et 1992).
[46] «Lorsque de surcroît l'analphabétisme est la règle quasi générale, il y a rapidement atrophie de l'ordre scriptural. Si survivent quelques velléités littéraires, à travers une

écriture obsédée par l'oralité problématique et par les productions textuelles en langue dominante, il s'agit d'une littérature dont la diffusion est restreinte, voire inédite (...). Cette perte d'autonomie de l'écrit s'accompagne d'un dépérissement inexorable et d'une extinction du domaine de la scription (distinct, du point de vue sociopragmatique, de celui de l'écriture), domaine de la communication écrite la plus ritualisée, la plus quotidienne, «ordinaire», celle qui concerne l'individu en tant que citoyen, consommateur, etc. Il s'agit là d'un lieu privilégié de la domination sociolinguistique : les pratiques scripturales fonctionnelles ne peuvent légalement recourir qu'à la langue officielle, c'est-à-dire à la langue dominante.» (Boyer, 1989 : 453).

[47] Pour l'analyse de ce phénomène surprenant : Boyer, 1989.

[48] V. l'analyse d'un échec dans Lafont, 1985.

[49] V. les exemples cités par Merle, 1989 : 290 *sq.* (surtout les illustrations p. 291 et 419).

[50] Gardy, 1989.

[51] Martel, 1989, distingue une Occitanie de l'oral et une Occitanie de l'écrit. Cette dernière continuerait les traditions d'imprimerie d'avant la Révolution.

[52] Gardy, 1989 : 478.

[53] Il faudrait faire une étude approfondie sur les auto-dénominations de l'occitan et de ses variétés à la veille de la Révolution et pendant la Révolution. En tout cas, l'usage ne sera pas totalement gratuit (v. Gardy, 1989 : 501) et s'adaptera dans la suite aux changements qui s'opèrent à Paris même, v. le chapitre suivant.

[54] Les textes sont publiés dans Gazier, 1880, et de Certeau et al., 1975. Ce dernier volume contient une interprétation tout à fait remarquable des réponses. Pour le questionnaire v. Peronnet, 1985.

[55] Damaggio, 1985, v. note 2.2 : 1.

[56] Brunot, 1967, IX, 1, de Certeau et al., 1975, Schlieben-Lange, 1979 et 1985b.

[57] Brunot ne sait pas si Louis XVI a sanctionné ce décret. C'est au rapport de Dentzel (7 nov. 92) qu'il se réfère : «Dentzel s'est plaint plus tard à la Convention que le décret du 14 janvier ait été frappé «de l'exécrable véto». Et plusieurs autres patriotes, Chabot, Grégoire, ont exprimé le même regret. «Le tyran, dit Grégoire, dans son rapport du 16 prairial an II, n'eut garde de faire une chose qu'il croyait utile à la liberté.» Faut-il tenir cette accusation pour fondée? Quelle aurait été la pensée de la cour? Empêcher l'Assemblée de faire connaître son œuvre et de faire approuver sa politique? Pareil espoir se rapporterait bien au machiavélisme puéril de certains des inspirateurs de Louis XVI. En tous cas il est constant que le décret a été recueilli dans la collection Baudouin et qu'il ne porte pas la mention «sanctionné».» (Brunot, 1967, IX, 1 : 30) Mais la pratique des ministres de 1790 à 1792 paraît prouver que le décret était sanctionné. Qu'on compare par exemple le compte rendu de Rondonneau du 10-nov-1792 (A.N. AA 32, 963) qui parle du «décret du 14 janvier 1790, sanctionné le 20 du même mois». Quelle raison amenait Dentzel à affirmer que le roi avait refusé la sanction? Etait-ce pour introduire un argument qui rendait possible la Convention de continuer la politique de traduction de la période pré-républicaine?

[58] Archives Nationales, F 17 A 1005, 921 (= traduction de la Déclaration des Droits de l'Homme en gascon).

[59] Gazier, 1880 : 130, Gardy, 1989.

[60] Bouche, 1792. Pour Bouche, v. Schlieben-Lange, 1984b.

[61] Il faudrait penser à Goebel, Simon, Ulrich et Maas pour l'Alsace, à Brasart pour le domaine flamand, à Boldoni pour l'italien, à Larrouy et Dithurbide pour le basque, Salaun pour le breton. Les documents pertinents se trouvent pour la plus grande partie dans la collection A.N., AA 32, 963 «Pièces relatives à la traduction des décrets dans les différens idiômes, ordonnée par décrèt du 14 janvier 1790. V. Brunot, 1967 IX, 1 : 33 *sq.* et 155 *sq.*

[62] Compte-rendu Rondonneau 10/11/1792 (A.N. AA 32, 963, publié intégralement dans Schlieben-Lange, 1985b : 117-125). En ce qui concerne l'«affaire Dugas» (dénomination administrative qui se trouve en hat du document cité dans la note 28), v. Brunot, 1967, IX, 1, 33 sq., de Certeau, 1975, Schlieben-Lange, 1979 et 1985b. Les documents pertinents se trouvent dans les Archives Nationales, AA 32, 963 (incluses les traductions pour l'Ariège, la Corrèze, le Lot, les Basses et Hautes-Pyrénées).
[63] A.N. AA 32, 963. Les deux textes sont publiés dans Schlieben-lange, 1985b : 108-115.
[64] A.N. AA 32, 963.
[65] A.N. AA 32, 33307, daté du 6 déc. 1792 : «Citoyen, La traduction de la Constitution en L'idiome propre à ce Departement, envoyée au Directoire par le Citoyen Duport ex ministre de la Justice a été veriffiée, et n'ayant point été Jugée conforme à Lydiome du pays, il en a été fait une nouvelle; nous vous renvoyons la premiere; elle ne paroit point remplir l'objet que L'assemblée Constituante s'étoit proposé.»
[66] A.N. AA 32, 963, v. note 25.
[67] A l'égard de Dentzel, v. note 20.
[68] «Proposerez-vous de suppléer à cette ignorance par des traductions? alors vous multipliez les dépenses : en compliquant les rouages politiques, vous en ralentissez le mouvement; ajoutons que la majeure partie des dialectes vulgaires résistent à la traduction...» (Grégoire, 16 prair II, cité d'après Deloche/Leniaud, 1989 : 263).
[69] V. Oesterreicher, 1990, qui pourtant ne parle pas de la sensibilité face aux variétés du français sinon des réalités qui se cachent derrière le discours et les pratiques qui jouent sur cette sensibilité.
[70] En ce qui concerne le mot *populariser*, v. note 3, 37.
[71] V. par exemple Sergijewskij, 1979 (qui, lui, parle aussi largement des activités néologiques).
[72] Pour la discussion néologique au xviiie siècle : Mormile, 1967 et 1973, Ricken, 1978a et b. Blakemore, 1988 attire l'attention sur un aspect intéressant de la créativité sémantique pendant la Révolution : celui de la rupture linguistique avec le reste de l'Europe : «Burke felt that the French Revolution violently fragmented the coherent linguistic community of Europe» (Blakemore, 1988 : 91).
[73] V. les exemples en bas chapitre 2.3.2.
[74] Le premier à attirer systématiquement l'attention sur les activités néologiques (visant à son avis à la création du langage du bourgeois) a été Lafargue, 1894. V. Ranft, 1903, Frei, 1925, Brunot, 1937, et Brunot, vol. X, 1967, *Dictionnaire des usages socio-politiques*.
[75] V. p. ex. Sergijewskij, 1979.
[76] V. citation en tête de ce chapitre.
[77] Cité d'après Branca-Rosoff, 1985 : 51.
[78] Je rappelle la fin de «Dantons Tod» de Georg Büchner, qui, écrit 40 ans après, a très bien saisi le fonctionnement de la Révolution.
[79] V. Tournon, 1790 (éd. Guilhaumou, 1989).
[80] V. Guilhaumou, 1986a.
[81] Branca-Rosoff, 1985, 1986, 1988, Branca/Lozachmeur, 1989, Geffroy, 1986, 1988, Schlieben-Lange, 1985, 1986a, 1986b, Broch, 1991, Desmet *et al.*, 1990, Swiggers/Desmet, 1990, de Clercq/Swiggers, 1992, de Clercq/Desmet/Swiggers, 1992. Schlieben-Lange, 1985, Geffroy, 1986 et 1988, contiennent des inventaires des dictionnaires connus jusqu'ici.
[82] Il faut y insister : Les techniques de définition dont il est question ici ne sont pas restreintes aux seuls dictionnaires, elles accompagnent les activités politiques qui se produisent souvent avec un geste définisseur. Un exemple pris au hasard dans un rapport de Grégoire : «La dénomination de fonctionnaire public présente une latitude dont la limite n'est pas fixée.» (Grégoire, 28-fruct-an III, cité d'après Deloche/Leniaud, 1989 : 297)

[83] Il faudrait penser au déplacement des tropes du domaine de la rhétorique vers celui de la sémantique qu'a propagé du Marsais dans *Des Tropes*.
[84] Gauger, 1973.
[85] En ce qui concerne la tradition de l'homophonie, v. Delesalle, 1986.
[86] C'est surtout l'argumentation des lexicographes allemands (p. ex. Wörterbuch, 1799 : IV *sq*. et Reinhard, 1796 : 33).
[87] Quemada, 1968 : 517-527.
[88] Dans le sens que lui donne Foucault, 1966.
[89] Auroux, 1979.
[90] Soboul, 1974, Ricken, 1978a, Reichardt, 1985, Teysseire, 1988 (en ce qui concerne la position des Idéologues).
[91] Barny, 1978, Guilhaumou, 1986a, Auroux, 1986.
[92] Guilhaumou, 1989.
[93] Barny, 1978 : 101.
[94] En ce qui concerne les activités de Domergue, v. Busse/Dougnac, 1991.
[95] Je me réfère à la distinction entre deux théories de la vérité établie par Habermas, 1973.
[96] Auroux, 1986. Il existe une longue tradition de la parallélisation de la juridiction et de la codification des langues : la plus saine partie (*sanior pars*) était un concept pris dans la tradition du droit coutumier. Il vaudrait la peine d'étudier cet aspect de la pensée linguistique.
[97] Agulhon, 1979, Starobinski, 1981, Vovelle, 1986 et 1989, Vovelle (éd.), 1988, Herding/Reichardt, 1988, Meller, 1992, Nerdinger *et al.* (éd.), 1990, de Baecque, 1993.
[98] Grégoire écrit plus tard (1808) : «Je créai le mot pour tuer la chose.» (cité d'après Deloche/Leniaud, 1989 : 410). Pour le concept de vandalisme v. les ouvrages cités dans la note 1, 20.
[99] V. les articles réunis dans Bonnet (éd.), 1988. Pour le musée, Déotte, 1993.
[100] Gombrich, 1979, Agulhon, 1979, Meller, 1992. Pour les vêtements, Pellegrin, 1989.
[101] Hunt, 1984, donne une excellente analyse de ces rapports; pour les travaux plus spécifiquement linguistiques, v. note 91.

Chapitre 3
Le programme politique

> « Un projet vaste et dont l'exécution est digne de vous : c'est celui de révolutionner notre langue. »
> (Abbé Grégoire)

3.0. UN NOUVEAU DISCOURS

Nous avons vu, dans le chapitre précédent, que la situation linguistique en France était déjà multiforme à la veille de la Révolution ; les premières années de la Révolution ont encore approfondi cet aspect ou, du moins, ont aiguisé la perception des différences. Ceci est vrai pour les médias (oralité/écriture) et la pluralité des langues. En ce qui concerne la sémantique et l'imaginaire, la Révolution a elle-même provoqué une pluralité des significations et des images non encore expérimentée jusque-là. Alternance permanente des médias, prise de conscience de la variété linguistique (non-française et dans le cadre de la langue française), éclatement des significations et prolifération des images : il fallait comprendre et régler une situation chaotique. Nous avons pu constater que, durant les premières années, c'étaient surtout la confusion, souvent fâcheuse, l'étonnement, la perplexité devant le chaos linguistique qui caractérisaient le discours en matière langagière.

Au cours de l'an II, le discours sur la langue a changé, et ce à plusieurs égards. On ne se contente plus du discours diagnostique; on passe à l'élaboration d'un programme d'intervention visant à mettre de l'ordre dans le chaos, à domestiquer cette inquiétante diversité. S'il s'agissait d'abord d'instrumentaliser la langue à des fins politiques, c'est maintenant la langue elle-même qui est la cible des activités politiques. La langue devient la clé de voûte d'un programme d'uniformité qui devait embrasser le nouvel ordre dans sa totalité. Bref, nous nous trouvons face à ce qu'on a appelé, à juste titre, la politique linguistique jacobine. On a souvent critiqué cette notion, surtout en raison de la pluralité des approches[1]. Mais je pense qu'il y a un noyau dur commun suffisamment important pour justifier la dénomination générique. Tenons, en outre, compte de l'inversion à première vue étonnante que propose J. Guilhaumou[2] : le jacobinisme politique serait en partie constitué par la réflexion linguistique.

Il s'agira par la suite de reconstruire le contenu du discours révolutionnaire en matière langagière, un discours qui s'est défait de la confusion première et des complaintes pour aboutir à un programme dominé par la notion d'unité dans lequel la langue, réglée sur les principes de la *raison/nature*, est destinée à remplir le vide symbolique; ce programme fait à son tour partie d'un projet plus large d'uniformisation, de rationalisation et de re-symbolisation.

Cette reconstruction va, avant tout, se baser sur les grands débats de la Convention de l'an II, sur les travaux du Comité d'Instruction Publique et sur les activités linguistiques de l'an II, publiées ou conservées sous forme de manuscrit aux Archives Nationales. Les programmes de Domergue, Barère et Grégoire sont, bien sûr, primordiaux; mais nous verrons ensuite qu'il existe un large consensus sur le programme en question et que les rapports que nous connaissons ne sont en fait que les formulations les plus systématiques d'un discours omniprésent[3]. Ma reconstruction se propose de mettre en relief un système cohérent de plusieurs éléments discursifs en nombre délimité; elle se distinguera d'autres essais de reconstruction par la concentration sur le savoir linguistique proprement dit (moins sur l'économique, le politique, le juridique, etc.). Ceci dit, il est évident que c'est une perspective partialisante qui s'intéresse au *discours* sur la *langue* dans ses aspects *systématiques*, qu'il convient de compléter par d'autres optiques. Je pense surtout aux lectures économistes proposées par Balibar/Laporte (1974) et Higonnet (1980) et à la lecture politique stricto sensu proposée par Guilhaumou (1989). Je pense aussi à la lecture identificatrice de Brunot qui, à cause de l'abondance des détails et des renvois, restera un point de référence constant.

L'approche discursive soulignant les aspects récurrents et répétitifs a tendance à cacher les textes particuliers ainsi que les personnes. Il conviendra donc de compléter l'approche proposée ici par des études approfondies des textes et des personnages spécifiques (*cf.* chap. 1.2.2)[4].

Il est évident que nous trouvons, bien avant l'an II, des textes qui dépassent largement le stade de confusion et qui proposent des programmes linguistiques. Pensons avant tout à l'Abbé Grégoire qui, dès août 1790, distribua le questionnaire de son enquête; les réponses nous fournissent (2.2.2.1) de précieux documents en ce qui concerne la prise de conscience de la diversité médiale et linguistique. Mais ceci ne doit pas nous occulter l'approche unificatrice de l'enquêteur :[5] il y est question de l'*idiome national* et de son *universalité* et les questions 29 et 30 abordent très vite une finalité de politique linguistique :

« 29. Quelle serait l'importance religieuse et politique de détruire entièrement ce patois ?

30. Quels en seraient les moyens ? »

On peut aussi penser à l'auteur de l'article « Sur l'influence des mots et le pouvoir de l'usage » paru dans le *Mercure National* du 14 décembre 1790, Antoine Tournon probablement[6], qui demande une langue digne d'un *peuple-roi* :

> « Malgré ses imperfections radicales, notre langue deviendrait bientôt la plus noble, la plus riche, la plus sonore, et la plus expressive des langues vivantes, si nous voulions l'étudier, la purifier au feu de la liberté, et la rendre enfin digne d'un *peuple roi*; par la seule syntaxe des langues, nous pouvons juger des vertus ou des vices, de la liberté ou de l'esclavage des nations. » (Tournon, 1790/1989 : 13)

Et songeons avant tout au grammairien-patriote Domergue[7] qui, en 1791, lança la deuxième série de son *Journal de la langue française* (1er janvier 1791, 24 mars 1792) et fonda la *Société des amateurs de la langue française*, conçue en tant que société délibérante sur le modèle parlementaire. Il s'agit, pour lui, dès 1791, d'élever *la langue à la hauteur de la Constitution*[8]. C'est lui qui propose de désigner la France par le terme de *loyaume*[9] :

> « La dénomination politique d'un état, pour être juste, doit cadrer parfaitement avec la nature de son gouvernement. La France n'est dans ce moment ni une monarchie ni un royaume, ni un empire, ni une république. [...] Qu'est-ce donc que la France ? [...] Nous nommons royaume un pays régi souverainement par un roi; le pays où la loi seule commande, je le nommerai loyaume. » (Domergue, *JLF* II : 287)

Ce procédé contient déjà in nucleo tout le programme linguistique : il faut établir une langue bien faite, construite d'après les règles de l'analogie et apte à symboliser le nouvel ordre.

D'autre part, nous trouvons aussi des exemples allant dans le sens opposé : des vues instrumentales de la langue à un moment où le programme unificateur commence à se mettre en place. Je pense ici à la reprise de la politique des traductions par Dentzel et Rühl en novembre 1792, qui mènera à l'institution de la Commission de traduction, réorganisée vers la fin de 1793, en pleine ère républicaine[10].

Les exemples cités ici pour illustrer les décalages temporels des deux courants montrent bien qu'il n'y a pas isomorphie entre période politique et discours sur la langue. Pendant un certain temps, il y a en fait concurrence des deux discours : un discours unitaire naissant et un discours instrumentaliste qui va s'effilochant. Il n'est pas faux d'attribuer le discours instrumentaliste au début de la Révolution et le discours «jacobin» à l'an II; mais il y a entre les deux périodes une zone de transition et de concurrence. Cette vue des choses me permet de me référer également à des textes antérieurs à l'an II quand il s'agit de montrer la provenance des éléments discursifs respectifs (ainsi que j'avais également cité des textes «diagnostiques» écrits après 1792 dans le chapitre 2).

Il serait intéressant de se pencher plus particulièrement sur les conditions qui ont favorisé la cristallisation du programme jacobin tel que nous allons le reconstruire. Au fond, la plupart des travaux concernant la politique linguistique de la Révolution Française va dans le même sens : établissement d'un marché national exigeant l'uniformisation sur tous les plans afin de faciliter les échanges (Balibar/Laporte), compensation des valeurs communautaires abandonnées par la bourgeoisie (Higonnet), guerre à l'extérieur et féodalisme à l'intérieur des frontières (Grégoire lui-même), nécessité d'une langue politique souveraine (Guilhaumou). Il faudra reprendre la question après avoir cerné de plus près le contenu du programme.

La dichotomie *unité/diversité* constituera le point de départ de notre approche et la clé pour une meilleure compréhension. L'idée centrale d'*unité* a deux aspects : l'*uniformité* (ce concept renvoie à d'autres concepts tels que *analogie, nature*) et l'*universalité*. Il nous faudra ensuite rendre compte du fait que le programme linguistique n'est qu'une partie d'un projet d'uniformisation beaucoup plus vaste. Une fois ce cadre conceptuel rétabli, nous pourrons aborder la politique linguistique proprement dite.

3.1. UNITÉ/DIVERSITÉ[11]

> «Tous enfants de la même famille, nous devons tous parler le même idiome, comme nous devons tous avoir la même pensée, être mus par le même sentiment.»
> (Domergue)

En lisant attentivement le célèbre rapport de l'Abbé Grégoire «Sur la nécessité et les moyens d'anéantir les patois, et d'universaliser l'usage de la langue française», on s'aperçoit que les notions d'*unité, uniformiser, universaliser* sont les mots-clé qui permettent l'accès à la pensée linguistique de l'auteur. Tous les grands acquis de la Révolution sont réalisés sous le signe de l'unité; la diversité, sous forme de féodalité ou d'inégalité, est abolie. La langue seule attend son unité. Il faut

> «... consacrer au plus tôt, dans une République une et indivisible, l'usage unique et invariable de la langue de la liberté.»
> «L'unité d'idiome est une partie intégrante de la révolution.»[12]

L'établissement de l'unité de la langue devient un devoir sacré; il s'agit en outre de rétablir l'unité originaire qui s'est perdue au fil des siècles.

D'où vient cette quasi-sacralité de l'*unité*? C'est l'unité de la raison d'abord qui est ancrée dans la nature :

> «L'erreur a mille voies... la raison n'en a qu'une.» (Condorcet)

Sur ce fonds commun des Lumières, il faut surtout penser aux fondements théoriques de la nation. La *volonté générale* du *Contrat Social* est *une* et n'admet pas de *volontés particulières*. L'unité du corps moral et collectif, créé par le *Contrat Social*, en est le souverain principe :

> «A l'instant, au lieu de la personne particulière de chaque contractant, cet acte d'association produit un corps moral et collectif (5), composé d'autant de membres que l'assemblée a de voix, lequel reçoit de ce même acte son unité, son *moi* commun, sa vie et sa volonté.» (Rousseau, 1762/1975, I, VI : 244)

Cette souveraineté, produit du *Contrat Social*, est *une, indivisible, inaliénable, sacrée* et *indestructible*. La *volonté générale* est opposée à la *volonté de tous*, donc, somme des *volontés particulières*, privées et égoïstes :

> «Il y a souvent bien de la différence entre la volonté de tous et la volonté générale; celle-ci ne regarde qu'à l'intérêt commun, l'autre regarde à l'intérêt privé, et n'est qu'une somme de volontés particulières : mais ôtez de ces mêmes volontés les plus et

les moins qui s'entre-détruisent, reste pour somme des différences la volonté générale.» (Rousseau, 1762/1975, II, III : 252)

Toute diversité est alors un afaiblissement de la *volonté générale*; dans le cas extrême, elle la détruit. C'est pourquoi la théorie rousseauiste ne prévoit aucune association en-dessous du souverain :

«Mais quand il se fait des brigues, des associations partielles aux dépens de la grande, la volonté de chacune de ces associations devient générale par rapport à ses membres, et particulière par rapport à l'Etat; on peut dire alors qu'il n'y a plus autant de votants que d'hommes, mais seulement autant que d'associations. Les différences deviennent moins nombreuses et donnent un résultat moins général. Enfin quand une de ces associations est si grande qu'elle l'emporte sur toutes les autres, vous n'avez plus pour résultat une somme de petites différences, mais une différence unique : alors il n'y a plus de volonté générale, et l'avis qui l'emporte n'est qu'un avis particulier.

Il importe donc, pour avoir bien l'énoncé de la volonté générale, qu'il n'y ait pas de société partielle dans l'Etat, et que chaque citoyen n'opine que d'après lui.» (Rousseau, 1762/1975, II, III : 252 *sq*.)

Le fédéralisme est impensable dans le cadre de cette conception. Ceci vaut également pour d'autres entités : le compagnonnage, les partis...

Dès le début, la construction du nouvel ordre fut conçue comme mise en œuvre du *Contrat Social*. Les constitutions furent formulées sur le modèle rousseauiste. L'article 1 de la constitution de l'an 1791 dit :

«La souveraineté est une, indivisible, inaliénable et imprescriptible».

A partir du 25/9/1792, il dit :

«La République est une et indivisible».

Les conflits, fédéralistes ou au niveau des factions, furent alors interprétés dans ce cadre[13]. C'est ainsi que la dictature montagnarde put et dut maintenir l'idée qu'elle était l'incarnation de la *volonté générale*. D'autre part, l'idée de l'*unité* était enracinée dans le profond désir des Lumières d'une simplification et d'un ordonnancement, régis par des principes raisonnables, dans l'organisation de tous les domaines de la vie. Les despotismes éclairés avaient déjà fournis de bons exemples d'une telle réorganisation. Gusdorf[14] mentionne l'exemple de Joseph II d'Autriche; on pourrait aussi penser à Carlos III en Espagne. C'est dans ce sens que Sieyès se prononce pour

«... Cette adunation politique si nécessaire pour ne faire qu'un grand peuple, régi par les mêmes lois et dans les mêmes formes d'administration...» (Sieyès, 1789, cité d'après Gusdorf, 1978 : 177)

L'unité, notion purement formelle d'abord, permettant de distinguer l'individualité collective de la pluralité des individualités particulières, passe au rang de notion sacrée, à la limite le contenu même du nouvel ordre. Dans la mesure où cette sacralisation progresse, la stigmatisation de la *diversité* s'approfondit.

Il fut ainsi possible de systématiser les acquis de la Révolution en termes d'*unité* en les opposant à la *diversité* de l'Ancien Régime. La notion d'*unité* permet de ramener à un même dénominateur les modifications dans les domaines économique, juridique et politique. Dans le secteur économique, l'*unité* de la *liberté* fait opposition à la diversité des anti-libertés féodales; cette *unité* fut tout d'abord perçue comme une *liberté* de circulation des biens et de la main d'œuvre et seulement ensuite comme concept générique emphatique pour toutes les libertés partielles[15]. Ainsi que le supposent Balibar et Laporte[16], on peut tout à fait mettre ici en parallèle au niveau des instruments l'uniformisation des poids et mesures avec celle de la langue. Mais cette parallèle s'impose encore plus puissamment au plan de la structuration symbolique des connaissances. Juridiquement, le principe d'*égalité* remplace la *diversité* des juridictions et donc de l'inégalité implicite; cette égalité est tout d'abord une égalité devant la loi puis plus tard aussi une égalité sociale — «Il faut raccourcir les géants et rendre les petits plus grands, Tous à la même hauteur, voilà le vrai bonheur» (Carmagnole). La nouvelle forme d'organisation politique est la *nation une et indivisible* qui oppose une nouvelle *unité* à la *diversité* des provinces et de leurs formes administratives très diversifiées. *Unité* et *diversité* sont dans cette optique les mots-clés qui permettent de résumer en un seul concept (et son antonyme) la Révolution et ses diverses innovations.

	unité	
liberté	égalité	nation une et indivisible
économique	juridique	politique
féodalité (dîmes, etc.)	inégalité (droits coutumiers, etc.)	provinces
	diversité	

Quel est donc le statut de cette *unité*? S'agit-il purement et simplement d'un terme résumant ce que les efforts révolutionnaires dans divers domaines ont en commun? Ceci est très certainement sa première fonction:

tout comme le concept de *liberté* regroupe les diverses libertés (commerce, travail, presse, religion, etc.), l'*unité* rassemble les différents domaines où elle émerge : *liberté, égalité, nation*. Mais, tout comme *liberté*, *unité* prend également le caractère d'un concept emphatique dépassant les uniformisations particulières. Au plan des schémas cognitifs et des mentalités, l'*unité* déborde le cadre de ses manifestations particulières : le nouvel ordre des connaissances et sa fixation symbolique selon les règles de l'*unité* se transforme en programme. Le français, *langue nationale*, acquiert alors une signification primordiale en tant que symbole et véhicule de la nouvelle organisation qui remplace le vide économique, juridique, politique et symbolique : en tant qu'instrument et symbole de l'unité révolutionnaire, elle se doit de devenir uniforme afin d'être ensuite universalisée.

Le point de vue instrumental qui était central au début de la Révolution et qui s'était heurté si violemment à la diversité linguistique factuelle, subsistera et accompagnera les activités révolutionnaires. Domergue met encore en l'an II ce côté instrumental en relief :

> « L'étude de la langue nationale est devenue un besoin pour tous les citoyens, parce que tous les citoyens sont appelés par les droits de l'homme et par la constitution à des emplois où il faut parler et écrire. Sous l'ancien régime, on voyait quelques hommes, après avoir appris le français avec du latin, vexateurs en surplis, ou en robe de la foule illettrée, troubler les consciences par l'erreur, ou dévorer les fortunes par la fraude. » (Domergue, an II, cité d'après Busse, 1985 : 139)

Mais même ces formulations instrumentales révèlent déjà les implications symboliques. Quand Domergue parle de « notre langue, ce conducteur électrique de la liberté, de l'égalité, de la raison », il évoque le côté instrumental, la rapide transmission des idées tout en faisant allusion au rôle hiérarchiquement supérieur de la langue et en employant la métaphore de l'électricité qui suggère la vitesse et l'énergie si chères aux révolutionnaires. Cette argumentation n'est pas étrangère à Grégoire non plus :

> « Tout ce qu'on vient de lire appelle la conclusion, que pour extirper tous les préjugés, développer toutes les vérités, tous les talents, toutes les vertus, fondre tous les citoyens dans la masse nationale, simplifier le mécanisme et faciliter le jeu de la machine politique, il faut identité de langage. » (Grégoire, 1794 : 267)

Il s'instaure néanmoins simultanément un discours parallélisant analysé de manière convaincante par J. Guilhaumou et D. Maldidier[17]. La langue française doit *s'élever à la hauteur de la constitution* (Domergue, 1791), elle *doit éprouver, en même temps que l'empire, la révolution qui doit la régénérer* (Tournon, 1790). Mais il y a plus : d'une part, la langue est une institution entre autres qu'il faut intégrer dans le processus de régénération; d'autre part, elle devient le symbole de l'unité acquise dans les autres domaines. Elle est *la langue de la Constitution* (Tayllerand, 1791), *la langue de la liberté* (Grégoire)[18], *la langue nationale* (1794). Ces syntagmes sont polysémiques : le français est la langue dans laquelle la Constitution est écrite ainsi que la langue parlée dans les assemblées nationales; mais c'est aussi la langue qui garantit et qui symbolise la *Constitution*, la *liberté*, l'*unité* et l'*indivisibilité* de la *nation*. Reprenons notre schéma :

La langue nationale apparaît donc à deux niveaux différents : elle est d'un côté en parallèle avec la liberté et les autres acquis de la Révolution, mais elle symbolise par ailleurs à un niveau hiérarchiquement supérieur justement l'unité, dénominateur commun des aspirations révolutionnaires.

3.2. UNIFORMITÉ (ANALOGIE, NATURE) – UNIVERSALITÉ

> « Au dessus de la sublime porte du temple révolutionnaire de la convention, est écrit, au frontispice, sur un fonds noir, en caractères d'or le mot *Unité*.
> C'est le commencement du monde, la lumière dans les ténèbres. »
> (Anonyme, an II)

Dans leur analyse du discours révolutionnaire sur la langue, Guilhaumou et Maldidier (1988) constatent que le parallélisme entre politique et linguistique devient de plus en plus nuancé entre 1791 et 1794. Si on avait, au début, une vague impression du décalage entre réalité chaotique et idéal unitaire, les projets d'intervention prennent forme dans une seconde période. Cette volonté d'intervention qui se manifeste sous la forme d'une demande de *mettre la langue française à l'ordre du jour* (Grégoire) est sans aucun doute à mettre en relation avec l'élévation de la langue au niveau symbolique. Cette intervention présente différents aspects. W. Busse (1986) distingue très justement quatre aspects de la politique linguistique :

> « a) la *francisation* : l'unification linguistique (diatopique); l'objectif en tant que tel doit être considéré indépendamment des arguments qui servent à sa justification.
> b) la *popularisation* : le choix (diastratique) de la variété du français destinée à devenir la langue nationale; sa justification.
> c) la *régénération* : l'uniformisation de la langue du point de vue sémantique (« abus des mots »).
> d) les moyens mis en œuvre pour réaliser les objectifs a-c) les institutions chargées d'imposer les politiques linguistiques. » (Busse, 1986 : 345)

Ces quatre aspects se réduisent à deux dans le discours contemporain : l'*uniformisation* et l'*universalisation*. Il faut rendre la langue *uniforme*, c'est-à-dire la régler sur des principes simples et raisonnables; il faut aussi l'*universaliser* horizontalement (*anéantir les patois*) et verticalement (*populariser la langue*).

L'*uniformisation* précède logiquement l'*universalisation*; une langue correspondante à la liberté et réglée sur des principes simples, va s'imposer par la force des choses ainsi que l'avait déjà prognostiqué Talleyrand :

> « Les Ecoles primaires vont mettre fin à cette étrange inégalité : la langue de la Constitution et des lois y sera enseignée à tous; et cette foule de dialectes corrompus, derniers restes de la féodalité, sera contrainte de disparaître : la force des choses le commande. »
> (Talleyrand, 1791)

La priorité logique de l'uniformisation constitue, à mon avis, le fondement de l'argumentation de l'Abbé Grégoire. En lisant le Rapport à rebours, c'est-à-dire en commençant là où les conséquences politiques y sont formulées sous forme de décret (... *les moyens d'exécution pour une nouvelle grammaire et un vocabulaire nouveau de la langue française*)[19], l'argumentation de tout le discours apparaît alors sous une toute autre lumière : il s'agissait tout d'abord de «révolutionner» le français, donc de le mettre à niveau avec les événements et nécessités historiques. Face à cela, l'objectif déclaré de l'élimination des patois ne serait alors qu'une simple conséquence : seule une langue française révolutionnée mériterait d'être universalisée. Le leitmotiv serait donc «Révolutionner la langue française et l'universaliser ensuite». Ainsi considérée, la disparition des patois serait l'effet secondaire du remaniement du français. C'est justement en Allemagne et en Italie, pays tardivement unifiés et ayant conservé une structure fédéraliste, qu'on a donné un caractère absolu à cet aspect d'élimination des patois. Mais Brunot aussi y met la même accentuation en qualifiant la conclusion de Grégoire d'*extrêmement mesurée*[20]. Cette accentuation m'était toujours apparue quelque peu étonnante : un homme aussi politiquement engagé et sûr que Grégoire n'aurait certainement pas tenu un tel discours, faisant fi de ses conséquences, s'il n'avait pas eu l'intime conviction que, précisément, l'objectif premier de sa politique linguistique devait être le renouvellement du français entraînant par conséquence la disparition des patois.

3.2.1. Uniformité

Le concept d'uniformité se distingue nettement de celui d'universalité. Il vise la *constitution* interne de la langue ou d'autres systèmes sémiotiques, comme nous allons le voir plus tard, non l'unification dans l'espace et le temps. Il s'agit de *régénérer la langue* (Domergue)[21], de *révolutionner la langue* (Barère, Grégoire)[22], de créer une *langue bien constituée* (Domergue)[23]. Toutes ces formules sont polysémiques dans ce sens qu'elles appartiennent au discours parallélisant et qu'elles visent par ailleurs la *constitution* interne du système soumis à l'activité de *régénération*, de *révolution*, de *constitution*. La notion d'*uniformité* était réservée aux sciences naturelles dans l'Encyclopédie ; elle s'appliquait à des systèmes régis par des principes ayant une action identique en tous points du système.

«Le mouvement uniforme est celui d'un corps qui parcourt des espaces égaux en temps égaux.» (Encyclopédie, s.v. *uniforme*)

Le rapport de l'Abbé Grégoire fait encore allusion à ces origines :

> « Il faut donc, en révolutionnant les arts, *uniformer* leur idiome technique » (Grégoire, 16 prairial an II, cité d'après Deloche/Leniaud, 1989 : 265)

Ce passage nous donne un indice sur l'interprétation à donner à la pensée linguistique des révolutionnaires : sans doute, Grégoire pense à des terminologies nouvelles à l'instar de la nomenclature chimique, proposée en 1788 par Lavoisier, Berthollet, Fourcroy et Guiton de Morveau. Le modèle de cette nomenclature est très présent pendant toute la Révolution ; nous allons y revenir.

D'autre part, on trouve aussi dans le rapport de Grégoire un autre emploi d'*uniformer* :

> « Mais au moins on peut uniformer le langage d'une grande nation de manière que tous les citoyens qui la composent, puissent sans obstacle se communiquer leur pensées. » (Grégoire, 16 prairial an II, cité d'après Deloche/Leniaud, 1989 : 261)

Ici, la signification de « rendre général » n'est pas exclue. Il s'agit d'un emploi plutôt rare, comme nous allons le voir par la suite. On serait tenté de rendre compte de cette ambiguïté en termes de sémantique structurale[24] : la notion d'*uniformisation* serait la notion non marquée par rapport à *universalisation*, notion marquée, et pourrait, à la rigueur, remplacer celle-là.

En outre, la notion d'*uniformité* renvoie à la notion d'*analogie* qui, elle aussi, désigne l'action uniforme des mêmes principes à l'intérieur d'un système. Avant de nous pencher sur cette notion d'*analogie*, ajoutons que la notion d'*uniformité* prend un essor inouï au cours de l'an II. Elle devient en quelque sorte la notion génératrice, la plaque tournante de toute une politique culturelle à plusieurs volets[25]. Loin de se restreindre à la France, elle deviendra aussi une notion-clé dans d'autres pays d'Europe :

> « Questo tema dell'uniformità (...) può essere assunto come chiave di lettura della politica linguistica della borghesia italiana nel periodo della sua accesa. » (Formigari, 1983 : 32)

Comment s'expliquer l'étonnante fortune de cette notion empruntée aux sciences naturelles et qui pouvait paraître peu apte à devenir une notion-clé de la Révolution ? Ce sera dans la direction indiquée par Baczko[26] qu'il conviendra de chercher : il s'agit de réduire à quelques principes simples la richesse et la diversité du concret, vécues comme menaces chaotiques. Ces principes simples, uniformes seraient à la base de la transparence de l'homme jacobin, dont le fonctionnement a récemment été mis en évidence par L. Hunt[27].

3.2.2. Analogie

La nomenclature chimique est la première terminologie érigée d'après les propositions de Condillac pour établir les sciences comme *langues bien faites*. Il suffit de faire une bonne *analyse* des *idées/sensations* et de fixer cette *analyse* par des signes bien choisis pour avoir une base solide d'une science. C'est là qu'intervient la notion d'*analogie* qui joue un rôle central dans la théorie sémiotique de Condillac. Cette notion a une longue tradition en linguistique[28]. Pour Condillac, elle met en rapport l'origine des langues qui se développent sur le chemin de l'analogie et l'élaboration des futures langues scientifiques. L'*analogie* s'oppose à l'*usage* qui, dans la grammaire traditionnelle, était le point de référence par excellence. L'*usage* est *capricieux, arbitraire*[29], tout comme les usages politiques de l'Ancien Régime; l'*analogie*, par contre, réduit l'arbitraire, et ceci par son fonctionnement même : Premièrement, elle se laisse guider par la *nature*, et deuxièmement, elle organise la production des signes en garantissant un rapport constant entre idées et relations semblables d'une part, et signes semblables d'autre part.

L'*analogie* en tant que principe générateur d'une *langue bien faite*, d'abord spécialisée, se prête aussi bien à tout projet pour révolutionner et constituer toute une langue. Elle rompt avec les caprices de l'usage et elle fournit les principes de *constitution* de la langue à élaborer : la *nature* sera le point de repère de la construction qui se poursuivra selon des régularités simples : des idées identiques sont représentées par des signes identiques.

Ajoutons que nous nous trouvons, avec cette conception, face à un cratylisme assez spécifique. La *nature* (*physis*) décide de la *justesse des mots* (*orthotes ton onomaton*); l'usage n'est que source d'arbitraire. La personne du *législateur* (*nomothetes*) doit de nouveau mettre en vigueur les lois de la *nature*/l'*analogie*. La vocation des grammairiens-patriotes est donc de constituer la langue française sur le solide fondement des principes de l'*analogie* qui règle les rapports mots-choses et les rapports systématiques entre les mots[30].

3.2.3. Nature

Nous avons vu que c'est la *nature* qui, dans une conception analogique de la *régénération* de la langue, garantit la *justesse* des rapports de représentation et que c'est elle qui fournit les principes de l'organisation des systèmes à établir.

Nous allons voir que le renvoi à la *nature* en tant que fondement de tout système est aussi crucial pour les autres projets d'uniformisation. Or, c'est justement le concept même de *nature* qui est en jeu. On peut parfois constater un usage non théorique du mot nature. Supposons que ce soit le cas du correspondant catalan de Grégoire qui caractérise le «patois» de la façon suivante :

> «Pour le détruire, il faudrait détruire le soleil, la fraîcheur des nuits, le genre d'aliments, la qualité des eaux, l'homme tout entier.» (Gazier, 1880/1969 : 81)

Une lecture rousseauiste de cette réponse n'est pas exclue, mais elle ne s'impose pas.

Cependant, à part quelques exemples de ce genre-là, il faudra penser à un arrière-plan théorique assez précis. Le concept de *nature* était une des notions-clés des Lumières[31], notion critique qui était systématiquement opposée aux abus, débauches, caprices de la société aristocratique. Le *bon sauvage* est celui qui n'a pas subi les corruptions de la civilisation. C'est Rousseau qui a élaboré cette notion de la bonne nature primitive, et ceci dans la théorie politique aussi bien que dans la théorie linguistique. La propriété et l'écriture sont ces inventions de l'humanité qui ont détruit la nature originelle. D'autre part, on a plutôt tendande à penser, dans les milieux philosophiques et scientifiques, à la «grande» nature, œuvre d'un Dieu mécanicien et raisonnable, explorée par les géomètres et les astronomes. En lisant les débats sur la *révolution* de la langue française, on a souvent l'impression qu'ils ont lieu sur les divergences concernant le concept de nature.

Faut-il se mettre

> «à la recherche d'un langage «énergique et des signes» qui soit novateur et primitif à la fois»? (Baczko, 1978 : 335)

> «L'idée d'un tel langage visualisant est solidaire de celle d'un langage primitif, perdu ou oublié qui par son «énergie», sa force affective et symbolique s'oppose aux langages «froids», conventionnels et élitistes.» (Baczko, 1978 : 335)

Cette conception rousseauiste renoue avec des idées sur l'origine des langues telles que Court de Gébelin les avait proposées. Elle n'exclut nullement la voix et les images, tout au contraire : elle est justement basée sur tout ce qui est vocal et imagé pourvu que cela soit simple et énergique[32].

L'autre conception que nous pouvons appeler condillacienne en raison de l'importance du concept de la *langue bien faite* basée sur une analyse des idées en vue de la construction des terminologies, exclut le renvoi à une nature primitive de l'homme; elle se réfère à la nature telle qu'elle se prête à l'analyse scientifique, à l'observation et aux expériences.

Ajoutons que les deux conceptions impliquent deux temporalités différentes[33] : la nature rousseauiste est celle de l'âge d'or qui demande à être rétabli dans un avenir eschatologique; la nature condillacienne est ouverte aux approches scientifiques dans un avenir libre.

Durant les premières années, le débat est engagé. Quelques-unes des grandes discussions révolutionnaires ne sont compréhensibles que sur cet arrière-plan des deux conceptions de nature en concurrence. Je pense avant tout aux débats sur la répartition de la France en départements de l'hiver 1789/90 (qui peut être lu comme un débat entre rousseauistes et géomètres) et aux débats sur la dénomination des poids et mesures et du calendrier. J'y reviendrai plus tard. On a l'impression que c'est la conception condillacienne qui l'emporte au cours de la Révolution :

> «Les «grammairiens patriotes», et les jacobins plus largement, sont nettement plus proches de Condillac que de Rousseau en matière de problèmes relatifs à la formation du langage.» (Guilhaumou, 1989 : 171)

Mais même l'Abbé Grégoire hésite sur ce point et accorde une légitimité naturelle aux signes non analysés :

> «Le langage des signes a une éloquence qui lui est propre : les costumes distinctifs font partie de cet idiome; ils réveillent des idées et des sentiments analogues à leur objet, surtout lorsqu'ils s'emparent de l'imagination par leur éclat.
>
> Vainement dirait-on que cet appareil ne doit frapper que les yeux vulgaires. Nous avons tous des sens qui sont, pour ainsi dire, les portes de l'âme; tous nous sommes susceptibles de recevoir, par leur intermédiaire, des impressions profondes; et ceux qui prétendent gouverner un peuple par des théories philosophiques, ne sont guère philosophes. L'homme le plus dégagé de tout ce qui est matériel, est accessible au prestige des décorations et à la magie de tous les arts d'imitation; et celui qui se vante le plus de n'avoir que la raison pour guide, a peut-être cédé moins souvent à sa voix qu'aux illusions de l'imagination et des sens : ces effets dérivent de la nature même de l'homme; et s'il est philosophique de le décomposer en quelque sorte par des abstractions qui en facilitent la connaissance, il ne l'est pas moins de le considérer dans son ensemble, de partir de ce point pour agir sur son cœur et le diriger à l'accomplissement des devoirs qui assurent la stabilité de l'ordre social.» (Grégoire, 28 fructidor an III, cité d'après Deloche/Leniaud, 1989 : 296)

3.2.4. Universalité

> «Rien ne s'oppose plus, la convention le sait, à nous faire concourir tous sous une même façon de penser que cette multitude de patois ou d'idiomes qui existent dans la république. Il faut donc commencer par les extirper et rendre notre langage et ses principes clairs, simples, aisés, et

> à la portée de tout le monde, et la convention verra bientôt que tous s'empresseront d'apprendre l'un et l'autre, et se déferont volontiers de leurs vieils idiomes. (...)»
> (A.N. F17 11648)

La raison est *une et indivisible*, tout comme la *volonté générale*. Cela revient à dire : ayant fait la bonne *analyse* d'un phénomène de la nature, celle-ci sera juste et la seule possible. Tout système de pensée, de signes, d'organisation reposant donc sur une *analyse* bien fondée a tendance à s'universaliser puisque c'est l'unique système légitimé par la *raison* et la *nature*. C'est ainsi que les grands projets révolutionnaires ont, dès le début, des implications universalistes. Si le mètre est la bonne mesure empruntée à la nature, le système métrique va s'imposer « par la force des choses ». Le débat sur le calendrier a aussi un côté universaliste : le calendrier révolutionnaire ne mène-t-il pas au particularisme et à l'isolation, et ceci en raison du point zéro uniquement valable pour les Français (date de la création de la République Française) — ou est-ce une date à valeur universelle ? — et des dénominations. Une langue élaborée selon les principes de l'*analogie* et de l'*analyse* de la *nature* aura toutes les qualités d'une terminologie qui pourrait être valable pour toutes les communautés linguistiques.

L'universalité concerne l'espace et le temps. Les systèmes établis devraient, en principe, être valables pour tous les pays et pour tous les temps. Les projets d'uniformisation sont donc en quelque sorte la solution des rêves utopiques et uchroniques des Lumières[34]. Ceci est aussi vrai pour les langues :

> « Une autre promesse se tient au bout de la grammaire universelle. Celle-ci ne recherchait pas seulement les fondements communs de toutes les langues ; elle était aussi animée par le rêve de retrouver le langage universel perdu dont la restauration assurerait une communication parfaite, vraie base de la transparence et de la communion sociale. »
> (Baczko, 1978 : 406 *sq.*)

Mais la solution est différente de celles que les Lumières avaient envisagées : il ne s'agira ni d'élaborer une langue universelle entièrement différente des langues naturelles (à base de symboles visuels non linguistiques)[35], ni d'élever une langue quelconque à l'état de langue hégémonique universelle (comme l'avait prévu l'Académie de Berlin en 1781 dans son célèbre concours). Il suffira de régler toutes les langues selon les principes de l'analogie, c'est-à-dire, sous forme de grammaire générale redevable à la nature et à la raison, afin de les rendre semblables dans la forme et de réduire les différences à la seule substance.

Grégoire aborde aussi le problème de la recherche de la langue universelle :

« Quoiqu'il y ait possibilité de diminuer le nombre des idiômes reçus en Europe, l'état politique du globe bannit l'espérance de ramener les peuples à une langue commune. Cette conception, formée par quelques écrivains, est également hardie et chimérique. Une langue universelle est dans son genre ce que la pierre philosophale est en chimie. » (Grégoire, 1794 : 261)

Il rejette l'idée de la langue universelle en dehors des langues naturelles à l'échelle mondiale. Mais on pourra aboutir à une universalisation à moyen terme, celle réalisée dans le cadre d'une nation. Ici également, l'uniformisation précède logiquement l'universalisation.

Cette universalisation à l'échelle nationale a deux aspects : un aspect horizontal, géographique, et un aspect vertical, social. Il faut universaliser le français dans toute la France, donc aussi dans les régions alloglottes (*cf.* chap. 5.3). C'est l'aspect le plus connu et le plus débattu de la politique linguistique révolutionnaire : le côté francisation, ou, comme dit un propagandiste en se référant à l'Alsace : la *francilisation*, néologisme qui met en relief le côté universalisant en identifiant la diffusion du français à la diffusion de la civilisation (au sens politique de citoyenneté)[36]. Il s'agit par ailleurs aussi de *populariser* la langue (Barère)[37], c'est-à-dire de faire régner l'égalité aussi dans le domaine de la langue (*cf.* chap. 5.2).

Reprenons ce qui vient d'être dit sous forme de schéma :

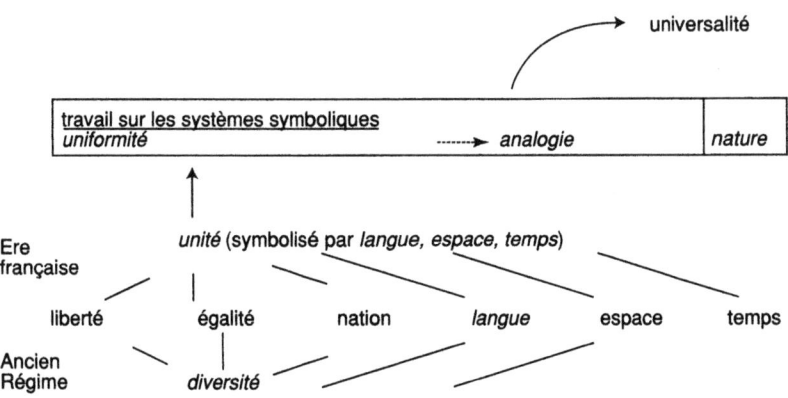

La langue (comme l'espace et le temps) se situe à deux niveaux différents : elle est un système réglé d'après les lois de l'uniformité et, simultanément, elle véhicule et symbolise les différents projets. Nous verrons plus tard qu'un deuxième rapport de représentation va se superposer puisque les systèmes qui ont déjà une valeur symbolique ont à leur tour besoin d'une représentation langagière ce qui fait que la langue apparaît sur trois niveaux différents (*cf.* chap. 3.3.3).

3.3. UN VASTE PROJET D'UNIFORMISATION

> « Vous avez entrepris une des opérations les plus importantes aux progrès des arts et de l'esprit humain, et qui ne pouvait réussir que dans un temps de révolution; c'est de faire disparaître la diversité, l'incohérence et l'inexactitude des poids et mesures qui entravaient sans cesse l'industrie et le commerce, et de prendre, dans la mesure même de la terre, le type unique et invariable de toutes les mesures nouvelles. »
> (Romme, 20/9/1793)

Nous avions vu dans les chapitres précédents que la volonté d'uniformisation ne s'est pas limitée à la seule langue et que les principes établis ont été les mêmes dans plusieurs domaines. Une fois l'*unité* reconnue comme dénominateur commun de toutes les aspirations et l'uniformisation acceptée en tant que réorganisation sur des principes simples et raisonnables, cette idée a généré des projets dans plusieurs domaines ou, pour l'exprimer plus correctement : le concept d'uniformisation a permis de rassembler des projets préexistants, même dans l'Ancien Régime, dans une perspective unifiée et de les réinterpréter comme éléments d'un vaste projet général embrassant tous les domaines de l'organisation de la vie et surtout les bases mêmes de l'expérience : le temps, l'espace, la langue[38].

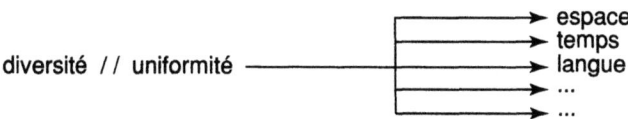

Le Comité d'Instruction Publique était le lieu institutionnel de ce projet d'envergure. Les six sections du Comité s'occupaient des différents projets particuliers :
- bibliographie
- poids et mesures
- éducation nationale
- inventaire des objets utiles aux arts
- recueil des traits historiques
- pétitions

Le 12 germinal an II, on crée une commission exécutive du Comité d'Instruction Publique en trois sections responsables des trois grands domaines qu'on pourrait qualifier d'instruction, de conservation et de célébration :

« 12 germinal an II : Commission exécutive de l'I.P., trois sections :

instruction	1. L'organisation des divers degrés d'instruction publique ; l'enseignement dans les écoles primaires ; les musées et les livres élémentaires ;
conservation	2. les poids et mesures, les inventions et découvertes ; les bibliothèques ; la bibliographie ; les musées considérés comme dépôts, la conservation des monuments des arts ; les encouragements ;
célébration	3. les théâtres ; les fêtes nationales ; les institutions républicaines ; l'érection des monuments. »

Mais le discours sur l'uniformisation n'était pas restreint au seul Comité d'Instruction Publique. Il était général au cours de l'an II comme clé d'une réorganisation complète de toutes les formes de vie et simultanément comme symbolisation de cette réorganisation.

Prenons donc l'exemple de l'introduction au *Projet D'une Nouvelle forme D'orthographe à l'usage Des Sans culottes*, de rédaction manuscrite et non publiés à l'époque :

« Au moment où les français cherchent remonter à tous les principes pour perfectionner chaque point de leur existence phisique et morale ; au moment où la convention s'occupe à nous former une constitution et un code fondés sur les bases éternelles de la justice ; au moment où une troupe de savants vient d'extraire des éléments même de la nature, une mesure commune de la pesanteur et des distances, pour servir aux besoins de notre commerce journalier ; au moment où un nouveau calendrier va diviser d'une manière plus égale les différentes parties du temps qui règle nos destinées ; au moment enfin, où toutes les institutions humaines sont brisées et rejetées au moule pour être reconstruites sur les principes immuables de la raison : la plus belle des inventions, la plus utile des sciences, celle dont toutes les autres tirent leur perfection, restera-t-elle imparfaite elle même ? et la verrons-nous couverte de la rouille et de la poussière des siècles dont elle aura aidé les autres à se secouer ? je veux ici parler de l'écriture, cette ingénieuse image de la parole ; cet art précieux auquel notre révolution doit presque tous ses succès, et qui peut seul les propager dans les générations futures et les régions éloignées. » (A.N. F17 1008 B 1417, publié dans Schlieben-Lange, 1994 : 169)

Nous trouvons, dans cette brève déclaration d'intention, la plupart des éléments discursifs évoqués plus haut. L'*unité* politique exige également une unité dans l'espace et le temps mais enfin aussi une uniformisation de la langue, en l'occurence de l'orthographe. Les principes de la restructuration de l'espace et du temps sont empruntés à la *nature* et en tirent leur dignité spécifique. Finalement, ces nouvelles formes d'organisation conformes à la nature méritent une universalité dans l'espace et le temps. Le citoyen Chomel-Midon qui se penche sur le problème des poids et mesures, du calendrier, de la réforme de l'orthographe et d'autres projets encore, s'exprime de façon similaire :

> «J'ê abandonné momantanément mez afêrez, Citoyenz Reprézantans, pour porter à la Qonvansion lêz ouvrajez dont il êt fait mansion danz lez 3 einpriméz si-jouenz, qoncernanz le qode nasional, la qontribsion foncière, lêz poiz é mesurez; lêz ponz é chocéez, lez chemeins é leurz tournanz, lez défrichemanz dez montaniez, la chôcure é la marche du soldat, la manière dadicioner lêz livrez, souz é denierz, piéz, poucez, liniez, é leur fraqsionz. Je revienz à mon alfabet, pour vous observer qu'expériance faite, ma manière d'écrire sera plus courte d'un sinqieme, que par l'àqtuèle. Plus j'égzamine le calendrier national, et plus je l'admire qouonque je préferaz de n'y pas voir de latin.» (A.N. F 17 1009B 2096 : 5 *sq*.)

L'uniformisation peut également s'étendre à d'autres domaines. Ainsi, le citoyen Vaureix, originaire de l'Auvergne, recommande l'uniformisation vestimentaire dans le contexte de l'uniformisation linguistique :

> «Le meilleur moyen d'anéantir le patois dans les campagnes serait de convertir cette adresse en Décrèt, de rendre uniforme le costume de tous les français en général et de l'adapter aux mœurs républicaines, sauf aux riches à user d'étoffes plus fines selon les climats. L'uniformité consisterait seulement dans la couleur et la forme des habillemens. Les enfants seraient jusqu'au sortir des Ecoles costumés aussi uniformément. Ils seraient solennellement révêtus du costume national à quatorze ans. L'uniformité de costume amènerait plus facilement l'uniformité de langage surtout si l'adresse du 16 prairial était convertie en décrèt.» (A.N. F 17 1008 A 1310)

Lagrange, dont la participation à l'élaboration des différents projets fut substantielle, opère une très nette distinction entre l'uniformisation des poids et mesures, à laquelle il reconnaît une utilité sociale, et l'uniformisation du temps qui serait, à son avis une simple émanation de la tendance généralisée à l'uniformité :

> «... ainsi on peut dire que l'introduction de l'échelle décimale dans les mesures du temps est plutôt fondée sur des raisons de convenance, de simplicité et d'uniformité, que sur les grands motifs d'utilité générale, qui ont fait adopter cette échelle dans la mesure de toutes les autres quantités.» (A.N. F 17 1009 C 2226)

Le projet d'uniformisation est un projet *politique*, c'est-à-dire qu'il existe une volonté très marquée de mettre en œuvre l'uniformisation et de développer les moyens garantissant son universalisation. Le premier garant de cette volonté politique est la *pédagogie* révolutionnaire. Dès les débuts de la Révolution, les projets pédagogiques y ont eu une place de choix et ce sera après Thermidor que l'on réalisera des projets scolaires à grande échelle. On remarque, malgré des différences considérables (*instruction/éducation*; *égalitaire/élitiste*), une étonnante continuité de cette volonté de consolider la Révolution par une pédagogie uniformisée[39].

Soulignons enfin que l'ensemble du projet d'uniformisation se déroule sur un ton quasi-religieux : les éléments messianiques, eschatologiques ne sont nullement dissimulés. Ce projet est une utopie devenue réalité[40]. L'*ère française* établit un nouvel ordre des choses sur les bases de la nature et de la raison et instruit sur ces bases l'homme nouveau ayant surmonté les lois de la gravitation. Rappelons-nous que la Montgolfière (tout comme la nomenclature chimique) est un des symboles forts de la Révolution.

Le projet d'uniformisation était, nous l'avons dit, un projet politique intimement lié néanmoins aux propositions scientifiques. Ceci explique en partie l'ambivalence des jacobins face aux savants. On constate, d'une part, la ferme intention d'abolir la science élitiste (symbolisée par l'Académie par exemple) ce qui a amené les historiographes à parler très globalement de l'esprit anti-scientifique des jacobins[41]. On ne peut, par ailleurs, se faire l'impasse sur la contribution scientifique si on veut concrétiser le projet d'uniformisation, ce qui conduit à recréer immédiatement des commissions qui poursuivent les travaux d'uniformisation qui, pour partie, ont déjà une longue histoire et qui, dans cette situation, bénéficient d'impulsions fortes et d'un sens nouveau : ceci permet aux scientifiques de réaliser les projets qui leur tiennent depuis longtemps à cœur. Voyons de plus près les projets touchant à l'espace et au temps avant de revenir à l'aspect linguistique.

3.3.1. L'espace

Le réaménagement uniforme de l'espace fut l'une des grandes entreprises révolutionnaires, immédiatement après l'abolition du droit féodal en 1789. Le débat sur la nouvelle structure spatiale domina l'hiver 1789/90. Thouret propose le 29/9/1789 la création de 80 départements de dimensions absolument égales. Les grands acquis du XVIIIe siècle en matière de cartographie et de géométrie permettent d'envisager une telle réorganisation uniforme :

> «Je commencerais par me procurer la grande carte des triangles de Cassini (...) Je la partagerais d'abord géométriquement d'après les proportions adoptées par le Comité de Constitution.» (Cité d'après Berlet, 1913 : 193)

Les discussions de l'hiver 1789/90 visent à dégager un compromis entre un nouvel agencement géométrique et la mise en place de dimensions humaines (les villes principales ne doivent pas être à plus d'une journée de route de tous les points du département), entre une totale uniformité et la diversité géographique ou historique[42]. C'est dans ce contexte qu'il faut appréhender l'élaboration de nouveaux atlas (p. ex. Mentelle, 1791) et de statistiques. Mais la réorganisation de l'espace ne devait pas uniquement toucher la division en départements ; elle s'étend aussi à toutes les formes de la vie quotidienne. Monge, Borda, Lagrange, Laplace, Condorcet travaillent dès 1790 en commission à l'élaboration du système métrique[43]. La Convention accepte le 1/8/1793 les propositions de cette commission et entérine le 18 germinal an II (7/4/1795) le système entièrement nouveau des poids et mesures sur une base décimale uniforme. Jetons un regard aux raisons invoquées par Arbogast lors de la présentation du nouveau système uniforme :

> «L'idée de rapporter toutes les mesures à une unité de longueur prise dans la nature s'est présentée aux mathématiciens, dès l'instant où ils ont connu l'existence d'une telle unité et la possibilité de la déterminer. Ils ont vu que c'était le seul moyen d'exclure tout arbitraire du système de mesures et d'être sûr de le conserver toujours le même, sans qu'aucune révolution dans l'ordre du monde pût y jeter de l'incertitude. Ils ont senti qu'un tel système n'appartenant exclusivement à aucune nation, on pouvait se flatter de le voir adopter par toutes.» (AP 70 : 71)

Nous retrouvons donc ici aussi les éléments discursifs que nous connaissions déjà : les principes de cette restructuration sont empruntés à la nature. Ceci garantit l'uniformité du système et lui confère un caractère universel : les autres nations peuvent l'adopter. C'est donc ainsi qu'a commencé à s'imposer un système de mesures uniforme, élaboré sur des bases strictement mathématiques et indépendant des hommes et de l'histoire.

En même temps la présentation d'Arbogast fait très bien ressortir la valeur symbolique de l'uniformisation des poids et mesures : le projet correspond à des besoins sociaux mais il est simultanément l'*emblème* de l'ordre nouveau :

> «Législateurs, c'est sur un objet de bienfaisance universelle que votre comité d'instruction publique vient fixer quelques moments les regards de la Convention Nationale. L'uniformité des poids et mesures était depuis longtemps un des vœux des philanthropes; elle est réclamée à la fois par les sciences et les arts, par le commerce et par l'homme utile qui vit du travail de ses mains, et qui, le plus exposé aux fraudes, est le moins en état d'en supporter les effets. Ce nouveau moyen de cimenter l'unité de la République en présente encore un d'estime et de liaison entre les Français et les autres peuples, entre la génération présente qui offre ce bienfait, et la postérité qui en jouira ou en vérifiera les bases.» (AP 70 : 71)

> «La philosophie amènera un jour à contempler, dans l'étendue des pays et l'écoulement des siècles, le génie des sciences et de l'humanité, traversant les orages des révolutions et des guerres, riche du fruit des paisibles travaux et des méditations profondes d'hommes modestes et célèbres, donner aux nations l'uniformité des mesures, emblème de l'égalité et gage de la fraternité qui doit unir les hommes.» (AP 70 : 71)

3.3.2. Le temps[44]

Une *nouvelle* ère commence : c'est ce principe qui domine la conscience révolutionnaire française dès 1789. L'Ancien Régime, l'ancien style appartiennent au passé. Une époque nouvelle, une ère française s'ouvre. C'est ainsi qu'on commence ici et là à désigner l'année 1789 comme l'*an I de la liberté*. On décrète le 5/10/1793 que la nouvelle ère commence en 1792. Il ne s'agit pourtant pas d'un simple début mais de la restructuration du temps. Une commission composée de Monge, Fourcroy, Lakanal, Marie-Joseph Chénier et de Fabre d'Eglantine prépare cette restructuration et soumet son projet à la Convention 21/9/1793. Après les débats du 5/10/93 et du 24/11/93, la Convention adopte la proposition connue sur la réorganisation du temps. On uniformise la durée des mois qui portent maintenant des noms éloquents (observons ici la relation entre la restructuration temporelle et linguistique) et les semaines sont remplacées par les décades basées là aussi sur le système décimal. Ces propositions sont adoptées mais le projet va encore plus loin : les jours sont divisés en dix parties, à leur tour subdivisées en cent sous-unités. Un thème est mis en concours le 21 pluviôse an II (9/2/1794) : il s'agit de remettre des propositions sur une modification, la plus simple et la moins coûteuse possible, des cadrans horaires conformément à la nouvelle division du temps. Les seules limites de cette réorganisation du temps sont les données astronomiques : l'année et le jour en constituent le cadre immuable. Le temps nouveau est un temps sans histoire, sa structure, d'essence mathématique, ne repose pas sur des contingences «séculières». Elle n'a pu — au contraire de la restructuration de l'espace — s'imposer[45]. Elle était trop étrangère aux conditions de vie quotidiennes — c'est aussi la critique émise par le citoyen Lagrange. Une nouvelle conception du temps déterminée par l'uniformité ne pourra s'imposer qu'au XIXe siècle : cette époque sera mûre pour ces changements en raison de l'industrialisation et des nouveaux moyens de transport[46].

3.3.3. Les noms des entités spatiales et temporelles

Avant d'aborder l'uniformisation linguistique proprement dite, posons-nous d'abord la question du parallèle — réel ou imaginaire — entre les trois projets concernant l'espace, le temps et la langue. A la lecture des débats sur les uniformisations spatiales et temporelles, on est frappé par le fait que le débat sur les dénominations occupe une place beaucoup plus importante que les mesures proposées en tant que telles. Ceci nous induit à penser que les rapports entre les différents volets du projet d'uniformisation sont encore plus complexes que nous l'avions supposé.

L'*unité* ou encore l'*uniformité* sont le dénominateur commun des acquis révolutionnaires : *liberté, égalité, nation*. Une fois cerné, ce principe général exige l'uniformisation d'autres domaines, et avant tout les bases fondamentales de l'expérience : espace, temps, langue. Les systèmes uniformisés deviennent, à leur tour, symboles de l'unité économique, juridique et politique. Il existe pourtant, à l'intérieur de ces systèmes, une échelle hiérarchique : la langue doit être uniformisée tout comme l'espace et le temps mais c'est aussi elle qui rend accessibles les systèmes spatial et temporel. Elle fournit les dénominations sans lesquelles l'uniformisation de l'espace et du temps ne pourrait fonctionner.

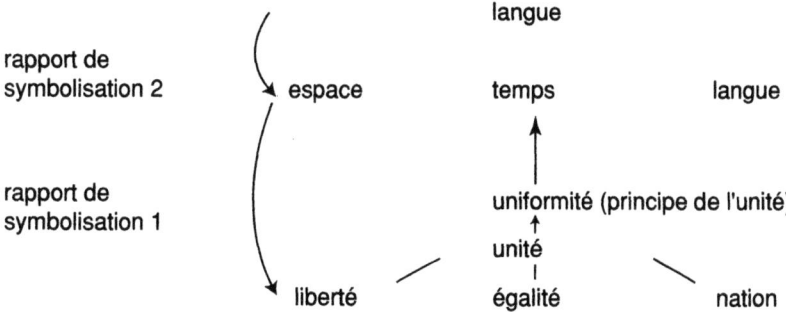

On peut se demander s'il existe aussi un rapport symbolique entre la langue symbole de l'uniformisation et la langue uniformisée. On pourrait penser à un vocabulaire métalinguistique avec des entités telles que *néologie, synonymie, style*. Et on constate effectivement un très haut degré de réflexivité, une épaisseur du discours linguistique probablement due à ce double rapport symbolique, une mise en abîme auto-référentielle du langage. Une des mesures prises dans le cadre de l'uniformisation sera la création d'un *vocabulaire* pouvant symboliser le nouvel ordre (rapport 1), cette même notion rendant aussi accessible le travail uniformisateur sur la langue et le symbolisant (rapport 2).

Nous avons aussi une autre raison de nous intéresser de plus près aux débats sur les dénominations spatiales et temporelles : c'est ici qu'apparaissent les différences sur la notion de nature, c'est là que se rencontrent les rousseauistes et les condillaciens. Abordons donc maintenant les documents.

La réorganisation de l'espace présente plusieurs aspects. L'un des plus anciens projets révolutionnaires est la division de la France en unités administratives uniformes, un autre aspect constituant le réaménagement de l'espace urbain, sans oublier bien sûr le projet fondamental : l'uniformisation des poids et mesures.

3.3.3.1. Les noms des départements

La division de la France en départements fut l'une des toutes premières mesures décidées après l'abolition du système féodal. Le débat sur ce projet s'étendit durant tout l'hiver 1789/90 et évolua entre les deux extrêmes esquissés plus haut (*cf.* chap. 3.3.1) : une division géométrique absolument abstraite d'une part et un projet axé sur les délimitations historiques et culturelles d'autre part[47]. Les tenants des délimitations élaborées au fil de l'histoire étaient ici dans une précaire position puisqu'il s'agissait avant tout, outre l'allégement administratif, de supprimer toute réminiscence des anciennes structures féodales.

La dénomination des nouvelles unités est un élément indispensable de la réforme administrative :

«La division du royaume est à l'ordre du jour, la dénomination des départements fait partie de la division du royaume.» (AP 11 : 711)

Tous ou presque sont d'accord pour que les nouvelles désignations ne rappellent en rien les anciennes unités. L'Abbé Maury qui n'accorde à cette question des désignations qu'une valeur secondaire est fortement isolé dans cette attitude résignée («cette dénomination ne pourra jamais être bien faite») : le problème des noms est vraiment *à l'ordre du jour*. Mais faut-il désigner les départements en fonction des villes principales? Ici aussi, on y fait opposition car ce procédé confirmerait les tendances hégémoniques des villes :

«... il n'est pas moins important de détruire l'aristocratie des villes qu'il ne l'était de détruire celle des ordres.» (AP 11 : 711)

Mirabeau cerne parfaitement l'alternative, cette alternative que nous retrouverons à tout moment : ou bien on désigne les départements par des numéros, ou bien on leur donne de nouveaux noms. Il plaide pour la seconde solution en arguant que les noms assument pour la raison une fonction de cristallisation («une dénomination fixe la raison»). Les désignations géographiques encore en vigueur de nos jours sont un compromis entre une dénomination (numérique) absolument abstraite et une appellation respectant les contours historiques (et donc «non grata»).

3.3.3.2. Les noms des villes et des rues

Il a été fait, jusqu'à présent, bien peu de cas d'un aspect de cette réorganisation de l'espace. La rationalisation devait s'étendre jusqu'aux communes, où tout comme, au plan étatique, un nouvel ordre rationnel avait remplacé le développement sauvage de l'Ancien Régime. Au niveau des communes, le lien est évident entre ce nouvel ordre spatial et les mesures décrétées afin d'améliorer l'hygiène mais aussi la surveillance policière. La solution idéale, qui se profilait et ne fut bien sûr mise en œuvre nulle part, était de remplacer les anciennes structures urbaines mal ordonnées par une nouvelle urbanisation d'une conception claire et géométrique. On s'arrangea d'une remise en ordre des côtés par trop chaotiques et, ici aussi, se posait le problème des désignations. Il faut être conscient du besoin général de nouvelles dénominations concernant les communes, les rues et les enfants ; toutes les appellations évoquant de près ou de loin l'Ancien Régime devaient disparaître. Pensons donc à la grande vague de modification des noms des communes en 1793/94[48].

L'Abbé Grégoire, dans sa tentative de formuler des principes régissant les dénominations dans le domaine communal, inscrit ces nécessités dans le cadre du projet d'uniformisation. Les noms rappelant la *féodalité* et la *superstition* n'ont absolument plus cours : « on doit tout républicaniser » (Deloche/Leniaud, 1989 : 120). On trace de nouvelles rues dans les vieux quartiers non hygiéniques et incontrôlables ; il s'agit maintenant d'entamer une action républicaine au plan des dénominations, « d'établir un système combiné de nomenclatures républicaines » (120). Grégoire cite à présent les principes de ces nouvelles nomenclatures républicaines :

1. Les désignations topographiques doivent être brèves et mélodieuses.

2. Elles doivent être évocatrices pour la raison et au cœur, c'est-à-dire transmettre une pensée : « chaque nom doit être véhicule d'une pensée » (124).

Les bases d'une telle nomenclature topographique pourraient être des rapports géographiques ou bien — et Grégoire se déclare en faveur de cette deuxième possiblité — désigner des *objets moraux*. Une *idée-mère* constituerait la base de la dénomination d'une place et les noms des rues y débouchant correspondraient alors à des *idées accessoires* : l'idée-mère de *justice* par exemple et les idées accessoires de *sévérité*, d'*impartialité* et de *loi*. De telles désignations toucheraient l'être humain en tant qu'être sensible et induiraient d'heureuses associations et des réflexions bouillonnantes, surtout si elles sont renforcées par un système de fêtes nationales ; elles constitueraient en outre un soutien pour la mémoire.

Le choix du principe de nomenclature appartient aux communes ; quelques monuments dominants pourraient en interrompre l'aspect systématique. Dans l'ensemble pourtant, la nomenclature se doit d'être cohérente en elle-même et le nouveau nom des rues doit aller de pair avec le nouvel arpentage, la numérotation des maisons, la signalisation des directions et des distances, donc avec une rationalisation globale du réseau routier.

3.3.3.3. Les désignations des poids et mesures

Le projet de réforme de l'espace le plus marquant fut la réorganisation des poids et mesures qui remontait à la période prérévolutionnaire et fut réalisé de 1790 à 1973 dans le cadre de l'Académie. D'autres aspects vinrent s'y rajouter au cours de l'élaboration (y compris l'uniformisation monétaire) tant et si bien que Arbogast put présenter le 1.8.93 à la Convention, alors dans sa phase montagnarde (presqu'en même temps que la dissolution de l'Académie) un système de réorganisation global et d'une impressionnante simplicité : les Jacobins l'adoptèrent volontiers et en firent la pierre angulaire de leur programme politico-culturel. Les principes du nouveau système étaient empruntés à la nature et il s'avérait d'une parfaite uniformité : plus rien ne s'opposait à l'universalisation dans l'espace et le temps (si ce n'est les noms des nouvelles unités).

Le seul point dont il restait à débattre était la décision quant à une nomenclature. La commission avait soumis deux propositions concurrentes :

(1) une nomenclature systématique sur la base de quelques unités désignant les rapports entre les mesures (milli-, déci-, kilo...)

(2) un nombre plus important de désignations simples, monosyllabiques et indépendantes les unes des autres :

> «Les commissaires de l'Académie ont proposé deux sortes de nomenclature pour les différentes mesures : dans l'une, qui est méthodique et composée d'une petit nombre de termes à retenir, les subdivisions des mesures portent des noms qui indiquent le rapport décimal qu'elles ont entre elles et avec leur unité principale; dans l'autre, les noms sont simples, monosyllabiques, indépendants les uns des autres, mais au nombre de plus de 24, et par conséquent difficiles à retenir.» (AP 70 : 72)

Il est évident que le premier des systèmes proposés correspondait parfaitement à l'idéal d'une nomenclature d'essence rationnelle telle qu'elle se présentait dans la terminologie chimique de Lavoisier, etc., qui fut célébrée durant toute la Révolution comme une grande réalisation. Ce système était construit selon les règles de l'*analogie* et ne faisait nullement obstacle à l'universalisation.

Ce fut, bien sûr, la proposition qui fut retenue, et ce sur la base des arguments suivants :

1. il n'était pas nécessaire, comme dans le cas du second système, d'avoir recours à d'anciennes dénominations;

2. le nombre réduit des éléments récurrents dans les différents sous-systèmes en facilitait la mémorisation;

3. l'entreprise comportait un engagement à enrichir la langue française.

S'imposait en l'occurence une nomenclature absolument systématique dont les unités ne présentaient pas de qualités «sensibles», donc ne faisaient surgir chez leur utilisateur ni sentiments, ni souvenirs et ne pouvaient que convaincre par leur caractère systématique et leur facile mémorisation.

3.3.3.4. Les dénominations du temps

Le débat de loin le plus intéressant dans ce contexte s'est déroulé sur les dénominations des unités du nouveau calendrier républicain. D'une manière générale, il semblait qu'on se trouvât en terre inconnue dans l'élargissement au domaine temporel des efforts d'uniformisation. Le début des temps nouveaux, de l'*ère française*, avait été fixé au 22/9/1792, jour de la proclamation de la République et donc de l'*égalité*, mais jour également de l'équinoxe d'automne, donc de l'égalité dans la nature, cas frappant de pesanteur symbolique et de surcharge des symboles (*cf*. chap. 2.4). Le temps était nouveau : «Le temps ouvre un nouveau livre à l'histoire» (AP 74 : 550); il fut subdivisé en nouvelles unités, la nature en délimitant le cadre par l'année et le jour en tant qu'unités. Ici aussi, le système décimal devait créer un nouvel ordre comme dans le cas des poids et mesures.

Mais on quittait ici le domaine de la nécessité et de l'utilité pour entrer dans celui de la liberté illimitée des aménagements révolutionnaires. Il en allait ici aussi bien sûr de la conquête d'un vide symbolique, il s'agissait d'évincer définitivement les prêtres de l'administration temporelle ce qui fit dire à Barère sur un ton triomphal à la clôture des débats :

> «Elle fera plus de mal aux prêtres que la confiscation de leurs biens. Les saints sont les derniers émigrés de la révolution.» (AP 77 : 508)

Et Grégoire résume dans ses Mémoires en 1808 : «... la création du calendrier nouveau, inventé par Romme pour détruire le dimanche» (Deloche/Leniaud, 1989 : 408).

La division du temps en soi était totalement nouvelle et il s'agissait de trouver des dénominations absolument neuves pour une chose entièrement nouvelle : les mois, les jours de la semaine ou de la décade, tous les jours de l'année et les cinq ou six jours avant l'équinoxe d'automne de reste après la nouvelle division du temps étaient en attente de dénomination. Romme présenta le 20/9/1793 une proposition reposant entièrement sur les valeurs et événements révolutionnaires :

Les Archives Parlementaires présentent en annexe (74 : 556) une synopsis des propositions en concurrence, ce qui fait apparaître que (une fois encore) deux principes différents s'affrontent : les propositions numériques d'une part et les autres reposant sur des dénominations «morales». Dans le second groupe, il existe encore des différences entre les expressions se référant à la Révolution et celles issues de la vie rurale et s'inscrivant donc dans une tradition physiocratique.

Le débat sur la proposition de Romme, le 5/10/1793, porte exclusivement sur la désignation des nouvelles unités temporelles; il n'est pas question de discuter de la nouvelle division du temps en tant que telle. La controverse surgit lorsqu'on aborde le choix entre une dénomination numérique et une dénomination «morale». Les tenants de l'alternative numérique mettent en garde contre une nouvelle mythification du temps. Des noms «moraux» conduiraient inévitablement à une telle sacralisation dont on ne veut pas. De tels noms présentent en outre un obstacle insurmontable à l'universalisation — qu'on présuppose souhaitée — et enfin déboucheraient sur l'isolement de la France. Ecoutons les deux principaux représentants de cette tendance :

> «BENTABOLE. La Convention nationale, en fixant l'ère française, a fait tout ce qu'elle devait faire ; je pense qu'elle doit s'arrêter à cet article. Il est inutile et même dangereux de changer les subdivisions du temps et leur dénomination. Lorsque Mahomet, conquérant et législateur, donna une autre ère aux peuples soumis à sa puissance, son but fut de les séparer du reste des hommes, et de leur inspirer un respect superstitieux pour le culte qu'il leur prescrivait. Notre but est contraire à celui de cet imposteur; nous voulons unir tous les peuples par la fraternité; ainsi, loin de rompre nos communications avec eux, nous devons, s'il se peut, les multiplier encore. Je demande qu'on ajourne le reste du projet.» (AP 76, 122)
>
> «DUHEM. Citoyens, la révolution française n'a point encore touché au terme marqué par la philosophie, et déjà cependant elle a présenté des époques mémorables, qu'il serait doux aux législateurs de consacrer ; mais qui peut leur répondre que ce qu'ils inscriront, sera ce qu'elle aura produit de plus grand. Ne faisons pas comme le pape de Rome ; il remplit son calendrier de saints ; et quand il en survint de nouveaux, il ne sut plus où les placer. Sous ce point de vue seul, je vous invite à renoncer à la dénomination morale, et je vous propose de vous en tenir à la dénomination ordinale qui es la plus simple.
>
> Il en résultera l'avantage que vous cherchez. Votre calendrier qui n'eût été que celui de la nation française, deviendra celui de tous les peuples. Ils ne s'écarteront jamais de l'ordre numérique qui est celui de la nature. Vous éviterez l'écueil où sont venus échouer tous les législateurs qui vous ont précédés.
>
> Le peuple, et j'entends par ce mot ceux que l'instruction n'a pas encore éclairés ; le peuple est toujours porté vers une superstition quelconque ; il cherche toujours à réaliser les idées métaphysiques qu'on lui présente. Voyez quel exemple les Egyptiens ont donné au monde ; les hiéroglyphes ne retraçaient d'abord à leurs yeux que les époques mémorables. Bientôt des imposteurs, s'érigeant en ministres du ciel, firent de ces signes une science particulière et des objets sacrés qu'ils offrirent à l'adoration des peuples ; ainsi la nation la plus sage de l'antiquité devint par ses ridicules superstitions la fable du monde.

Craignez, à son exemple, de fournir un aliment à la sottise des fanatiques à venir ; craignez qu'ils ne se servent un jour des emblêmes dont vous surchargerez votre calendrier, pour en faire l'objet d'un culte superstitieux. Je vote pour nommer les divisions du temps par leur ordre numérique. Alors votre calendrier philosophique pourra devenir la base de la République universelle. (Applaudissements)

ROMME. Mais aussi vous n'imprimerez pas à votre calendrier le cachet moral et révolutionnaire qui le fera passer aux siècles à venir.

DUHEM. Il est vrai qu'il ne présentera pas un tableau moral ; mais êtes-vous sûrs que ce tableau serait jugé tel par notre postérité, dont les idées seront plus saines et les mœurs plus pures que celles de la génération présente ? Etes-vous sûrs qu'il ne servirait pas un jour de canevas aux sottises que les prêtres civiques et inciviques pourraient y attacher ! Citoyens, n'avez-vous pas vu déjà les prêtres constitutionnels vouloir religionner notre révolution ? J'insiste sur ma proposition.» (AP 76, 122)

Romme et d'autres tenants des noms «moraux» soulignent par contre avec véhémence la nécessité de donner, grâce à des dénominations éloquentes, des points de référence, voire une éducation élémentaire. C'est avec détermination qu'ils récusent le reproche du ridicule et de la difficile mémorisation. Fabre d'Eglantine propose, pour sortir de l'impasse, d'élaborer un nouveau projet qu'il présentera le 24/10/93. Il s'agit du célèbre calendrier révolutionnaire qui sera adopté dans sa presque intégralité. Je renonce à l'imprimer ici une nouvelle fois. Il vaut pourtant la peine de se pencher sur les éléments de théorie linguistique invoqués par Fabre d'Eglantine lors de son intervention. Il s'agit de toute évidence d'un système mixte procédant par ordre numérique pour ce qui est des jours de la décade (Primidi, etc.), optant pour une nomenclature d'essence analogique pour les noms des mois (même saison, même suffixe) mais sur une base imagée et attribuant en outre des désignations issues de l'agriculture aux jours de l'année (jours normaux : fruits, Quintidis : animaux, Decadis : outils). Fabre d'Eglantine insiste particulièrement sur les raisons des noms des mois : il parle de «la nécessité de l'empire des images sur l'intelligence humaine» (AP 77 : 500). Ainsi, il part de la nécessité des images pour la sensibilité et les facultés intellectuelles de l'être humain[49].

«La Commission que vous avez nommée pour rendre le nouveau calendrier plus sensible à la pensée et plus accessible à la mémoire, a donc cru qu'elle remplirait son but, si elle parvenait à frapper l'imagination par les dénominations, et à instruire par la nature et la série des images.» (AP 77 : 501)

En ce qui concerne les images, la tradition physiocratique s'est donc imposée : elles sont issues du secteur agricole et des expériences y afférentes ; les dénominations révolutionnaires sont limitées aux 5 ou 6 jours restants.

Aux côtés des images apparaît une symbolique acoustique qui n'a de sens que si l'on pense à la réalisation phonétique des noms par la voix.

> « Nous avons cherché même à mettre à profit l'harmonie imitative de la langue dans la composition et la prosodie de ces mots et dans le mécanisme de leurs désinences; de telle manière que les noms des mois qui composent l'automne ont un son grave et une mesure moyenne, ceux de l'hiver un son lourd et une mesure longue, ceux du printemps un son gai et une mesure brève, et ceux de l'été un son sonore et une mesure large.» (AP 77 : 501)

Ainsi, chaque nom de mois se compose de trois éléments :

— le son et sa symbolique,

— l'image,

— la signification :

> « Il résulte de ces dénominations, ainsi que je l'ai dit, que, par la seule prononciation du nom du mois, chacun sentira parfaitement trois choses, et tous leurs rapports, le genre de saison où il se trouve, la température et l'état de la végétation. C'est ainsi que dès le premier de *Germinal*, il se peindra sans effort à l'imagination, par la terminaison du mot, que le printemps commence, par la construction et l'image que présente le mot, que les agents élémentaires travaillent, par la signification du mot, que les germes se développent.» (AP 77 : 501)

Il est remarquable que l'élément de la nomenclature, correspondant parfaitement à l'idéal d'une terminologie d'élaboration analogique, étaye l'analogie par des *images* et une *harmonie imitative*, ainsi donc la dimension naturelle des rapports analogiques ne se trouve pas à l'extérieur, mais en l'homme même, en sa force imaginative et ses facultés de symbolisation.

Cette conjugaison de système, d'images et d'harmonie ne lasse pas jusqu'à aujourd'hui d'être efficace; on ne trouvera pas peu de contemporains (Arno Schmidt, Michel Vovelle par exemple) pour considérer le calendrier révolutionnaire comme la plus pure incarnation de l'esthétique révolutionnaire.

Il s'agit, dans les textes brièvement présentés ici, de modifier la réalité de façon décisive, et ce dans le sens de l'uniformisation et de la rationalisation. Cette transformation de la réalité est intimement liée à la modification des mots. Les nouvelles dénominations sont les plus réussies lorsqu'elles éliminent toute réminiscence aux formes d'organisation antérieures : les noms des départements ne doivent pas rappeler les anciennes provinces, ni les nomenclatures topographiques les anciens noms de localités et de rues; les nouvelles dénominations des poids et mesures ne doivent pas évoquer les anciennes et le nouveau calendrier doit réduire à néant tout souvenir de la main mise de l'église catholique sur l'année, ses fêtes et ses saints. On donne ici aux noms une signification cruciale :

le changement des « choses » en soi s'effectue sans débat — toute la discussion porte sur les noms.

Puisqu'il s'agit dans toutes les mesures évoquées ici de transformations systématiques, il faut donc également élaborer des nomenclatures cohérentes (à leur tour *uniformes*). Ceci découle d'une part du projet d'uniformité incluant l'uniformité des terminologies mais aussi de la nécessité d'une mémorisation aisée, au sens précisément de l'éducation des masses, et enfin de l'idéal d'universalisation.

Il y a, quant à la question de la meilleure élaboration pour de telles terminologies cohérentes, deux positions différentes qu'on retrouve dans plusieurs débats partiels. Un groupe se déclare en faveur de nomenclatures numériques directement empruntées à la nature et ne constituant donc pas d'obstacle à l'universalisation, position qu'on pourrait appeler « condillacienne ». L'autre groupe, à tendance « rousseauiste », défend des noms moraux, concrets ou évocateurs offrant à un nouvel entendement des points de cristallisation : villes, vertus, anciennes mesures et enfin événements révolutionnaires, objets de la vie rurale. Les décisions varient : au plan de la terminologie, celle qui remporte le plus franc succès est celle du calendrier révolutionnaire basée sur des images et une symbolique phonétique, fût-ce de manière systématique. Cette discussion de théorie linguistique représente peut-être une clé pour la compréhension de la culture révolutionnaire contradictoire en soi, marquée d'une part de la « griffe » géométrisante et classificatrice des scientifiques, mais exploitant d'autre part le caractère concret des expériences que les sujets révolutionnaires, mobilisés par l'éducation des masses, font au quotidien et essayant de faire référence à ces expériences.

NOTES

[1] Balibar/Laporte, 1974 (qui insistent sur le rapport économique entre l'unification linguistique et le développement du marché national), Laporte, 1976, Lartichaux, 1977, Higonnet, 1980 (qui met en relief les traits égalitaires et compensatoires de la politique linguistique) : « There was no logical or political need to persecute linguistic minorities in 1794. Nor was linguistic legislation a mere extension of politics to culture. The real rationale of linguistic terrorism lay in the desperate efforts of the bourgeois Revolutionaries to reconcile their genuine craving for community and spiritual or « moral » equality with their equally serious determination not to give way on the economic and social hierarchy. The persecution of dialects served two ends : first, it could be seen as a genuine step towards a more equal society; second, it diverted from more material social pro-

blems... », p. 49), Lyons, 1981, Renzi, 1981, Vecchio, 1982, Alcouffe/Brummert, 1985, Busse, 1985 et 1986, Flaherty, 1987, Achard, 1988, Schlieben-Lange, 1987 et 1990. Pour comprendre la politique linguistique, il ne faut pas se restreindre aux seuls textes concernant directement cette politique. Les textes suivants me paraissent être particulièrement intéressants : Cobb, 1970 (Part two : *L'esprit public and the language of orthodoxy*), Gusdorf, 1978 (en ce qui concerne le besoin d'adunation), Baczko, 1978, Starobinski, 1981, Hunt, 1984 (*The Rhetoric of Revolution, Symbolic Forms of Political Practice*, tout particulièrement : *L'idéal de l'homme transparent*).

[2] « A vrai dire, la prise de conscience du problème de la langue en 1791, constitue une des données fondatrices du savoir politique jacobin» (Guilhaumou, 1989 : 69).

[3] Le lieu institutionnel du programme est, bien sûr, le Comité d'Instruction Publique (v. en bas 3.3)

[4] Pour Domergue : Busse/Dougnac, 1991, Busse, 1985 et 1986; pour Barère : Trabant, 1981; Pour Grégoire : Schlieben-Lange, 1976 et 1988a, Renzi, 1990. Pour Barère Mme Bouyssy prépare un travail de synthèse, basé sur le fonds Barère des Archives Départementales de Tarbes qui contiennent entre autres un traité volumineux manuscrit sur l'éloquence politique. En ce qui concerne Grégoire, il faudrait davantage travailler sur les idées linguistiques énoncées par lui dans ses écrits en dehors de l'*Enquête* et du *Rapport* du 16 prairial : le *Rapport sur les inscriptions des monuments publics* (22 niv II), les trois rapports sur le vandalisme (14 fruct II, 8 brum III, 24 frim III), le *Rapport sur les costumes des législateurs et des autres fonctionnaires publics* (28 fruct III), *Rapport sur l'établissement d'un conservatoire des arts et métiers* (8 ven III), le *Rapport sur les encouragements, récompenses et pensions à accorder aux savants, aux gens des lettres et aux artistes*.

[5] De Certeau *et al.*, 1975, Peronnet, 1985, Chartier, 1986.

[6] Jacques Guilhaumou a republié ce texte dans la série Archives et documents de la SHESL (1989) et a demandé à plusieurs historiens et linguistes d'en donner une interprétation.

[7] Busse, 1985, donne une édition nouvelle (qui corrige celle de Guillaume, 1897) de l'*Adresse aux communes et aux sociétés populaires de la République française* (rédigée avant le 17 pluv II, lue le 23 pluv II à la Commune de Paris). Pour l'œuvre entière Busse/Dougnac, 1991, Busse, 1981a et b, Dougnac, 1981 et 1986.

[8] V. Guilhaumou/Maldidier, 1988.

[9] Pour le contexte Busse, 1986a, pour le concept Branca-Rosoff, 1985.

[10] J'avais formulé ci-dessus (note 2.2 : 20) l'hypothèse que Dentzel avait émis l'affirmation du véto royal contre la politique des traductions pour établir une rupture avec la monarchie et par-là cacher la continuité de sa politique linguistique. Le travail de la Commission de traduction (membres : Dentzel, Rühl, Reubell, Meillau, Cadoy, Grégoire, Bourdon) instaurée à la suite du Rapport de Dentzel poursuit son travail (Brunot, 1967 IX, 1 : 163); elle est réorganisée à la fin de 1793 (Deltufo dans Guillaume III, 1897 : 243); le 11 prair II Grégoire rend compte du travail de la Commission auprès du Comité de Salut Public. Ce Comité s'occupe de Rühl le 29 prairial et le 6 thermidor II.

[11] Balibar/Laporte, 1974, Gusdorf, 1978, Baczko, 1978, Balibar, 1985, ont mis en relief l'importance du concept d'unité. V. aussi Mannoni, 1994, et, pour Sieyès, Hafen, 1994. En ce qui concerne d'autres aspects du projet montagnard, il faudrait prendre en compte les travaux récents de Françoise Brunel, Florence Gauthier et Cathérine Duprat et la discussion dans AHRF 300 (1995).

[12] Pour l'ensemble des exhortations au sujet de la langue, v. Guilhaumou/Maldidier, 1988.

[13] V. Debbasch, 1988.

[14] Gusdorf, 1978.

[15] C'est l'historiographe Reinhart Koselleck qui a émis, dans plusieurs travaux, l'idée que la transition à la modernité («Sattelzeit») aux alentours de 1800 s'accompagne d'une nouvelle sémantique des substantifs collectifs à valeur emphatique, tels les histoires>l'histoire, les libertés>la liberté, et nous pourrions ajouter : les unités>l'unité.
[16] Balibar/Laporte, 1974.
[17] Guilhaumou/Maldidier, 1988.
[18] Pour la totalité des syntagmes dans les textes centraux v. Guilhaumou/Maldidier, 1988.
[19] Grégoire a lu son rapport le 9 prairial au Comité d'Instruction Publique. Il paraît que le CIP lui a proposé de formuler un projet de décret à la suite de ses propositions concernant la réforme du français (Guillaume IV, 1901 : 487). Pour une interprétation à rebours, Schlieben-Lange, 1988a.
[20] Brunot, IX, 1, 1967 : 214 : «Sa conclusion est extrêmement mesurée»; 215 : «Conclusion bénigne», «...des mesures bien anodines...».
[21] Pour l'ensemble des syntagmes pertinents, v. Guilhaumou/Maldidier, 1988.
[22] ID.
[23] ID.
[24] Je l'entends ici dans le sens développé par Pottier et Coseriu qui s'inspire de la phonologie de Prague dans laquelle la notion de neutralisation joue un rôle central.
[25] Balibar/Laporte, 1974 : 57-80, Vecchio, 1986, Schlieben-Lange, 1987b et 1990b.
[26] Baczko, 1978.
[27] Hunt, 1984 : 45 *sq.*
[28] Christmann, 1977.
[29] La notion de l'arbitraire du signe, concept traditionnel depuis l'Antiquité (Coseriu, 1967), se ramifie dans la linguistique de notre époque : l'idée traditionnelle d'un rapport conventionnel entre signe et chose est rendue par *artificiel*, ce qui permet d'employer le terme d'*arbitraire* comme synonyme de *capricieux*, soumis à l'usage.
[30] En ce qui concerne les associations platoniciennes, v. chapitre 4.5.
[31] Ehrard, 1970.
[32] Pour la notion d'énergie, Delon, 1988.
[33] V. en haut chapitre 1.3.2.2.
[34] Baczko, 1978.
[35] On verra l'argument encore plus clairement dans la discussion de l'écriture alphabétique après Thermidor (v. chap. 6.2.1).
[36] La famille de mots *citoyen, cité, civil, civilité* fait objet de fréquentes réflexions pendant cette période (p. ex. A.N. F17 A 1008, 1436 : Lettre de Tissérand, Semur, au Comité d'Instruction Publique, datée du 30 frimaire an II).
[37] Cette formule a donné lieu à des interprétations différentes (Trabant, 1981, Guilhaumou, 1986d, Busse, 1985 : 131 *sq.*, Guilhaumou/Maldidier, 1988 : 150, Vecchio, 1989a et 1991). Le procédé de formation de verbes en x-iser avec la fonction «rendre x» est très fréquent pendant la Révolution : *vulgariser, républicaniser, barbariser, élémentariser, populariser.* Or, il y a deux lectures possibles : 1) transformer qc. de sorte que cela devienne x ; 2) rendre qc. x auprès de qn., dans notre cas : transformer la langue française de sorte qu'elle devienne populaire ou bien : rendre le français connu, employé par les couches populaires. Au cas où la lecture 1 serait correcte (et les autres exemples favorisent cette explication) : Faut-il penser à l'abolition des styles élaborés, à la destruction de «cette aristocratie du langage qui semble établir une nation polie au milieu d'une nation barbare» (Barère)? Ou bien faut-il envisager une revalorisation des variétés parlées par les couches sociales basses (revalorisation préparée par des publications type Père Duchêne). Dans le cas 2, lecture soutenue avec de bons arguments (en renvoyant à la définition de *popularité* donné par Brunot, IX, 2 : 923, et à Guilhaumou/Maldidier, 1988 : 150; on pourrait ajouter l'emploi de *vulgariser* chez Grégoire, Deloche-Leniaud, 1989 : 312, dans le sens de «Brei-

tenaufklärung ») par Vecchio, 1991 : 16, il faudrait entendre « diffuser auprès du peuple ». Il s'agirait alors de diffuser dans toutes les couches sociales le français uniformisé qui, de par sa construction analogique même, ne présente plus de diversités stylistiques. Les contemporains, par contre, étaient convaincus que l'interprétation 1 était la bonne : André Chenier était l'auteur d'un poème « Aux Muses » dans lequel il illustrait par quelques exemples (pied-plat, gredin, cuistre) ce que signifie *populariser* pour lui et qui était dans la bouche de tout le monde le lendemain du 8 pluviôse (Guillaume IV, 1901 : 357 *sq.*).

[38] Je pense à la philosophie kantienne de l'entendement. V. Gusdorf, 1978, chapitre V.

[39] Baczko, 1982, donne une excellente introduction à la pédagogie révolutionnaire en publiant les principaux textes de référence (Mirabeau, Talleyrand, Condorcet, Romme, Rabaut St.-Etienne, Daunou, Lepeletier, Thibaudeau, Lakanal, Daunou). Pour l'école primaire v. aussi Harten, 1990 (avec bibliographie détaillée). Les principales dates se trouvent en annexe. Pour l'ensemble du programme culturel, Bonnet (ed.), 1988 et Deloche/Leniaud, 1989. Pour la naissance du musée consulter en plus Cantarel-Bresson, 1982, et Déotte, 1993.

[40] « Le discours utopique à vêtements scientifiques, politiques, idéologiques, etc., n'accepte pas d'être appelé utopie (...) L'écart entre l'imaginaire et le réel se réduit. » (Baczko, 1978 : 410)

[41] Barthélemy, 1988, Dhombres, 1989, Dhombres, 1989/1989, Guedj, 1988, Bonnet (éd.), 1988, Charmasson, 1990.

[42] Berlet, 1913, Ozouf-Marignier, 1989, Bourguet, 1989, Centre Méridional d'Histoire (éd.), 1990, Vovelle, 1993.

[43] V. Levallois, 1990, avec réimpression du Rapport sur le choix d'une unité de Mesures prononcé à l'Académie des Sciences le 19 Mars 1791 par Borda, Lagrange, Laplace, Monge et Condorcet.

[44] Ozouf, 1970 et 1976, Baczko, 1978, Service des calculs, 1989 (avec publication des décrets principaux et chronologie des mesures prises), Meinzer, 1988 et 1992, Seifert, 1989.

[45] Meinzer, 1988.

[46] Schivelbusch, 1979, Glaser, 1994, Giedion, 1982.

[47] V. les travaux cités note 42.

[48] Vovelle, 1985.

[49] En ce qui concerne le concept d'image, v. Zollna, 1990.

Chapitre 4
L'uniformisation de la langue

> « La Révolution a été une sorte de religion. Elle a eu, comme toutes les religions, ses symboles ; les uns étaient matériels : cocardes, drapeaux tricolores, arbres de la liberté, bonnets, montagnes, etc. Les autres étaient verbaux. »
> (Brunot, 1937)

Les trois textes primordiaux de l'an II en matière de langue sont ceux de Domergue, de Barère et de Grégoire. W. Busse a démontré que celui de Domergue est antérieur aux deux autres et que Barère et Grégoire ont en partie puisé leurs arguments dans le texte de Domergue[1]. Barère s'intéresse exclusivement à l'universalisation, Domergue se concentre sur le français et Grégoire établit le rapport entre la réforme du français et son universalisation, rapport qui est à la base de notre reconstruction. Ce sont donc les propositions de Domergue et de Grégoire concernant le français qui vont nous intéresser maintenant. Considérons-les de plus près.

Domergue propose, dans son *Adresse aux Communes et aux sociétés populaires de la République Française* (lue et publiée le 23 pluviôse an II), un cours de langue publié périodiquement, renouant ici avec la tradition de son *Journal de la Langue Française* qui avait paru en première série de 1784 à 1788, en deuxième série du 1er janvier 1791 au 24 mars 1792 (et qui reprendra encore une fois durant l'an III)[2] Ce cours contiendra régulièrement :

1) *La grammaire française élémentaire*, «suivie de la nomenclature des mots à difficultés, familles de mots, et des homonymes», «écrite d'un style clair»

2) *Un vocabulaire des mots usuels et de ceux qu'a enfantés la Révolution*, contenant «la vraie signification des mots», un *dictionnaire républicain*

3) *La grammaire raisonnée*

4) *La solution des différentes difficultés*

5) *Le commentaire grammatical d'un auteur célèbre*

6) *Le recueil des meilleurs morceaux d'éloquence et de poésie*, pour enseigner l'*éloquence républicaine*.

On se souviendra que le rapport de Grégoire *Sur la nécessité et les moyens d'anéantir les patois, et d'universaliser l'usage de la langue française* (16 prairial an II) aboutit à un décret prévoyant «une nouvelle grammaire et un vocabulaire nouveau de la langue française»[3]. C'est le résumé des propositions que Grégoire avait faites à la fin de son rapport :

1) Les langues changent constamment; l'enrichissement des connaissances entraîne l'enrichissement des langues.
«Il serait impossible de ramener une langue au plan de la nature, et de l'affranchir entièrement des caprices de l'usage.»
Mais on pourrait au moins tenter d'*opérer* quelques *rectifications sur l'orthographe*.

2) *Décisions concernant les équivoques et les incertitudes*

3) *Revue générale des mots* pour «fixer leur véritable sens» et pour «donner de la justesse aux décisions».

4) *Richesse des expressions* (mais qui ne sera pas une richesse de synonymes)

5) Augmentation de la productivité des procédés de *formation de mots*, admission de néologismes.

[6][4] En *grammaire*, il faut «faire disparaître toutes les anomalies» et suivre «l'*analogie* des choses».

[7] Abolition de la *diversité des styles*

Il y a quelques différences entre les propositions de Domergue et de Grégoire. Domergue n'aborde pas l'orthographe — nous verrons plus tard qu'il publiera tout un livre sur l'orthographe présentant des considérations bien différentes de celles de Grégoire; cependant ce thème ne figure pas dans ses propositions. Les deux auteurs divergent quant à leur attitude face à l'éloquence : Domergue tient à l'enseignement de l'éloquence républicaine tandis que Grégoire ne touche à ce problème que sous l'angle de la diversité des styles qu'il convient d'abolir. Domergue se concentre sur la grammaire; Grégoire insiste en particulier sur le vocabulaire et les possibilités de l'enrichir. Mais il y a aussi un large tronc commun concernant les exigences du moment. Faisons une synopse des deux propositions :

Domergue	Grégoire
	1) orthographe
	2) équivoques
1) grammaire élémentaire	
2) dictionnaire républicain ······▶	3) fixer les mots dans leur sens véritable
	4) richesse des mots
	5) formation des mots / néologie
3) grammaire raisonnée ······▶	[6] suppression des anomalies
4) solutions de difficultés	
5) commentaire grammatical	
6) éloquence républicaine ······▶	[7] écartement de la diversité des styles

Nous allons ci-après nous pencher sur les propositions de nos deux auteurs et reconstruire les activités révolutionnaires dans les domaines suivants :
1) orthographe
2) grammaire
3) lexicographie
4) formation des mots
5) style.

Les documents à dépouiller à cette fin sont avant tout les envois au Comité d'Instruction Publique, notamment ceux qui répondent au concours du 9 pluvôse de l'an II (reprenant un décret du 13.6.1793) sur les livres élémentaires (classe 3 : *méthodes pour apprendre à lire et à écrire*, classe 4 : *notions sur la grammaire française*). Il s'agit là d'une série de documents qui a été rendue accessible par les soins de Sebastiano Vecchio (1986b).

4.1. L'ORTHOGRAPHE/LA PRONONCIATION

> «Je veux parler ici de l'écriture, cette ingénieuse image de la parole; cet art précieux auquel notre révolution doit presque tous ses succès, et qui peut seul les propager dans les générations futures et les régions éloignées.»
> (Anonyme, an II)

Nous avions vu que les deux protagonistes de l'uniformisation du français, Grégoire et Domergue, avaient des vues divergentes en ce qui concerne le rapport entre orthographe et prononciation.

Pour Grégoire, le rapport entre parole et écriture est arbitraire :

«...puisque les rapports de l'écriture à la parole étant purement conventionnels, la connaissance de l'une ne donnera jamais celle de l'autre» (Grégoire, 16 prairial an II, cité d'après Deloche/Leniaud, 1989 : 273)

Grégoire soustrait par cette affirmation le domaine des sons et des signes graphiques au règne de l'*analogie*. Il ne demande pas s'il y a une *justesse* de l'orthographe ainsi qu'il le fera pour les significations des mots. Si l'*analogie* et la *nature* ne règnent pas dans ce domaine, ce sont donc les conventions et l'arbitrariété. Il suffit, pour cela, de supprimer les irrégularités les plus manifestes, «d'opérer sur l'orthographe des rectifications utiles» (Grégoire, 16 prairial an II : 273).

Domergue, dans son «Adresse», ne mentionne pas l'orthographe. Mais nous savons que l'orthographe et la prononciation faisaient partie intégrante de tous ses projets, de la Société des Amateurs de la Langue Française où on envisage un «Comité de prononciation et d'orthographe» de même que dans le Journal de la Langue Française. La troisième série du Journal (an III) contiendra des *Notions orthographiques*, un «véritable livre élémentaire»[5], qui sera plus tard repris dans son livre intitulé *Prononciation française* (an V). Ce qui l'intéresse particulièrement, c'est l'universalisation de la prononciation et la réforme de l'orthographe dépend de cet objectif premier :

«Vingt prononciations différentes, nées des dialectes féodaux, semblent former vingt idiomes français. L'égalité a effacé les provinces, la politique commande l'abolition des patois; la raison, le goût, un saint respect pour la langue de la liberté, nous pressent d'adopter une prononciation uniforme et pure, dont l'orthographe sera un jour l'image fidèle.» (Domergue an V)

Répétons-le : la réforme de l'orthographe ne sera qu'un moyen garantissant l'universalisation d'une prononciation unique qui fera, elle, disparaître la diversité des accents, vestiges des dialectes et des langues qui, dans cette perspective, semblent déjà avoir disparu.

Si Grégoire abandonne l'orthographe à l'arbitraire et si Domergue l'instrumentalise en vue d'une universalisation de la prononciation, on pourrait parvenir à la conclusion que les rapports entre parole et écriture n'étaient pas un sujet favori du discours linguistique de la Révolution. Ce serait pourtant une conclusion prématurée. Bien sûr, les débats se concentrent sur le problème de la signification des mots; il n'en existe pas moins aussi une discussion sur l'orthographe qui, aux yeux des révolutionnaires, se présente dans un état chaotique et porte surtout la marque tangible des caprices élitistes de l'Ancien Régime. Il suffit, pour confirmer cette vue des choses, de considérer les réponses au concours sur les livres élémentaires du 9 pluviôse an II. La troisième partie de ce concours était consacrée à des «méthodes pour apprendre à lire et à écrire». Les documents rassemblés dans les Archives Nationales (F 17 1004-1010; F 17 1331, F 17 11 648)[6] montrent très nettement qu'un bon nombre de révolutionnaires attachaient une attention toute particulière à la réforme de l'orthographe, et ce dans une perspective instrumentale, bien sûr, mais aussi sous l'angle de la symbolisation du nouvel ordre. Les propositions anonymes émanant de Lyon, *Projet d'une nouvelle forme d'orthographe à l'usage des sans-culottes* (F 17 1008 3 1417)[7] et celles de Chomel Midon *Alphabet des Sans-culottes* (F 17 1009 B 2096) méritent notre attention à cet égard. Nous venons de citer ces deux auteurs car ils expriment avec une clarté particulière l'idée d'un projet global d'uniformisation, dans lequel la réforme de l'orthographe jouerait un rôle primordial[8].

Le côté instrumental est tout à fait présent dans les propositions. Il faut répandre les Lumières dans la campagne et instruire les enfants, mais ceci ne sera possible que sur la base d'une orthographe simple et claire.

> «Je vous conjure au nom des élèves qui me sont confiés, au nom de la génération future qui bénira vos travaux, au nom des habitants de la campagne qui ont peu de temps à donner à l'étude, qui, presque tous, sont dans une ignorance crasse des loix et qui par conséquent pourraient se laisser tromper par le premier charlatan qui se présenterait à eux, je vous conjure, dis-je, de briser toutes les barrières qui s'opposent à l'entrée des sciences afin que les enfants qui passent des années entières à apprendre à lire n'y soient que trois mois.» (Cité d'après Vecchio, 1986b : 107)

Mais, quand on aborde le problème de l'orthographe, il n'y a pas d'autre solution que de s'en tenir aux *principes de la raison*, ainsi que l'auteur anonyme lyonnais ne se lasse pas de répéter, de baser l'orthographe sur des *principes uniformes*. L'orthographe telle qu'elle se présente aux révolutionnaires est un *amas confus de lettres inutiles et dis-*

cordantes (auteur de Lyon); l'arbitrariété et le caprice y règnent en maîtres absolus :

> «Nous vous prions donc, législateurs, de faire examiner si une orthographe fondée sur des principes sûrs, constants, uniformes, à la portée de tout le monde, ne doit pas être préférée à l'actuelle, qui, étant pleine de bizareries, de difficultés et de contradictions, retarde infiniment les progrès de la raison publique.» (F17 11648, cité d'après Vecchio, 1986b : 107)

Ce genre d'orthographe est un reliquat d'une société non égalitaire à l'intérieur de laquelle une élite peut se permettre de maintenir un système capricieux empêchant ainsi ceux qui n'en font pas partie d'accéder aux Lumières. Le reproche d'élitisme, de diversification sociale s'ajoute à celui du maintien d'un principe faux (parce que non naturel), celui de l'étymologie :

> «Un petit nombre de savants superstitieusement attachés à une étrangère, à l'étymologie, ne doivent donc pas soumettre et asservir leur souverain à des lois que de leur propre aveu il lui est impossible d'observer.» (F17 11648, cité d'après Vecchio, 1986b : 107)

Si l'on veut éviter élitisme et arbitraire, il faut partir des *principes uniformes* de la nature. Mais quelle est la nature de l'orthographe dont elle doit tirer ses principes ?

La réponse la plus immédiate et la plus répandue est, bien sûr, que l'orthographe doit représenter la langue parlée, qu'il existe une parallèle entre prononciation et orthographe dont il convient de tenir compte :

> «Vous vous proposez de rendre uniforme la prononciation de notre langue dans toutes les parties de la République. Rien de mieux; ce sera un avantage très grand que vous procurerez à la patrie. Il y a longtemps que nous le désirons; nos vœux seront enfin accomplis. Nous croyons que pour atteindre plus sûrement à ce but, il faut que la prononciation, la lecture et l'orthographe marchent de pair, et se prêtent un mutuel secours. Sans cela on prononce une langue et l'on en écrit une autre. Sans cela la lecture sera toujours un labyrinthe pour les commençants. (A.N. F17 11648, cité d'après Vecchio, 1986b : 107)

> «Ce sera pour lors que notre orthographe fondée sur les principes éternels de la raison, et tirée de la nature même de la voix, deviendra bientôt l'orthographe de tous les peuples de la terre, et leur portera à la fois, et vos lois immortelles, et l'art de peindre d'une manière parfaite les paroles dans les quelles vous les avez rendues.» (A.N., F17 1008B 1417)

Si on ne se tient pas à cette parallèle, si la langue parlée ne fournit pas les principes de la langue écrite, celle-ci aura tendance à devenir indépendante, à élaborer des principes bien à elle qui ne seront plus ceux de la langue parlée, l'éloignant ainsi de cette dernière.

> «Ces défauts sont la plus part si révoltants, qu'on seroit souvent tenté de prendre une partie des mots de notre écriture pour des espèces de hiérogliphes, aux quels on est

convenu d'attacher telle ou telle idée ; plutôt que de les regarder comme de véritables images des paroles qu'ils représentent. de là vient que beaucoup de femmes savent bien parler et ne savent point écrire, et que beaucoup d'hommes qui savent bien écrire ne savent point parler ; ce qui n'arriveroit pas si les principes de notre orthographe n'étoient pas en contradiction perpétuelle avec ceux de notre prononciation.» (A.N., F17 1008B 1417)

Dès que l'orthographe sera la fidèle image de la prononciation, celle-ci devra suivre l'orthographe là où elle ne le fait pas encore : une seule prononciation va s'universaliser. Les auteurs sont unanimes en ce qui concerne l'universalisation géographique ; on trouve de légères divergences quant à la diversité stylistique. L'anonyme de Lyon envisage la possibilité de laisser libre le choix d'un registre stylistique ; Chomel Midon pense, au contraire, qu'il faut opter avant l'élaboration de l'orthographe soit pour la conversation, soit pour la déclamation. Il s'agira en tout état de cause d'établir un rapport isomorphique entre langue parlée et langue écrite. Le principe à suivre serait celui d'un rapport univoque entre phonème et graphème.

Peut-on penser à une autre réponse en ce qui concerne *la nature* qui fournira les principes de l'orthographe ? La nature sur laquelle l'écriture se base, est, bien entendu, la voix. Or, on peut s'arrêter à la forme vocale d'une langue, ce qui serait le cas des propositions qu'on a vues jusqu'ici ; on peut aussi aller plus loin et s'interroger sur la nature de la voix. Aurait-il un moyen de lier plus fondamentalement encore l'écriture à la voix ? On pourrait penser à une représentation du vocal dans tous ses aspects, c'est-à-dire, d'une représentation des traits supra-segmentaux. Et c'est précisément ce que fait l'Anonyme de Lyon en développant un système de représentation des complexes intonatoires qui ferait, encore de nos jours, la joie d'un analyste de la conversation. On peut également penser à la représentation de la voix dans ses aspects articulatoires. Et c'est ce que fera plus tard Destutt de Tracy[9]. La nature de la voix — voilà tout un programme de recherche anthropologique qui se trouve encore stimulé par le développement de la mécanique et de ses automates parlants[10]. Il se trouve une autre proposition, émanant encore une fois de l'Anonyme de Lyon, pour établir un lien analogique : tout en gardant le rapport isomorphique graphème-phonème, on pourrait développer des graphèmes-images qui renvoient aux symboles de la Révolution.

«Si nous n'étions pas forcés de chercher des caractères faciles à tracer, nous aurions pu donner à notre alphabet une tournure tout à fait républicaine, en y adoptant des formes analogues à la liberté, et à notre gouvernement ; et dont les lettres initiales du nom auroient désigné les différents caractères de notre alphabet. Nous nous serions servi de la figure du bonnet, pour désigner le B ; de la forme d'une pique, pour désigner le P ; d'une couronne civique pour désigner le C, ainsi du reste.» (F17 1008B 1417 : 15)

L'UNIFORMISATION DE LA LANGUE 143

On voit bien dans cette derniére proposition à quel point le souci d'établir des rapports d'*analogie* hante les révolutionnaires. Il ne suffit pas de rapporter la langue écrite à la langue parlée ou encore aux principes du vocalisme; on y ajoutera encore des références aux symboles de la Révolution qui, à leur tour renvoient aux acquis de la Révolution.

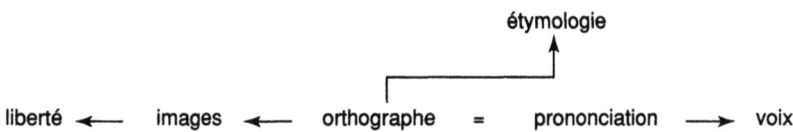

4.2. LA GRAMMAIRE

> « Si l'homme de la nature créa les signes primitifs de la pensée, l'homme civilisé en détermina les nuances et la précision. »
> (Tournon, an II)

Nous avons vu que l'orthographe se prêtait très bien à la symbolisation de l'ordre nouveau et était conçue par quelques auteurs comme clé de voûte du programme entier d'uniformisation. Ceci n'était pas le cas de la grammaire, du moins dans un premier temps. Bien sûr, on avait compris la nécessité de réécrire la grammaire selon des « principes sains » et les auteurs du *Journal de la Langue Française* avaient discuté des problèmes grammaticaux.

Domergue et Grégoire avaient cité une nouvelle grammaire française parmi les nécessités urgentes du programme linguistique. Le concours des livres élémentaires du 9 pluviôse an II contenait une quatrième catégorie comprenant les « notions sur la grammaire française »[11]. Mais déjà le déroulement peu efficace et traînant du concours (deux annonces, nomination du jury le 18 messidor an II, premier examen le 7 ventôse an III, clôture du concours le 7 fructidor an III, décision 30 brumaire an IV)[12] qui avait débouché sur les *Elémens de la grammaire française* de Lhomond (ouvrage paru en 1780) montre que les révolutionnaires n'avaient pas encore trouvé de manière convaincante d'aborder le problème de la grammaire. L'examen des textes envoyés au Comité d'Instruction Publique dont l'inventaire a été dressé par S. Vecchio[13] n'est pas apte à modifier cette impression. Tandis qu'on pouvait trouver une quantité considérable de textes intéressants en matière d'orthographe, ceci n'est pas le cas pour la grammaire, à une exception près dont nous allons tout de suite parler.

On a l'impression que les propositions concernant la grammaire dépassent rarement l'approche didactique et instrumentale. Il faut simplifier la grammaire afin de mieux l'enseigner au peuple, avant tout aux basses classes de la société. Ce qui frappe, c'est l'absence d'un point de vue analogique et symbolique. Je m'explique : nous avions constaté l'application apportée à l'élaboration d'une orthographe basée sur les principes de la nature. Et nous verrons que les débats sur l'abus des mots et concernant un nouveau dictionnaire vont se focaliser sur l'idée que les mots doivent représenter la nature des choses. En matière de grammaire, par contre, on a peine pour trouver la *nature* de la grammaire susceptible de fournir les principes d'assise d'une grammaire renouvelée. La recherche des *éléments* échoue momentanément. Brunot constate que les auteurs des propositions, au lieu d'*élémenter*, ne font que *résumer*[14]. Ceci implique que des grammaires qui ne sont pas basées sur les principes de la *nature* ne peuvent acquérir une valeur symbolique. On a même parfois l'impression que la grammaire, à son tour, est représentée par des systèmes visuels; S. Vecchio en énumère certains exemples[15]. Au lieu de symboliser elle-même le nouvel ordre, la grammaire a besoin d'une symbolisation visuelle. Un système de signes ne peut symboliser le nouvel ordre que s'il est fondé sur la nature, ce qui est le cas du système métrique, du calendrier et de l'orthographe.

On peut donc noter un certain malaise face aux difficultés rencontrées dans l'établissement d'une grammaire renouvelée. Mais, avant de généraliser, il nous faut mentionner une exception tout à fait remarquable. Il s'agit de la *Grammaire des sans-culottes* ayant pour sous-titre *Elémens de la langue nationale* d'Antoine Tournon, envoyée par l'auteur au Comité d'Instruction Publique, le 27 prairial an II, un mois avant d'être guillotiné. Cette grammaire a été redécouverte et décrite par J. Guilhaumou[16]. Tournon nous est déjà connu comme auteur d'un texte réclamant la *régénération* parallèle de la société et de la langue[17]. Dans ce texte, Tournon avait déjà opposé les règles de la grammaire à l'usage[18]. Il approfondit ce travail d'élaboration de principes dans sa *Grammaire des sans-culottes* qui suit la répartition traditionnelle des parties du discours tout en les redéfinissant profondément. A la différence de ses contemporains, Tournon vise un point fixe dans l'établissement des principes de la grammaire, et c'est, d'après l'interprétation de Guilhaumou qui me paraît tout à fait convaincante, le discours révolutionnaire. La nature de la grammaire, c'est l'action linguistique qui établit la liberté. Il entre simultanément un aspect génétique dans cette question concernant la nature : dans la mesure où l'homme se perfectionne, il modifie sa nature et la langue permettra de fixer ces progrès. Tournon, rousseauiste à beaucoup d'égards, adopte une position condillacienne en ce qui concerne le progrès[19]. Voyons de plus près la définition des conjonctions :

> «Lorsque parmi les nations policées, l'idiome eut acquis une certaine perfection, l'orateur qui proclama les droits sacrés du peuple, le citoyen qui voulut éclairer ses concitoyens, le défenseur de l'innocence cherchèrent à faire de l'idiome l'image exacte de la pensée; ce n'était pas assez encore que d'avoir les signes pour toutes les idées, il fallait unir celles qui devaient l'être, il fallait lier les phrases et de plusieurs mots ne faire qu'un tout, de là vinrent les figures qui servent à les conjoindre, les conjonctions. Par ces nouvelles liaisons, les idées acquirent plus de justesse et d'énergie.» (Tournon an II, A.N. W 111, cité d'après Guilhaumou, 1986c : 76)

Nous y retrouvons les deux aspects de la réinterprétation des parties du discours qu'a relevés J. Guilhaumou. La syntaxe est l'image de la parole, et ceci revient à dire : des actes linguistiques du *porte-parole* révolutionnaire. Les parties du discours obéissent aux principes du discours révolutionnaire et le symbolisent en même temps. En plus, elles représentent un état précis dans l'histoire du progrès du genre humain : la *liaison des idées*, travail du *porte-parole*, exige des conjonctions. La grammaire de Tournon est une *grammaire élémentaire* dans un sens strict puisqu'elle cerne les éléments de la grammaire dans le discours révolutionnaire et dans l'histoire. Nous allons voir que, dans une troisième phase, la grammaire va acquérir une position tout à fait centrale et que ce seront justement les deux grandes lignes d'interprétation décelées dans la *Grammaire* de Tournon qui serviront d'axes à la nouvelle organisation de la grammaire : un axe «pragmatique» et un axe génétique.

4.3. LE DICTIONNAIRE

> « Tu parles le vieux langage... »
> (Rodoni, an II)

Nous avons constaté, dans notre revue des discussions linguistiques des premières années de la Révolution, que la pluralité des significations, la crise des rapports sémantiques constituaient les aspects les plus saillants de la Révolution : celle-ci était avant tout *logomachie*, bataille de mots. Comment mettre de l'ordre dans ce chaos? Nous avons vu qu'on avait élaboré à cet égard des conceptions divergentes en 1791[20]. Pendant la période qui nous intéresse maintenant, on est décidé à mettre de l'ordre dans la confusion des significations sur la base d'une interprétation isomorphique du rapport *mot/chose*. Les mots doivent représenter les *choses*/les *idées*; il y a *justesse des mots* et *abus des mots*. Ceci implique un rejet de toute position relativiste ou performative face au rapport *mots/choses*. Voyons encore une fois ce que dit Grégoire à ce sujet :

> « Le terme souverain est enfin fixé à son véritable sens, et je maintiens qu'il serait utile de faire une revue générale des mots, pour donner de la justesse aux définitions. »
> (Grégoire, 16 prairial an II, cité d'après Deloche/Leniaud, 1989 : 274)

De plus en plus, le besoin se fait sentir d'une refonte de la lexicographie toute entière, d'un départ à zéro pour enfin disposer d'un dictionnaire au service de la *justesse* des mots. Pougens qui, depuis 17 ans, poursuit un projet d'élaboration d'un nouveau dictionnaire, publie le *Plan du Dictionnaire Complet de la Langue Française* en 1793 : [21]

> « J'ai aussi ambitionné l'honorable fonction de missionaire de liberté en cherchant à détruire par des définitions plus exactes, plus philosophiques de vieux préjugés qu'avaient accrédités la superstition et le despotisme; car les erreurs des hommes sont presque toujours des erreurs de grammaire; enfin en mettant dans le choix de mes citations tout l'art et le soin dont il pouvait être susceptible, afin de faire en même temps de mon Dictionnaire un cours abrégé de philosophie, de morale publique. Je veux qu'on y trouve disséminés les principes d'un ardent patriotisme et de ce saint amour d'humanité et de liberté sans lequel il n'y a ni vertus publiques ni vertus civiques. »
> (Pougens, 1794, cité d'après Vecchio, 1986b : 131)

Et Tournon dont nous connaissons la grammaire demande, lui aussi, un nouveau dictionnaire :

> « Les signes de la pensée ont une telle influence sur la raison des peuples qu'il n'y a que ceux qui ont perfectionné leur langue qui soient parvenus au règne de la liberté... S'il est un projet digne d'être offert à une nation libre, c'est celui de fixer la langue écrite, c'est-à-dire la signification précise de chaque mot et de compléter cette langue afin qu'elle puisse servir aux nombreuses combinaisons de l'entendement humain... Nous n'avons qu'un dictionnaire imparfait, et un seul mot captieux peut faire naître un

parti pour favoriser des divisions, et même susciter une guerre civile.» (Tournon, an II, cité d'après Guilhaumou, 1986 : 46)

On pourrait multiplier à l'envi les voix des contemporains réclamant un nouveau dictionnaire qui, à la différence des dictionnaires-pamphlets, embrasserait le français dans sa totalité.

Nous disposons d'un dictionnaire, précisément rédigé en hiver 1793/94, qui propose une solution intéressante. C'est le Dictionnaire Républicain et Révolutionnaire, œuvre de Rodoni, citoyen de Genève[22].

Le dictionnaire se trouve aux Archives Nationales, cote F17 1008, 1488, et j'en prépare une édition. L'originalité de ce dictionnaire consiste dans le fait que l'auteur opère une rigoureuse distinction entre homonymie et polysémie et que cette distinction est même le principe organisateur de tout l'ouvrage en deux volumes; un troisième, annoncé par Rodoni, n'est pas repérable. Jetons-y un regard plus sérieux.

Le premier volume a pour titre *Dictionnaire Républicain et Révolutionnaire de l'Orthographe Française, Première Partie*, le deuxième est intitulé *Dictionnaire Républicain et Révolutionnaire, Seconde Partie*. Dans le premier volume se trouve une lettre du Ministre des Affaires Etrangères qui transmet l'ouvrage au Président de la Convention :

«Paris, 27 frimaire de l'an 2° de la République Française Une et Indivisible

Le Ministre des Affaires Etrangères Au Citoyen Président de la Convention Nationale

Je te fais passer, Citoyen Président, la première partie d'un Dictionnaire Républicain et Révolutionnaire de l'Orthographe Française que le Citoyen Ministre de la République Française à Genève m'a prié d'adresser à la Convention Nationale de la part du citoyen Rodoni patriote Genevois qui fait à la Convention Nationale hommage de son ouvrage.

Deforgues»

On a envoyé, le 29 frimaire, le dictionnaire au Comité d'Instruction Publique (note marginale) et c'est dans les actes mêmes de ce Comité que je l'ai trouvé.

Le second volume a été envoyé directement au Comité d'Instruction Publique par le Ministre des Affaires Etrangères (note marginale). Il contient par ailleurs une lettre de Rodoni :

«Au Comité d'Instruction Publique

Citoyens!

Le brave Citoyen Président de la République Française à Genève vient de m'apprendre que l'Assemblée Nationale a bien voulu agréer, d'une manière très honorable pour moi, la première partie de mon Dictionnaire Républicain et Révolutionnaire, et qu'elle l'a remise entre vos mains. Cela m'a tellement flatté que j'ai fait serment, au fond de mon cœur, de consacrer désormais ma plume et ma vie à la République Française.

Citoyens! La confiance que j'ai en vos lumières et en votre bonté est si grande, que j'ose espérer que mon ouvrage obtiendra votre approbation. Je vous envoie la Seconde Partie : Je serai heureux, si je puis, en quelque manière, contribuer à donner une instruction vraiment patriotique à la Jeunesse Française. Que la tyrannie, la superstition et le fanatisme périssent à jamais. Vive la République! Vive la Nation Française, la Rédemptrice du genre humain!

Genève, le 20 de Nivôse; l'an second de la République Française.

Le Solitaire aux Eaux vives
Rodoni»

Il semble qu'il ait existé un troisième volume, envoyé à la Convention le 30 pluviôse an II, que je n'ai pas pu trouver[23]. Il n'existe que la lettre accompagnant l'envoi (F17 1009B, 2164) :

« A la Convention Nationale

Citoyens!

J'ai eu le bonheur de vous envoyer, par le moyen du Citoyen Soulavie, Résident à Genève, les deux premieres Parties de mon Dictionnaire Républicain et Révolutionnaire.

La premiere contient les mots qui se prononcent de même; mais qui s'écrivent très différemment.

La seconde contient les mots qui s'écrivent et qui se prononcent de même, mais qui ont des significations bien différentes. Vous avez eu la bonté de les agréer d'une maniere fort honorable pour moi.

Voici donc la troisième Partie qui contient les mots qui paroissent d'abord synonymes et que les jeunes gens peuvent facilement confondre. Je serai heureux, si ma plume et ma vie peuvent contribuer en quelque maniere, a l'instruction patriotique de la Jeunesse Française.

En suivant le conseil du brave Sansculotte Soulavie, j'ai extrait de cette troisième Partie une anecdote intéressante, dont j'ai été moi-même l'heureux témoin. La voici, Citoyens!

Livre blanc, ou livre en blanc.

Un bon pere a un enfant âgé de huit ans et qui promet beaucoup. Un jour, il lui présenta un *livre blanc*, sur le carton duquel il avoit écrit ces mots : *Vie de mon fils*. L'enfant l'ouvrit précipitamment, le parcourut d'un œil avide, et les larmes lui vinrent aux yeux, quand il vit que toutes les feuilles étoient blanches. Ah! Papa! s'écria-t-il; tu te moques de moi; je n'y trouve rien d'écrit. — Mon cher enfant! tu es assez jeune; mais dépêche-toi de faire des actions dignes d'un bon citoyen, et je les y écrirai — Et bien, Papa! prens ma petite bourse; donne le peu qu'il y a à l'enfant d'une pauvre veuve, dont le mari a versé sons sang pour la Patrie — Viens, mon cher, viens dans mes bras.

Vive la République Française!

Genève; le 30 de Pluvios. L'An Second de la République Française
Rodoni»

Les deux dictionnaires conservés ont été rédigés avant les *dates* d'envoi, c'est-à-dire avant le 27 frimaire an II et le 20 nivôse an II, mais pas beaucoup avant : les anecdotes font mention de faits non existants avant 1793 tels que la mort de Marat, le tutoiement général, une attitude anticléricale très prononcée, etc. Beaucoup d'attaques sont dirigées contre les «muscadins», fils de bourgeois bien soignés. Or, cette désignation semble avoir été utilisée pour la première fois durant les mois d'août ou de septembre 1793 et avoir connu immédiatement un grand succès. De tout cela, on peut conclure que les dictionnaires ont été rédigés au cours de l'automne 1793.

Les deux volumes se distinguent nettement : le premier volume traite les *homophones* tandis que le second décrit les *homonymes* et les *polysèmes*. Le premier volume se veut un dictionnaire orthographique des homophones de la langue française; le second veut dresser un inventaire des différences de signification entre «mots qui s'écrivent et se prononcent de même; mais qui ont des significations bien différentes.»

On trouve, dans le *premier volume*, d'abord un lemma, c'est-à-dire une des orthographes possibles de l'homophone; vient ensuite une liste des autres orthographes possibles dont chacune est normalement suivie d'une phrase où se trouve employé l'homophone. Plus rarement, il y a en fin d'article une anecdote où se trouvent toutes les applications possibles. Ce premier volume contient 135 pages manuscrites.

Dans le *deuxième volume*, les articles concernant les polysèmes commencent par une anecdote, très longue parfois, plus rarement par une phrase. Ensuite, les différentes acceptions du terme y sont définies. Mais cette explication supplémentaire n'est pas générale. La proportion entre définitions et anecdotes se trouve donc inversée dans le second volume qui comprend 137 pages manuscrites. A la fin, on trouve deux listes de mots, l'une contenant les mots dont les significations se distinguent par le genre (masculin/féminin), l'autre reprenant les adjectifs dont les significations changent selon qu'ils se trouvent placés avant ou après le substantif. Une autre différence entre les deux volumes nous apparaît : l'auteur s'efforce dans le second de donner à son texte une cohérence dépassant le cadre de l'article; il forme parfois des groupes d'anecdotes en reprenant le personnage : le *même enfant* ayant joué un rôle dans l'anecdote précédente le poursuit dans l'anecdote suivante, ceci se reproduisant avec *ce même Montagnard, ce même étranger*, etc.

L'intérêt du dictionnaire consiste en deux aspects différents : d'une part, il introduit quelques innovations assez remarquables du point de vue lexicographique et, d'autre part, il s'agit d'une représentation élémentarisée et stéréotypée de la société française en 1793 à usage didactique.

A première vue, Rodoni se distingue de ses prédécesseurs à trois égards :
1. Le français quotidien est l'objet du dictionnaire, non pas le vocabulaire politique ;
2. Les anecdotes remplacent les citations et même, à un degré, les définitions ;
3. La distinction entre homophonie et homonymie fournit le principe de répartition.

Ad 1 : *Le français quotidien* : les dictionnaires précédents sont des introductions aux néologismes politiques ou bien aux changements sémantiques dus aux changements politiques. Le dictionnaire de Rodoni, par contre, est presque exclusivement un dictionnaire du français quotidien. Un décompte approximatif (la difficulté réside dans le fait que le nombre d'acceptions varie dans les différents lemmata) fait apparaître les proportions suivantes : 80 % de concepts de la langue quotidienne, 8 % de concepts militaires, 8 % de concepts « cléricaux » et seulement 4 % de concepts politiques proprement dits. Le fil directeur est que la Révolution a tout changé et que le monde dans son ensemble, y compris le quotidien, n'est plus le même qu'avant et que, par conséquent, les mots ne peuvent plus rester ce qu'ils étaient auparavant. La dimension temporelle (avant/après la Révolution) ne se retrouve pas dans tous les articles ; mais même dans les domaines où la langue n'a pas subi de modifications sensibles, une explication diversifiée des concepts doit permettre une nouvelle vue des choses, par exemple de la diversité des métiers qui disposent d'expressions techniques ; il peut, par ailleurs, également s'agir de la perfidie et de la corruption des *ex-nobles* et des *muscadins* qui se font jour dans leur vocabulaire même. Le monde quotidien et donc la langue courante ont besoin d'une réinterprétation dans le cadre de la République et de la Révolution.

Ad 2 : *Le principe des anecdotes* : la contextualisation des mots, dans le dictionnaire de Rodoni se fait sous forme d'anecdotes. Ceci est, à mon avis, une innovation assez importante dans l'histoire de la lexicographie dans son ensemble. La conceptualisation se présentait auparavant sous forme de contextes modèles. Dans le Dictionnaire national et anecdotique (1790) de Chantreau, une partie des explications est donnée sous forme de narrations des événements révolutionnaires ; mais ce n'est que dans le dictionnaire de Rodoni que l'explication sous forme d'anecdotes de la vie quotidienne devient la règle, ceci certainement aussi en vue d'un public jeune et ancré dans l'oralité (*cf.* chap. 2.1.2.2.2). Les modèles ne sont plus empruntés au monde de la littérature bien éloignés des expériences quotidiennes : ils sont, au contraire, directement puisés dans les situations de la vie de tous les jours. Le prestige des auteurs est remplacé par l'autorité de la vie quotidienne. Ce «quotidien», bien sûr, est rendu de manière stylisée et stéréotypée : c'est une représentation sans-culotte du monde quotidien. Nous constatons ici deux traits caractéristiques de la production culturelle révolutionnaire sur un plan général : la tendance accentuée au didactique d'une part et, d'autre part, la substitution des anciennes autorités par de nouvelles, et en l'occurence, les poètes remplacés par le monde quotidien. Donnons-en quelques exemples :

«LIBERTÉ

Un déserteur allemand dit un jour à un de nos officiers : La Liberté est votre Idole, vous combattez pour elle; mais cependant vous avez des lois : comment accorder... Tais-toi imbécille ou fou que tu es, l'interrompit le bon patriote. Par le mot *liberté*, nous n'entendons pas un pouvoir arbitraire, indépendant et absolu de faire tout ce qu'un caprice aveugle peut dicter, c'est la *liberté* des tyrans. Nous combattons pour la *Liberté* des peuples. Le Peuple est souverain; c'est le peuple qui a la *liberté* de se donner les lois qu'il croit les plus convenables à son bonheur; c'est le Peuple qui a la liberté d'agir conformément à ce qui est prescrit par les lois qu'il s'est librement données. C'est le Peuple qui donne à tout homme la *liberté de conscience*, c'est-à-dire la permission de professer une religion quelconque, pourvu que cela ne trouble l'ordre public. C'est le peuple qui a enfin brisé les chaînes de son esclavage, et qui a recouvré sa liberté naturelle... l'allemand poussa un soupir et dit qu'il faut espérer que tôt ou tard la Liberté fera le tour du Monde.

NAISSANCE

Un bon sans-culotte s'avisa un jour de tutoyer un grand Aristocrate. Celui-ci lui dit : comme oses-tu me parler de la sorte? — L'égalité m'en donne la permission — Quelle égalité? Tu dois toujours respecter en moi la *naissance*; tu n'en as point — Parbleu! si je n'avais point eu de *naissance*, je n'existerais pas, et je ne te parlerais pas — Oses-tu comparer ta naissance avec la mienne? — Quel droit te donne-t-elle plus qu'à moi? Tu es né nu et dans les larmes, aussi bien que moi — Mais moi je suis d'une *haute naissance* et non pas toi — tu te trompes grossièrement, car je sais que tu es né à la plaine, et moi je suis né au haut d'une montagne — Crois-moi change de sentiments, ou tu finiras mal — Je me moque de tes augures. Ma mère m'a dit plusieurs fois qu'un astrologue avait bien observé ma *naissance*, et qu'il avait dit qu'elle était heureuse, mais pour toi, ta figure me dit que tu finiras par mettre la tête à la fenêtre.» (Rodoni, an II, A.N. F17 1008B 1585)

La distinction entre homophonie et homonymie : les grands dictionnaires de synonymes du XVIIIe siècle sont beaucoup plus connus que les dictionnaires d'homonymes qui, cependant, existent aussi[24]. Après le répertoire de Le Seyeur (1661) et le *Dictionnaire d'homonymes* de Hurtaut (1775), le dictionnaire de Rodoni semble être le troisième dictionnaire d'homonymes. Ce qui me semble entièrement nouveau, c'est l'utilisation de la distinction entre *homophones* (même prononciation, orthographe différente) et *homonymes* au sens strict (même prononciation, même orthographe) comme principe de répartition entre les deux volumes du dictionnaire.

Il n'y a pourtant qu'un nombre assez restreint d'homonymes dans le second volume : *bière, louer, présent* par exemple. La plupart des articles contiennent des explications de polysèmes, donc de mots dont les acceptions diffèrent légèrement. Le deuxième volume contient donc un bon nombre de critères permettant la distinction entre significations différentes et acceptions différentes (homonymie et polysémie). Cette distinction est loin d'être parfaitement claire dans la linguistique moderne. Je vais énumérer certains critères introduits par Rodoni dans ses explications. On irait probablement trop loin en affirmant que Rodoni avait opéré une distinction systématique entre homonymie et polysémie ainsi qu'il avait procédé pour l'autre distinction entre homophonie et homonymie. Voici quelques-unes des distinctions :

avec objet/sans objet : *abandonner* p. ex.
fém./masc. : *exemple, manche,* etc.
adj./subst. : *ambigu, commode,* etc.
verbe/adj. : *distrait,* etc.
verbe/subst. : *être, revenant,* etc.
verbe/verbe réfl. : *éclipser,* etc.
position de l'adj. : *grand,* etc.
sing./plur. : *ciseau, épingle,* etc.
ambivalences du procédé de formation de mots : *chandelier, fruitier, impayable*
au figuré/au propre : *aile, dépouille, labyrinthe, lumière, pasteur*
poétique : *plage*
par plaisanterie : *bureau d'adresse*

Les critères les plus fréquemment employés pour la distinction des diverses acceptions sont les différences entre les langages techniques d'une part et le changement historique provoqué par les événements révolutionnaires d'autre part. Les explications des acceptions des mots dans les langages techniques sont liées au principe didactique mentionné plus haut : les modèles sont en prise directe sur la vie quotidienne. Mais il faut d'abord percevoir et enseigner la diversification (dans les métiers) de cette vie quotidienne. Imprimeurs, soldats, cordeliers, maçons, peintres des dictionnaires diversifient, par l'explication de l'acception des mots en question dans leur métier, l'image de la «vie quotidienne».

Le critère de loin le plus important est le critère temporel ; la Révolution a profondément changé le monde — la langue, elle aussi, s'est totalement modifiée : «*tu parles le vieux langage*» (s.v. *ange*). C'est l'expression utilisée par des officiers français face à un officier allemand, impliquant ainsi que celui-ci parle encore le français pré-révolutionnaire et qu'il vit donc encore dans cet univers-là. Il s'avère absolument nécessaire d'expliquer les différences linguistiques afin qu'aucun emploi «dépassé» ne vienne voiler la réalité nouvelle des choses. Les significations différentes sont souvent caractérisées par la formule *vieux style/nouveau style* (par exemple s.v. *grisette*); une signification nouvelle est introduite par la formule *selon la nouvelle acception* (s.v. *lanterner*). Dans tous les cas où il existe encore des mots en étroite liaison avec l'Ancien Régime ou même des mots-clés de cette époque; Rodoni propose de les remplacer et de les bannir totalement. Pour *couronne*, il propose d'introduire un mot nouveau, même pour l'acception *couronne de fleurs* afin d'éviter toute réminiscence de la *tyrannie* et de la *superstition* : «Mais dans ce sens, il vaut mieux se servir du mot : guirlande». On trouve une proposition similaire pour *louis* : «Pour moi, je débaptiserais tout ce qu'on appelle *Louis*, et quant à la monnaie, je dirais : *pièce d'or*».

Le dictionnaire de Chantreau (1790) comprenait déjà une liste de mots inusités : *Appendice contenant les mots qui vont cesser d'être en usage, et qu'il est nécessaire d'insérer dans nos archives pour l'intelligence de nos neveux* (Chantreau, 1790 : 183). La conscience des changements que le français subit sous l'influence de la Révolution est donc présente dès le début de celle-ci. Cette conscience acquiert une nouvelle dimension dans les efforts déployés par Rodoni pour démontrer les changements dans le langage de tous les jours : ce ne sont pas des domaines bien délimités du français (et du monde politique) qui changent, le changement ne se limite pas à la substitution d'une ancienne terminologie politique par une nouvelle rendant ainsi obsolète le vieil usage — le changement concerne la langue toute entière. Il n'existe pas de signification qui n'aurait subi aucune modification après la Révolution ; la variation des significations touche chaque mot. Le bouleversement des *mœurs* et *usages* a été trop profond pour laisser intact quelque domaine que ce soit du vocabulaire.

En résumé, nous pouvons constater que Rodoni décrit et le changement des significations (*ancien style/nouveau style*) et la concurrence entre plusieurs significations. Il laisse de côté les procédés de description qui rappellent la synonymie, par exemple la disctinction entre idées principales et idées accessoires. Il réunit toutes sortes de conflits lexicaux et de techniques descriptives sous la notion de «mots, qui s'écrivent et se prononcent de même ; mais qui ont des significations bien différentes », qui se distinguent nettement des homophones du premier volume et correspondent à ceux décrits dans les dictionnaires d'homophones traditionnels. La solution de Rodoni est une solution globale : le changement et le conflit (ce qui n'égale pas la pluralité du propre et du figuré) constituent une classe lexicale à part, celle des homonymes au sens étroit ou des polysèmes.

Pourquoi cette « découverte » de la différence entre homophonie et polysémie comme principe organisateur de la représentation lexicographique des conflits lexicaux de la Révolution ? Nous avions déjà vu dans le chapitre 2.3.1.3 que le conflit et le changement étaient les traits saillants de la sémantique révolutionnaire. La synonymie, description des nuances du contenu, ne se prêtait donc pas à la description de ce qu'on voulait décrire puisque la base de la synonymie est un consensus de la communauté linguistique (ou de son élite). L'homonymie centrée sur les différences sur le plan de l'expression n'était pas tout à fait ce qu'il fallait. Pour aborder les différences du contenu dans une perspective de conflit et de changement, il faut justement développer un concept auquel on donnerait aujourd'hui le nom de polysémie, et c'est précisément la solution proposée par Rodoni.

Ajoutons que le Dictionnaire propose une vision tout à fait nouvelle du monde. Il importe non seulement de donner des définitions justes, mais en plus d'offrir une introduction élémentaire à la société nouvelle. Le Dictionnaire est un livre destiné à l'enseignement du Français servant en même temps à l'instruction patriotique. Ceci le rapproche des catéchismes révolutionnaires[25], avec cette différence toutefois que l'instruction patriotique, dans notre cas, ne se greffe pas sur un modèle du monde religieux. Les anecdotes permettent de donner une image stylisée de la société de 1793 et de ses ennemis et de fournir une introduction aux principales valeurs de la société républicaine. Cette instruction politique élémentaire fait surtout usage d'oppositions (en donnant la représentation de la société) et de maximes stéréotypées (en donnant une introduction aux valeurs).

Les oppositions concernent avant tout, en accord avec les distinctions lexicographiques *avant/après la Révolution*, le *temps* des actions décrites dans les anecdotes. Certaines anecdoctes sont ancrées *dans le vieux temps, un peu avant notre Sainte Révolution.* Leur rôle est de dénoncer les abus de l'Ancien Régime. D'autres se déroulent dans le présent révolutionnaire de 1793. Dans ce présent, existent pourtant des vestiges du temps passé : ce sont les *émigrés, ci-devant, ex-nobles.* En se rapportant à ces vestiges, on peut dégager et opposer les vices du passé. La *géographie* des anecdotes est un peu plus complexe que la chronologie : le monde opposé des *émigrés*, des *officiers allemands*, des *évêques* se situe en terre étrangère : Angleterre, Allemagne, Suisse romande. Concernant cette dernière, la situation est encore plus diversifiée (Rodoni est citoyen genevois) : *Lausanne, dans le pays de Vaud*, etc. Le lieu où agissent les acteurs du monde républicain n'est normalement guère identifiable du point de vue géographique : site de travail, club, *société populaire*. Pourtant, si le lieu n'est pas mentionné, on peut supposer qu'il s'agit de Paris puisque nombre de noms de rues et de bâtiments parisiens sont cités dans les anecdotes non localisées comme s'il était normal que tout bon républicain et sans-culotte se trouve à Paris.

Les *acteurs* sont bien classifiés : d'une part les ennemis de la République qui fournissent les exemples de comportement et d'usage linguistique non patriotique — *un émigré, un noble émigré, un voyageur catholique superstitieux, un Anglais royaliste, un certain petit tyran, un fameux aristocrate (dans la perfide intention de décrier sa patrie), un bigot, des soldats et des officiers allemands, un évêque émigré, un ci-devant duc, guillotiné un diable d'émigré*, etc. et encore les innombrables *muscadins fainéants*. On trouve d'autre part les représentants de la France républicaine : le *bon sans-culotte* surtout et le *brave Montagnard*, des officiers et des soldats, les *prêtres assermentés et bons patriotes*, les *paysans* et les représentant des divers métiers. Le monde masculin est représenté de façon assez diversifiée des deux côtés : nobles, évêques et grande bourgeoisie d'une part, roturiers et paysans d'autre part. Le monde féminin, par contre, ne présente que deux types : l'*ex-noble*, d'une part, qui n'élève pas ses propres enfants, meurt de peur à la vue d'une souris et ne se préoccupe que de sa parure et de sa beauté flétrissante et, d'autre part, la jeune fille, *extrêmement jolie, pauvre à la vérité, mais en même temps fort sage*, qui s'aperçoit très bien des mauvaises intentions des émigrés et des muscadins, les repousse intelligemment et sans ambiguïté et aime fidèlement son sans-culotte.

Dans ce monde de bons Républicains et de leurs anciens et nouveaux ennemis se déroulent les dialogues et les scènes qui servent à l'explication des différences de signification entre homphones et homonymes/polysèmes. Il faut dire que, souvent, le but linguistique se perd quelque peu en faveur de la présentation stéréotypée et simplifiée des dogmes nouveaux. Beaucoup d'articles ne sont autre chose que l'explication de concepts révolutionnaires, p. ex. *liberté, naissance* (il s'agit du concept d'égalité), etc. Les deux concepts idéologiques déclarés ennemis principaux sont, bien sûr, *tyrannie* et *superstition*. Il se révèle plus aisé d'attaquer l'église catholique que l'ennemi social. Le domaine des *muscadins*, des *personnes suspectes*, des *citoyens calomniés à tort* résiste le mieux à l'évaluation univoque.

On peut très bien montrer quelques traits généraux de la production culturelle pendant la Révolution en discutant le dictionnaire de Rodoni même si on se rend compte qu'il n'a pas donné lieu à une tradition propre : un genre traditionnel (le dictionnaire) reçoit une fonction *didactique* — ce sera le livre élémentaire pour l'instruction patriotique. La perspective de la politique de l'enseignement aura largement influencé la production de textes. Un des corollaires de cette fonction didactique est la tendance à la simplification, à la production de maximes simples qui rendent saisissable une réalité complexe. Cela implique la tendance à la *stéréotypisation* : les maximes qui sont isolées de leur contexte théorique et idéologique peuvent être employées partout et toujours. Enfin, on peut constater la tendance à la représentation de *la société jacobine*, représentation qui opère justement avec lesdits procédés. La réalité qui change à une vitesse inouïe doit être interprétée et rendue acceptable et viable par des oppositions simples : avant/après, dehors/dedans, palais/cabanes. Le moyen de la représentation de la société jacobine est la destruction et la substitution des univers symboliques. On substitue aux martyrs de l'église ceux de la Révolution, un nouveau calendrier au traditionnel. Et, enfin, on substitue le nouveau français à l'ancienne langue.

4.4. LA FORMATION DES MOTS

> « La France n'est point un royaume, parce que ce n'est plus un pays où le roi soit tout & le peuple rien. La France n'est pas un empire, à proprement parler, parce qu'elle n'est pas soumise à un empereur, c'est-à-dire à un chef militaire qui commande dans une vaste étendue de pays. [...] Enfin la France n'est point une République, parce que chaque volonté individuelle, passant par diverses filières de représentations, ne concourt pas directement à faire sortir la volonté générale. [...] Qu'est-ce donc que la France? Il faut un mot nouveau pour exprimer une chose nouvelle [...] Nous nommons royaume un pays régi souverainement par un roi; le pays où la loi seule commande, je le nommerai loyaume. »
> (Domergue, *Journal de la langue française*, 1791, III : 186)

Nous avions constaté (chap. 2.3) que le foisonnement linguistique des premières années s'est présenté sous deux formes différentes : changement et conflit des significations d'une part et formation de mots nouveaux d'autre part. Les deux mouvements présentaient des aspects chaotiques qu'il convenait de domestiquer par les principes de l'*analogie*. Or, le fonctionnement de l'analogie est très différent dans les deux cas. En ce qui concerne l'éclatement des significations, il faut trouver des définitions rigoureuses, ramener les significations à leur sens *juste*, purger le rapport *mot-chose*. Lorsque nous avons introduit la notion d'*analogie* en tant que notion-clé du discours révolutionnaire sur la langue, nous avons dit qu'elle comportait deux aspects : le rapport à la nature et l'uniformité des principes de formation. C'est le côté *nature* qui est en jeu dans la domestication des significations. Nous avons vu, dans le chapitre précédent, le soin de redéfinir le dictionnaire français tout entier. Mais nous assistons, par ailleurs, à l'émergence d'une quantité inouïe de mots nouveaux. Et, dans ce cas-là, il s'agit de régler les principes de la création lexicale spontanée. C'est donc le côté uniformisateur des procédés analogiques qui est à l'œuvre. Nous voyons donc deux approches bien différentes de cette domestication[26] : dans le cas de définitions, il s'agit d'une approche restrictive qui consiste à ramener une créativité sémiotique déchaînée à une justesse contrôlée du sens. Dans le cas de la formation des mots, l'application des principes d'analogie est elle-même productive : les principes d'une nomenclature une fois posés, on peut procéder à la formation des mots, régie bien sûr par ces principes mais créatrice et innovatrice. C'est peut-être là un des traits les plus saillants du discours révolutionnaire sur la langue.

Cette néologie réglée par les principes de l'analogie trouvait son grand modèle dans la nomenclature chimique élaborée par Lavoisier, Fourcroy, Berthollet et Guyton de Morveau en 1782 et 1787, qui, à son tour, était basée sur les principes établis par Condillac pour la formation d'une *langue bien faite*. Le mot même de *nomenclature* qui se réfère à la chimie d'abord, ensuite à tous les autres vocabulaires construits selon les mêmes principes, est un des mots-clé du projet d'uniformisation.

C'est surtout dans ce domaine que l'esprit condillacien s'est manifesté. Il occupera par la suite une place de plus en plus importante. Le problème des définitions du vocabulaire va être réinterprété en termes condillaciens. L'établissement du dictionnaire d'une langue historique doit être le plus proche possible de l'élaboration d'une nomenclature.

D'autre part, la démarche dans la formation des mots puise dans la discussion néologique des Lumières qui, au cours du siècle, s'est profondément transformée : partant du refus et de la restrictivité pour aller vers une attitude plus libérale et même novatrice[27]. Le traitement des néologies par Domergue, dans la 2ᵉ série de don *Journal de la Langue Française* entre encore tout à fait dans cette tradition des Lumières[28]. On discute les néologies produites par autrui, et ceci dans un esprit d'ouverture et de libéralité, dans les limites tracées par les besoins, le goût et l'analogie bien sûr.

Ce qui est nouveau en l'an II, c'est le changement de direction : au lieu de discuter des néologies déjà réalisées, on se met à créer des mots de façon systématique. Ainsi, Grégoire parle de l'abondance des procédés de formation de mots dont il faut profiter, de la nécessité de *compléter les familles de mots* en faisant *disparaître toutes les anomalies*. L'impulsion vers une destruction des symboles de l'Ancien Régime est toujours présente, avec encore plus de force et de violence; mais en même temps, elle se met à l'œuvre de façon systématique.

«Tout le monde sait que les dénominations de france et de français nous ont été données par ces peuples barbares, qui, sortis en majeure partie de la franconie, s'emparerent d'abord de la cidevant province de france-île, et par laps de tems, de tout le territoire de notre republique, et nous imposa le joug que nous avons secoué. Puisque, non seulement les descendents de ces barbares, mais encore ceux qui en avaient acquis ou acheté les prérogatives, sont chassés de notre république; je pense qu'il faudrait en abolir entièrement la memoire, en ne portant plus les dénominations qui nous viennent d'eux, et en leur en substituant d'autres plus analogues a la liberté et la l'égalité. Je proposerais donc de remplacer le mot de france, par celui de librégale, et français par librégal.» (A.N. F17, 11648, cité d'après Vecchio, 1986 : 387)

Le premier à publier un recueil de mots formés d'après des principes analogiques est Pougens avec son *Dictionnaire des mots privatifs* (1794) qui constitue un enrichissement systématique du français, basé sur la formation de termes négatifs par l'emploi régulier des préfixes *in-*, *mé-*, *dé-*.

Il nous faut insister sur le fait que cette production volontaire de famille de mots d'après les principes de l'analogie ne se restreint pas à quelques savants. Prenons l'exemple d'un certain François Xavier Tisserand, instituteur à Semur en Auxois[29]. Il soumet au Comité d'Instruction Publique des réflexions sur les dénominations dans le domaine ville/village. Il discute les dérivations des racines *maire*, *municipe*, *ville*, *bourg*, *publique*, tout en se basant sur les étymologies proposées par Court de Gébelin. Il fait des propositions pour une nomenclature nouvelle dans ce domaine qui respecte l'analogie :

«La connoissance des terminaisons est nécessaire pour la Création des mots. Chaque différente terminaison a une signification qui lui est propre. Lorsque le mot est bien formé, la terminaison est tout au moins le complément de l'Expression dont elle détermine la Signification.» (F17A 1008J 1436 : 3 *sq.*)

Il propose une réduction des familles des mots en question :

«Pourquoi deux familles de mots pour exprimer nos différentes habitations, tandis qu'une des deux fournit déjà plus de mots qu'il n'en faut pour les dénommer? Et Si pour mieux affirmer l'Egalité, la Convention Nationale Supprime de la langue Républicaine les mots : fauxbourg, Bourgeois, Bourgeoise, Bourgeoisie, Bourgeoisement, Bourgade, Bourmestre, Ce qui Restera de Cette famille vaudra-t'il la peine d'Etre Conservé? Pour moi, Je ne vois aucun inconvénient à l'anéantir tout à fait, Excepté cette Branche directe de la Racine B*u*rg, Bourgeon, Bourgeonner, vc. dont on pourra augmenter la Ramification.» (F17 1008J 1436 : 4 *sq.*)

Il met en relief la proposition centrale :

«Vous savez, citoyens législateurs, qu'une langue où chaque mot existeroit seul de son espèce, sans famille, sans dérivé, sans composé, seroit tout à fait stérile, ingrate et même difficile à parler; tandis que cent familles de mots très nombreuses, et qui auroient chacune plusieurs branches directes, suffiroient dans une langue pour l'élever au dessus de toutes les autres par sa richesse, son abondance et la faciliter d'en retenir les mots et leur acception; surtout si les mots y étoient tous formés d'après les mêmes principes de la dérivation et les mêmes règles de l'analogie.» (F17 1008J 1436 : 1 *sq.*)

4.5. LE STYLE/LES IMAGES

> «(Notre langue) aura cette fierté laconique, qui, dans chaque mot, grave une pensée.»
> (Grégoire, an II)

Nous avons vu que le foisonnement des images et la méfiance envers la rhétorique vont de pair dans les premières années de la Révolution. La Convention commence son travail dans la conscience claire qu'il faut ordonner et simplifier ce vaste domaine :

> «J'en éloignerai soigneusement tout le faste oratoire, dont on avait paré et comme enveloppé tous les points dans les deux assemblées qui ont précédé la Convention Nationale.» (Fourcroy, 30/7/1793, cité d'après France, 1985 : 152)

La critique de la rhétorique a déjà une longue tradition au XVIIIe siècle et elle acquiert pendant la Révolution un statut tout particulier, celui d'un reproche dénonciateur[30]. La rhétorique voile la vérité, elle la cache au lieu de la rendre accessible. Ceux qui séduisent leurs auditeurs par des moyens rhétoriques ont l'intention de leur cacher la vérité. Ce reproche est un élément central du discours dénonciateur révolutionnaire comme d'autres reproches aussi : celui du complot, de l'agiotage, etc. Les Montagnards accusent les Girondins d'avoir séduit par la rhétorique, les Thermidoriens vont accuser les Montagnards d'avoir abusé de la rhétorique.

On a donc besoin d'un «parler vrai» qui redonne toute transparence à la nature des choses au lieu de la voiler. Mais quelle est cette nature visée : celle des choses ou celle des cœurs?

Avant de revenir sur cette question, ajoutons que la critique de la rhétorique présente un second aspect : l'existence même d'une pluralité des styles rappelle l'inégalité des conditions. Dans une société égalitaire, la diversité des styles n'a plus de sens, pire encore : elle symbolise la diversité périmée. C'est là le point de vue de Grégoire :

> «Il y a dans notre langue, disoit un royaliste, une hiérarchie de style, parce que les mots y sont classés comme les sujets dans une monarchie.» Cet aveu est un trait de lumière pour quiconque réfléchit. En appliquant l'inégalité des styles à celle des conditions, on peut tirer des conséquences qui prouvent l'importance de mon projet dans une démocratie.» (Grégoire, 1794 : 275)

Il faut donc uniformité du style. Mais à quel modèle faut-il se ranger? On constate finalement trois options : deux d'entre elles minoritaires, la troisième majoritaire et dominante.

La première solution, tout à fait traditionnelle, est celle d'une description de la langue ornée dans des termes traditionnels sans prise de position quant à l'uniformité ou la multiplicité des styles. La rhétorique traditionnelle est considérée ici comme une riche réserve où l'on peut puiser à souhait. C'est la position de Domergue qui se soustrait à cet égard aux exigences et contraintes du discours révolutionnaire[31]. La seconde solution, elle aussi minoritaire mais qui deviendra majoritaire après Thermidor, est celle formulée à plusieurs reprises par Condorcet : c'est une option nette et claire pour le *style analytique* (*cf.* chap. 2.1.1.2), écrit qui plus est, et le renoncement aux séductions de la voix et des images.

La troisième voie, à ne pas confondre avec la seconde, est la solution rousseauiste et c'est justement là qu'éclatent les divergences entre les révolutionnaires[32], ainsi que nous l'avions déjà vu lors du débat sur les dénominations du calendrier (*cf.* chap. 3.3.3.4). Ce n'est pas la nature des choses mais la nature simple des origines qui s'impose comme principe régulateur de ce langage ; ce n'est pas la précision ou la clarté qui lui est propre mais l'*énergie*[33]. C'est l'éloquence du cœur et non le discours de la raison. C'est le cœur humain qui s'adresse directement au cœur humain, garantissant ainsi la transparence[34] et non la vérité des choses. Cette éloquence à visée sensible[35] n'est pas une simple reprise du style imagé. Il s'agit de la sonorité de la voix et de l'énergie des images liées à la simplicité des origines : le langage doit être sublime et simple à la fois. La réconciliation de la géométrie et de l'état naturel semble palpable. L'ébauche de cette réconciliation fait vibrer les révolutionnaires et emplit d'une ferveur religieuse le discours sur cette simplicité sublime. Ce langage, à la fois simple et énergique serait le symbole le plus important de l'unité trouvée ou bien, dans la perspective rousseauiste, retrouvée : le symbole du temps nouveau et de l'homme nouveau[36].

Nous avions vu que Grégoire, lui aussi, défend une esthétique totalisante (chap. 3.2.3). Son éloge du langage à créer, du style de la liberté ne manque pas de pathétique :

> « Il est temps que le style mensonger, que les formules serviles disparaissent et que la langue ait partout ce caractère de véracité et de fierté laconique qui est l'apanage des républicains. » (Grégoire, 16 prairial an II, cité d'après Deloche/Leniaud, 1989 : 275)

On est en quête du *style laconique* dont on trouve le modèle chez les Spartiates. Le laconisme, le style laconique sont propagés par la Montagne[37]. Saint-Just est l'un des théoriciens du laconisme qui aura une place centrale dans une éducation d'inspiration spartiate d'ailleurs.

« Les enfants sont rigoureusement formés au laconisme de langage : on doit leur interdire les jeux où ils déclament et les accoutumer à la vérité simple. » (Saint-Just, an II/1984 : 982)

« Le concours pour les prix d'éloquence n'aura jamais lieu par des discours d'appareil. Le prix de l'éloquence sera donné au laconisme, à celui qui aura proféré une parole sublime dans un péril, qui par une harangue sage aura sauvé la patrie <ou> rappelé le peuple aux mœurs, rallié les soldats.
[...]
Les enfants seront élevés dans l'amour du silence et du laconisme et dans le mépris des rhéteurs. » (Saint-Just, an II/1984 : 983)

Nous comprenons, à la lecture de ces instructions, que la notion de laconisme implique aussi un élément temporel. C'est une éloquence du moment sublime, moment de concentration et de cristallisation de l'énergie révolutionnaire et langagière, moment de la manifestation linguistique de la théodicée.

L'histoire de la notion de *laconisme*, de *style laconique* dans la rhétorique reste à écrire. Il y a en tout cas une forte tradition qui établit un lien entre Sparte et une certaine façon de parler, le fameux *style laconique* bref et sans le moindre terme superflu. Cette identification avec la taciturne concurrente d'Athènes ouvre la voie à un large champ d'équations et de confrontations :

– le système éducatif,
– l'état terroriste,
– Lycurque opposé à Solon, etc.

Il y a donc tout un système intertextuel ouvert qui joue sur les modèles concurrents de l'Antiquité.

C'est Thurot qui, dans ses notes à la traduction du « Hermès » de James Harris, grammaire qui se veut platonicienne, nous donne des informations précieuses en attirant notre attention sur deux notions-clés : la *justesse des mots* et le *législateur*. Souvenons-nous : deux positions opposées sont discutées dans le Cratyle. Cratyle se fait l'avocat d'une origine naturelle (*physei*) des mots, ceux-ci représentant la *nature* des choses ; il y aurait donc une justesse des mots (*orthotes ton onomaton*). Hermogène, par contre, défend l'origine conventionnelle (*thesei*) des mots, l'arbitraire du signe. La position de Socrate-Platon est intermédiaire : l'*orthotes*, la justesse des mots, leur adéquation avec la nature est garantie par le *nomothetes*, le législateur, qui règle la langue selon les principes de la nature.

La pensée linguistique de la Révolution renoue donc dans quelques concepts centraux avec la linguistique platonicienne. Ce lien intertextuel est d'autant plus vraisemblable que l'Apologie de Socrate contient le même schéma d'une rhétorique anti-rhétorique.

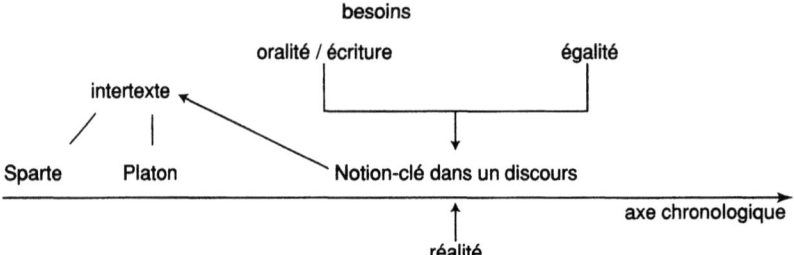

Nous l'avons dit : la notion-clé de style laconique correspond parfaitement aux besoins primordiaux du sujet révolutionnaire, entre oralité et littérarité, revendiquant l'égalité à tous égards; elle ouvre des possibilités de liens à d'autres discours, celui sur Sparte notamment et le discours platonicien de la langue qui est à la fois *physei* et l'objet des soins du *nomothetes*, étant, lui, aussi législateur dans d'autres domaines. Je pense que ce sont justement ces possibilités multiples de renouement qui ont favorisé la notion qui nous intéresse. Il n'empêche qu'elle conduit elle aussi à des refoulements et ne satisfait pas tous les besoins : les fêtes, par exemple, devront répondre au besoin d'images. La nouvelle écriture devra dépasser l'opposition entre rhétorique et laconisme : une nouvelle prose aux images mouvantes, celle que Mercier appelle «le style inouï».

Le moment historique du laconisme rhétorique est de courte durée. L'esthétique révolutionnaire de la simplicité des origines, des signes énergiques va subsister encore mais elle se déplacera vers d'autres domaines : les fêtes, les emblèmes, l'architecture[38].

NOTES

[1] Pour l'édition du texte de Domergue et la comparaison des trois textes, v. Busse, 1985 et 1986.
[2] Busse/Dougnac, 1991.
[3] Pour le décret v. note 3, 19.
[4] Les nombres 1-5 correspondent à ceux employés par Grégoire ; j'ai ajouté le (6) et le (7) pour systématiser et comparer des propositions formulées par Grégoire mais dépourvues d'un nombre.

[5] Busse, 1985 : 115. Pour la notion d'*élément* qui deviendra encore plus importante après Thermidor v. Auroux/Kaltz, 1986.

[6] Ces documents ont été dépouillés soigneusement et publiés en extrait par Vecchio, 1986a et b (repris dans Vecchio, 1991).

[7] Publié en partie dans Vecchio, 1986a, et dans sa totalité par Schlieben-Lange, 1994. Il faudrait comparer systématiquement les propositions de Heulte (F 17 A 2023), Chomel-Midon (F17 A 2096), Lahire (F 17 2097).

[8] V. en haut chapitre 3.3.

[9] C'est Joachim Gessinger qui a attiré mon attention sur ce point.

[10] Gessinger sous presse.

[11] Pour les projets antérieurs, v. Brunot, IX, 1 (1967) : 150 *sq*. Il y avait même en pleine période d'uniformisation des envois concernant l'allemand et le provençal (p. 153).

[12] Brunot, 1967 : 315 *sq*. et 355 *sq*.

[13] «De l'aveu de Brunot (1927 = 1967 : 152) : «Les pièces ne sont pas faciles à retrouver», on a pour ainsi dire décidé l'absence de documents (Balibar-Laporte, 1974 : 140) : décision trop hâtive, car les documents existent. Mais justement, il faut les rechercher.» (Vecchio, 1986b : 98) Vecchio, 1986b, a comblé cette lacune et dressé un inventaire des propositions de grammaire repérables.

[14] En résumant les difficultés du jury à trouver un livre élémentaire adéquat, Brunot, 1967 : 315, écrit : «On avait confondu «résumer» et «élémenter».»

[15] Vecchio, 1986b : 111.

[16] Guilhaumou, 1986c et 1989 : 129 *sq*.

[17] V. note 3, 6. Dans le chapitre 2.3. (p. xxx), j'en ai cité un extrait.

[18] «Si je parlais au roi ou au président du corps législatif même, je lui parlerais suivant les règles de notre grammaire, et non suivant l'usage.» (Tournon, 1790/1989) : 15.

[19] Pour la filiation condillacienne de la pensée linguistique de Tournon, v. Guilhaumou, 1989 : 145.

[20] V. chapitre 2.3.

[21] Réimprimé par Vecchio, 1986b : 128-132.

[22] J'ai présenté le Dictionnaire Républicain dans Schlieben-Lange, 1986a et b. Je prépare une édition de ce dictionnaire.

[23] Je dois cette information à Sebastiano Vecchio, que je remercie vivement.

[24] Delesalle, 1986.

[25] Pour les catéchismes révolutionnaires, Kennedy, 1980, Reichardt, 1985 (avec bibliographie détaillée).

[26] V. Chapitre 3.2.2 pour le concept d'analogie.

[27] V. Mormile, 1967 et 1973, Auroux, 1986.

[28] Dougnac, 1982a.

[29] Vecchio, 1986, a publié un texte du même Tisserand qui contient la phrase remarquable : «Les langues sont pour les peuples, et non les peuples pour les langues» (Vecchio, 1986a : 385).

[30] Pour les reproches flottants de rhétorique et de vandalisme : Schlieben-Lange/Knapstein, 1991. Pour la rhétorique révolutionnaire en général : les travaux d'Aulard, Bonnet, 1988, Blanchard, 1980, Brasart, 1988, France, 1983, Guilhaumou, 1988b, Gumbrecht, 1978, Hunt, 1983, Natali, 1976, Schlieben-Lange, 1986c et sous presse, Sermain, 1986 et 1989, Starobinski, 1977, Forner 1992 (qui parle d'une rhétorique de l'apodictique qu'il faudrait comparer avec le laconisme, dont il est question ici). Il faut dire que la plus grande partie des travaux traite le discours sur la rhétorique, non pas les procédés rhétoriques eux-mêmes. Dans ce domaine il reste beaucoup à faire; surtout il faudrait une confrontation systématique du discours et des procédés en acte.

[31] Busse/Dougnac, 1991.

[32] France, 1983, met en parallèle les deux types d'argumentation sans voir leur caractère antagoniste.
[33] Pour ce concept, Delon, 1988, et Schlieben-Lange, 1992.
[34] Hunt, 1983 et 1984.
[35] Sermain, 1989.
[36] Baczko, 1978.
[37] Guilhaumou, 1988b, Schlieben-Lange sous presse.
[38] V. chapitre 1.3.2.3, note 37.

Chapitre 5
L'universalisation du français

> «Ainsi, avec trente patois différents, nous sommes encore, pour le langage, à la tour de Babel, tandis que pour la liberté nous formons l'avant-garde des nations.»
> (Abbé Grégoire)

Il s'agit maintenant d'universaliser cette langue française purifiée par l'*analogie* et modifiée à l'image de la *nature*. Cet aspect de la politique linguistique révolutionnaire est de loin le plus connu : c'est le point de vue central des travaux de Brunot, de Balibar/Laporte, de Certeau, de Renzi et de Vecchio[1]. Les textes les plus importants ont été soigneusement analysés[2]. Tout ceci me permet de passer rapidement sur ce point et de me limiter à une mise en relief de quelques points essentiels ou négligés jusqu'ici.

Il nous faut tout d'abord constater que la politique d'universalisation ne se restreint pas aux seules langues régionales. Cette universalisation présente trois dimensions : le temporel, le social et le spatial. Les Lumières, période éminemment cosmopolite jusque dans ses manifestations concrètes[3], avaient pensé en termes d'universalité. La raison, universelle, va vaincre tous les fanatismes qui ne sont que des aberrations, des partialisations de la raison une. Cette victoire de la raison touche les trois dimensions évoquées : la raison, en s'imposant, renvoie au passé les erreurs et les superstitions; elle instaure un règne en principe atemporel, à la seule exception du temps qui permet le perfectionnement — le temps durant lequel la raison va se répandre. Elle va s'imposer à toutes les couches sociales : les Lumières sont par définition égalitaires : une *Aufklärung* touchant les seules élites aurait manqué son but. Les principes de la raison s'appliquent à tout l'univers. C'est là qu'un dilemme apparaît : si les Lumières s'opposent aux erreurs et au fanatisme transmis en latin et si elles souhaitent atteindre toutes les couches sociales, il faudra bien utiliser les langues modernes en lieu et place de ce latin périmé. Dans son *Discours Préliminaire* à l'Encyclopédie, D'Alembert cerne très bien le problème des langues modernes, problème qui va devenir un problème politique durant la Révolution :

> « Notre langue s'étant répandue par toute l'Europe, nous avons cru qu'il était temps de la substituer à la langue latine, qui depuis la renaissance des lettres était celle de nos savants. J'avoue qu'un philosophe est beaucoup plus excusable d'écrire en français, qu'un Français de faire des vers latins; je veux bien même convenir que cet usage a contribué à rendre la lumière plus générale, si néanmoins c'est étendre réellement l'esprit d'un peuple, que d'en étendre la superficie. Cependant il résulte de là un inconvénient que nous aurions dû prévoir. Les savants des autres nations à qui nous avons donné l'exemple, ont cru avec raison qu'ils écriraient encore mieux dans leur langue que dans la nôtre. L'Angleterre nous a donc imités; l'Allemagne, où le latin semblait s'être réfugié, commence insensiblement à en perdre l'usage : je ne doute pas qu'elle ne soit bientôt suivie par les Suédois, les Danois et les Russes. Ainsi, avant la fin du XVIIIe siècle, un philosophe qui voudra s'instruire à fond des découvertes de ses prédécesseurs, sera contraint de charger sa mémoire de sept à huit langues différentes; et après avoir consumé à les apprendre le temps le plus précieux de sa vie, il mourra avant de commencer à s'instruire. » (D'Alembert, 1751)

5.1. L'UNIVERSALISATION DANS LE TEMPS

> «[...] l'emploi de cette langue (= le latin) [...] est une des causes qui, chez nous, ont prolongé l'enfance de la raison.»
> (Grégoire, an II)

L'axe temporel de cette universalisation du français a, bien sûr, deux extrémités : le passé et l'avenir.

Considérant l'avenir, il s'agira de trouver des principes de dénomination garantissant un maximum de permanence. L'*analogie* de la langue et de la *nature* sont promesse d'immuabilité. On note pourtant des hésitations quant aux décisions concrètes. Nous avons vu que, dans les discussions sur les dénominations des nouvelles unités spatiales et temporelles (chap. 4.3.3.3), le critère de l'universalité temporelle projetée dans l'avenir joue un rôle important. Il s'agira donc plutôt, dans cette perspective, de fixer les principes que de régler les cas précis.

En ce qui concerne l'autre vecteur, il s'agit surtout d'éviter que ce passé qu'on a vaincu ne vienne à nouveau s'imposer. Le latin, langue de l'église catholique et d'une scolastique sclérosée, est devenu obsolète. On oppose l'ère française[4], le temps nouveau à l'ère latine, âge des superstitions et du fanatisme. Il s'agit pourtant de se débarrasser des vestiges du latin, de tout ce qui peut rappeler un passé aboli. Le présent français doit être un présent «sans histoire».

Le latin écclésiastique doit disparaître avec l'institution même dont il est le symbole[5]. Dans une période de déchristianisation, le problème de la substitution du français au latin doit être aisément soluble. Or, il ne faut pas perdre de vue le fait que même ceux qui ne sont pas complètement hostiles à la religion chrétienne le sont face à l'emploi du latin. Le clergé constitutionnel est, bien sûr, un clergé de langue française — ou disons plutôt de langue non-latine pour tenir compte de personnages tels que le Père Sermet de Toulouse qui prêche en occitan ou des pasteurs protestants alsaciens qui s'expriment fort souvent en allemand. Ce sont par contre des prêtres réfractaires qui uitlisent le latin. L'emploi du latin suffit à rendre un prêtre suspect. Le latin est, dans le domaine des pratiques religieuses, marginalisé et plus encore : c'est la langue de l'ennemi idéologique exilé ou condamné à une existence clandestine.

Le latin doit être marginalisé dans les écoles tant comme matière que comme langue de l'enseignement[6]. Pourtant, s'il est possible de bannir le latin des segments de la religion et de l'enseignement, celui-ci se maintient encore sous forme d'inscriptions sur les monuments publics. Il vaut la peine de jeter un coup d'œil appuyé au « Rapport sur les inscriptions des monuments publics » de l'Abbé Grégoire qui renoue explicitement avec le débat lors de la Querelle des Anciens et des Modernes. Dans la perspective de ce rapport, les décisions révolutionnaires constituent aussi le mot de la fin à cette querelle. Grégoire se prononce nettement en faveur de l'emploi du français. Toute tentative de maintien du latin dans un domaine quelconque empêche la raison d'atteindre à sa maturité :

> « [...] et l'emploi de cette langue pour le style lapidaire et pour l'enseignement de la médecine, de la jurisprudence, de la scolastique, en un mot de tous les genres de chicane, est une des causes qui, chez nous, ont prolongé l'enfance de la raison. » (Grégoire, 22 nivôse an II, cité d'après Deloche/Leniaud, 1989 : 136)

Les monuments publics sont des « drames abrégés », des lieux de la grandeur simple, du sublime et de l'énergie. Nous avons déjà vu que Grégoire est partisan du « langage énergique des signes »[7]. Les monuments publics sont en quelque sorte les incarnations les plus pures des signes révolutionnaires, des signes qui fixent la mémoire des moments sublimes.

Vue leur importance symbolique, il est inadmissible qu'ils emploient le langage de l'esclavage et de la corruption; c'est un « langage intelligible pour tous », la langue de la liberté et du patriotisme qu'il faut dans les monuments pubics. Le *style lapidaire*, style des monuments en pierre, correspond au *style laconique*, idéal linguistique de la Terreur. Fini le temps des jeux linguistiques dans les journaux[8]; un seul style est admissible et c'est le même qui se prête à des inscriptions brèves, énergiques, faites pour retenir les moments sublimes :

> « Un langage décent, soigné, est seul digne des sentiments exquis d'un républicain. Il faut que tout ce qui est beau, tout ce qui est bon, entre dans la définition du *sans-culottisme*.
>
> Alors notre langue recouvrera son antique naïveté; elle rajeunira des termes surannés, et perfectionnera ses formes; elle acquerra les tours hardis qui lui manquent; elle aura cette fierté laconique, qui, dans chaque mot, grave une pensée;... » (Grégoire, 22 nivôse an II, cité d'après Deloche/Leniaud, 1989 : 138)

Les inscriptions françaises destinées à remplacer les inscriptions latines sont réalisées dans une optique d'éternité. La lutte linguistique du passé pointe en même temps vers l'avenir. Les principes de la langue française sont stables, les *caprices de l'usage*[9] sont presque totalement abolis. L'argument nous est déjà familier : il faut faire régner l'*analogie*, les principes, dans la langue française; une telle langue est digne d'être universalisée dans le temps et l'espace et seule une telle langue sera à la hauteur de la situation politique :

> «Notre système politique est fixé; nous avons atteint la pureté des principes; car, après l'égalité, la liberté, dans une République une et indivisible, il n'est rien au-delà.»
> (Grégoire, 22 nivôse an II, cité d'après Deloche/Leniaud, 1989 : 138)

5.2. L'UNIVERSALISATION SOCIALE

> «Il faut populariser la langue, il faut détruire cette aristocratie de langage qui semble établir une nation polie au milieu d'une nation barbare.»
> (Barère, an II)

Nous avions mentionné au début (chap. 2.2.3) que ce n'était pas uniquement la diversité des langues dans le cadre de la nation qui troublait les contemporains, mais aussi, à un degré moindre, la variation sociale à l'intérieur de la langue nationale. Les variétés sociales, surtout le français des quartiers populaires de Paris, jouissaient d'un certain prestige durant les premières années de la Révolution. C'était la langue emblématique des sujets de la Révolution qui était mise en relief dans les caricatures :

«J'savois ben qu'jaurions not tour» (cité d'après Herding/Reichardt, 1989 : 9)

Ce fut cette variété du français, surtout dans ses aspects oraux, qui fut employée dans les revues destinées à un public populaire.

La politique linguistique «jacobine» s'est trouvée confrontée à un dilemme devant la variation sociale. Elle se sent d'une part redevable aux couches populaires, sujets de la Révolution à Paris; il faut en outre faire régner l'égalité en matière de langue. Tout sujet du souverain doit avoir le droit de s'exprimer librement et dans la variété du français qu'il connaît. L'ennemi de l'égalité linguistique est avant tout l'aristocratie qui a développé le jeu capricieux et artificiel de la diversité des styles :

«Un homme qui dit des vérités à la tribune, fût-ce dans le langage le plus grossier, doit être entendu tranquillement. [...] Il n'y a rien de plus contraire aux intérêts du peuple et à l'égalité, que cette difficulté sur le langage. C'est un abus des personnes qui se prétendent bien élevées [...] Qu'on y parle (sc. à la tribune) un langage moins fleuri, peu importe, pourvu qu'on y parle celui du patriotisme : faites en sorte que le sans-culotte qui a reçu de la nature un sens droit, et dont l'âme est remplie d'énergie, puisse nous faire part de ses opinions sans éprouver de difficultés, tant qu'il ne s'écartera pas des principes, et sans être exposé aux huées de l'aristocratie des gens bien nés. L'égalité n'est véritablement établie que quand les citoyens peuvent être entendus favorablement sans avoir reçu une éducation élevée.» (Robespierre, 23 germinal an II, cité d'après Busse, 1985 : 132)

Mais d'autre part, les variétés populaires sont, à y regarder de plus près, tout aussi capricieuses et sujettes à l'anomalie que les variétés plus «polissées». Il faudra donc une langue nouvelle, analogique destinée à une universalisation touchant toutes les classes sociales. Cette attitude face aux variétés populaires, et surtout vis-à-vis de leur emploi emblématique, n'est pas générale, mais du moins l'Abbé Grégoire est-il très clair à cet égard. La grossièreté, au lieu de symboliser l'égalité, est contraire à la vertu révolutionnaire!

«Mais il faut que les écrivains qui réunissent le talent et le courage opposent une digue à ce débordement de pamphlets, où la grossièreté, j'ai presque dit l'infamie du style, le dispute à celle des sentiments. Il faut qu'ils luttent contre cette nullité ambitieuse qui sans respect pour le goût et l'oreille, confondant tous les genres et tous les styles, déploie tant d'audace pour dominer la scène. Il faut qu'ils tonnent contre cette habitude de propos immondes dont la contagion a gagné même un grand nombre de femmes. Comment ne pas croire à la dissolution de leurs mœurs, lorsque leurs discours annoncent qu'elles ont secoué jusqu'aux signes extérieurs de cette décence qui embellit toutes les vertus?

Cette dégradation du langage, du goût et de la morale est vraiment contre-révolutionnaire; car elle tend à nous flétrir aux yeux des étrangers.» (Grégoire, 22 nivôse an II, cité d'après Deloche/Leniaud, 1989 : 138)

5.3. L'UNIVERSALISATION DANS L'ESPACE

> «Une langue universelle est dans son genre ce que la pierre philosophale est en chimie. Mais au moins on peut uniformer le langage d'une grande nation.»
> (Grégoire, an II)

L'*anéantissement des patois* ou, pour être plus précise, des langues non françaises sur le territoire national a toujours été considéré comme le trait le plus saillant de la politique linguistique soi-disant jacobine. Revenons un instant aux textes bien connus et souvent interprétés afin d'en dégager les aspects qui nous paraissent les plus importants. Il s'agit, bien sûr, des textes de Barère et de Grégoire, y compris le questionnaire de l'enquête lancée en 1790 (*cf.* chap. 2.2.2.1). Répétons-le : on se trouve souvent en face de décalages temporels assez étonnants qui demandent une interprétation et qui, plus encore, nous confrontent à la question de connaître le rôle joué par les individus dans les ruptures discursives. S'il est sans doute juste de relever, dans un premier temps, l'inquiétude et les hésitations en face d'une réalité linguistique chaotique, on peut néanmoins noter déjà les traces d'un discours domesticateur au sein du discours d'inquiétude. Le questionnaire de Grégoire est peut-être l'exemple le plus marquant à cet égard[10]. A un moment où le trouble face à la pluralité des langues se manifeste et où l'on réfléchit à des solutions pratiques à apporter à un problème pratique, Grégoire formule déjà *in nuce* le programme de l'*universalisation* du français et de la *destruction*[11] complémentaire des *patois*, qui, dans la plupart des textes contemporains sont encore appelés *idiomes*. Cette diversité des discours se produit à l'intérieur des réponses[12] : on trouve d'une part des réponses d'orientation plurielle, d'autre part des réponses qui suivent Grégoire dans le sens de l'universalisation[13]. Il faudrait ajouter à ce corpus de textes qui propagent l'universalisation du français d'autres textes produits dans les régions alloglottes mêmes, surtout ceux rédigés en Alsace[14] comme la *Dissertation sur la Francilisation de la ci-devant Alsace*, texte de Rousseville, imprimé le 1er ventôse an II à Strasbourg et qui a acquis une funeste célébrité. La relecture de ces textes fait ressortir quelques lignes générales que j'aimerais rappeler par la suite.

5.3.1. L'universalisation dans l'espace : une tâche de l'ère française

C'est dans le projet d'universalisation linguistique que la dimension temporelle et la dimension spatiale de la Révolution se rencontrent. Ce sera une tâche digne de l'ère nouvelle, dite française, que d'universaliser la langue française. Mais ce ne sera qu'un des liens possibles entre le problème linguistique et le temps nouveau. Expliquons-nous : Je me permets de reprendre ce que j'avais dit au tout début de ce livre à propos des conceptions temporelles de la Révolution (*cf.* chap. 1.3). Nous avions constaté que le concept même de regénération implique un retour à un état primitif, non encore corrompu par la société. Des idées mythologiques, chrétiennes et rousseauistes, convergent dans cette conception du temps.

Nous avions aussi vu qu'il y avait tout au long des événements révolutionnaires une parallélisation omniprésente du social et du linguistique. Or, qu'est-ce qui correspond au péché originel social qui est pour les uns la propriété individuelle et pour les autres le morcellement féodal en matière linguistique? Et en conséquent : quelle politique sera en mesure d'éliminer ces maux?

Rousseau apporte une réponse bien spécifique : ce qu'est la propriété à la société est l'écriture à la langue. Si on adopte cette optique rousseauiste sur le langage, ce seront donc le geste et le cri qui s'imposeront comme procédés sémiotiques appropriés aux temps nouveaux (*cf.* chap. 1.3.2.2) :

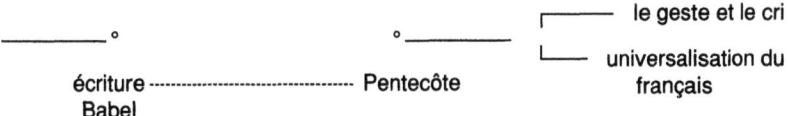

Et en fait, nous avons constaté tout au long de notre cheminement à travers les discussions sémiotiques la virulence de cette sémiotique rousseauiste : la simplicité et la grandeur des formes simples, le sublime du geste révolutionnaire, le *laconique* et le *lapidaire*; ce sont là les manifestations d'une révolution sémiotique dans un esprit rousseauiste. Ceci correspond à un autre concept temporel cher à la Révolution : celui du *moment sublime*. Dans le cri aussi bien que dans la forme simple, le *moment sublime* et l'éternité du temps eschatologique convergent. D'ailleurs, cette conception d'une sémiotique révolutionnaire basée sur la simplicité sublime n'est guère étrangère à Grégoire ainsi que nous l'avons vu à plusieurs reprises (chap. 4.5).

La tradition chrétienne propose une autre interprétation du schéma de régénération en matière linguistique, d'autant plus proche que le texte biblique en donne les points de référence sous forme de deux narrations linguistiques, interprétées dans la tradition chrétienne, comme complémentaires. La Tour de Babel est à l'origine du mal linguistique qui, dans cette perspective, est le mal de la pluralité des langues empêchant la libre communication de l'humanité entière. C'est Dieu lui-même qui mettra fin à cette sanction divine le jour de la Pentecôte. L'Esprit Saint rendra à nouveau possible la communication à travers la diversité des langues. Dans cette perspective, il faudra que le *Jugement Dernier des Rois* soit complété du côté linguistique par l'anéantissement de la diversité des langues et l'imposition de l'universalité d'une langue unique, celle de la Révolution.

5.3.2. De l'instrument au symbole de la Révolution : la langue de la liberté

Il est évident que le rôle de la langue (française et autres) a profondément changé au cours des événements révolutionnaires. S'il s'agissait au début d'en faire un usage purement instrumental, la langue est devenue au fur et à mesure la garantie et le symbole du succès de la Révolution. Dans une première phase, les contenus révolutionnaires étaient indépendants de la langue ; leur transmission fidèle et univoque se suffisait à elle-même. Dans la seconde phase, la connaissance d'une seule et même langue, le français, avait acquis le rang de condition nécessaire au succès de la Révolution. C'était elle qui garantissait la participation aux acquis révolutionnaires et qui, pour cela, devait être universalisée si on voulait conserver les acquis de la liberté et de l'égalité. C'est en ce sens que Grégoire argumente :

> «Tous les membres du souverain sont admissibles à toutes les places ; il est à désirer que tous puissent successivement les remplir, et retourner à leurs professions agricoles ou mécaniques. Cet état de choses nous présente l'alternative suivante : si ces places sont occupées par des hommes incapables de s'énoncer, d'écrire correctement dans la langue nationale, les droits des citoyens seront-ils bien garantis par des actes dont la rédaction présentera l'impropriété des termes, l'imprécision des idées, en un mot, tous les symptômes de l'ignorance ? Si au contraire cette ignorance exclut des places, bientôt renaîtra cette aristocratie qui jadis employait le patois pour montrer son affabilité protectrice à ceux qu'on appelait insolemment *les petites gens*. Bientôt la société sera réinfectée de *gens comme il faut*; la liberté des suffrages sera restreinte, les cabales seront plus faciles à nouer, plus difficiles à rompre, et, par le fait, entre deux classes séparées s'établira une sorte d'hiérarchie. Ainsi l'ignorance de la langue compromettrait le bonheur social, ou détruirait l'égalité.» (Grégoire, 1794 : 262)

Mais lui, comme les autres auteurs de l'an II, va encore plus loin. La langue française (et sa connaissance universelle) n'est pas uniquement la condition nécessaire au succès de la Révolution, c'est le symbole même de celle-ci. C'est la *langue de la Révolution*, la *langue de la liberté*, la *langue nationale*.

Nous rappelons le schéma de l'*unité* à différents niveaux développé plus haut (*cf.* chap. 3.2.4).

La *liberté*, l'*égalité* et l'*unité nationale* sont symbolisées par la langue française. Dans cette optique, la subsistance d'une pluralité des langues devient difficile à concevoir. L'universalisation du symbole même de la Révolution s'impose.

5.3.3. La dévalorisation symbolique des autres langues

Considérons à nouveau le schéma dans son ensemble (pour le développement *cf.* chap. 3) :

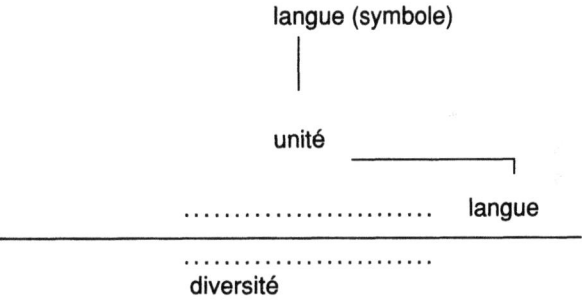

Dès le moment que le français symbolise les valeurs (universelles) de la Révolution, ce ne reste pas sans conséquences (pesantes) pour les autres langues — à l'intérieur tout comme à l'extérieur du territoire national). Ce sont, par définition, des langues frappées du stigmate de la *diversité*, de l'empreinte de Babel, donc des langues hors la grâce et non purifiées par le souffle du Saint-Esprit — pour poursuivre le parallèle chrétien sus-mentionné. Ce sont les langues de la discorde, des *volontés particulières*. Les peuples et les langues de l'Antiquité, éléments existants dans plusieurs discours révolutionnaires — nous les avions déjà mentionnés en tant que constituants d'un réseau discursif révolutionnaire très productifs (chap. 1.2.5) — acquièrent une valeur priviliégiée dans le discours linguistique. Les Grecs, les Romains et les Celtes sont les peuples symbolisant l'unité. Dans le cas de ces derniers, on y associe souvent l'*unité* mythique des origines. L'allusion aux Francs est ambivalente : ils apparaissent d'une part comme les héritiers de l'ancienne unité gauloise mais appartiennent, d'autre part, aux peuples germaniques qui ont disloqué l'ancienne *unité*, soit romaine, soit gauloise. Les autres peuples germaniques : *alains, goths, vandales* sont l'incarnation même de la discorde qui se manifeste historiquement sous forme de féodalité.

Ces langues autres que le français ne symbolisent pas seulement la *diversité* même mais tous les vices vaincus par la Révolution et on peut les y associer par le jeu discursif des antinomies : si le français est la *langue de la liberté*, les autres langues sont celles de l'*esclavage*, de la *féodalité*, viles et serviles; si le français symbolise la *vertu*, c'est aux autres langues qu'il revient de symboliser le *vice* et la corruption. Le français, langue de la raison, est opposé aux langues de la *superstition* et du *fanatisme* :

> «Le fédéralisme et la superstition parlent bas-breton; l'émigration et la haine de la République parlent allemand; la contre-révolution parle l'italien, et le fanatisme parle le basque.» (Barère)

J. Trabant a donné une excellente interprétation du rapport de Barère dont j'ai extrait la citation précédente, sous le titre *Die Sprache der Freiheit und ihre Feinde* (La langue de la liberté et ses ennemis)[15]. Ce titre est très juste à plusieurs égards et je tiens à souligner ici sa portée symbolique : dès le moment qu'on établit un jeu discursif antinomique des valeurs et des vices et dès qu'on est d'accord sur le fait que les langues ne sont pas uniquement les instruments mais aussi les symboles de ces valeurs et de ces vices, on dispose d'une réserve d'éléments discursifs dans laquelle on peut puiser quand il s'agit d'attribuer une valeur symbolique aux autres langues que le français. Il est ainsi aisé de parler de *langues barbares*, d'*idiomes esclaves*, de *langues serviles*[16].

5.3.4. La réduction de l'universel au national

Le mécanisme discursif d'attribution de valeurs symboliques vaut pour toutes les langues, celles du passé, celles qu'on parle hors de France et celles qu'on parle en France. En ce qui concerne les langues parlées en dehors du territoire national, on se résigne pour le moment à espérer que l'esprit révolutionnaire changera les gouvernements, ce qui aura pour conséquence une modification des langues respectives. La question des langues étrangères, soit dit en passant, deviendra très concrète lors des conquêtes napoléoniennes : faudra-t-il imposer le français, langue de la liberté, ou bien, faudra-t-il encourager l'aménagement d'autres langues, à leur tour nationales?[17]

Toutefois, on peut très bien prendre en main la destinée linguistique de la France même. Ce qui s'impose, c'est l'universalisatiion du français sur le territoire national :

> « La République, une et indivisible dans son territoire, dans son système linguistique, doit être une et indivisible dans son langage. » (Domergue)
>
> « Citoyens, la langue d'un peuple libre doit être une et la même pour tous. » (Barère)
>
> « ... l'unité d'idiome est une partie intégrante de la Révolution... » (Grégoire)

On n'a pensé, à aucun moment de la Révolution, à une alternative qui avait pourtant une tradition pluriséculaire : celle de créer une langue universelle, distincte du latin *et* du français, pouvant être commune à tous les peuples. Cette idée, liée aux académies élitistes, pouvait jusque là se heurter aux aspirations égalitaires. Elle pouvait sembler exclue puisqu'on se sentait acculé à des solutions pragmatiques et rapides. Mais, malgré ces obstacles, la question se pose pourtant de savoir pourquoi on n'a nullement essayé de trouver une solution de ce côté universaliste, ce qui restera vrai pour les années suivant Thermidor quand les Idéologues rejetteront très vivement des propositions allant dans ce sens, telles celles de de Maimieux, Hourwitz et autres[18].

Ce que l'on propose, c'est une universalisation à l'échelle nationale :

> « Mais au moins on peut uniformer le langage d'une grande nation, de manière que tous les citoyens qui la composent, puissent sans obstacle se communiquer leurs pensées. » (Grégoire, 1794 : 261)

Pourquoi cette réduction de l'universel au national, cette nationalisation de l'universel qui personne ne contredit ? Il nous faut revenir à ce que nous avons dit plus haut sur le fondement de l'*unité* (*cf.* chap. 3.1) : c'est la *volonté générale* qui s'exprime sous forme de Constitution. Cette Constitution ancrée dans la *volonté générale* est la source de l'*unité*. L'unité de la Constitution n'implique pas nécessairement unité de langue — qu'on pense aux discussions à ce sujet en Alsace de 1790 à 1792 ![19] Mais dès qu'on veut le parallélisme de la langue et de la société, dès que l'idée d'une langue symbole de la nation constituée s'établit, l'identité de l'unité nationale et de l'unité linguistique est acquise.

C'est donc l'identité entre unité des valeurs constitutionnelles et unité de la langue française qui est la finalité de la politique d'universalisation. Le néologisme créé par Rousseville est très heureux à cet égard : la *francilisation* de l'Alsace est simultanément francisation et civilisation (au sens politique de rendre les Alsaciens citoyens).

Cette double unité de la citoyenneté et de la langue ne prévoit aucune place pour d'autres langues que le français. La *destruction*, comme disait

Grégoire en 1790, l'*anéantissement* des autres langues est la conséquence nécessaire de cette pensée identitaire. Il n'y a plus qu'un seul obstacle : il faut à tout prix éviter que les langues qu'on se propose de détruire réclament ce titre de langue et la dignité allant de pair avec cette dénomination qui pourrait renvoyer éventuellement à des entités nationales ou pré-nationales. On peut, par contre, en justifier la destruction s'il s'agit de non-langues, de manifestations linguistiques imparfaites auxquelles il manque quelque chose qu'on attribue normalement à une langue : une écriture, une grammaire, une littérature. On doit surtout s'empresser de démontrer que ces manifestations linguistiques manquent d'*unité* : que ce sont des parlers locaux, morcelés, partialisés, sans *uniformité* interne ni *unité* externe. Nous avons donc à faire à un double anéantissement : on démontre d'abord que ces manifestations linguistiques sont des non-langues, n'ont pas le statut de langue ; on peut ensuite les *anéantir* dans leur réalité concrète.

L'anéantissement au premier degré, la remise en question du statut de langue, se fait avant tout par un emploi massif de la désignation *patois* qui prend, par cet emploi même, la signification voulue de forme linguistique morcelée à laquelle font défaut les traits essentiels d'une langue. Le terme *patois* a, bien sûr, existé avant la Révolution[20] :

> «PATOIS, Gramm., langage corrompu tel qu'il se parle presque dans toutes les provinces : chacune a son *patois*; ainsi nous avons le *patois* bourguignog, le *patois* normand, le *patois* champenois, le *patois* gascon, le *patois* provençal &c. On ne parle la langue que dans la capitale. Je ne doute point qu'il n'en soit ainsi de toutes les langues vivantes, & qu'il n'en fût ainsi de toutes les langues mortes. Qu'est ce que les différens dialectes de la langue grecque, sinon les patois des différentes contrées de la Grece ?» (Encyclopédie 24)

Mais il faut prendre en compte qu'il faisait partie d'une large gamme de désignations dans le domaine linguistique ; une *langue* pouvait avoir des sous-variétés de diverse importance : *dialectes* ou *patois*.

> «Si une *langue* est parlée par une nation composée de plusieurs peuples égaux & indépendans les uns des autres, tels qu'étoient anciennement les Grecs, & tels que sont aujourd'hui les Italiens & les Allemands, avec l'usage général des mêmes mots & de la même syntaxe, chaque peuple peut avoir des usages propres sur la prononciation ou sur les terminaisons des mêmes mots : ces usages subalternes, également légitimes, constituent les dialectes de la *langue* nationale. Si, comme les Romains autrefois, & comme les François aujourd'hui, la nation est une par rapport au gouvernement, il ne peut y avoir dans la maniere de parler qu'un usage légitime ; tout autre qui s'en écarte dans la prononciation, dans les terminaisons, dans la sytaxe, ou en quelque façon que ce puisse être, ne fait ni une langue à part, ni une dialecte de la langue nationale ; c'est un patois abandonné à la populace des provinces, & chaque province a le sien.» (Encyclopédie 19)

On pouvait éviter de prendre position dans cette opposisition : on disposait alors du mot *idiome* dont il a été fait un large usage dans les premières années de la Révolution, justement pour mieux rendre compte des hésitations (chap. 2.2). Un *idiome* n'est rien d'autre qu'une variété linguistique qui se distingue d'une autre, qui a quelque chose en propre (*idion*); le concept est neutre quant au statut politique ou littéraire de la variété en question. Ajoutons encore le mot *langage* qui désigne un système sémiotique, terme neutre quant à la distinction entre langue et autres systèmes sémiotiques.

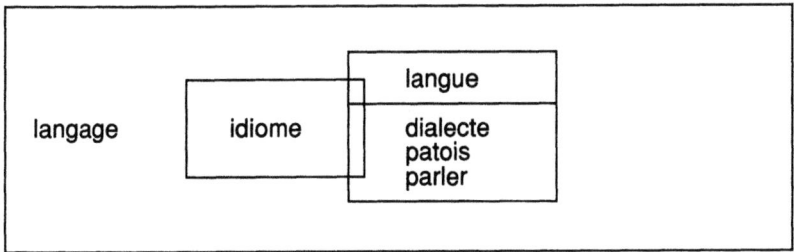

Au début de la Révolution, les six termes — *langage, langue, idiome, dialecte, parler, patois* — sont employés fréquemment et avec une grande souplesse selon les situations et les perspectives qu'on veut adopter ou, au contraire, éviter. On peut donc démontrer que, au cours de la Révolution, cette pluralité se perd pour aboutir en 1794 à la dichotomie *langue/patois* (*jargon*)[21] qui est en outre associée à la dichotomie *unité/diversité*. Toutes les alternatives et notions intermédiaires ont finalement disparu.

NOTES

1 Alcouffe/Brummert, 1985, Balibar/Laporte, 1974, Balibar, 1976, Laporte, 1976, Bierbach, 1991, Bochmann, 1988, Bochmann *et al.*, 1993, Calvet, 1974, Certeau *et al.*, 1975, Higonnet, 1980, Renzi, 1981, Vecchio, 1982, Plötner, 1988, 1989a et b, Bochmann *et al.*, 1993.
[2] Busse, 1985 et 1986, Trabant, 1981, Schlieben-Lange, 1976.
[3] Je pense non seulement au discours cosmopolite, mais aussi à la réalisation concrète de ce cosmopolitisme sous forme de voyages et de mobilité locale assez répandue.

[4] La dénomination d'Ere française joue un rôle central dans le rapport de Romme du 20 sept. 1793.
[5] Brunot, IX, 1 (1967) : 109 *sq.*, 267 *sq.*, 371 *sq.*; Thielsen, 1987.
[6] Brunot, IX, 1 (1967) : 267 *sq.*, Baczko, 1982.
[7] V. chap. 3.2.3 et 4.5.
[8] V. citation p. 173.
[9] V. note 3, 29.
[10] Mais on pourrait aussi penser à Domergue et à Tournon.
[11] V. question 29 du questionnaire : «Quelle serait l'importance religieuse et politique de détruire entièrement ce patois?»
[12] V. Gazier, 1880, et de Certeau *et al.*, 1975.
[13] C'est aussi le cas de ceux qui ont contrôlé les traductions de Dugas à Tarbes, dont j'ai publié la réponse (Schlieben-Lange, 1985 : 115 *sq.*).
[14] Pour la situation très particulière de l'Alsace : Hartweg, 1988, Eichinger/Lüsebrink, 1989, Lüsebrink, 1986.
[15] Trabant, 1981.
[16] V. Lüsebrink, 1986, en ce qui concerne les textes alsaciens particulièrement riches à cet égard.
[17] La question va se poser en Piémont où Dénina se prononce en faveur du français et en Catalogne où Degérando, préfet du département Ter va proposer le catalan comme langue nationale de la Catalogne (Kailuweit, 1991).
[18] Destutt de Tracy, 1801.
[19] V. note 14 ci-dessus.
[20] Thomas, 1953, Scherfer, 1983.
[21] V. Guilhaumou/Maldidier, 1988 (v. chap. 3.2).

Chapitre 6
La langue bien faite

> « Alors, il devient nécessaire de détruire cet empire usurpé par la parole sur le raisonnement, par les passions sur la vérité, par l'ignorance active sur les Lumières. »
> (Condorcet, 1793/1974 : 198)

Après Thermidor, tout a changé. C'est la perspective généralisée qui, déjà auparavant, trouvait son fondement beaucoup plus dans une conscience très marquée de rupture que dans des recherches approfondies. Pour beaucoup d'historiographes, la Révolution perd tout son intérêt après le mouvement d'ascendance qui aboutit à la catastrophe sanglante aux dimensions apocalyptiques : l'évolution ultérieure qui ne peut être qu'un mouvement de décadence, d'incertitudes et d'atomisation des idéaux révolutionnaires, semble manquer d'intérêt, se trouve presque tabouisée. Cela a changé ces dernières années : les travaux de M. Ozouf et de B. Baczko entre autres montrent très clairement que les processus historiques après Thermidor furent beaucoup plus complexes qu'on ne l'avait imaginé[1]. Bien sûr : il existe une volonté explicite de rupture qui, d'ailleurs, se sert très souvent des procédés de dénonciation et de dénigrement, déjà à l'œuvre durant les autres phases de la Révolution. On ranime encore une fois la hantise de la conspiration[2], on renouvelle le reproche de vandalisme[3]. On est pourtant simultanément bien soucieux d'établir des rapports de continuité, et cela avec la phase révolutionnaire précédant immédiatement la Terreur, donc durant la République de l'an I pendant laquelle la Gironde domine à la Convention. On y établit le discours de la continuité de la *bonne Révolution* : il s'agit bien d'un acte symbolique dans ce sens lorsque Daunou présente en 1795 l'édition postume de l'*Esquisse d'un tableau historique des progrès de l'esprit humain* de Condorcet, rédigée pendant la Terreur immédiatement avant qu'il ne décide de se soustraire à la persécution par le suicide.

Continuité donc de la *bonne* Révolution, c'est-à-dire continuité de la République et de ses institutions dans la mesure où elles s'appuient sur les principes de la raison. Ainsi, on peut interpréter l'an II comme un accident regrettable qu'on aurait pu éviter en insistant plus encore sur les Lumières et dont il convient de prévenir toute répétition par des efforts encore plus marqués dans le sens de la raison. Cette interprétation de la Terreur justifie non seulement la poursuite mais encore la radicalisation de certains aspects de la politique révolutionnaire. Il faut renforcer tout ce qui peut permettre d'éviter une réédition de la Terreur; cela implique d'une part la consolidation de la conscience républicaine fondée sur la raison. On constate en effet une multiplication des fêtes didactiques et des lectures patriotiques, des efforts incessants pour imposer le système métrique ainsi que le nouveau Calendrier[4], et ce non seulement pour des raisons pratiques mais aussi en tant que symboles d'une Révolution réussie. D'autre part, il s'agit de mettre enfin en œuvre un système éducatif efficace et apte à diffuser les Lumières à toutes les contrées de la République. Il nous faut constater que, malgré des stéréotypes souvent repris dans l'historiographie[5], la Convention post-thermidorienne et le Directoire ont poursuivi ces projets avec une perspicacité et une discipline rares. Si nous voulions résumer ces efforts, on pourrait le faire en disant qu'il s'agit d'un ensemble bien coordonné de mesures visant à dépolitiser le discours pour le rendre plus scientifique, à remplacer le politique par le scientifique. Expliquons-nous : les acteurs sont, après Thermidor, éminemment politiques mais leur objectif est de rendre la politique superflue, d'instaurer un discours scientifique en lieu et place des séductions d'une politique non éclairée, de transformer le domaine du politique par les Lumières.

Quelles en sont les implications pour le discours linguistique? Il nous faut tout d'abord constater que le fait de renouer avec la *bonne* Révolution d'avant 1793 ne signifie nullement un retour au discours pluraliste des débuts. Par contre, ce retour se fait dans une conscience nouvelle d'avoir définitivement laissé derrière soi la diversité de l'Ancien Régime. Constatons qu'on abolit très vite les mesures jacobines[6]. On prend peu après des mesures concernant les archives[7], point de départ d'une tradition qui sera renouvelée à plusieurs reprises pendant l'Empire et à laquelle nous devons sur les langues régionales de précieux renseignements qui n'ont jamais été systématiquement évalués[8]. Ce train de mesures n'a pourtant pas pour finalité de revaloriser les langues non françaises, bien au contraire : par le fait même qu'on décrète leur mise en archives, on prend acte de leur statut anodin, de la réalisation de l'anéantissement symbolique.

Ensuite, la rupture par rapport à la Terreur signifie aussi la fin des modèles rousseauistes, et ceci aussi bien pour les concepts de l'histoire — adieu à l'idée d'un retour aux origines, bonjour à un avenir ouvert — que pour les idées linguistiques : la gestuelle et les cris tombent en désuétude; seule l'argumentation logique subsiste. Ainsi, les dernières hésitations en matière linguistique, qui avaient joué un rôle important dans les discussions de l'an II — je ne fais que rappeler ici le débat sur les dénominations du nouveau calendrier (chapitre 3.3.3.4) — sont abolies. C'est Condillac qui, déjà durant la Terreur, fournit en large partie les modèles[9] qui l'emporte finalement sur Rousseau. En débordant le seul discours linguistique, on voit que le discours sur d'autres systèmes sémiotiques reste rousseauiste : l'architecture est par exemple, en 1804 encore, à la recherche de l'union du simple et du sublime.

Nous pouvons enfin constater que la radicalisation des mesures révolutionnaires que nous venons d'évoquer, concerne directement le discours linguistique, plus encore : la radicalisation s'effectue précisément par le biais de la langue à laquelle on attribue une fonction-clé dans le dispositif d'un établissement efficace des principes des Lumières; mais elle ne pourra assumer cette fonction-clé que dans la mesure où elle correspond au modèle d'une *langue bien faite* au sens où l'entend Condillac.

6.1. L'IDÉOLOGIE

> «[...] des auteurs maudits du domaine français [...]»
> (Gusdorf, 1978)
>
> «[...] questi ultimi eredi della filosofia delle Lumières [...]»
> (Moravia, 1986)

Le besoin d'établir une nouvelle politique qui aurait pour but de donner aux discours un caractère moins politique et plus scientifique, et ceci par une conception encore plus rigoureuse de ce que doit être une *langue bien faite*, se fait sentir partout. Toute la période entre l'an III et l'an X fut consacrée à cet effort. On a tendance à attribuer ces efforts à un groupe de philosophes, de littéraires et scientifiques habituellement qualifiés d'*Idéologues*. C'est exact et erroné à la fois. C'est exact dans la mesure où quelques-uns des membres de ce groupe ont effectivement eu d'importantes fonctions dans cette tendance vers une attitude toujours plus scientifique et où ils ont systématisé la pensée post-thermidorienne en matière linguistique (mais aussi en matière de philosophie, de morale, d'économie, etc.). Cette identification de la pensée linguistique post-thermidorienne à la théorie des Idéologues devient fausse quand elle dissimule le caractère général des expériences et des besoins de toute une génération qui a fait l'expérience de la Terreur et voit contrainte d'éviter qu'un tel égarement se reproduise. En reconstruisant attentivement la genèse de la pensée des Idéologues, on se rend compte qu'elle s'est élaborée au sein d'un mouvement beaucoup plus général. Quand j'évoque ensuite surtout les expériences et la théorie des Idéologues, c'est toujours sur cette toile de fond beaucoup plus vaste.

6.1.1. Les expériences

Les personnages qui, plus tard, formeront le groupe des Idéologues, entretiennent d'étroits rapports avec la Gironde sans qu'on puisse pour autant confondre ces deux formations[10]. C'est en raison de cette identification partielle qu'ils sont en but à la persécution durant la Terreur.

Sous la Grande Terreur, la plupart des Idéologues sont emprisonnés sans aucun espoir d'échapper à la guillotine. En examinant les témoignages, connus à ce jour, des Idéologues sur l'expérience de la faillite d'une révolution de la société dans un esprit philosophique, on arrive bientôt à la conclusion qu'il existe, malgré une vaste gamme de réactions individuelles face à la Terreur, une tendance commune : l'intensification du travail scientifique. Nous indiquons ci-dessous les données les plus importantes concernant ce groupe d'intellectuels républicains qui, en partie, deviendront *les* Idéologues.

Chamfort, après une tentative de suicide en prison dont il mourra finalement, mais beaucoup plus tard, ébauche le projet d'un journal afin de défendre et de propager les idées philosophiques. Il s'agit de la fameuse *Décade philosophique*, fondée plus tard par Ginguené et ses collaborateurs.

Condorcet, après avoir renforcé son opposition à la Montagne après l'exclusion de la Gironde de la Convention, ne participe finalement plus au parlement révolutionnaire, fonde le *Journal d'Instruction publique* et polémique contre la Constitution jacobine. Chabot s'efforce d'accélérer son arrestation mais, grâce au secours de Pinel et de Cabanis, Condorcet parvient à fuir. Il rédige, dans la clandestinité, une *Lettre à la Convention* contre la dictature de Robespierre et se voue surtout à la recherche des éléments constituant les facteurs essentiels du développement révolutionnaire. Il cherche à comprendre son propre rôle dans la Révolution et la fonction de celle-ci comme étape dans l'évolution de l'esprit humain. Il en résulte la célèbre *Esquisse d'un tableau historique des progrès de l'esprit humain*.

Destutt de Tracy trouve, dans son cachot, le temps de réaliser un projet nourri depuis longtemps : une étude approfondie des œuvres de Condillac et la rédaction de certaines idées fondamentales qui deviendront les *Elémens d'Idéologie*[11].

Dupont de Nemours a pu se procurer le texte de son ouvrage *Philosophie de l'univers*. D'après le témoignage de Beugnot, son compagnon de prison, il donne donc des conférences, discute de l'état actuel des sciences avec ses élèves et aide beaucoup d'entre eux à rédiger leur propre plaidoyer.

Ginguené, futur éditeur de la *Décade philosophique*, traduit Platon face à la mort.

Volney, déçu du cours que prend la Révolution, avait déjà quitté Paris en 1791. De retour dans la capitale en 1793, il s'intéresse en prison au projet de Barère[12] sur la propagation de la langue française.

Il n'existe qu'un nombre assez limité de témoignages, analysés par des scientifiques et indiquant dans quelle mesure les représentants de l'Idéologie étaient déçus par le développement de la Révolution. Ce fut surtout Volney qui ne cacha point la désillusion qu'il éprouva dès le début de la Révolution. Cabanis, au contraire, jugea la Révolution de façon plus modérée. Sieyès, pour sa part, avoua que ses espoirs révolutionnaires avaient été cruellement déçus[13].

Nous l'avons vu : une grande partie des futurs Idéologues a, d'une façon ou d'une autre, souffert du régime de la Terreur. Pourtant, on n'a guère l'impression que les objectifs et les convictions des Idéologues aient été sérieusement remis en cause. Bien au contraire : la Terreur déclenche, pour ainsi dire, des activités de systématisation et d'élémentarisation, précisément dans le but d'une propagation des *Lumières* afin de perpétuer les progrès du genre humain et éviter des dérives telles que la Terreur.

Dans cette perspective, la Terreur s'avère être un accident sérieux faisant entrevoir la possiblité d'un retour à la barbarie et dû soit à une mauvaise diffusion des *Lumières*, soit à une philosophie dangereuse qui prétend rejoindre les *Lumières* sans toutefois le faire dans la pratique. Pour éviter de tels désastres, il convient de systématiser[14] la philosophie des *Lumières* et de l'élémentariser[15] en vue d'une instruction générale.

La philosophie des *Lumières*, telle qu'elle a été formulée de façon pathétique dans l'*Esquisse* de Condorcet, conçoit l'histoire du genre humain en tant qu'histoire d'un progrès continu vers la perfection, progrès qui sera assuré par une *Constitution* garantissant la liberté et l'égalité ainsi que par l'instruction créant les conditions requises pour ce progrès. Les *Lumières* sont orientées vers l'avenir : c'est une histoire prospective et volontariste. Le *genre humain* laisse tant la *barbarie* des intérêts particuliers derrière lui, tout cela dans la perspective d'une universalisation de la constitution et de l'instruction.

Dans cette perspective universelle et prospective, la Terreur apparaît comme un retour à la *barbarie* qui, cette fois, n'est pas celle des *tyrans*, de la *féodalité* et de la *superstition* mais bien la *barbarie* des intérêts particuliers d'une faction politique, du particularisme national et patriotique qui se rend coupable, à l'égard de cette orientation universaliste, d'un culte dogmatique de la *vertu*, pêchant contre la raison tant par son échelle des valeurs que par son dogmatisme borné. Dans cette perspective, le concept même de *nation* devient ambigu : tant qu'on concevait la nation comme modèle d'un univers « éclairé » encore à créer, tant qu'on identifiait virtuellement Paris à l'univers entier, on pouvait partager l'orientation nationale. Mais, dans le moment où la *nation*, par l'affirmation de sa particularité par rapport au reste du monde, s'oppose à l'orientation universaliste, il n'est plus possible d'y adhérer. Les Français, au lieu de se replier sur eux-mêmes, devaient continuer à être «les entrepreneurs de l'instruction du genre humain»[16].

Le progrès est menacé, la porte ouverte à un retour vers le particularisme et le fanatisme :

> «Et tels seraient les effets de cette moderne doctrine, qui ne tend qu'à exalter les courages, qu'à les pousser au-delà du but de défense et de conservation qu'indique la nature; qui ne prêche que mœurs et vertus guerrières, comme si l'idée de la vertu, dont l'essence est de conserver, pouvait s'allier à l'idée de la guerre, dont l'essence est de détruire; qui appelle partiotisme une haine farouche de tout autre nation, comme si l'amour exclusif des siens n'était pas la vertu spéciale des loups et des tigres; comme si dans la société générale du genre humain il y avait une autre justice, d'autres vertus pour les peuples que pour les individus; comme si un peuple guerrier et conquérant différait d'un individu perturbateur et méchant, qui s'empare du bien de son voisin, parce qu'il est le plus fort; une doctrine enfin qui ne tend qu'à ramener l'Europe aux siècles et aux mœurs féroces des Cimbres et des Teutons; et cette doctrine est d'autant plus dangereuse que l'esprit de la jeunesse, ami du mouvement et porté à l'enthousiasme militaire, adopte avidement ses préceptes. Instituteurs de la nation, pesez bien un fait qui est sous vos yeux : si vous, si la génération actuelle élevée dans des mœurs douces, et qui, pour hochets de son enfance, ne connut que les *poupées* et les *petites chapelles*; si cette génération a pris en si peu de temps un tel essor de mœurs sanguinaires, que sera-ce de celle qui s'élève dans la rapine et le carnage, et qui fait les jeux de son bas âge, des horreurs que nous inventons? Encore un pas, et l'on ressuscitera parmi les étranges effets de frénésie que la doctrine d'Odin produisit jadis en Europe.» (Volney an III/1852 : 578)

Il faut ajouter que Volney est celui des Idéologues qui met le plus en relief les dangers de la Terreur. Les autres la traitent plutôt sous l'angle d'un ralentissement néfaste du processus de propagation des «Lumières» :

> «Je termine donc; mais c'est en vous conjurant, au nom de ce que nous avons de plus cher, la Patrie, la Liberté, la République, d'organiser au plutôt cette instruction nationale, que le cri général demande depuis si longtemps en vain. Nous sommes sortis victorieux de tous les orages révolutionnaires; nous avons anéanti les armées des rois de l'Europe; les victoires et les triompes se sont succédés pour nous, avec une rapidité qui tient de l'enchantement : mais, je vous le dis avec le sentiment d'une profonde conviction, nous n'avons rien fait pour l'avancement de la liberté, pour le développement des idées et des habitudes républicaines, pour la conservation de noutre nouveau gouvernement, si des principes solides ne remplacent pas les préjugés, si le bon sens et la saine instruction ne viennent pas joindre dans tous les cœurs, à l'énergie des sentiments libres, l'amour de l'ordre et le goût des utiles travaux. Cette révolution, qu'on peut appeler celle des idées et des mœurs, c'est à vous de la préparer, de la commander, en quelque sorte, par vos loix : c'est le dernier triomphe qu'il vous reste à remporter sur les tyrans; c'est aujourd'hui le plus sacré de vos devoirs.
>
> Non, sans doute, il ne dépend plus d'aucune puissance d'enchaîner la marche de l'esprit humain. En vain tous les gouvernements réunis voudraient-ils suspendre le vol rapide des sciences et de la philosophie; un mouvement, désormais invincible, entraîne toutes choses vers le plus grand perfectionnement. Mais ce que les gouvernemens, surtout les gouvernemens libres, peuvent sans doute, c'est de hâter ce mouvement bienfaiteur, de

lui donner une meilleure direction. La France, par l'ébranlement général qu'elle vient de communiquer au monde politique, par l'ascendant extrême de son gouvernement, par le caractère des esprits qu'elle nourrit dans son sein, peut et doit avoir la plus grande influence sur le sort futur de l'humanité.» (Cabanis, an VII : 423)

En fin de compte, ce sera un épisode qui ne menacera pas sérieusement le progrès.

«Par l'instruction et la communication des lumières, l'opinion se propage de proche en proche, s'établit dans les esprits, et devient pour tous une règle de jugement. L'opinion change et tombe par les mêmes causes qui l'ont élevée, par la communication de nouvelles lumières. Plus les progrès de l'opinion sont lents, plus ils sont sûrs. Au reste, il ne faut pas confondre avec l'opinion, ces systèmes d'un jour que les circonstances et l'intérêt du moment font naître et périr presqu'aussitôt : l'une a des racines profondes ; les autres ne tiennent que légèrement et à des causes accidentelles avec lesquelles ils disparaissent.» (Mongin, 1803 : 140)

Nous avons constaté que les événements sous la Terreur sont évalués de manière différente selon les auteurs. On s'accorde sur le fait que la marche du genre humain vers le progrès va continuer. La Terreur est considérée selon les cas comme une sérieuse menace, un ralentissement ou un accident passager.

A quoi faut-il attribuer cette évolution contraire à l'esprit des Lumières ? La réponse est double : la Terreur est due soit à une désorientation du mouvement même, soit à une propagation défectueuse. Si on adopte la première hypothèse, il faut mettre en cause les philosophes qui ont fourni ses arguments à la Terreur, c'est-à-dire Rousseau et Mably ainsi que les modèles historiques exaltés durant la Terreur. On trouve, en effet, un mouvement nettement anti-rousseauiste qui aboutit à la propagation d'une philosophie axée sur les sciences naturelles. La polémique anti-rousseauiste est surtout dirigée contre le concept du «bon sauvage» dont, dans la perspective des Idéologues, les facultés de pensée et d'expression très restreintes en feraient en quelque sorte un être exclu des *progrès du genre humain*. Il paraît inconcevable que cet être resté hors de toute réflexion prospective, puisse servir de modèle à la société *éclairée* du XVIIIe siècle.

«Cette simple réflexion suffit pour nous faire sentir de quel triste état le genre humain est parti, et nous pouvons juger combien il a fallu de temps et de peines pour l'amener à celui où nous le voyons, puisque nous avons continuellement sous les yeux des exemples de l'extrême difficulté avec laquelle la masse des hommes reçoit des améliorations, qui semblent non seulement très aisées, mais même pour ainsi dire inévitables.

Observez encore que cette incapacité de l'homme dans son état primitif, ou, si l'on veut, dans l'état de nature, ne consiste pas seulement dans le peu d'étendue de ses connaissances, mais principalement dans la lenteur et la difficulté de ses opérations intellectuelles, au moins de toutes celles qui ne lui sont pas habituelles. Il n'en fait qu'un petit nombre, toujours les mêmes, celles qui sont nécessitées par ses besoins indispensables. Ces besoins renaissants sans cesse, les combinaisons d'idées qui s'y rapportent sont continuellement répetées; elles deviennent bientôt très faciles et très rapides : n'étant mêlées à aucunes autres, elles s'opèrent sans perturbation : elles sont de plus très motivées et très justes parcequ'elles ne sont point fondées sur des ouï-dire ni sur des idées incomplètes, mais sur l'expérience même de l'individu; elles sont inventées et point apprises : mais toutes les autres restent dans un engourdissement total, et par conséquent d'une difficulté extrême.

Tel est l'état de l'homme primitif; tel est aussi le spectacle que nous offrent les animaux.» (Destutt de Tracy, 1801 : 248 *sq.*)

Volney, durant son voyage aux Etats-Unis, fait la connaissance de l'Indien Miami Petite-Tortue qui l'initie à la pensée indienne. Cette expérience permet à Volney de mettre en relief les avantages de la civilisation universelle du XVIIIe siècle et de reprendre la polémique anti-rousseauiste :

«Maintenant, que l'on compare à cette doctrine celle du citoyen de Genève, qui prétend que la dépravation de l'état social dérive de l'introduction du droit de propriété, et qui regrette que la horde sauvage chez laquelle furent posées les premières bornes d'un champ, ne les ait pas arrachées comme des entraves sacrilèges à la liberté naturelle [...]» (Volney, 1852 : 718)

La polémique va plus loin, surtout chez Volney : les Grecs et les Romains, modèles si chers à la Terreur, ne ressemblent-ils pas, à plusieurs égards, à ces sauvages :

«Les limites de mon travail ne me permettant pas tous les développements que comporte cet intéressant sujet, je me bornerai à dire que plus on approfondit le genre de vie et l'histoire des sauvages, plus l'on y puise d'idées propres à éclairer sur la nature de l'homme en général, sur la formation graduelle des sociétés, sur le caractère et les mœurs des nations de l'antiquité. Je suis surtout frappé de l'analogie que je remarque chaque jour entre les sauvages de l'Amérique du nord et les anciens peuples si vantés de la Grèce et de l'Italie. Je retrouve dans les Grecs d'*Homère*, surtout dans ceux de son Iliade, les usages, les discours, les mœurs des *Iroquois*, des *Delawares*, des *Miamis*. Les tragédies de *Sophocle* et d'*Euripide* me peignent presque littéralement les opinions des *hommes rouges*, sur la nécessité, sur la fatalité, sur la misère de la condition humaine, et sur la dureté du destin aveugle. Mais le morceau le plus remarquable par la variété et la réunion des traits de ressemblance, est le début de l'histoire de Thucydide, dans lequel il rappelle et trace sommairement les habitudes et la manière de vivre des Grecs, avant et depuis la guerre de Troie jusqu'au siècle où il écrivait.» (Volney, 1852 : 724 *sq.*)

Les *Leçons d'Histoire* aboutissent à une violente polémique contre l'orientation vers l'Antiquité qui ne servirait point les buts des *Lumières*[17] :

«Enfin la vraie philosophie, la philosophie amie de la paix et de la tolérance universelle, avait amorti ce ferment, et le dix-huitième siècle croyait toucher à la plus belle époque de l'humanité, lorsqu'une tempête nouvelle, emportant les esprits dans un extrême contraire, a renversé l'édifice naissant de la raison, et nous a fourni un nouvel exemple de l'influence de l'histoire, et de l'abus de ses comparaisons. Vous sentez que je veux

parler de cette manie de citations et d'imitations grecques et romaines qui, dans ces derniers temps, nous ont comme frappés de vertige. Noms, surnoms, vêtements, usages, lois, tout a voulu être spartiate ou romain ; [...]» (Volney, an III/1852 : 592)
«Oui, plus j'ai étudié l'antiquité et ses gouvernements si vantés, plus j'ai conçu que celui des Mamlouks d'Egypte et du dey d'Alger, ne différaient point essentiellement de ceux de Sparte et de Rome ; et qu'il ne manque à ces Grecs et à ces Romains tant prônés, que le nom de Huns et de Vandales, pour nous en retracer tous les caractères. Guerres éternelles, égorgements de prisonniers, massacres de femmes et d'enfants, perfidies, factions intérieures, tyrannie domestique, oppression étrangère : voilà le tableau de la Grèce et de l'Italie pendant 500 ans, tel que nous le tracent Thucydide, Polybe et Tite-Live. A peine la guerre, la seule guerre juste et honorable, celle contre Xerxès, est-elle finie, que commencent les insolentes vexations d'Athènes sur la mer ; puis l'horrible guerre du Péloponèse, puis celle des Thébains, puis celles d'Alexandre et de ses successeurs, puis celles des Romains, sans que jamais l'âme puisse trouver pour se reposer une demi-génération de paix.

On vante les législations des anciens ; quel fut leur but, quels furent leurs effets, sinon d'exercer les hommes dans le sens de ces animaux féroces que l'on dresse au combat du lion et du taureau ? On admire leurs constitutions ; quelle était donc cette constitution de Sparte, qui, coulée dans un moule d'airain, était une vraie règle de moines de la Trappe, qui condamnait absurdement une nation de 30 000 hommes à ne jamais s'accroître en population et en terrain ?

Après nous être affranchis du fanatisme juif, repoussons ce fanatisme vandale ou romain, qui, sous des dénominations politiques, nous retrace les fureurs du monde religieux ; repoussons cette doctrine sauvage, qui par la résurrection des haines nationales, ramène dans l'Europe policée les mœurs des hordes barbares ; qui de la guerre fait un moyen d'existence, quand toute l'histoire dépose que la guerre conduit tout peuple vainqueur ou vaincu à une ruine égale ; parce que l'abandon des cultures et des ateliers, effet des guerres du dehors, mène à la disette, aux séditions, aux guerres civiles, et finalement au despotisme militaire ; repoussons cette doctrine qui place l'assassinat même au rang des vertus, quand toute l'histoire prouve que les assassinats n'ont jamais causé que de plus grands désastres, parce que, où se montrent les poignards, là s'éclipsent les lois ; et quand, parmi nous, l'assassinat même de son plus vil apôtre n'a servi qu'à égarer l'opinion publique et à faire périr 100 000 des meilleurs citoyens. On tue les hommes, on ne tue point les choses, ni les circonstances dont ils sont le produit. Brutus et Casca poignardent César, et la tyrannie se consolide ; pourquoi cela ? parce que, depuis les tribuns, il n'y avait plus d'équilibre de pouvoirs ; parce que les volontés du peuple de Rome étaient devenues la loi ; parce que depuis la prise de Corinthe et de Carthage, ce peuple oisif, pauvre et débauché, fut à l'encan des généraux, des proconsuls, des questeurs, gorgés de richesse. Brutus et Casca sont devenus pour notre âge ce qu'étaient Ahod et les Machabées pour l'âge antérieur ; ainsi, sous des noms divers, un même fanatisme ravage les nations ; les acteurs changent sur la scène ; les passions ne changent pas, et l'histoire entière n'offre que la rotation d'un même cercle de calamités et d'erreurs.» (Volney, an III/1852 : 592 sq.)

Pourquoi cette orientation vers des modèles peu appropriés et vers une philosophie absurde qui dénigre les progrès de la civilisation du XVIIIe siècle ? La solution paraît simple : c'est précisément le manque de *Lumières* qui empêche la propagation de celles-ci et qui conduit à des choix erronés en politique et en philosophie. La seule conclusion possible ne peut être que de suppléer à ce manque d'instruction :

> « Mais comme en même temps toute l'histoire proclame que ces erreurs et ces calamités ont pour cause générale et première l'*ignorance* humaine, qui ne sait connaître ni ses vrais intérêts, ni les moyens d'arriver au but même de ses passions; il résulte de nos réflexions, non des motifs de découragement, ni une diatribe misanthropique et anti-sociale, mais des conseils plus pressants d'instruction politique et morale appliquée aux peuples et au gouvernements;» (Volney, an III/1852 : 594)

Une période de paix et de tranquillité est nécessaire à la poursuite de la diffusion des *Lumières*.

> «Après avoir assisté, dans les continuelles alternatives de l'espérance et de la douleur, à ce grand spectacle de notre révolution, vous en voyez avec joie terminer le dernier acte : vous verrez avec ravissement s'ouvrir enfin cette ère nouvelle, si long-temps promise au peuple français, où tous les bienfaits de la nature, toutes les créations du génie, tous les fruits du temps, du labeur et de l'expérience seront mis à profit, ère de gloire et de prospérité où les rêves de votre enthousiasme philanthropique doivent eux-mêmes finir par être tous réalisés, dans un espace de temps que vos efforts auront encore pour objet d'abréger de plus en plus.» (Cabanis, 1956 : 434 *sq*.)

Il restait à en tirer les conséquences : si la cause véritable résidait dans une philosophie erronée et un manque d'instruction, il fallait alors créer les conditions favorables à un développement tranquille du genre humain : le calme et la paix en premier lieu, une philosophie claire et un système d'école différenciées.

Il s'agissait d'ériger un système philosophique contre la menace de perte et de recul des Lumières. Il fallait poursuivre à tout prix les projets des Lumières et expliquer de façon cohérente et élémentaire les principes d'une philosophie claire qui résisterait aux tentations de la barbarie et de l'obscurantisme. Il était donc possible, sur cette base, de renouer avec les activités et les programmes philosphiques et scientifiques, développés dans les phases antérieures à la Révolution. Il importait de rassembler les éléments disséminés d'une philosophie des Lumières de façon à élaborer un tout programmatique à l'intérieur duquel les liens existants entre les divers éléments ainsi que leur hiérarchie seraient explicites.

Pour atteindre ce but, il fallait avant tout universaliser l'instruction publique. L'orientation pédagogique vers un avenir heureux et républicain est le moteur des activités des Idéologues après Thermidor. Partant de là, il est donc possible de renouer, encore une fois, avec les projets pré-révolutionnaires et révolutionnaires. Le projet des Lumières ne pouvait être que pédagogique; après Thermidor, le moment est venu de mettre les institutions jugées nécessaires : non seulement des écoles de différents types, mais aussi des musées, des bibliothèques, bref tout un réseau d'instruction et de conservation. Pour assurer l'avenir, il fallait *conserver* les acquis des Lumières, qui menaçaient de se perdre dans le passé. Cette orientation pédagogique implique une démarche qui rend élémentaire et explicite tout ce qui était dispersé, obscur, difficile.

6.1.2. Les institutions

Le programme pédagogique fut très vite mis en œuvre. Le 7 ventôse an III (25/2/95), le décret Lakanal ordonne l'établissement des Ecoles Centrales; le 3 brumaire an IV (25/10/95), la loi sur l'organisation de l'Instruction Publique (loi Daunou) est votée. Cette loi constitue le cadre général d'une réforme pédagogique très efficace si l'on prend en considération les conditions de sa mise en œuvre[18] et le peu de temps où elle a été en vigueur. Les trois institutions particulièrement intéressantes dans notre perspective sont les Ecoles Centrales, l'Ecole Normale et l'Institut National.

Ce sont peut-être les *Ecoles Centrales* qui sont, pour nous, les plus essentielles. Au plan des études, la Grammaire Générale qui s'inscrit dans la 3ᵉ section des «Sciences idéologiques, morales et politiques» était conçue en tant que «noyau épistémologique»[19] de tout l'enseignement et toute la classification des sciences sous-tendant cet enseignement. La mise en œuvre de ce plan d'études déclenche de fiévreuses activités de la part des professeurs dans les départements d'une part et les institutions parisiennes (*Conseil d'Instruction Publique* surtout) d'autre part[20], qui aboutissent à la formulation d'une grande quantité de programmes et de grammaires plus ou moins élaborées[21] dont quelques-unes comptent parmi les plus marquantes de l'époque.

L'*Ecole Normale*[22] qui n'a fonctionné que pendant huit mois accorde elle aussi, une place considérable à la grammaire générale.

L'*Institut National*[23] doit remplacer l'Académie abolie par les Jacobins en tant que *Bastille de la science* et c'est pourtant le retour avoué à une institution élitaire après l'échec de l'égalitarisme; surtout la 2ᵉ classe destinée aux *Sciences morales et politiques*, avec les sections

1. Analyse des sensations et des idées – Destutt de Tracy, Cabanis, Garat, Volney, Guingené.

2. Morale – Bernardin de Saint Pierre, Louis Sébastien Mercier, Henri Grégoire, Larévellière-Lépaux, Lakanal, Naigeon.

3. Sciences sociales et législation – Daunou, Cambacérès, Merlin de Douai.

4. Economie politique – Sieyès, Du Pont de Nemours, Talleyrand, Roederer.
5. Histoire – Abbé Raynal, Christopher Koch.
6. Géographie – Bougainville.

C'est aussi, en quelque sorte, le creuset du système idéologique et c'est là que Destutt de Tracy propose la dénomination *Idéologie* pour désigner le nouveau système, le distinguant ainsi de la *métaphysique* et de la *psychologie*.

Mais si l'on veut rendre compte du processus de formation d'un système de pensée unifié, centré sur une théorie sémiotique et la grammaire générale, il faut aussi tenir compte d'autres institutions, de la *Décade*[24] en premier lieu, revue des milieux intellectuels et des sociétés scientifiques, de même que de la Société des Observateurs de l'Homme dont les rapports avec le groupe des Idéologues ont été mis en évidence par S. Moravia[25].

Il convient également d'évoquer les autres projets de systématisation du savoir, ceux des bibliographies[26], des bibliothèques[27] et des musées[28]. Puisque notre propos est ici de reconstruire la pensée linguistique, nous ne pouvons nous consacrer à une analyse approfondie des documents élaborés dans ce cadre; mais nous pouvons retenir que le désir de systématiser le savoir et de conserver l'héritage culturel des Lumières a dépassé le programme des Idéologues qui en était peut-être la partie la plus saillante. Sans doute, le désir de conservation d'une part et l'orientation prospective de la pensée idéologique d'autre part, toutes deux émanant de la même source, à savoir des expériences de la Terreur, ne pouvaient converger sur tous les points.

6.1.3. Le programme de recherche

La volonté de sauvegarder l'esprit des Lumières et la «bonne» Révolution mène à une démarche intégrative réunissant, dans la mesure où cela est fondamentalement possible, des éléments théoriques qui n'avaient pas jusque là été mis en situation de communication. On part du principe que la sauvegarde des Lumières ne peut se faire que par l'esprit des Lumières lui-même, donc par la pédagogie, ce qui entraîne la rédaction d'ouvrages élémentaires et par là des répétitions, des explications, des stéréotypisations. Bien sûr, c'est très précisément à cette clarté que les auteurs prétendent et nullement à un effet secondaire et impromptu d'un élan pédagogique forcé et détesté. Au contraire : l'élémentarisation rendue nécessaire par l'objectif pédagogique converge avec les procédés et résultats de l'*analyse* considérée comme méthode absolue. Le titre *Elémens d'Idéologie* est donc systématiquement ambigu : c'est un ouvrage élémentaire pour l'enseignement mais aussi une saisie de l'objet adéquate, réalisée par l'*analyse*. Elle est en outre élaborée de sorte que l'élève dans son ontogenèse fasse l'expérience de la phylogenèse des idées et des signes. L'élémentarisation qui est simultanément un procédé pédagogique et le résultat d'une analyse scientifique obéit par ailleurs aussi à des principes génétiques. Nous reviendrons plus loin sur cette orientation génétique.

Il ne faut pourtant pas appréhender la systématique de la pensée idéologique en cours d'élaboration de telle manière que tous les auteurs prennent nécessairement position de façon explicite par rapport à l'ensemble du programme. Il ne peut non plus en être ainsi puisque nous avons à faire à un groupe de spécialistes opérant chacun dans son domaine de façon «idéologique». Mais ces principes de travail «idéologique» sont énoncés et constituent la référence commune de ces travaux appartenant à différentes disciplines.

Cela dépasserait le cadre de cet ouvrage d'énoncer ici toutes les propositions de classification scientifique émanant du cercle idéologique bien que ce fût en soi un desideratum urgent. Nous esquisserons pourtant brièvement deux systématisations qui mettent en lumière la démarche des Idéologues. La structure de l'ouvrage élémentaire idéologique de Destutt de Tracy — idéologie, grammaire, logique — fait immédiatement penser à la constitution traditionnelle du trivium ; on note néanmoins l'absence de la rhétorique. Cette première impression n'est pas trompeuse : la rhétorique, déconsidérée dès le XVIe siècle comme un art sans fondement scientifique, mène une vie de pauvresse[29] en tant que rhétorique strictement ornementale depuis qu'on lui a ôté l'*inventio* et la *dispositio*; les Idéologues la considèrent avec suspicion depuis l'expérience de la Terreur et la suppriment du catalogue des matières d'enseignement en raison d'une longue évolution historique et des événements actuels[30]. Son absence dans le programme des Ecoles Centrales frappe également. L'hostilité à la rhétorique, voulue et avec toutes ses conséquences, de l'Idéologie française diverge de celle qu'on retrouve en Italie et en Espagne. Elle surprend aussi car on pourrait tout à fait envisager une esthétique sur une base sensualiste telle que Beccaria l'a développée en Italie dès le XVIIIe siècle. Mais on dénote à cet égard une parallèle avec l'Allemagne dans la critique de la rhétorique de la part de Kant et dans la substitution de l'herméneutique à la rhétorique dans les universités allemandes aux alentours de 1800[31]. Si l'on fait un temps abstraction du problème de cette attitude anti-rhétorique, problème essentiel pour la compréhension de l'Idéologie française, la structure de Destutt présente une ambiguïté systématique sur «l'Idéologie».

Lancelin critique l'utilisation faite par Destutt de l'Idéologie car, de son point de vue, la théorie de l'idée n'est qu'une partie de cette nouvelle science uniforme beaucoup plus générale. Ainsi, les «Observateurs de l'Homme» envisagent : physiologie, idéologie, morale[32].

On aurait alors une conception différente de l'Idéologie à trois niveaux différents :

1	science de	l'homme	=	idéologie
2	physiologie	idéologie		morale
3	idéologie proprement dite	grammaire		logique

Mongin, un Idéologue de province présente le rapport qu'entretiennent l'Idéologie et les sciences particulières de manière encore plus complexe mais esquisse en même temps une voie d'accès vers une compréhension adéquate :

> «L'idéologie est la science des idées; ce mot est nouveau et convient à la méthode philosophique qu'on emploie depuis quelque-tems dans cette partie de la métaphysique qui traite des idées. L'idéologie peut être considérée sous trois rapports généraux.
>
> Par rapport à l'analyse de l'entendement, elle consiste à exposer les progrès de l'esprit humain, et comment se forme cette chaîne d'opérations au moyen desquelles nous pénétrons tout ce qui peut être l'objet de la connaissance humaine : elle est le fondement de l'art de penser.
>
> Par rapport à une science particulière, l'idéologie est la partie philosophique de cette science, qui en détermine nettement les idées, qui en précise l'objet : elle n'est que l'application de l'idéologie générale à l'une des parties de nos connaissances.
>
> Par rapport aux langues ou à l'art de parler, l'idéologie est la connaissance de la signification des mots, d'après les différens sens ou idées que l'usage a attachés à ces mots. C'est par ce moyen que l'étude des langues, quand elle est bien faite, contribue tant à donner de la justesse à l'esprit. C'est une idéologie élémentaire et naturelle qui présente dans les signes toutes les parties et les diverses combinaisons de la pensée.» (Mongin, 1803, I : 229 sq.)

Cela signifie donc qu'en effet l'Idéologie est utilisée de façon ambivalente dans la compréhension des Idéologues, d'une part comme dénomination d'une partie de la systématique scientifique, la théorie de la connaissance, mais d'autre part comme une conception scientifique dérivée de certains principes. Cette ambivalence est voulue et correspond à la conception des Idéologues eux-mêmes : en effet chaque science opère selon certains principes, eux-mêmes similaires à ceux de l'entendement; la théorie de l'entendement et la théorie des sciences particulières sont donc d'une certaine manière coïncidantes.

Dans l'ébauche des points communs de la pensée «idéologique» qui va suivre, nous retrouverons cette même ambivalence : on assiste certes à une caractérisation de disciplines spécifiques (théorie de l'entendement, sémiotique) mais il s'agit en même temps de principes régissant la pensée idéologique dans d'autres disciplines.

La plupart des ouvrages idéologiques ouvrent sur les problèmes de *théorie de la connaissance* dont les sensations marquent le point de départ. Vient ensuite une discussion sur les facultés des différents sens de l'être humain à partir desquels émergent les idées. L'homme a-t-il d'autres facultés que celle de sentir; si oui, combien et quelles sont-elles, quelle est leur part d'autonomie et leur action sur la genèse et le développement des idées? C'est ici que l'on constate la plus grande diversité dans les différentes opinions idéologiques. Certains auteurs se rapprochent à cet égard des positions kantiennes.

Si l'on veut donc manier et développer les idées, par le biais ou non d'autres facultés, il faut fixer ces mêmes idées au moyen de *signes* et c'est là qu'interviennent les questions sémiotiques. Les idées, ou sensations transformées, doivent à leur tour devenir «palpables» et prendre une forme susceptible d'une expérience physique. Ce n'est que par là qu'elles peuvent être fixées, mémorisées, combinées en complexes et jugements, etc. Nous arrivons alors à une seconde discussion des sens, cette fois-ci comme base matérielle des systèmes de signes nécessaires au développement des idées.

La reconstruction génétique des systèmes sémiotiques au cours de l'histoire humaine montre une augmentation croissante du degré d'abstraction. Les signes passent du caractère naturel au caractère arbitraire et les différentes étapes de ce développement sont abordées de manière plus ou moins exhaustive dans les divers ouvrages : langage d'action, langue, écritures d'abord hiéroglyhiques puis alphabétiques, impression et enfin — partiellement formulées comme tâche pour l'avenir — le développement de nomenclatures et de langages mathématiques. Bien rares sont les Idéologues ne sacrifiant pas à la discussion de ces trois derniers thèmes : écriture, impression et langage scientifique.

La théorie sémiotique débouche sur la théorie linguistique et les Idéologues reprennent ici, en règle générale, le modèle de la *grammaire générale*, la réinterprétant fréquemment dans une approche génétique. Parallèlement au développement toujours plus poussé des systèmes de signes au fil de l'histoire humaine, la langue acquiert elle aussi une complexité toujours plus grande et distingue une quantité toujours plus importante de types d'idées. La traditionnelle théorie des parties du discours est alors appliquée à l'épanouissement de cette possibilité : l'interjection en tant que partie originelle du discours se transforme en substantif et verbe, etc. L'objectif dans cette reconstruction génétique de la langue sur la voie de la perfection est d'obtenir une langue épurée de toutes fioritures rhétoriques, disposant d'une terminologie univoque, le point critique étant à cet égard de savoir si cet idéal doit s'appliquer aux seuls langages scientifiques ou s'étendre au langage quotidien. On notera ici que l'Idéologie française est largement marquée du sceau anti-rhétorique. Ainsi, le triptyque de Destutt de Tracy — idéologie, grammaire, logique — doit remplacer l'ancien — grammaire, logique, rhétorique.

Une autre caractéristique de la pensée des Idéologues est son orientation *génético-progressive*. Nous avons constaté que la génétique est à la base de la suite logique des parties théoriques :
théorie de la connaissance,
théorie sémiotique,
théorie linguistique.

De même, le développement à l'intérieur de ces trois niveaux est abordé sur la base de cette reconstruction génétique en tant qu'évolution vers une perfection toujours plus pointue :
théorie de la connaissance
    sensations -> idées ->
théorie sémiotique
    langage d'action -> langue -> écriture ->
théorie linguistique
    interjection -> système développé.

C'est dans une perspective universelle que l'on réalise cette reconstruction *génétique*. Ceci implique, d'une part, que la reconstruction génétique n'est que partiellement abordée sous l'angle d'une science historique au sens du XIXe siècle et, d'autre part, que l'intérêt porté à l'histoire particulière est absent, si ce n'est celui pour l'histoire particulière de certaines sciences (voir ci-dessous 6.2.1). L'Ere française est considérée comme l'état le plus avancé de l'évolution dans l'histoire humaine. Pourtant, la pensée des Idéologues est axée sur l'avenir, les progrès sémiotiques et linguistiques doivent être universalisés, les systèmes sémiotiques et linguistiques encore plus perfectionnés au sens que nous avons vu plus haut.

Le travail de ces Idéologues a donc une portée très *pratique* et *pédagogique*, et ce à plus d'un titre. Il faut créer des institutions pour l'éducation et les sciences garantissant une concrétisation optimale de cette progression de l'humanité vers la perfection. Beaucoup des principaux ouvrages idéologiques sont de conception didactique et tendent à permettre, dans l'ontogenèse des élèves, une approche expérimentale de la phylogenèse des acquis sémiotiques et linguistiques.

Enfin, les Idéologues se perçoivent comme *méthodologues et théoriciens des sciences*. La nouvelle propédeutique — idéologie, grammaire, logique — prépare non seulement à la science, mais en est aussi le constituant. L'idéologie est la *théorie des théories*, une méta-science. Toute démarche idéologique est une transformation de l'*art* en *science*, en particulier grâce à la construction d'une *langue analytique bien faite*. Une telle démarche obéit à certaines règles d'acquisition des connaissances (observation des faits positifs, expériences), de vérification et de formulation de celles-ci.

6.2. LES CHOIX LINGUISTIQUES

> «Pour nous une langue serait parfaite si elle représentait nos idées d'une manière commode, précise, exacte, et de façon qu'il fût tellement impossible de s'y méprendre, qu'elle portât dans la déduction des idées de tout genre, la même certitude qui existe dans celle des idées de quantité.»
> (Destutt, 1803)

Nous venons de voir le cadre philosophique, sémiotique et méthodologique de la pensée linguistique des Idéologues. Il s'agit donc maintenant de considérer de plus près les options linguistiques. Quels étaient les choix qui devaient garantir la perfectibilité de l'homme et éviter les retours à la barbarie? Dans quel sens fallait-il modifier la conception même de langue afin de marginaliser et d'anéantir tout ce qui pouvait éventuellement nuire à l'esprit scientifique qui doit être généraliser?

Il fallait tout d'abord bannir la *voix* et les *images*. Malgré la conscience qui existait de la menace que représentait la séduction pouvant émaner de la voix, on n'était pas allé jusqu'à la conséquence de mettre l'écriture en avant. C'est ce qu'on fait maintenant : le côté phonique ne reste que le substrat abstrait d'une langue essentiellement écrite. Passons au problème des images : nous avions vu que, dans le discours jacobin, l'écriture parlante des peintures, le langage énergique des signes étaient très présents. En dépit du soupçon qui plane sur la rhétorique, on ne croyait pas pouvoir se libérer entièrement des images que ce soient celles de la parole imagée ou celles des systèmes sémiotiques basés sur le visuel. Une grande majorité des jacobins ne le souhaitait même pas : la conception rousseauiste du langage était trop présente. Maintenant, on proclame *l'abolition des images*, et ce à tous les égards possibles : les tropes et les allégories doivent disparaître des discours; les vestiges du visuel constituant un ordre différent de l'acoustique — les hiéroglyphes — doivent être gommés de l'écriture. Il faut ensuite mettre fin à l'*indétermination des mots* et trouver les moyens d'éliminer toute imprécision. Il faut créer une langue monosémique, sans ambiguïtés et exempte de polysémie.

Voilà les conséquences qui découlent des expériences révolutionnaires : l'écriture alphabétique en lieu et place de la voix, la logique pour remplacer la rhétorique, des entités monosémiques au lieu de l'indétermination des mots.

L'attitude face à la voix et aux images est le point où s'articule la différence entre la pensée linguistique d'avant Thermidor et la conception linguistique post-thermidorienne. En ce qui concerne la grammaire, la formation des mots et la sémantique, nous assistons plutôt à un développement continu, voire à une radicalisation après Thermidor.

Le modèle linguistique permettant d'éviter tous les maux décelés est, bien sûr, la *langue bien faite*, idéal avancé par Condillac. Une *langue bien faite* n'est ni vocale, ni imagée. Si on pense ne pas pouvoir faire l'impasse sur la voix ou les images, il convient alors de justifier cette décision à caractère exceptionnel. C'est bien la défaite de la pensée rousseauiste en matière de langue, qui, elle, était basée sur la voix et les signes visibles. C'est Condillac — et il faut le dire : un Condillac homogénéisé et simplifié — qui l'emporte après les débats de l'an II où les deux conceptions étaient encore opposées l'une à l'autre.

Or, l'idée de *langue bien faite* se réfère tout d'abord aux langues scientifiques. Ce sont elles qui doivent satisfaire à des exigences particulières et ce concept tend à se généraliser. Ne serait-ce pas souhaitable de transformer tout langue en *langue bien faite*, non seulement celles des sciences naturelles, mais aussi celle de la vie sociale et politique, puis la langue quotidienne ? Considérons de plus près ce mouvement des langues scientifiques vers une profonde modification du concept même de langue.

La première langue scientifique élaborée au sens où l'entendait Condillac fut accueillie avec enthousiasme : il s'agissait de la *nomenclature* chimique présentée en 1782 et 1787 par Lavoisier, Fourcroy, Berthollet et Guyton de Morveau[33]. Elle fut célébrée par les contemporains comme un événement révolutionnaire, comparable à l'envolée de la Montgolfière qui effectua son premier vol réussi au-dessus de Paris en 1782. On peut déduire la valeur et la signification accordées par les contemporains aux deux percées scientifiques du fait que, dans de nombreux dictionnaires révolutionnaires, les termes *nomenclature* (il était clair qu'il s'agissait de la terminologie chimique de Lavoisier et de son caractère exemplaire pour les autres sciences) et *aérostat* voisinaient sur un pied d'égalité avec ceux de *liberté*, *égalité* et *constitution*. Tout comme les nouvelles dominantes politiques avaient vaincu l'obscure féodalité, tout comme l'aérostat avait vaincu la pesanteur, l'évolution de la terminologie chimique ouvrait une voie pour sortir du chaos des langues naturelles. La proposition de Lavoisier bénéficia très rapidement de plusieurs traductions en langue allemande : en 1791 par Girtanner, en 1792 par Hermbstedt.

En France, les autres sciences exactes suivirent l'exemple de Lavoisier : la physique (en 1789 avec Brisson), l'anatomie (en 1789 avec Chaussier, en 1797 avec Dumas, en 1804 avec Cabanis). Cabanis formula explicitement les exigences auxquelles une langue scientifique devait satisfaire : clarté, analogie et facilité d'apprentissage :

> « Une langue est destinée à transmettre et à retracer les idées, ou les images de tous les objets qui s'offrent à nos sens. Ces idées doivent d'abord être claires et précises : ainsi, le premier vice des mots d'une langue sera d'être confus, vagues, ou susceptibles de plusieurs sens. En second lieu, les idées doivent être enchaînées dans un ordre naturel, et classées de manière à faire sentir distinctement et sans effort, les rapports qui les lient entr'elles : le second vice d'une langue est donc que ses mots n'aient point été formés suivant le plan de la formation même des idées ; qu'on les y transporte d'un objet à l'autre, qu'on les modifie, ou les combine sans règle fixe ; que l'usage constant de la règle n'y lève pas toute incertitude par rapport à leurs transformations de sens, et ne montre pas, dans les analogies, ou dans les relations grammaticales des mots, celles même des objets. La troisième qualité des idées est de se réveiller et de se transmettre facilement : le troisième vice d'une langue est donc d'être difficile à aprendre et à retenir. »
> (Cabanis, 1804/1956, II : 163)

L'algèbre suit avec la *Langue des calculs* de Condillac, publiée à titre posthume en 1798. Dans l'introduction à cette œuvre, Condillac exprime encore une fois très clairement les critères d'une *langue bien faite* qui avaient déjà joué un certain rôle dans le programme d'uniformisation mis en œuvre par la Convention en utilisant avec une grande fréquence les notions d'*analogie* et de *nature* (v. chap. 3.2 et 4.4) :

– la *langue bien faite* est le résultat d'une *analyse*,

– elle est basée sur l'*analogie* ce qui implique tant le rapport entre la langue et les objets que le principe structurant de la langue elle-même, à savoir la désignation par les mêmes moyens linguistiques des mêmes idées et des mêmes rapports,

– elle s'oriente sur la *nature* et limite l'arbitraire.

> « L'algèbre est une langue bien faite, et c'est la seule : rien n'y paroît arbitraire. L'analogie qui n'échappe jamais conduit sensiblement d'expression en expression. L'usage ici n'a aucune autorité. Il ne s'agit pas de parler comme les autres, il faut parler d'après la plus grande analogie pour arriver à la plus grande précision ; et ceux qui ont fait cette langue, ont senti que la simplicité du style en fait toute l'élégance : vérité peu connue dans nos langues vulgaires.
>
> Dès que l'algèbre est une langue que l'analogie fait, l'analogie, qui fait la langue, fait les méthodes : ou plutôt la méthode d'invention n'est que l'analogie même.
>
> L'analogie : voilà donc à quoi se réduit tout l'art de raisonner, comme tout l'art de parler ; et dans ce seul mot, nous voyons comment nous pouvons nous instruire des découvertes des autres, et comment nous en pouvons faire nous-mêmes. Les enfans n'apprennent la langue de leurs pères, que parce qu'ils en sentent de bonne heure l'analogie : ils se conduisent naturellement d'après cette méthode, qui est bien plus à

leur portée que toutes les autres. Faisons comme eux, instruisons-nous d'après l'analogie, et toutes les sciences nous deviendront aussi faciles qu'elles peuvent l'être. Car enfin, l'homme qui paroît le moins propre aux sciences, est au moins capable d'apprendre des langues. Or une science bien traitée n'est qu'une langue bien faite.» (Condillac, 1798/1981 : 6 *sq.*)

Tout comme aujourd'hui encore, la *nomenclature*, la *terminologie* étaient au cœur de l'évolution scientifique. Il fallait d'abord clarifier les idées et désigner les mêmes idées par les mêmes moyens linguistiques. C'est ainsi que les procédés de formation des mots attirèrent fortement l'intérêt. Cela fut précédé dans la France du XVIIIe siècle d'une longue discussion sur le sens ou le non-sens de la néologie. Cet aspect gagne en importance si l'on considère les activités de création de mots durant la Révolution Française, ressenties comme exagérées et perçues tout à la fois comme modèle de libération des contraintes puristes et comme éclosion sauvage demandant à être canalisées.

«La nouvelle face que vient de prendre la *chimie* par la réforme et la correction de l'ancien langage chimique, et la faveur toujours croissante que cette science obtient chaque jour, me paroissent être un sûr garant du succès qui doit couronner les efforts des savans dans l'analyse générale de nos idées, comme dans l'art chimique : la division uniforme du territoire françois, l'uniformité de législation et d'administration pour tous les départemens, enfin la fixtation et l'établissement d'un système uniforme de poids et de mesures pour toute la République, sont de nouveaux pas vers le but; mais il faut pour l'atteindre fixer dans chaque science l'uniformité des notions complexes et générales, *espèce d'unité* qui n'est pas moins nécessaire aux hommes pour s'accorder sur les principes de l'éducation, de la morale et de la législation, que les autres sont indispensables pour juger exactement et uniformément du poids et de la capacité des corps, ou mesurer les parties de l'étendue linéaire, superficielle et solide.» (Lancelin, 1801, I : 312 *sq.*)

Dans la poursuite conséquente de cette perspective d'uniformisation et de terminologisation, les distinctions entre terminologies scientifiques et langage quotidien tendent à disparaître : un *dictionnaire analytique universel*, tel que Lancelin l'envisage et que Butet de la Sarthe le réalise partiellement avec sa *lexicologie*, semble quasiment à portée de la main :

«A peine initié dans le sanctuaire de la Chimie moderne, je fus frappé, par le principe de sa nouvelle nomenclature, d'une idée de Lexicologie, aussi sublime en elle-même que *féconde* dans ses résultats. Si les Chimistes, me suis-je dit, ont pu convenir de représenter, par des mots affectés des mêmes terminaisons, les substances dans la composition desquelles entrent les mêmes élémens, pourquoi, dans la composition d'une *langue philosophique*, ne pourrait-on pas, avec autant de succès, exprimer, par des dénominations dont la *désinence* est la même, *les idées qui auraient des traits de ressemblance dans leur forme métaphysique*?

Je me livrai d'autant plus aux nombreuses méditations dans lesquelles m'entraînait cette réflexion, que depuis quelque temps je m'occupais de rechercher si l'on pouvait déterminer quelques règles simples et générales d'une *langue universelle*. Ces méditations me firent présumer que les pères de la Chimie moderne n'avaient point été créateurs dans la formation de leurs signes, mais bien *imitateurs fidèles de l'analogie*, par la force de laquelle se sont organisées toutes les langues; et voici les motifs de mon opinion.» (Butet de la Sarthe, 1801 : II *sq.*)

Tout comme pour la construction uniforme de la formation des mots, *la morphologie et la syntaxe* devaient elles aussi être purifiées des anomalies et débarassées des éléments superflus conformément à l'*analogie*. Ici aussi, les projets d'élaboration d'une langue scientifique se transforment en un grand projet de perfectionnement du langage quotidien. Les inversions n'ont, bien naturellement, aucune place dans cette *nouvelle langue*. Le genre des noms, les déclinaisons et le subjonctif apparaissent, dans cette perspective, superflus. L'*analyse* du verbe, classique de la Grammaire Générale, en *être* + *adjectif verbal* se transforme en réalité raisonnable de la langue à créer[34].

Destutt de Tracy recourt ici aux pasigraphies (*cf.* plus loin), projets qu'il refuse par ailleurs, qui proposent de semblables simplifications :

«Elle rejette, en conséquence, les articles, la différence des genres, la pluralité des déclinaisons et des conjugaisons, le nombre duel, les doubles pronoms et tous ces autres ornemens factices [...].» (Hourwitz, 1801 : 16)

«En Polygraphie, tout ce verbiage sera remplacé par trois signes, que j'appelle *imparfait* ou *passé récent*; *parfait* ou *passé simple*, et *plus-que-parfait* ou *passé éloigné*. Les mêmes signes exprimeront les trois futurs, c'est-à-dire, *prochain, simple* et *éloigné*.» (Hourwitz, 1801 : 33)

Nous avons vu que les distinctions entre langage scientifique et langage quotidien s'estompent toujours plus après que le langage scientifique a d'abord été soumis comme segment du langage quotidien à des critères particuliers (ainsi chez Condillac au début, encore chez Cabanis). Plus encore : le langage scientifique élaboré suivant les propositions avancées apparaît comme le meilleur langage[35]. On définit soigneusement les concepts, on supprime l'imprécision et l'*indétermination* des mots du langage de tous les jours (chap. 6.2.4); on exprime les mêmes rapports par les mêmes procédés linguistiques; la syntaxe de l'*ordre direct* obéit à la *nature* des choses dans laquelle les intérêts des locuteurs n'interviennent pas; le *style analytique* renonce à tout type d'images qui n'aboutiraient qu'à troubler la vue juste des choses (chap. 6.2.5).

La *nouvelle langue*, c'est-à-dire ce langage scientifique généralisé, s'appuie sur le bien-fondé d'une *analyse* des choses et des rapports qu'elles entretiennent les unes avec les autres. Son principe de base est l'*analogie* ce qui implique deux choses : d'une part, que les concepts «collent» très étroitement à la *nature* du monde et, d'autre part, que la langue soit totalement systématique suite à son ajustement sur la nature raisonnable et que l'anomalie n'y ait aucune place.

«Cette chaîne d'élémens communs formant la liaison de tous les mots comme de toutes les idées, et montrant comment tous leurs signes représentatifs dérivent les uns des autres, est proprement ce qu'on doit appeler *l'analogie des langues*.
Cette analogie seroit toujours sensible dans une langue philosophique que l'on formeroit régulièrement et comme d'un seul jet, par la solution du problème précité, *exprimer*, etc., et le raisonnement y seroit presqu'aussi simple qu'en arithmétique, en algèbre, en musique,etc. ; mais on a vu par ce que j'ai dit précédemment sur l'imperfection des langues vulgaires, et la manière dont elles se sont formées, combien il s'en faut que les choses soient ainsi. La plûpart des mots ont été formés au hasard et faits signes de nos idées de la manière la plus arbitraire : on les a employés d'une façon isolée sans considérer le rapport des idées entre elles, ce qui fait qu'on n'a mis presqu'aucun rapport entre eux, et que ce précieux guide (l'analogie) n'existe guère dans aucune de nos langues, (la langue grecque est celle où l'analogie paroît le plus ; environ 500 mots ou racines primitives ont servi à la composer) : voilà pourquoi leur étude est en général si ingrate, si difficile, pourquoi elles sont si peu propres au raisonnement, pourquoi enfin elles ne sont que des méthodes analytiques très imparfaites, tandis que les langues du calcul sont des méthodes analytiques par excellence.» (Lancelin, 1801, I : 295 *sq*.)

La *nouvelle langue* apparaît ainsi comme langue *naturelle* face à celle de l'arbitraire des grammairiens. Ceci constitue un étonnant tournant dans le débat millénaire autour de *l'arbitraire du signe*. La position naturaliste venait juste de retrouver un nouvel essor au XVIIIe siècle grâce aux réflexions sur la langue originelle de de Brosses et de Court de Gébelin. Dans la nouvelle définition du langage scientifique comme idéal linguistique, la *nature* fait irruption au pôle opposé de l'histoire universelle de l'humanité, non plus aux balbutiements du langage vocal mais sous forme de langage scientifique élaboré qui se laisse enfin guider par la *nature* raisonnable et n'accorde plus la moindre place à la fantaisie et aux humeurs des sujets parlants. Cette étonnante évolution est rendue possible du fait du déplacment du focus dans la discussion sur l'arbitraire : on passe de la relation son-contenu au niveau de la grammaire et de la formation des mots à ce que Saussure appellera plus tard le *motivé relatif*.

Un autre aspect m'apparaît également important : au XVIIIe et surtout vers la fin du siècle, on utilise des métaphores empruntées au domaine des sciences exactes afin de faciliter l'accès au fonctionnement de la langue. La pensée linguistique idéologique, fondamentalement et explicitement opposée aux images, doit pourtant y recourir pour mieux comprendre la langue, mais celles qu'elle utilise lui semblent au-dessus de tout soupçon car empruntées aux sciences exactes. La fonction de la langue pour la pensée est souvent comparée à l'effet mécanique du *levier*. Dans le contexte de cette discussion que nous soulignons ici en particulier, ce sont l'algèbre et la chimie qui jouent un rôle prépondérant comme interprètes du fonctionnement de la langue. Ainsi, Lancelin élabore une langue idéale cousine du calcul algébrique ce qui le rapproche des pasigraphes ; des chiffres ou des lettres se transforment en codes correspondants aux idées et aux rapports avec celles-ci. C'est un point sur lequel les théoriciens du langage sont en désaccord : certains, comme nous le verrons plus bas, sont favorables aux langues symboliques qui, sous le vocable de *pasigraphie*, connaissent un nouvel essor. D'autres, comme Destutt de Tracy, s'opposent strictement à tout modèle d'une langue symbolique universelle qui constituerait forcément un retour vers l'imagé, l'hiéroglyphique.

> « On ne peut se dissimuler néanmoins qu'une langue qui, pour chaque idée élémentaire, emploieroit une figure simple et distincte, n'eût de bien grands avantages. Tout seroit idée dans une pareille langue, on ne pourroit guère l'apprendre et l'employer sans s'instruire parfaitement et à fond de chaque chose : on se voit constamment guidé par le fil de la plus précieuse analogie : car, lorsqu'après avoir exprimé une suite d'idées élémentaires, par une suite de signes A, B, C, D, E, etc., l'on voudroit exprimer une idée formée des élémens, désignés par A, B, C, etc., rien de plus naturel que d'employer les signes composés AB, AC, AD ; ABC, ABD ; ABCD, ABCDE, etc., pour représenter les combinaisons de ces idées simples deux à deux, trois à trois, quatre à quatre, etc. ; par ce moyen, le signe de chaque notion présentant les signes élémentaires des idées simples qu'elle renferme, offre toujours à l'œil et à l'esprit l'analyse de cette idée, et l'on juge du rapport toutes les notions, de leur différence, etc., par le nombre des élémens communs qui entrent dans chacune : de même qu'en algèbre, chaque formule présente à la fois, dans un tableau très-raccourci, toutes les quantités, leurs transformations, leurs diverses combinaisons nommées *fonctions*, en un mot, la trace régulière de toutes les opérations de l'esprit sur elle. » (Lancelin, 1801, I : 294 *sq.*)

Ce sont en particulier la terminologie, les formules chimiques et, à la base de celles-ci, la nature des combinaisons chimiques, qui constituent le modèle de la *nouvelle langue* ainsi que le « sésame » pour sa compréhension.

> « Et pourquoi n'arriverait-on pas à pouvoir rapporter un mot quelconque à sa formule, et avec un radical et une formule donnés, construire le mot qui en doit résulter ? » (Butet de la Sarthe, 1801 : IV *sq.*)

s'interroge Butet de la Sarthe dans sa *lexicologie* et, guidé par l'analogie, poursuit :

> « Comme ces mêmes élémens se trouvent dans une infinité de mots, exprimant la valeur de chacun, d'une manière générale, cette expression en sera la formule. Après avoir fait le même travail sur toutes, la formule d'un mot sera composée de la somme des formules de toutes ses parties additionnelles, moins sa partie radicale, de manière qu'on pourra résoudre le double problème dont j'ai déjà parlé. » (Butet de la Sarthe, 1801 : XV)

Les concepts de *valeur*, *formule*, *analyse* que lui et ses contemporains emploient, sont, si l'on suit l'analogie, pour nous aussi « emprunts de chimie » ; ils l'étaient à coup sûr pour les contemporains. Le procédé calqué sur la chimie et la métaphorique algébrique convergent chez Butet de la Sarthe vers une méthode scientifique uniforme qui sert aussi de modèle et de clé pour le fonctionnement de la langue, à savoir l'*analyse* dont le résultat peut se concentrer en formules :

> «Je n'ai pu généraliser la valeur des parties qui se trouvent le plus fréquemment dans la composition des mots, qu'en adoptant autant de signes exprès qui rappellent l'idée de chacune d'elles, abstraction faite de tous les autres élémens avec lesquels elles se combinent dans la formation des polysyllabes, et ces signes sont devenus des formules, à l'aide desquelles on peut calculer ces polysyllabes, c'est-à-dire, les composer ou les décomposer. Ces formules doivent être telles, qu'elles représentent des qualifications abstraites, des mots à construire ou à résoudre en raison des parties qu'on veut y considérer en plus ou en moins.» (Butet de la Sarthe, 1801 : XXV)

Voyons maintenant plus en détail les différents aspects de cette nouvelle conception de la langue telle qu'elle est propagée après Thermidor.

6.2.1. L'écriture alphabétique

L'écriture constitue le point de convergence de plusieurs préoccupations des Idéologues : pédagogie, sémiotique et théorie de la science, mais elle se trouve en outre au carrefour du passé et du futur. Penchons-nous plus avant sur les textes de Condorcet, de Volney, de Destutt de Tracy, de Lancelin et Dégérando.

L'Esquisse d'un tableau historique des progrès de l'esprit humain de Condorcet, rédigé durant la Terreur et texte-clé de la *bonne* Révolution évoquée après Thermidor, est un point de référence de premier ordre pour la pensée des Idéologues. En résumé : Condorcet écrit une histoire universelle de l'humanité tout en insistant sur l'importance du développement des systèmes sémiotiques et surtout de l'écriture dans cette histoire aspirant à une fin ouverte et heureuse. Les points cruciaux en sont justement constitués par les «révolutions scripturales» : invention de l'écriture, de l'alaphabet, de l'imprimerie. Les autres acquis économiques, politiques, sociaux et scientifiques sont, pour Condorcet, secondaires. Le progrès est intimement lié à la communication. Là où il y a ségrégation du savoir, des castes qui gèrent le savoir sans chercher la communication, les guerres qui empêchent les peuples d'échanger les idées, le progrès s'arrête. Là où règne le libre échange des idées, l'humanité progresse. L'écriture permet de communiquer avec ceux qui sont loin dans l'espace et le temps. Elle permet de renouer avec les connaissances des époques précédentes. La condition nécessaire du progrès : le libre échange des idées; la condition nécessaire de ce libre échange : l'écriture.

L'invention de l'écriture est pour ainsi dire la condition de l'histoire même : « le tableau commence à devenir vraiment historique » (Condorcet, 1793/1971 : 82). On ne peut lire sans émotion le tableau de la huitième période : « Depuis l'invention de l'imprimerie jusqu'au temps où les sciences et la philosophie secouèrent le joug de l'autorité ». Ce texte pathétique, enflammé, nous fait entrevoir tous les espoirs liés à la multiplication de l'écrit grâce à l'imprimé. Lisons encore une fois ces pages qui unissent analyse du fonctionnement de l'imprimerie et vision historique :

> « L'imprimerie multiplie indéfiniment, et à peu de frais, les exemplaires d'un même ouvrage. Dès lors la faculté d'avoir des livres, d'en acquérir suivant son goût et ses besoins, a existé pour tous ceux qui savent lire, et cette faculté de la lecture a bientôt étendu le désir comme les moyens de l'instruction.
>
> Ces copies multipliées se répandent avec une rapidité plus grande; non seulement les faits, les découvertes, acquirent une publicité plus étendue, mais ils l'acquirent avec une plus grande rapidité. Les lumières devenaient en quelque sorte un objet de commerce.
>
> On était obligé de chercher les manuscrits, comme aujourd'hui nous cherchons les ouvrages rares. Ce qui n'était lu que de quelques individus, a donc pu l'être d'un peuple entier et frapper presque en même temps tous les hommes qui entendaient la même langue.
>
> On connut le moyen de se faire entendre des nations dispersées. On a vu s'établir une nouvelle espèce de tribune, d'où se communiquaient des impressions moins vives, mais plus profondes, d'où l'on exerçait un empire moins tyrannique sur les passions, mais en obtenant sur la raison une puissance plus sûre et plus durable; où tout l'avantage est pour la vérité, puisque l'art n'a perdu sur les moyens de séduire qu'en gagnant sur ceux d'éclairer. Il s'est formé d'une opinion publique, puissante par le nombre de ceux qui la partagent; énergique, parce que les motifs qui la déterminaient agissaient à la fois sur tous les esprits. Ainsi, l'on a vu s'élever, en faveur de la raison et de la justice, un tribunal indépendant de toutes les puissances, auquel il était difficile de rien cacher et impossible de se soustraire. » (Condorcet, 1793/1971 : 177 *sq.*)

Les Lumières et leur propagation dépendent de l'imprimé. L'expérience historique de la lutte contre la tyrannie et la superstition conçue comme diffusion de livres tels que l'Encyclopédie est tout à fait visible dans le passage suivant :

> « Enfin, l'imprimerie n'a-t-elle pas affranchi l'instruction des peuples de toutes les haines politiques et religieuses? En vain l'un et l'autre despotisme se serait-il emparé de toutes les écoles; en vain aurait-il, par des instructions sévères, invariablement fixé de quelles erreurs il ordonnait d'infecter les esprits, quelles vérités il leur permettait de construire; en vain des chaires, consacrées à l'instruction morale du peuple ou à celle de la jeunesse dans la philosophie et les sciences, seraient-elles condamnées à ne transmettre jamais qu'une doctrine favorable au maintien de cette double tyrannie : l'imprimerie peut encore répandre une lumière indépendante et pure. Cette instruction, que chaque homme peut recevoir par les livres, dans le silence et la solitude, ne peut être universellement corrompue : il suffit qu'il existe un coin de terre libre, où la presse puisse en charger ses feuilles. Comment, dans cette multitude de livres divers, d'exemplaires d'un même livre, de réimpressions, qui, en quelques instants le font

renaître de ses cendres peut-on fermer assez exactement toutes les portes par lesquelles la vérité cherche à s'introduire? Ce qui était difficile, même lorsqu'il ne s'agissait que de détruire quelques exemplaires d'un manuscrit pour l'anéantir sans retour, lorsqu'il suffisait de proscrire une vérité, une opinion pendant des années, pour la dévouer à un éternel oubli, n'est-il pas devenu impossible, aujourd'hui qu'il faudrait une vigilance sans cesse renouvelée, une activité qui ne reposerait jamais? Comment, si même on parvenait à écrater ces vérités trop palpables qui blessent directement les intérêts des inquisiteurs, empêcherait-on de pénétrer, celles qui les contiennent, qui les préparent, qui doivent un jour y conduire? Le pourrait-on, sans être forcé de quitter ce masque d'hypocrisie, dont la chute serait presqu'aussi funeste que la vérité à la puissance de l'erreur? Aussi verrons-nous la raison triompher de ces vains efforts; nous la verrons, dans cette guerre, toujours renaissante et souvent cruelle, triompher de la violence comme de la ruse; braver les bûchers et résister à la séduction, écrasant tour à tour sous sa main toute puissante, et l'hypocrisie fanatique qui exige pour ses dogmes une adoration sincère, et l'hypocrisie politique qui conjure à genoux de souffrir qu'elle profite en paix des erreurs dans lesquelles il est, à l'en croire, aussi utile aux peuples qu'à elle-même de les laisser plongés.» (Condorcet, 1793/1971 : 180 *sq.*)

Les coins de terre libre (Neufchâtel, les Pays-Bas, le Comtat-Venaissin) permettent de «braver les bûchers».

Les *Leçons d'histoire* de Volney sont d'un autre ordre. Il ne s'agit pas d'une histoire universelle concentrée sur les inventions scripturales mais de réflexions théoriques et méthodologiques sur les possibilités de l'historiographie, de l'histoire en tant que science. A cet égard, il examine plusieurs types de documents. L'écriture est la condition d'un type nouveau d'historiographie : elle ouvre la perspective d'une «histoire positive».

«Si le fait est transmis par l'écriture, son état est, dès ce moment, fixé, et il conserve d'une manière immuable le genre d'autorité qui dérive du caractère de son narrateur. Il peut bien déjà être défiguré; mais tel qu'il est écrit, tel il demeure; et si, comme il arrive, divers esprits lui donnent diverses acceptions, il n'en est pas moins vrai qu'ils sont obligés de se raccorder sur ce type sinon original, du moins positif; et tel est l'avantage que procure toute pièce écrite, qu'elle transmet immédiatement, malgré les intervalles des temps et des lieux, l'existence quelconque des faits; elle rend présent le narrateur, elle le ressuscite, et à des milliers d'années de distance, elle fait converser tête à tête avec *Cicéron, Homère, Confucius*, etc. Il ne s'agit plus que de constater que la pièce n'est point apocryphe et qu'elle est réellement leur ouvrage. Si la pièce est anonyme, elle perd un degré d'authenticité, et son témoignage, par cela qu'il est masqué, est soumis à toutes les perquisitions d'une sévère critique, à tous les soupçons que fait naître en toute occasion la clandestinité. Si la pièce a été traduite, elle ne perd rien de son authenticité; mais dans ce passage par une glace nouvelle, les faits s'éloignent encore d'un degré de leur origine; ils reçoivent des teintes plus faibles ou plus fortes, selon l'habileté du traducteur; mais du moins a-t-on la ressource de les vérifier et de les redresser.

Il n'en est pas ainsi de la transmission des faits par parole, c'est-à-dire de la tradition. Là se déploient tous les caprices, toutes les divagations volontaires ou forcées de l'entendement; et jugez quelles doivent être les altérations des faits transmis de bouche en bouche, de génération en génération, lorsque nous voyons souvent dans une même personne le récit des mêmes faits varier selon les époques, selon le changement des intérêts et des affections. Aussi l'exactitude de la tradition est-elle en général décriée ; et elle le devient d'autant plus qu'elle s'éloigne de sa source primitive à un plus grand intervalle de temps et de lieu. Nous en avons les preuves irrécusables sous nos propres yeux : que l'on aille dans les campagnes et même dans les villes, recueillir les traditions des anciens sur les événements du siècle de Louis XIV, et même des premières années de ce siècle (je suppose que l'on mette à part tous les moyens d'instruction provenant des pièces écrites), l'on verra quelle altération, quelle confusion se sont introduites, quelle différence s'établit de témoins à témoins, de conteurs à conteurs ! Nous en avons une preuve évidente dans l'histoire de la bataille de *Fontenoy*, sur laquelle il y a quantité de variantes. Or si un tel état d'oubli, de confusion, d'altération, a lieu dans des temps d'ailleurs éclairés, au sein d'une nation déjà policée, et qui, par d'autres moyens, trouve le secret de le corriger et de s'en garantir, concluez ce qui dut arriver chez les peuples où les arts étaient ou sont dans l'enfance ou dans l'abâtardissement ; chez qui le désordre régnait ou règne encore dans le système social, l'ignorance dans le système moral, l'indifférence dans tout ce qui excède les premiers besoins.» (Volney, 1795 : 23 *sq.*)

Alors qu'il s'agit, dans les deux textes présentés jusqu'ici, de déterminer le rôle de l'écriture dans l'histoire, ce d'un point de vue génétique chez Condorcet et dans une perspective méthodologique chez Volney, il en va, pour d'autres auteurs, de la démonstration du fonctionnement sémiotique. Considérons deux réponses au concours de l'Institut National de l'an V concernant les signes.

Ce célèbre concours dont l'intitulé est *Déterminer l'influence des signes sur la formation des idées* a eu un grand succès : le traité de Degérando (publié en 1800 sous le titre *Des signes*) a obtenu le premier prix, celui de Lancelin (*Introduction à l'Analyse des Sciences*, publié en 1801) le second. Dans ces deux essais de systématisation — système de signes chez Degérando, systèmes de sciences chez Lancelin — l'écriture occupe une place importante. On observera toutefois que le point de vue systématique se superpose clairement au point de vue historique qui était le fil conducteur chez nos deux premiers auteurs.

Commençons par Lancelin, chez qui le thème de l'écriture joue un moindre rôle. Il s'agit de quelques pages, considérant ce sujet, dispersées à travers l'ouvrage volumineux, ce qui est dû au fait que les sciences, leurs *générations* et *fondemens* et leur classification constituent le centre d'intérêt de l'auteur, non pas les systèmes de signes. Le but de l'auteur est d'établir les fondements analytiques des sciences et, plus avant, d'élaborer « l'art de construire régulièrement les têtes humaines » (I, 435). La science, méthode analytique, serait donc le modèle de l'homme futur. Les systèmes de signes, développés jusque-là, contribuent certes à cette visée et sont des *leviers* puissants des idées. Ceci est surtout vrai pour les langues et les écritures qui mettent en œuvre ce que Martinet appelera plus tard la *loi d'économie*.

> « Tous ces caractères une fois trouvés, on leur a attaché (ainsi qu'à leurs combinaisons) des idées, comme on avoit fait pour les sons de la voix, et chaque peuple s'est proposé, et a résolu à sa manière ce double problème : *Exprimer avec le plus petit nombre possible de sons et de lettres, l'ensemble de nos idées et de leurs combinaisons.*»
> (Lancelin, 1801 : 138 *sq.*)

Il admet l'importance de l'imprimerie (358 *sq.*) tout comme Condorcet, sans toutefois adopter le point de vue historique de celui-ci. Au fond, il reste sceptique face aux écritures commes face aux langues vulgaires auxquelles il préfère les langues exactes. On pourrait s'imaginer un système de signes analytiques qui seraient complètement univoques et ne seraient nullement affectés par l'indétermination des langues vulgaires. Dans un tel système, un signe correspondrait à chaque idée et toute idée serait élaborée sur la base de quelques idées fondamentales, alors représentées par des caractères fondamentaux.

> « On pourroit donc, avec 4, 6, 8 ou 10 caractères seulement remplacer les 24 lettres d'alphabet, et sans doute le nombre des combinaisons qu'ils pourroient fournir, est supérieur au nombre total des idées existantes dans la tête de tous les hommes épars sur la le globe, ou à la somme des connoissances élémentaires de tous les peuples.»
> (Lancelin, 1801, I : 214)

Les conceptions de Lancelin mènent donc vers une sorte de *pasigraphie*, système construit et économique des signes écrits exempts de toute base phonétique, qui épargnerait aux sciences les défauts des langues vulgaires :

> « Ce défaut d'ensemble, cet air gothique, cette bigarrure et cette irrégularité choquante que la plupart d'entr'elles (même les plus philosophiques, les plus perfectionnées) conservent encore malgré les efforts des hommes célèbres, qui tous ont, chacun dans sa partie, plus ou moins contribué à les corriger, à les refondre, en les faisant en quelque sorte passer par la *filière* et le *creuset* de leur génie. De là cette foule de défauts d'inexactitudes, et cette difficulté d'analyse que ne présenteroit point une langue rigoureuse, inventée et géométriquement construite par une société de savans et de philosophes, ou même par un seul homme de génie, si la chose étoit possible.» (Lancelin, 1801, I : 177 *sq.*)

Les conclusions auxquelles Lancelin aboutit sont sensiblement différentes de celles d'autres auteurs, notamment de Destutt de Tracy ainsi que nous allons le voir ensuite. Tandis que Lancelin est d'avis qu'il faut surmonter les langues particulières pour atteindre à un système sémiotique raisonnable, d'autres, comme Destutt, diront que l'écriture alphabétique est en quelque sorte la panacée aux débats sur l'universalité : l'écriture alphabétique *est* l'universel dans chaque langue particulière.

Les idées quant à l'écriture[36] occupent une place centrale dans l'ouvrage de Degérando (surtout le chapitre XV : «Dessin et écriture») qui développe un point de vue à la fois sémiologique (classification des divers systèmes : leurs possibilités et leur contraintes). Selon Degérando qui, en ce point, élabore les distinctions de Condillac, les systèmes de signes s'élaborent du *naturel* à l'*artificiel*. Dans le domaine de l'artificiel, on peut constater plusieurs degrés de distanciation par rapport au naturel : les signes *figurés*, les signes *analogues*, les signes *arbitraires* et enfin les signes *indicateurs* qui, eux, ne désignent en soi aucune idée. Les langues emploient constamment tous ces «modes sémiotiques» mais on doit, cependant, opérer une distinction entre le langage poétique ou d'imagination qui tend vers le pôle du naturel d'une part et le langage philosophique orienté lui vers le pôle de l'arbitraire d'autre part. Les écritures et surtout l'écriture alphabétique qui est faite de *signes de sons* et non de *signes d'idées*, accomplissent le développement vers les signes arbitraires dont l'effet actuel est moins clair mais dont l'habitude acquise mène à un niveau de clarté supérieur. Les écritures alphabétiques ne comportent plus d'éléments figuratifs et analogues. Par le dédoublement du processus sémiotique, elles entraînent la distanciation des choses. Les écritures alphabétiques ont donc les mêmes qualités que le langage scientifique, ou bien : elles sont une condition nécessaire au développement des sciences. Cette relation étroite entre écriture et science est, d'une part, due au caractère arbitraire, non figuratif du rapport sémiotique; elle relève, d'autre part, des possibilités inhérentes à l'écriture : l'œil, au contraire de l'oreille, embrasse un plus grand nombre d'objets à la fois[37] :

> «Ainsi, je puis exécuter avec les signes de l'écriture des comparaisons, des rapprochements, des combinaisons, qui me seroient impossibles avec le secours de la parole.» (Degérando, 1800 : 400)

De plus, les signes *permanents et fixes* des écritures rendent les idées plus claires parce qu'ils demandent une attention toujours renouvelée et plus de temps et de réflexion à l'exécution. Elles autorisent une indépendance de la parole et de son rythme passager, de faire des compositions plus amples et de meilleures analyses. Une comparaison entre dessin et écriture que Degérando fait suivre, démontre que l'écriture est plus arbitraire (c'est-à-dire non figurative, non analogue), qu'elle peut rendre les idées plus abstraites, plus complexes, et qu'elle permet une meilleure décomposition des idées.

En résumé : L'écriture a toutes les qualités exigées par la méthodologie «idéologique» : elle permet d'analyser, de comparer, de combiner :

> «[...] De tous les systèmes de langage institué, l'écriture est sans comparaison le plus philosophique et le plus propre à développer en nous les facultés médiatives.» (Degérando, 1800 : 408 *sq.*)

Destutt de Tracy, théoricien en chef des Idéologues, dédie un large chapitre de son travail sur l'Idéologie à l'écriture. Il s'agit du chapitre V du deuxième volume des *Elémens d'Idéologie* (an XI = 1803), une sorte d'apothéose de l'écriture alphabétique[38]. Mais on trouve aussi des passages importants dans le premier volume (1801) aux chapitres XVI et XVII. Il est tout à fait évident que Destutt établit une démarcation très nette entre l'écriture alphabétique et les autres systèmes d'écriture. Toute écriture nous fournit des *signes durables* de nos idées mais seule l'écriture a l'avantage de nous fournir les *signes des signes*. Ce dédoublement des processus analytique (*idées-sons*) et sémiotique (*mot-lettre*) a comme résultat un procédé universellement applicable, l'alphabet :

> «L'effet de l'écriture est qu'une figure durable nous rappelle un son fugitif. Si les hommes étaient raisonnables, il n'y aurait qu'un alphabet pour toutes les langues parlées, et dans cet alphabet qu'un caractère pour chaque son et chaque articulation : tout le reste n'est qu'un amas de variantes inutiles. Il n'y a nulle relation directe entre le caractère et l'idée; aussi, pour écrire ou lire des mots, abstraction faite des irrégularités de l'orthographe, il n'est pas nécessaire d'en comprendre le sens; il suffit de savoir que tel caractère répond à tel son : dès que cela est connu, la sensation visuelle réveille le souvenir de la sensation orale, et voilà tout. C'est, si l'on veut, une traduction ou plutôt une translation du signe, mais non pas une traduction de l'idée; ce qui est bien différent, puisque cela ne dérange pas la liaison habituelle entre telle idée et telle sensation, le mot écrit ne faisant encore une fois que rappeler le mot prononcé et rien de plus. Vous voyez donc que les caractères alphabétiques ne sont que des signes de signes, et non des signes d'idées, et qu'à parler exactement, eux seuls méritent le nom d'écriture. Tous les autres caractères étant des signes d'idées forment de vraies langues, qu'on peut traduire dans une langue parlée comme dant toute autre, mais qu'on ne saurait lire dans le sens rigoureux du mot; la preuve en est qu'on ne peut les prononcer sans les comprendre, ...» (Destutt, 1801 : 307 et suiv.)

Nous voyons que le problème de la langue universelle trouve une solution remarquable chez Destutt : ce n'est ni une écriture d'idées (dans la tradition de Leibniz), ni une langue historique dans toute son acception (comme chez Rivarol). L'écriture alphabétique universelle facilite l'accès à toutes les langues de tous les temps. En sus de l'universalité, l'alphabet présente l'avantage de l'économie et de la pureté, c'est-à-dire ; il ne fixe que la langue parlée et ne se superpose à celle-ci qu'en tant que système différent et relativement indépendant. Elle est donc compréhensible sans interprétation et rend visible l'histoire des langues (!), ce qui n'est pas le cas des écritures idéographiques qui n'auraient aucune relation avec les sons de la langue en question. Le nombre réduit de signes à enseigner et à apprendre fait de l'alphabet le système d'écriture démocratique par excellence. Système sobre et modeste par ailleurs, il ne porte aucune trace des procédés figuratifs et allégoriques.

> «Jeunes gens, remarquez en passant que cet attrait que nous avons pour employer les symboles et les emblêmes est un vestige des temps grossiers où nous ne savions pas peindre les mots eux-mêmes, ou un effet du goût qui nous entraîne vers la métaphore et l'allégorie, goût dépravé qui nuit beaucoup à la justesse du raisonnement, comme je

vous démontrerai lorsque nous traiterons de la logique. Il vaut toujours mieux dire tout simplement sa pensée quand on le peut; nécessairement elle est rendue avec plus d'exactitude.» (ibid. : 263)

Ajoutons encore que Destutt distingue très clairement entre l'alphabet et les langues algébriques qui ont plus de points communs avec les écritures idéographiques, étant des écritures d'idées. Une *pasigraphie*, langue universelle symbolique, telle que la proposent beaucoup d'auteurs à ce moment-là (de Maimieux, Hourwitz) en enchaînant avec la tradition de l'*Ars characteristica*, est à rejeter car elle met en jeu l'univocité de l'écriture des sons en réintroduisant un principe idéographique.

Nous avons esquissé la pensée scripturale de cinq auteurs «idéologues». Nous avons pu y constater un certain nombre d'éléments récurrents, une direction de recherche partagée (génétique/historique, sémiotique) et des différences de systématisation et d'évaluation assez considérables. Pour bien poser le problème historique, il faudrait poser sur ces faits un *regard sériel* embrassant des documents sur une période plus longue que les dix années qui nous intéressent ici[39]. Sur la base des données ainsi obtenues, on pourrait poser des questions historiques plus pointues. Voyons dans quelle direction approfondir pour répondre à la question des conditions sous lesquelles la théorie de l'écriture a pris un nouvel essor dans l'Idéologie.

Il nous faut constater que l'écriture est un moment crucial du programme de recherche très marqué, politiquement et scientifiquement. Politiquement, cela conduit à une tendance vers la pédagogie et la diffusion et, à cette fin, vers l'élémentarisation et la stéréotypisation. Scientifiquement, on y voit l'effort d'unification des Lumières réalisé par les Idéologues, ce qui implique oubli et défi des autres positions des Lumières, celle de Rousseau par exemple[40]. Même si on ne trouvait aucune idée innovatrice sur l'écriture dans les écrits des Idéologues, le fait même que l'écriture, et l'écriture alphabétique avant tout, devienne en quelque sorte plaque tournante d'un système de pensée expansif et unificateur aurait suffisamment changé la pensée en matière d'écriture. Celle-ci est, dans ce système, interprétée de façon génétique, sémiotique et épistémologique. C'est à elle qu'on rattache systématiquement les sujets de la langue universelle, de la langue scientifique et de la victoire sur la tyrannie et sur le fanatisme (et ses modes de signification figurative et allégorique).

On peut d'autre part constater que la doctrine idéologique a un immense pouvoir d'assimilation des éléments de tradition, également quant au savoir sur l'écriture. Ceci constitue le complément de la tendance à l'homogénéisation de la théorie, contrebalancée par l'intégration de traditions théoriquement anodines. C'est surtout vrai pour l'intégration globale de la grammaire générale et de son savoir traditionnel. Cela vaut également pour les traditions orthographiques, pasigraphiques et anthropologiques. Ces quatre courants n'entretenaient auparavant quasiment pas de relations les uns avec les autres.

Enfin, posons-nous la question des innovations théoriques.

Pour les questions *sémiotiques*, les Idéologues ont essentiellement contribué à une formulation claire et élémentaire de la sémiotique de l'écriture, digne d'une doctrine et d'un ensemble de la philosophie linguistique des Lumières. Les écritures alphabétiques sont *signes de sons* et, par là, *signes de signes*. Les écritures idéographiques, par contre, *et* les systèmes de signes algébriques sont *signes d'idées*. Il s'agit ici d'un élément de connaissance tout à fait commun auparavant (Fréret, de Brosses). Cette description du fonctionnement sémiotique des différentes sortes d'écriture est mise en rapport avec la théorie de l'*artificiel* et de l'*arbitraire*. Considérant une graduation entre signes naturels et signes arbitraires (Degérando), l'écriture alphabétique est le plus proche du pôle arbitraire. En outre, l'analyse linéaire des sons qui devient explicite dans l'écriture, dédouble l'*analyse* qui, dans la théorie condillacienne, s'oppose au tableau, à l'intuition. Ce dédoublement des processus d'analyse est à la base de l'*économie* de la langue (basée sur le principe de la «double articulation»), mise à jour par l'ecriture alphabétique (Destutt, Lancelin). L'alphabet est le système scriptural le mieux adapté à la langue car il rend la nature phonique sans introduire un autre ordre étranger à cette nature phonique. Tout en rendant exclusivement la nature phonique, elle anéantit le côté vocal du langage.

En résumé : les observations sémiotiques, bien que basées sur les éléments traditionnels bien connus, sont d'une clarté jusque là inconnue.

Concernant les *possibilités* de l'écriture et de la lecture, les Idéologues, Degérando en particulier, vont bien au-delà des quelques observations dans l'article «Lecture» de l'*Encyclopédie* et de ce qu'écrit Rousseau à ce sujet dans son *Essai*. Cet élargissement est dû au procédé «constructif» consistant en une reconstruction des possibilités et des contraintes de chaque système de signes que Degérando applique avec une remarquable rigueur.

Mais peut-être l'innovation la plus importante reste-t-elle dans l'introduction de la *perspective historique* dans le traitement de l'écriture et, en outre, du point de vue «scriptural» dans l'historiographie. Je m'explique : Condorcet rédige une histoire universelle, axée vers le progrès de l'humanité et centrée sur les inventions concernant l'écriture. Cela lui permet de substituer à l'approche génétique, telle que la démarche de Condillac, une approche historique[41]. Cette *historisation* du champ langagier ne concerne pas les langues historiques. Elle se concentre sur le domaine de la parole et de l'écriture. D'autre part, nous trouvons une multitude d'histoires sur l'univers du discours : des sciences particulières (Thurot, Cabanis), des littératures nationales (de Staël, Ginguené, Sismondi). La découverte de l'historicité aurait donc épargné le domaine des langues pour se concentrer sur la parole et l'écriture ainsi que sur les textes[42] :

Parole / écriture	Langues	Textes
Condorcet	XXXXXXX	Thurot, Cabanis

Notons toutefois que Destutt a retenu comme un des avantages de l'écriture alphabétique le fait qu'elle permet d'étudier l'histoire des langues, chose impossible pour les langues à écriture idéographique.

> «Enfin, il y a une dernière observation à faire, sur cet usage de représenter une langue parlée au moyen d'une autre langue écrite qui lui correspond, observation à laquelle on n'a jamais fait assez d'attention, au moins que je sache, et qu'il n'est pas aisé de présenter de manière à la rendre très sensible : la voici! Ces deux langues, chacune de leur côté, sont sujettes à des variations. La langue écrite n'a point été inventée tout de suite dans toute sa perfection et avec tous ses développements; et elle a dû recevoir de différens écrivains, des altérations et des améliorations successives. En un mot, elle a nécessairement beaucoup de variantes. La langue parlée de son côté, comme toutes les langues parlées, surtout celles qui ne sont pas point fixées par des ouvrages généralement répandus et marqués au coin de la perfection, doit éprouver de fréquens changemens; par conséquent leurs rapports ont perpétuellement varié : Or rien ne le constate. Car la langue parlée n'est nulle part écrite par elle-même; ainsi personne ne sait ce qu'elle a été : et la signification de la langue écrite n'est jamais manifestée que par les signes vocaux, tels qu'ils sont au moment et dans les lieux où l'on s'en sert pour la traduire en la lisant; ainsi, on ne sait pas non plus ce qu'elle était, ni à quoi elle répondait, quand l'écrit a été fait. Donc, d'une part on n'a nulle trace de ce qu'a été la langue parlée dans les tems antérieurs; et un chinois, un japonois peuvent à peine savoir comment parlait leur bisayeul.» (Destutt, 1803 : 289 *sq.*)

Nous voilà face à une observation *epistémologique* de la plus grande portée : l'écriture serait la condition de la possibilité de concevoir et d'écrire l'histoire des langues. C'est Volney qui formule ce que dit Destutt pour les langues concernant la possibilité générale de l'historiographie. Je pense que la conception de l'histoire en tant qu'histoire de l'écriture ainsi que la découverte de l'importance épistémologique de l'écriture pour l'historiographie constituent les marques distinctives les plus spécifiques de la pensée idéologique dans la tradition du XVIIIe siècle.

Mais cela va encore plus loin et nous ramène donc à l'aspect politique, pédagogique, d'orientation progressive de la pensée idéologique : l'écriture alphabétique est en quelque sorte le point *présent* de l'histoire. C'est la fin et le point culminant de l'histoire de l'auto-construction de l'homme, être dont la dignité est justement constituée par le fait d'être créateur de systèmes de signes. C'est le point de convergence de l'histoire documentée (par écrit) et de l'avenir à projeter. L'écriture : fin de l'histoire et commencement de l'avenir, de la construction de règles et de normes.

6.2.2. La Grammaire Générale

Nous avions vu plus haut que la Grammaire Générale qui constitue le noyau de tous les programmes d'enseignement, est en quelque sorte la plaque tournante de tout le système de pensée idéologique. Il s'agit maintenant, après avoir dépouillé la langue de sa vocalité, de comprendre son fonctionnement interne. Cette focalisation sur la Grammaire Générale correspond à la préférence de l'*analogie* des principes par opposition aux *caprices de l'usage*, thèse centrale des Lumières reprise par le discours jacobin qui, lui, bannissait par ailleurs les *caprices de l'usage* en tant qu'héritage de l'inégalité et de la prépondérance des couches sociales dominantes en matière de langage. Dans la perspective de l'*analogie* que les post-Thermidoriens adoptent, voire radicalisent, les irrégularités morphologiques semblent contraires à la raison ; plus encore : on s'attaque à une redéfinition exhaustive des parties du discours et à les réorganiser. Le nouvel ordre adopté sera celui de la génèse et des progrès successifs des systèmes sémiotiques. Condillac avait soustrait la question des origines à la théologie. C'est l'humanité qui s'est elle-même constituée par le biais de l'amélioration des systèmes sémiotiques. On retrouve l'ordre génétique en parallèle au développement sémiotique, du langage d'action à l'écriture alphabétique, dans la reconstruction de l'ordre génétique des parties du discours. Destutt de Tracy part de l'interjection qui émerge du langage d'action et qui renferme une proposition entière. L'ordre des parties du discours sera celui d'une éclosion successive de distinctions nouvelles.

Cette reconstruction génétique s'accompagne d'une redéfinition des fonctions[43] des parties du discours, et surtout de celles qu'on avait négligées jusque là. Il s'agit surtout de l'article, du pronom et de la conjonction dont on découvre maintenant le côté fonctionnel, sémantique. Nous constatons, d'une part, l'intention d'analyser de façon plus rigoureuse les parties du discours jusqu'alors négligées; on note, d'autre part, que ce sont justement les éléments linguistiques, avec le verbe revalorisé par les mêmes auteurs, qui permettent d'établir le rapport entre le sujet parlant et l'énoncé. Même les *définitions* des parties du discours — article, pronom et conjonction surtout — se modifient : les définitions morphologiques, sémantiques et syntactiques font place aux définitions axées sur la fonction pragmatique ou communicationnelle[44] — conséquence de l'expérience du moment sublime et de l'acte décisif dans la situation révolutionnaire? Les linguistes vers 1800, les Idéologues, mais aussi leurs contemporains allemands tels que Bernhardi, s'interrogent sur la fonction assumée par tel ou tel partie du discours dans le processus langagier. On découvre donc là simultanément le fonctionnel et l'indexical : il s'agit d'une orientation de la Grammaire Générale vers une théorie de l'*énonciation*. Il y a bien sûr des précurseurs, mais c'est vraiment maintenant que s'opère une rupture qualitative et quantitative.

Bien entendu, les changements et modifications que je viens d'évoquer sont à peine perceptibles si l'on considère la tradition bimillénaire de la théorie des parties du discours :

> «Si l'on se tient aux définitions, la stabilité est tout à fait étonnante. Nous disposons d'une tentative faite en 1834 pour recenser les définitions données dans une cinquantaine de grammaires françaises. On ne peut qu'être étonné de l'absence de diversité.» (Auroux, 1984 : 11 *sq.*)

Mais précisément sur l'arrière-plan de cette apparente stabilité, on ne peut ignorer les plus infimes transformations qui ont donc très certainement un sens profond.

6.2.2.1. *L'actualisation : l'article*[45]

L'élément primordial d'une *théorie de l'énonciation* est une théorie de l'actualisation. L'objectif en serait la description des moyens par lesquels les signes virtuels d'une langue sont actualisés, donc utilisés dans une situation actuelle, afin de désigner des objets dans un monde donné ne correspondant pas systématiquement avec le monde empirique. L'actualisation nominale s'opère de toute évidence et en majeure partie par les articles[46].

Dès la «Grammaire de Port-Royal», la définition des articles se trouve en étroite relation avec la détermination telle qu'elle se trouve élaborée en opposition à l'explication dans la «Logique de Port-Royal». Pourtant, la première fonction de l'article dans la *Grammaire de Port-Royal* réside dans l'indication du genre, du nombre et du cas.

Chez Beauzée, c'est une autre distinction théorique de la *Logique de Port-Royal* qui joue un rôle : celle entre *compréhension* et *étendue/extension*. L'adjectif (*physique*) modifie la *compréhension*, l'article (*adjectif métaphysique*) ôte aux substantifs leur abstraction, leur généralité et détermine donc leur *étendue* :

> « C'est tout autre chose des Adjectifs de la seconde espèce dont il va être question : ils n'ajoutent aucune idée à la compréhension du nom appellatif ; mais ils font disparoître l'abstraction des individus, & ils indiquent positivement l'application du nom aux individus auxquels il peut convenir dans les circonstances actuelles. » (Beauzée, 1767 : 304 *sq.*)

Court de Gébelin ajoute à ces réflexions que l'article assume la même fonction que les gestes :

> « Toutes les fois donc que nous aurons occasion de désigner quelqu'un de ceux-ci, nous serons obligés d'accompagner leurs noms de quelques mots qui tirent de ce sens indéterminé qu'ils offrent, & qui en fassent le nom d'Objet même que nous voulons peindre, en sorte qu'on le reconnoisse à l'instant, aussi sûrement que si nous le montrions de la main. Tel est l'usage des Articles. Ces mots déterminent comme par le geste, entre plusieurs objets auxquels il convient le même nom, celui que nous avons en vue. » (Court de Gébelin, 1776 : 187)

Cette fonction indispensable, surtout dans le discours écrit, entraîne l'auteur à faire véritablement l'éloge de l'article :

> « C'est par les articles que les Tableaux de la Parole parviennent à réunir la clarté, la concision & la beauté de l'expression, avec la force & la vivacité du sentiment ; puisque ce sont eux qui donnent aux Noms ce sens déterminé & individuel qui en met l'objet sous les yeux, de manière à ne pouvoir le méconnoître. » (ibid. : 192)

On assiste, dans toutes les grammaires qui nous intéressent, à une distinction très précise entre les adjectifs *physiques* déterminant la compréhension et les adjectifs *métaphysiques* concernant l'*étendue*. La fonction de l'article qui supprime aux signes virtuels leur caractère général pour les intégrer à une situation actuelle, est décrite de manière très explicite ; on critique dans le même temps abondamment l'ancienne définition de l'article selon laquelle il serviraît à indiquer genre et nombre.

Sicard fait une description pédagogique de la fonction de l'article :

> « L'article, dirois-je à des enfans, à qui il faut, autant qu'il se peut, rendre sensibles et matérielles en quelque sorte, les idées métaphysiques, l'article est comme l'*anse* des noms, qui sert à ne s'en saisir, à les ôter du milieu de ceux qui empêchent de les distinguer, et qui nous forcent de les confondre. Cette sorte d'*anse* donne à tout une espèce d'existence individuelle ; un adjectif devient aussi-tôt substantif quand on y attache cette *anse*. » (ibid. : 137)

Thiébault, pour sa part, se réfère explicitement à l'acte langagier, et donc à la fonction référentielle de l'article :

> «(53) La seconde classe grammaticale des adjectifs, celle des *articles*, a pour caractère spécial, de n'ajouter aucune idée à la compréhension du nom qu'ils accompagnent, de n'y point entrer, de n'en exprimer aucune qualité physique, et de ne servir qu'à faire disparoître l'abstraction des individus, en indiquent positivement l'application que l'on fait du nom, à ceux des individus auxquels il convient dans les circonstances où est celui qui parle.» (Thiébault : 204)

Destutt de Tracy ne dit rien d'autre sinon qu'il inverse l'ordre entre *compréhension* et *extension*. Il s'agit tout d'abord de définir l'*extension* avant de pouvoir fixer la *compréhension*[47] :

> «Au contraire, les adjectifs, *le*, *ce*, *tout*, *un*, *plusieurs*, *chaque*, *quelque*, *certains*, (*quidam*), et autres semblables, modifient une idée dans son extension; car si je les joins à cette même idée *homme*, ils la déterminent à être appliquée aux individus à qui elle peut convenir, ou collectivement, ou distributivement, ou en totalité, ou partiellement. Il est même à remarquer que dans nos langues exactes, on ne modifie point une idée dans sa compréhension, qu'auparavant on ne l'ait modifiée dans son extension; c'est-à-dire que l'on n'ait pas scrupuleusement déterminé l'étendue et le mode de cette extension, dans le cas particulier dont on veut parler.» (Destutt de Tracy, 1803 : 105)

Nous retenons donc pour la période qui nous intéresse :

– une description plus affinée de la fonction actualisante de l'article,

– un rang inversé pour *compréhension* et *extension*,

– une distinction entre *extension* abstraite et *extension* actuelle dans le discours.

Souvenons-nous que les dictionnaires révolutionnaires faisaient aussi un large emploi de la distinction entre *compréhension* et *étendue* (chap. 2.3.1.1) pour rendre accessible les changements sémantiques. Ce ne serait pas exagéré de constater une tendance vers l'*étendue*, une préférence d'une sémantique référentielle qui donne la priorité à l'acte de référentialisation dans une situation précise et néglige les invariantes d'un système non actualisé dans le discours.

6.2.2.2. La deixis temporelle : le verbe

On peut constater que les grammairiens vers 1800 revalorisent le verbe au détriment du substantif, et ce soit quantitativement, soit par un renversement explicite de l'ordre établi des parties du discours. Il est bien évident qu'une théorie de l'énonciation s'intéressant à l'acte langagier doit opérer ce choix. Il n'est pourtant pas sans intérêt d'observer la façon dont se produit un glissement insensible d'une isomorphie non remise en question du monde empirique, de la pensée et de la langue vers le sujet parlant qui s'énonce dans une situation historique déterminée. Ce glissement est-il dû, lui ausi, à l'expérience révolutionnaire ou, plus généralement, à la naissance d'un individualisme bourgeois généralisé ?

Le verbe permet au sujet de se situer dans le temps et par rapport aux autres ; c'est une fonction explicitement assumée par les pronoms. On a récemment constaté un très net glissement de la prédominance du nom dans la «Grammaire de Port-Royal» vers une nouvelle perception du verbe au cours du XVIIIe siècle[48]. Ces travaux nouveaux me permettent de traiter plus rapidement ce point crucial. Je voudrais seulement ajouter qu'il ne faut en aucun cas sous-estimer le rôle joué par Court de Gébelin qui a rapproché la catégorie du verbe du *logos*, l'âme véritable de la locution :

> «Les Noms & les Adjectifs étant detinés à se lier entr'eux, comme les qualités sont liées dans les objets, il a fallu un mot propre à former cette réunion ; & ce mot mettra la chaleur & la vie entre ceux-là ; c'est lui qui les présentera par groupes, par tableaux, par grandes masses. Ce mot par excellence, c'est celui qui désigne l'existence, le mot EST ; c'est lui qui sans être nom, article, adjectif, pronom, unit tous ces mots & leur donne une existence, une force, qu'ils ne peuvent avoir sans lui.» (Court de Gébelin, 1776 : 124)

Sicard, qui considère le verbe comme *l'âme du discours*, lui donne raison. Je voudrais y ajouter, à la suite de Delesalle/Désirat (1982), que De Sacy est le seul à en tirer des conclusions pour son organisation des parties du discours. Il donne, dans sa grammaire, la première place au verbe «qui donne la vie au discours» (de Sacy, 1975 : 5).

Concernant le traitement de la catégorie verbale chez Destutt de Tracy, je me limiterai à rappeler certains points cruciaux développés par Sylvain Auroux en 1986 ; l'étude comparative de Beauzée et de Destutt de Tracy montre que Destutt de Tracy préfère une analyse du système temporel avec deux points de référence et que l'acte langagier constitue la référence primordiale. Ceci est particulièrement évident dans l'analyse du futur conçu comme temps de l'éventualité.

> «C'est le rôle absolu du moment de l'énonciation que met en lumière l'opposition entre l'exsitence positive et l'existence éventuelle. Tout se passe comme si Destutt «cassait» la linéarité temporelle, au point de contact entre le sujet et le monde (v. fig. V) ; le temps n'est pas donné dans la continuité mondaine de son déploiement, il est rattaché à la représentation du sujet, et le fait qu'il en soit une modalité se traduit de façon maximale pour le futur.» (Auroux, 1985-86 : 300)

6.2.2.3. *Le dialogue : le pronom*

Nous avons vu qu'une théorie de l'énonciation doit forcément traiter des processus permettant une référence au monde et des autres permettant au sujet locuteur de se situer dans le temps et son rapport aux autres. Cette dernière relation est rendue explicite par le biais du pronom.

On assiste, durant les deux cents ans de la Grammaire Générale, à un glissement de la définition des pronoms en tant que «mots remplaçant le substantif» (Port-Royal) — leur fonction est d'éviter les répétitions — vers une revalorisation des concepts de personne, prosopée, masque qui jouaient un rôle important dans l'Antiquité. Ce glissement est déjà très net chez Beauzée :

> «Mais *tu* désigne toujours l'être auquel on adresse la parole, quelle qu'en soit la nature; *je* désigne toujours l'être qui parle ou qui est censé parler; etc. Nous voilà, si je ne me trompe, sur la bonne voie : les noms expérimentent des êtres déterminés, en les désignant par l'idée de leur nature; les *Pronoms* expriment des êtres déterminés, en les désignant par l'idée de leur personne.
>
> Ce mot de personne, pour ôter lieu à toute équivoque, a besoin d'être expliqué. Il y a trois relations générales que peut avoir à l'acte de parole le sujet de la proposition : car ou il prononce lui-même la proposition dont il est le sujet, ou la parole lui est adressée par un autre, ou il est simplement sujet sans prononcer le discours & sans être apostrophé.» (Beauzée, 1767 : 269)

Ce contexte ancien du théâtre, des acteurs et des rôles est repris ultérieurement, par exemple chez Court de Gébelin qui, dans la définition des pronoms, évoque «les acteurs de la parole», par Thiébault qui esquisse la situation communicationnelle en faisant explicitement allusion au théâtre et réactive par là-même le contenu métaphorique du mot grammatical de «personne» :

> «C'est dans la nature même des choses et la nécessité, qui donnent au langage, le caractère d'une espèce de scène théâtrale, où l'on voit figurer trois sortes de personnages; une espèce de scène où l'on met en relation, et pour ainsi dire, en présence, trois classes d'acteurs, à savoir, 1. ceux qui parlent ou qui sont supposés parler; 2. ceux à qui la parole est adressée réellement ou par supposition; 3. ceux de qui l'on parle. Ainsi nous avons nécessairement dans les langues trois rôles dont on ressent le besoin absolu dès que l'on veut parler.» (Thiébault, 1802 : 206)

On trouve chez Sicard la même description des fonctions pronominales, notamment la correspondance avec les «trois sortes de relations dans le commerce de la parole» sans recours métaphorique au théâtre et aux rôles. Ainsi que nous l'avons vu dans le cas de l'article, Sicard remet en question la tradition de façon explicite, qui considère les pronoms uniquement comme moyens d'éviter une répétition et, partant, ne peut percevoir la fonction pronominale réelle :

> «S'il y a trois sortes de relations dans le commerce de la parole, si on distingue, parmi les hommes qui causent ensemble, ces trois diverses relations, il falloit des signes pour les exprimer. Or, le nom de chacun d'eux ne pouvoit en exprimer qu'une seule. Il a donc fallu de petits mots qui, en recevant leur valeur de ces trois relations, produisissent l'effet que les noms ne pouvoient produire : de-là trois sortes de pronoms substantifs : L'un pour exprimer la relation du sujet qui parle de lui-même; et on l'appelle *Pronom de la première personne*. L'autre pour exprimer la relation du sujet à qui l'on parle de

lui-même; c'est le *pronom de la seconde*. L'autre, enfin, pour exprimer la relation du sujet dont on parle et à qui on ne parle point; c'est le *pronom de troisième personne*. Les pronoms ne remplacent donc pas les noms; ils se bornent à faire connoître les relations des personnes entr'elles. (...) Le pronom ne tient donc la place d'aucun nom déterminé; mais seulement il indique un sujet quelconque, auquel aucun nom particulier ne convient, à l'exclusion d'un autre nom. Qu'on n'oublie pas que l'essence du nom et ce qui le caractérise, c'est de déterminer un sujet par l'idée de sa relation avec d'autres êtres, par l'idée de son rôle ou de la personne qu'il exprime.» (Sicard, an VII : 176-177)

6.2.2.4. *La liaison : la conjonction et le* conjonctif *(pronom relatif)*

Les procédés permettant de quitter le plan de la proposition doit obligatoirement susciter l'intérêt dans une théorie des activités de la parole : ce sont précisément ces procédés qui assurent la textualisation. Les rapports entre les propositions soit restent implicites, soit sont assurés par les conjonctions.

Dans la tradition de Port-Royal, les conjonctions sont définies par leurs fonctions, qui sont d'assumer les liaisons entre plusieurs pensées/propositions. En conséquence, la conjonction est tout comme le verbe un mot «qui signifie la forme de nos pensées & non pas proprement les objets de nos pensées» (p. 150). On n'accorde par ailleurs pas une grand attention à la conjonction. Dans cette tradition, Beauzée, que Destutt de Tracy cite de façon positive, range les conjonctions, comme en outre les interjections, du côté du discours. Ce sont elles précisément qui permettent de quitter le niveau de la phrase simple pour passer aux rapports transphrastiques, discursifs. Destutt adhère totalement à la classification de Beauzée. Il est à remarquer qu'il consacre de nombreuses pages aux conjonctions et aux *conjonctifs* (= pronoms relatifs) qu'il analyse en conjonction et article. Il tient de toute évidence tout particulièrement compte de la fonction de liaison et de hiérarchisation assumée par ces deux parties du discours. Ses réflexions sur *que*, conjonction lui-même (parallèlement à *être*, le verbe exemplaire) jouent un rôle prépondérant dans la reconstruction de l'origine de la langue.

Nous avons vu que les parties du discours qui peuvent remplir une fonction pragmatique essentielle, sont traitées dans les grammaires françaises vers 1800 de façon quelque peu divergente de celle de la tradition des Grammaires Générales. Les premières pierres de ces changements ont été posées au cours du XVIIIe siècle; ce sont les grammairiens tels que Girard, Beauzée et Court de Gébelin qui ont fait les pas décisifs. Mais ce n'est qu'à l'époque qui nous intéresse que s'établit un nouveau système de définitions articulé de manière cohérente autour des concepts «d'acte de parole», de «situation langagière». Un coup d'œil sur les grammaires secondaires de l'époque, telle celle de Mongin, nous montre qu'il ne s'agit nullement de quelques textes isolés mais d'un phénomène généralisé.

Nous avons mis en relief un développement particulier dans la Grammaire Générale; il serait tout aussi possible de se concentrer sur les propositions pour une régularisation des langues naturelles en ce qui concerne la grammaire et l'introduction du règne de l'analogie surtout dans la morphologie verbale.

La perspective adoptée ici me paraît particulièrement intéressante puisqu'elle révèle le rapport intime d'un besoin de régularisation, de définition, de création d'univocité d'une part et la découverte de l'indexicalité de tout langage d'autre part, du fait que la langue ne fonctionne pas hors situation et qu'elle fournit des procédés qui permettent précisément la mise en situation. L'expérience révolutionnaire aura certainement aiguisé la perception de cette mise-en-situation.

6.2.3. La formation des mots

Nous avions vu que ce sont les langues scientifiques qui fournissent le modèle d'une réforme linguistique en général. Or, c'est la *nomenclature* qui se trouve au cœur de toute langue scientifique et c'est cela le point de départ pour l'élaboration d'une *langue bien faite*. Nous retrouvons ici le même soin de bien définir la fonction de chaque élément que nous avions déjà observé dans la grammaire. La formation des mots se prête d'autant mieux à une uniformisation dans l'optique analogique qu'on avait assisté, pendant la Révolution, à l'éclatement des mots nouveaux et des significations. La discussion de la néologie présente plusieurs ancrages dans la linguistique du XVIIIe siècle. Il est bien évident que la théorie condillacienne de la langue bien faite et les nomenclatures qui en découlent fournissent le noyau dur pour une discussion néologique post-thermidorienne.

Ecoutons Cabanis qui exige pour la langue la même rigueur que celle de la terminologie médicale :

> «... ainsi, le premier vice des mots d'une langue sera d'être confus, vagues, ou susceptibles de plusieurs sens. En second lieu, les idées doivent être enchaînées dans un ordre naturel, et classées de manière à faire sentir distinctement et sans effort, les rapports qui les lient entr'elles : le second vice d'une langue est donc que ses mots n'aient point été formés suivant le plan de la formation même des idées; qu'on les y transporte d'un objet à l'autre, qu'on les modifie, ou les combine sans règle fixe.» (Cabanis, 1804 : 163)

Retenons maintenant les traits caractéristiques d'une langue scientifique selon les tenants d'une nomenclature[49] :

1. Elle est posée, *construite*, non pas formée de façon incohérente au cours des siècles.

2. Elle doit être formée *systématiquement*, les mêmes relations étant exprimées toujours par les mêmes formatifs.

3. Elle doit être univoque : un formatif correspond à une idée, sans pluralité des sens et des acceptions, ce qui implique

4. qu'elle ne peut se baser sur des procédés néologiques sémantiques (élargissement de l'étendue, etc.), mais qu'elle se base exlusivement sur des procédés *formels*.

5. Elle est claire et à la portée de tout le monde, non pas obscure comme le lange des alchimistes (qui, à ce point de vue, peuvent être comparés aux prêtres qui abusent des hiéroglyphes)[50].

Mais n'oublions pourtant pas que les discussions sur la néologie ont une longue tradition dans la lexicographie normative du siècle depuis la Querelle des Anciens et des Modernes[51]. Après les arguments favorables à une modernisation de la langue française déployés par Frain du Tremblay et Fénelon, l'abbé Desfontaines s'y oppose violemment. Vers le milieu du siècle, on accepte la nécessité de la néologie (Moncrif, Bordes, Alletz) pourvu que les nouvelles formations satisfassent aux conditions de *nécessité*, d'*analogie* et d'*harmonie*. En 1762, le *Dictionnaire de l'Académie* distingue entre *néologie* = art et *néologisme* = abus. On peut constater que la nécessité de la néologie en vue du développement des arts et des sciences est généralement bien perçue et que les exigences auxquelles une néologie bien faite doit satisfaire sont formulées. Ce sont surtout des conditions de sonorité (*harmonie*) et de forme, à savoir que le mot nouveau doit respecter un modèle linguistique correspondant au *génie de la langue* (*analogie*).

Ajoutons que le courant comparatif et historique (de Brosses, Court de Gébelin) de la linguistique française au XVIIIe siècle s'intéresse, lui aussi, de très près à la formation des mots. Il s'agit, cette fois-ci, d'un intérêt négatif : pour arriver aux radicaux supposés monosyllabiques de la (des) langue(s)-mère(s), il faut établir une distinction bien fondée entre ce qui est radical et ce qui est dérivatif.

La discussion post-thermidorienne sur la néologie réunit trois traditions. On évoque parfois les anciens critères de nécessité et d'harmonie; tantôt une réflexion sur les origines apparaît; mais la tâche fondamentale est d'adapter à la langue toute entière les procédés élaborés au sein des sciences naturelles.

La nécessité d'un *dictionnaire d'idées* comme partie intégrante de l'Idéologie est très fortement ressentie dans les milieux intellectuels qui se consacrent à la science des idées et de leurs signes. Degérando parle d'un *dictionnaire des idées*, Lancelin d'un «dictionnaire analytique» (I : XXXIII et 297 *sq*.). Il s'agit, dans tous ces projets, de compléter l'idéologie, science qui s'intéresse à la formation des idées, par un inventaire de celles-ci. Butet de la Sarthe est le seul à avoir réalisé une telle classification des idées dans sa lexicologie[52]. Il conçoit son projet lexicologique en opposition à une idéologie stérile :

> «Vouloir qu'il y ait une science des idées, sans lexicologie, c'est vouloir qu'il y ait une science des nombres sans système numérique. On peut donc nier la liaison des mots dans leur formation, sans violer la règle du sens commun; il doit donc exister un système de lexicologie.» (Butet de la Sarthe, 1801 : VIII *sq*.)

Destutt de Tracy considère très favorablement cet ouvrage[53]. Il est donc permis de généraliser le terme de lexicologie, malgré la polémique de Butet lui-même, à toute la tendance vers une concrétisation de l'idéologie axée sur le côté formel de la représentation des idées et surtout sur les procédés de formation des mots qui rendent perceptibles les idées générales. Il est évident que les formatifs représentent un type particulier d'idées. Dans la formulation de Beauzée, il s'agirait d'idées accessoires par rapport aux idées principales, ce qui serait aussi vrai des formatifs grammaticaux et des différences entre synonymes. Destutt de Tracy partage cette vue :

> «En adoptant ensuite une certaine quantité de particules monosyllabiques aussi, au moyen desquelles on formerait tous les mots composés et dérivés suivant des lois constantes, de manière que la même particule employée, soit comme initiale, soit comme finale, réveillât toujours la même idée accessoire.» (Destutt de Tracy, II : 411)

Mais il s'agit aussi d'idées abstraites qui ne se seraient pas formées sur la base des expériences, des sensations même, mais sur la base d'opérations intellectuelles. Ces idées méritent donc une attention toute particulière parce qu'elles ne sont pas corrigées par l'expérience[54].

Tous les Idéologues, comme l'ensemble de la linguistique des Lumières, sont convaincus que les langues sont identiques en ce qui concerne les idées. Les langues ne varient que dans leur aspect matériel. Cette asymétrie entre idées et sons rend l'analyse des formatifs particulièrement compliquée. Le problème de la formation des mots se révèle étroitement lié à celui de la langue universelle. On se trouve confronté à deux positions globales :

1. On devrait aspirer à une langue universelle qui entraînerait une universalité pour l'expression écrite d'abord, sonore ensuite (Lancelin).
2. Il faut accepter la pluralité des langues et leurs imperfections, surtout leur caractère indéterminé et vague. L'universalité serait uniquement souhaitable dans les terminologies scientifiques (Destutt de Tracy). Là encore, on peut distinguer diverses positions :
a) Les terminologies tendent vers l'internationalité.
b) Les terminologies doivent s'adapter au génie de la langue respective, principe central dans l'élaboration de la terminologie chimique.

Butet de la Sarthe va plus loin. Tout en acceptant l'universalité des contenus, il part de l'idée de l'isomorphie fondamentale entre idée et expression. Cela lui permet de développer une méthode structuraliste avant la lettre. On trouve d'ailleurs des principes semblabes chez des auteurs moins importants.

Il s'agit tout d'abord de *délimiter* les entités. Les prépositions (au sens large), les radicaux et les désinences ont le même statut. Pour réaliser une liste des entités, Butet établit un corpus et l'ordonne, ce qui lui permet de segmenter justement les entités :

> «Je fis autant de cahiers que je reconnus de syllabes initiales et finales en français; je distribuai par ordre alphabétique ces cahiers, qui avaient pour titre chacun leur syllabe, comme si j'eusse voulu faire deux sortes de Dictionnaires complets, un Dictionnaire ordinaire, et un Dictionnaire de rimes. Je plaçai par colonne, et sous chaque syllabe initiale ou finale, tous les mots affectés des mêmes prépositions ou désinences, depuis le 1er jusqu'au 38e et dernier volume *in*-4. du grand Vocabulaire français : trouvant cet ouvrage aussi incomplet que volumineux, je fis le même extrait de 80 à 100 volumes de Dictionnaires particuliers de Sciences et Arts, et je réunis dans l'ensemble de mes cahiers la presque universalité des mots français commençant et finissant de la même manière.» (Butet de la Sarthe, 1801 : XXIII *sq.*)

La seconde démarche est d'assigner aux formatifs, résultats de ce procédé de segmentation, une idée. C'est l'idée accessoire identique dans tous les cas :

> «Je pris chaque cahier en particulier, et j'examinai ce que les mots placés sous le même titre pouvaient avoir de semblable dans leur signification, et après l'avoir déterminé par le résultat de leur comparaison, je conclus que leur partie commune était le signe de l'idée accessoire par laquelle leur idée principale était également modifiée.» (Butet de la Sarthe, 1801 : XXIV *sq.*)

Après avoir isolé les entités et avoir assigné une idée au formatif (par voie positive ou négative), on peut partir de l'unité de cette entité constituée par une expression et une idée. Cette notion d'unité du signe
a) fait apparaître certaines différences dans l'expression comme des variantes :

«Par exemple, *male, mal, mé, mau*, étant des variétés d'un même signe, celui de l'improbation, tous les binomes en *male, mal, mé, mau*, sont dis improbatifs;» (Butet de la Sarthe, 1801 : XXX)

b) exclut la pluralité des contenus qui, elle aussi, est traitée sous forme de variété :

«Chaque genre se subdivise en autant de sortes qu'il y a de sens particuliers dans lesquels se prend la valeur de la partie formulée, et il n'y a guère que l'usage qui puisse faire reconnaître les sortes d'un même genre, parce qu'elles n'ont aucun signe matériel qui les caractérise, leur distinction est une pure opération de l'esprit.» (Butet de la Sarthe, 1801 : XXXIII *sq.*)

Toute cette méthodologie bien élaborée peut se lire comme la découverte de ce qu'on appellera plus tard le *morphème*. Il s'agit sans aucun doute d'un procédé structuraliste qui part du caractère paradigmatique de la constitution des signes et d'une isomorphie de l'expression et du contenu si forte que la variété de l'expression devient allomorphe et la variété du contenu «sorte du genre» ou bien type de signification discursive. Ce sont précisément ces principes qu'on dressera au XXe siècle contre le substantialisme et l'atomisme des Néo-Grammairiens. Le point de départ est, tout comme dans la grammaire, le besoin de décrire les idées générales et abstraites qui se soustraient à l'expérience et partant à la rectification par les sensations. La science des idées devra s'occuper surtout de ces idées-là qui malgré leur importance pour la pensée avaient été abordées systématiquement jusque-là.

6.2.4. L'indétermination des mots

La Grammaire Générale et la lexicologie visaient à établir des isomorphies stables entre expression et contenu. Subsistait toutefois le problème du caractère essentiellement vague, de l'indétermination sémantique des mots — c'est-à-dire des lexèmes. Tout avait concouru à mettre en évidence ce défaut de la langue quotidienne : progrès d'uniformisation des langues scientifiques faisant apparaître les langues quotidiennes comme résidu chaotique, expansion de l'écriture et de la lecture ainsi que des procédés conceptuels de la littéralité, dont l'un est d'expliciter la situation et le savoir, rôle central attribué à l'écriture après Thermidor, et enfin *logomachie* révolutionnaire — *abus des mots* — bref : prolifération des significations nouvelles accompagnant le processus révolutionnaire.

Or, le thème de l'*indétermination* des mots, de la multiplicité des significations est l'un des sujets chers au XVIIIe siècle. Souvenons-nous de l'usage que faisaient les premiers lexicographes révolutionnaires de ce fonds riche en procédés de description (chap. 2.3.1); rappelons-nous également la «découverte» de la *polysémie* (distincte de l'homonymie) avant la lettre que nous avons décelé dans le dictionnaire de Rodoni (chap. 4.3). Mais, quels sont donc les éléments traditionnels repris par le discours idéologique sur l'indétermination ?

Voyons tout d'abord — comme à l'accoutumée — la méthode de Condillac telle qu'il l'a développé dans son *Essai sur l'origine des connoissances humaines*. Le second chapitre de la partie méthodique est consacré à notre problème : « De la manière de déterminer les idées ou leurs noms.» Condillac recommande une vérification radicale des désignations attachées aux *idées complexes* en revenant pour chaque cas aux *idées simples* dont elles se composent et elles-mêmes assurées par les *sensations*. Condillac suppose néanmoins que les expériences, fondements des idées simples, sont au fond les mêmes pour tous. Les auteurs idéologiques reprennent et développent le programme condillacien de différentes manières.

Condillac, de son côté, se réfère à Locke d'une part, mais s'inspire également des classifications des idées héritées de la *Logique* de Port-Royal et de Leibniz, par ailleurs largement répandues au XVIIIe siècle (*cf.* l'article *idée* de l'Encyclopédie). On peut conserver les distinctions opérées ; il suffit simplement de les réinterpréter sous l'angle sensualiste mettant les idées en rapport avec les expériences sensuelles. On distingue tout particulièrement entre *clarté* et *distinction, obscurité* et *confusion* comme modes de la représentation des objets par les idées. Dans l'article de l'Encyclopédie, nous retrouvons la systématique de Leibniz : il faut, en premier lieu, opérer une différence entre *idées obscures* et *idées claires*; ces dernières peuvent, pour leur part, être *confuses* ou *distinctes*. On peut alors poursuivre le distinction entre *idées complètes* et *idées adéquates* :

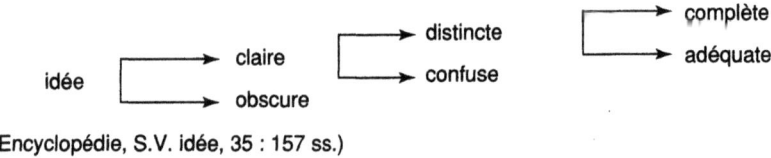

(Encyclopédie, S.V. idée, 35 : 157 ss.)

La *Logique* de Port-Royal opère d'autres distinctions largement répandues au XVIIIe siècle et utilisées pour décrire la multiplicité des significations : différence entre *étendue* et *compréhension* (chap. VI), entre mots *univoques* et mots *équivoques* — importent ici tout paticulièrement les équivoques analogues, polysèmes pour ainsi dire (chap. VI) —, et enfin la notion d'*idées accessoires* adjointes à l'*idée principale*, notion qui a joué un grand rôle dans la synonymie. La rhétorique, par ailleurs, et ici en particulier la théorie des tropes, proposaient plusieurs démarches possibles pour une description de la multiplicité des significations. Alors que la *Logique* de Port-Royal considérait cette dernière comme un défaut qu'il convenait d'éliminer par divers processus, la rhétorique lui confère un statut de normalité, y voit le fondement autorisant un discours figuré.

Le discours sur l'indétermination peut donc se référer d'une part au genre de représentation des objets par les idées : obscur ou clair, confus ou distinct, d'autre part à la portée, à l'*étendue* des idées et enfin aux *idées accessoires*, aux connotations qui se superposent aux *idées principales*.

Dans la pensée linguistique des Idéologues, le thème de l'indétermination est omniprésent, quasi obsessionnel. Examinons quelques-unes des positions de plus près.

6.2.4.1. Cabanis : L'indétermination en tant que problème de la langue scientifique

Cabanis se penche sur le problème de l'*indétermination* à l'occasion de sa tentative de réforme de la langue scientifique médicale, dans les *Révolutions et réforme de la médecine* de l'an III et, plus généralement, dans le cadre du programme condillacien, appelé par Cabanis, de la « langue bien faite, et réforme analytique des langues » (Cabanis, 1956, II : 169). Qu'il me soit permis de citer ici de manière exhaustive ses propositions pour une purification de la langue scientifique médicale :

« Une langue est destinée à transmettre et à retracer les idées, ou les images de tous les objets qui s'offrent à nos sens. Ces idées doivent d'abord être claires et précises : ainsi, le premier vice des mots d'une langue sera d'être confus, vagues, ou susceptibles, de plusieurs sens. En second lieu, les idées doivent être enchaînées dans un ordre naturel, et classées de manière à faire sentir distinctement et sans effort, les rapports qui les lient entr'elles : le second vice d'une langue est donc que ses mots n'aient point été formés suivant le plan de la formation même des idées, qu'on les y transporte d'un objet à l'autre, qu'on les modifie, ou les combine sans règle fixe; que l'usage constant de la règle n'y lève pas toute incertitude par rapport à leurs transformations de sens, et ne montre pas, dans les analogies, ou dans les relations grammaticales des mots, celle même des objets. La troisième qualité des idées est de se réveiller et de se transmettre facilement : le troisième vice d'une langue est donc d'être difficile à apprendre et à retenir. Enfin cette peinture parlée de nos sensations, ou plutôt des idées qu'elles font naître en nous, doit être capable de rendre par l'harmonie, la couleur, l'élégance, la force et la vivacité de l'expression, les différens caractères de ces mêmes idées : elle doit pouvoir en suivre tous les mouvemens, en faire sentir toutes les nuances, et s'adresser avec le même succès, à la raison, à l'imagination et à la sensibilité. Ce n'est pas seulement le désir de plaire, ou le besoin d'être ému, qui impose cette dernière condition; ce sont la netteté, la rapidité, l'énergie et la durée des impressions qui l'exigent : c'est par-là seulement, que l'intérêt et l'attention peuvent être toujours soutenus. Les langues qui sont tout à la fois exactes et brillantes, réagissent sur les esprits : elles leur impriment une activité nouvelle, et deviennent ainsi la cause directe de beaucoup d'idées qui n'eussent point été produites sans ce nouveau genre d'impressions. On pourroit croire que la langue des sciences doit se borner à l'exactitude, à la précision, à la clarté; ces qualités y sont les plus essentielles sans doute : mais, non-seulement les sciences ont leur genre d'élégance et d'agrément; elles ont aussi leur éloquence; elles ont leur manière d'ébranler l'imagination; et quelquefois même elles peuvent, sans sortir des limites que trace un goût sévère, parler à la sensibilité du lecteur.

Il seroit inutile d'expliquer ce qu'on doit entendre par *un mot précis*. Pour être tel, il suffit que ce mot désigne clairement un objet déterminé, et qu'il ne puisse en aucune manière, réveiller l'idée d'un objet différent.» (Cabanis, 1956, II : 163 *sq*.)

Il apparaît clairement dans le contexte global, mais aussi particulièrement dans la quatrième condition, qu'il s'agit ici exclusivement de l'élaboration d'une langue scientifique : pourtant, le jugement positif que porte Cabanis sur l'éloquence scientifique diverge considérablement de la position de ses contemporains[55]. L'appréhension de l'*indétermination* dans la langue quotidienne demeure en suspens. L'objectif final étant de rendre plus scientifiques tous les domaines de la vie, on peut d'ores et déjà constater que l'espace où pourrait s'épanouir l'indétermination s'amenuise sensiblement.

6.2.4.2. Lancelin : L'indétermination, problème du langage quotidien

Au contraire de Cabanis, Lancelin, dans son «Introduction à l'analyse des sciences» (an IX), ne restreint pas le problème aux terminologies mais le radicalise en tant que problème touchant l'ensemble de la langue. Il n'apparaît pas au niveau des *idées simples* où tous partagent les mêmes *sensations*, mais à celui des *idées complexes*. Sous cet angle, il se présente surtout comme un problème de l'*étendue* qui peut s'amplifier grâce aux nouvelles connaissances (à l'inverse de Cabanis pour qui l'*indétermination* résulte d'une analyse insuffisante) :

«L'on voit donc que l'étendue de chaque terme exprimant une notion complexe de substance, d'art ou de science, etc., est indéterminée, variable, et susceptible de croître continuellement par l'addition de nouvelles idées, naissantes de nouvelles découvertes : ainsi, chacun de ces noms généraux, or, fer, argent,etc.; quadrupèdes, oiseaux, poissons,etc.; astronomie, physique, chimie, botanique, horlogerie, gravure, peinture, morale, éducation, législation, etc., ont deux sens, l'un désignant la somme de nos connoissances actuelles, l'autre la somme totale des connoissances qu'il est possible à l'homme d'acquérir sur chacun des objets précités [...]» (Lancelin, 1801, I : 203)

Cette «épine» des différents niveaux de connaissances en fonction du lieu historique du locuteur, intéresse l'ensemble du langage quotidien, en particulier les domaines de la morale et de la politique, et ne trouvera éventuellement aucune solution :

« Voilà une des principales sources de l'imperfection des langues, un des plus puissans obstacles qui s'opposent et s'opposeront éternellement peut-être à ce qu'elles acquièrent une précision mathématique. » (ibid. : 180)

Globalement, Lancelin recourt régulièrement aux objectifs jacobins de l'*uniformisation* et de l'*homogénéisation* de la société dans laquelle l'inégalité des connaissances, et par conséquent l'*indétermination* des mots n'auront plus lieu d'exister.

6.2.4.3. Destutt de Tracy : L'indétermination en tant que trait constitutif de la langue quotidienne

Dans ses *Elémens d'Idéologie* (vol. I, an IX; vol. II, an XI), Destutt de Tracy insiste encore plus que Lancelin sur le fait que l'*indétermination* est une caractéristique inhérente aux langues humaines.

> « que l'incertitude de la valeur des signes de nos idées est inhérente, non pas à la nature des signes, mais à celle de nos facultés intellectuelles; et qu'il est impossible que le même signe ait exactement la même valeur pour tous ceux qui l'emploient, et même pour chacun d'eux, dans les différens momens où il l'emploie.
>
> Cette triste vérité est ce qui constitue essentiellement le vice radical de l'esprit de l'homme; et qui le condamne à ne jamais arriver complètement à l'exactitude, excepté dans quelques cas fort simples, ou considérés sous un rapport particulier; et ce qui fait que presque tous ses raisonnemens sont nécessairement fondés sur des données incertaines et variables jusqu'à un certain point. » (Destutt de Tracy, II an IX : 405)

Selon Destutt, on ne peut remédier à ce vice que dans des segments partiels, ceux des terminologies scientifiques régies par des normes, le langage quotidien échappant alors à ce phénomène. Cette position le différencie nettement de l'optimisme scientifique d'un Lancelin dont le point de départ est une incursion progressive de la science dans tous les domaines de la vie. Destutt émet ce point de vue, modéré et résigné à la fois, dans le cadre de son plaidoyer contre une langue universelle et pour une alphabétisation généralisée. Alors que la première enfermerait le savoir de manière hermétique (tels que les hiéroglyphes d'autrefois le faisaient du savoir des prêtres), la seconde entraînerait une démocratisation de tous les domaines de la vie.

Quelles sont les raisons présentées par Destutt pour un caractère nécessairement vague des concepts? Les concepts s'élaborent sur la base des expériences; celles-ci diffèrent pourtant en fonction des individus, et même, chez tout individu, en fonction de ses phases biographiques. Par ailleurs, chacun prend à son compte les signes-mots historiques et découvre *a posteriori* les sensations et les idées s'y rattachant. Le processus de détermination des signes est en quelque sorte inversé en raison du poids des signes historiquement convenus.

«D'abord nous avons déjà remarqué que quand une fois l'usage des signes est introduit entre les hommes, nous n'en inventons presque plus, nous n'en faisons plus d'après nos idées propres, nous les recevons tout faits de ceux qui s'en servent avant nous, et nous avons presque toujours la perception du signe avant celle de l'idée qu'il est destiné à représenter. A la vérité ce signe n'a aucune signification pour nous avant que nous ayons acquis la connaissance personnelle de cette idée ; mais lorsque l'idée est fort composée, et c'est le plus grand nombre, cette connaissance est souvent difficile à se procurer ; elle exige un travail long, qui ordinairement reste imparfait. Nous pouvons rarement y parvenir par des expériences directes ; nous sommes réduits le plus souvent à des conjectures, à des inductions, à des approximations ; enfin nous n'avons presque jamais la certitude parfaite de cette idée, que nous nous sommes faite sous ce signes par des moyens, soit exactement et en tout la même que celle à laquelle attachent ce même signe celui qui nous l'a appros et les autres hommes qui s'en servent. De là vient souvent que des mots prennent insensiblement des significations différentes, suivant les temps et les lieux, sans que personne se soit aperçu du changement : ainsi il est vrai de dire que tout signe est parfait pour celui qui l'invente, mais qu'il a toujours quelque chose de vague et d'incertain pour celui qui le reçoit ; or c'est le cas où nous sommes presque toujours. C'est donc avec cette imperfection que nous y attachons nos idées, et qu'ensuite nous les manifestons.

Il y a plus, je viens d'accorder que tout signe est parfait pour celui qui l'invente ; mais cela n'est rigoureusement vrai que dans le moment où il l'invente, car quand il se sert de ce même signe dans un autre temps de sa vie, ou dans une autre disposition de son esprit, il n'est point du tout sûr que lui-même réunisse exactement sous ce signe la même collection d'idées que la première fois ; il est même certain que souvent, sans s'en aprcevoir, il y en a ajouté de nouvelles, et a perdu de vue quelques unes des anciennes.» (Destutt de Tracy, I an IX : 314 *sq*.)

Le raisonnement de Destutt de Tracy concernant l'indétermination va très loin et reste remarquable même de nos jours : expériences variées ; nécessaire différence entre locuteur et auditeur ; l'individu en tant que lieu de la détermination des signes et, enfin, puissance des signes accumulés au fil de l'histoire qui inverse le processus «naturel» de la genèse des signes. C'est profondément résigné que Destutt constate tous ces faits : «nous devons donc renoncer à la perfection» (II : 406). Il est bien loin d'une évaluation positive (tel qu'elle est répandue simultanément et un peu plus tard en Allemagne et en Italie) des propriétés des langues naturelles qu'il a pourtant très bien perçues.

6.2.5. Le style analytique : la rhétorique en exil

Les *Elémens d'Idéologie* de Destutt de Tracy ne prévoient pas de rhétorique qui, pourtant, sous forme d'*Art d'Ecrire*, se trouvait encore en bonne position dans le système condillacien, et il en va de même dans presque tous les manuels des Ecoles Centrales[56]. Seule la logique est déterminante pour les principes de l'écriture. La rhétorique a perdu son centre systématique et insitutionnel. Résumons les transformations dans la systématique didactique :

Trivium		Grammaire	Logique	Rhétorique
Condillac		Grammaire	Logique	Art d'Ecrire
Destutt de Tracy	Idéologie	Grammaire	Logique	--

Ce ne sera que pendant l'Empire et la Restauration que la rhétorique fera sa réapparition, parfois grâce aux activités d'anciens professeurs des Ecoles Centrales comme Fontanier.

L'*Encyclopédie* fournit encore, dans l'article *Style*, une classification et des critères d'appréciation de type traditionnel. Cette conception énumère un nombre déterminé de styles qu'on peut classer dans une typologie :

vers	épique dramatique lyrique bucolique de l'apologue
prose	périodique coupé oratoire historique épistolaire

On peut également énumérer les critères de jugement en listes finies elles aussi :

bon style	clarté noblesse ornemens ménagés avec adresse, conformes à la situation naiveté
mauvais style	obscur affecté bas ampoulé froid uniforme

Dans son *Art d'Ecrire*, Condillac modifie totalement cette conception stylistique tout en en conservant les éléments traditionnels. Le système d'évaluation devient système de production ; en lieu et place des nombres finis des styles possibles se fait jour le principe de l'infinité des styles :

« Le style varie donc en quelque sorte, à l'infini ; et il varie quelquefois par des nuances si imperceptibles, qu'il n'est pas possible de marquer le passage des uns aux autres. » (Condillac, 1801 : 163)

Les deux pôles entre lesquels se meuvent les styles infiniment nombreux sont l'*image* et l'*analyse*.

«Les genres les plus opposés sont d'un côté les analyses, et de l'autre les images; et c'est en observant ces deux genres qu'on remarque une plus grande différence dans le style des écrivains.» (ibid. : 161)

Au moment où on ne peut plus compter ni classifier les styles, la notion de style en soi acquiert une nouvelle dimension. Le «style» est à présent le principe uniforme d'organisation à la base de toute œuvre et résultant du «sujet» et des «sentimens de l'écrivain». Les critères de jugement eux aussi se modifient : ils ne sont plus immuables mais liés à la situation historique et aux personnes de l'auteur et du critique. Le principe d'organisation librement choisi et son respect sont alors le point de référence primordial de cette évaluation. Cette libération du texte écrit qui n'est plus lié à un nombre fini de finalités énumérables entraîne une redéfinition radicale du concept de style ainsi qu'une décollectivisation et une historicisation des critères d'évaluation.

Par rapport aux diverses tentatives du XVIIIe siècle de critique et de démantèlement du concept classique de style, la vive discussion autour du style durant la Révolution constitue un retour à ce modèle, voire une radicalisation de la systématisation des styles énumérables[57]. Elle est caractérisée par une stricte dichotomisation de deux ou trois styles qu'on projette en même temps sur un axe temporel : on les considère comme caractéristiques de l'*ancien régime* ou au contraire de l'*ère française*. Il existe par ailleurs des essais d'harmonisation pour dépasser cette dichotomie.

Nous avions vu que Condillac avait délimité deux pôles au nombre en principe illimité de styles : le *style d'image* et le *style d'analyse*. Ces deux pôles délimitant une échelle prennent maintenant en tant que styles un caractère absolu et sont opposés l'un à l'autre dans une dichotomie soulignant leur incompatibilité. Le *style d'analyse* est celui de la nouvelle ère, ce qui correspond d'une part à l'idéal scientifique des Idéologues considérant comme activité première de toute science et de toute pédagogie la décomposition en *éléments* et refusant, par contre, strictement la *synthèse* en tant que propriété des *images*[58]. On entend encore un retentissement de l'idéal stylistique de la Terreur : le *style laconique* purgé toutefois de ses implications rousseauistes. On ne parle plus de l'*énergie des signes*; mais il s'agit toujours de dire les choses telles qu'elles sont. «Guerre à la rhétorique et paix à la syntaxe», telle est l'imposante devise. Ecoutons la manière dont Volney qui ne partageait pas du tout les convictions rousseauistes de la Montagne, évoque pourtant son idéal stylistique :

> « On apprend aux hommes à parler; on devrait leur apprendre à se taire : la parole dissipe la pensée, la méditation l'accumule; le parlage né de l'étourderie engendre la discorde; le silence, enfant de la sagesse, est l'ami de la paix. Athènes éloquente ne fut qu'un peuple de brouillons; Sparte silencieuse fut un peuple d'hommes posés et graves, et ce fut sans doute pour avoir érigé le silence en vertu que Pythagore reçut des deux Grèces le titre de sage. » (Volney, 1838 : 577)

Et Destutt de Tracy ainsi que Lancelin se rapprochent encore davantage du *style d'analyse* :

> « A toutes ces précautions prises en faveur de sa clarté, de son exactitude, et de la facilité à l'apprendre et de ne point manquer à ses règles, j'ajouterais encore que l'on ne s'y permettrait jamais plusieurs locutions différentes pour présenter la même idée, ni aucuns de ces tours irréguliers qu'on appelle dans nos langues vulgaires, des idiotismes; qu'on en bannirait avec scrupule les hyperboles, les allusions, les demi-réticences, les fausses délicatesses, les tropes les divers emplois d'un même mot; que toujours un signe avertirait quand ce mot est pris au sens propre ou au sens figuré; enfin, que l'on apporterait dans le style, le même esprit d'exactitude qui aurait présidé à la composition des mots, et aux lois de la syntaxe. » (Destutt de Tracy, II, an XI : 415 *sq.*)

> « Cette langue n'étant point faite pour flatter l'oreille et remuer l'imagination par des compositions brillantes, originales, mais pour décrire soigneusement tous les objets, et analyser avec précision les idées de tout genre, auroit une marche sévère, méthodique et uniforme, qui la rendroit peu propre aux productions poétiques et littéraires : mais ce seroit là, selon moi, un assez petit inconvénient; le géomètre, le physicien, le chimiste, enfin l'analyste, dans quelque partie que ce soit, doit avoir une langue toute différente de celle du poëte, du romancier et de l'orateur; il n'a pas besoin, comme ceux-ci de peindre ou d'émouvoir les passions : ministre de la raison, il doit se borner à offrir clairement à l'esprit les choses telles qu'elles sont, à exposer froidement les faits et les vérités premières, à en déduire des conséquences rigoureuses, etc. : ils est très-rare qu'il puisse employer la langue des images, et s'il le fait, ce doit toujours être avec autant de précaution que d'économie. Le monde fabuleux et chimérique est le domaine de l'imagination et de la poésie; l'univers réel est celui de l'intelligence pure, des expériences et de l'analyse : or, je trouve qu'il est très-avantageux de ne les point confondre; je crois même qu'il est nécessaire d'élever un mur de séparation entre le pays des fictions et des chimères, et le domaine de la nature ou de la réalité : rien de plus dangereux que de mêler l'un avec l'autre, comme on l'a toujours fait, et rien de plus propre à répandre le désordre dans les idées, et la confusion dans les têtes humaines. Ainsi donc, il faut avoir deux langues, l'une pour exprimer l'ensemble des faits et vérités, l'autre pour peindre tous les produits de l'imagination. » (Lancelin, 1802 : 315 *sq.*)

Opposons donc les attributs des deux styles de façon systématique :

Athènes éloquente	*Sparte silencieuse*
affluence	laconisme
richesse	énergie
éloquence	raisonnement
image	analyse

synthèse	
peindre	analyser
émouvoir	éclairer
chaleur	précision
mensonge	vérité
passion	utilité
imagination	besoin
plaisir	
surchargé	pur, clair, simple
trivial	sévère, méthodique
ampoulé	uniforme

Les attributs de *Sparte silencieuse* réunissent les traces d'un discours rousseauiste sur le style et un fonds condillacien très marqué. La tendance après Thermidor va vers l'élimination des traces rousseauistes, permettant des formules de répartition ou de compromis, ainsi que nous allons le voir par la suite.

Les caractéristiques suivantes sont celles des textes rédigés dans l'un ou l'autre et des procédés qui y sont employés :

tropes, hyperboles	sens propre
sens figuré	
inversion	ordre direct

Les deux styles correspondent à des opinions divergentes sur les orientations professionnelles voulues par la société :

poète	géomètre
orateur	chimiste

Outre cette dichotomisation très forcée, nous assistons aussi à la même période à des tentatives pour résoudre cette dichotomie sur la base de la même caractérisation et proposer une synthèse des éléments stylistiques contradictoires. Mentionnons ici une telle tentative de synthèse «positive», à savoir la proposition de «Règlement de l'Ecole Normale» (citée d'après Chevalier, 1982 : 94 *sq.*) :

> «le style a, plus que la parole, de cette précision exacte sans laquelle il n'y a point de vérité ; et la parole a, plus que le style, de cette chaleur fécondante sans laquelle il y a bien peu de vérités. L'organisation de l'enseignement, dans les écoles normales, fournira peut-être les moyens de corriger la parole par le style, et d'animer le style par la parole (...) La parole a dominé chez les Anciens ; elle a produit les beautés et les égarements de leur génie, et sa sécheresse»

Cette proposition a ceci de particulièrement intéressant qu'elle oppose le style écrit au discours vivant, la parole ; la dichotomie qu'il faut surmonter est donc celle qui apparaît entre discours et écriture, oral et écrit. Ceci est une indication non négligeable sur la façon dont la problématique entre rhétorique et logique, entre *image* et *analyse*, était perçue à la fin du XVIIIe siècle : en effet, la rhétorique était liée à l'oral, la logique à l'écrit. La décision de bannir la voix du domaine du langage implique donc aussi une décision contre la rhétorique. Il existe donc bien un rapport secret entre la tendance à l'écrit et l'hostilité à l'égard des images (*cf.* chap. 6.2.1).

Pourtant, la proposition de Mercier d'une synthèse négative est encore plus captivante. Afin de mieux cerner les faits inouïs de cette situation historique qui s'expriment toujours plus dans les médias écrits, il apparaît indispensable de disposer d'un style entièrement nouveau : le *style féroce*. Celui-ci se passe d'*images* et d'*analyse*. C'est en cela que réside sa particularité : il renonce tant à la voix de la rhétorique qu'à la syntaxe des logiciens.

Le *style féroce* n'est bien sûr pas un idéal stylistique qu'on pourrait imiter ; chacun doit créer son propre sytle. La négation de la dichotomie nous reporte à l'infinité des styles déjà proclamée par Condillac.

On a l'impression, quant à l'histoire du concept de style, que deux tendances définitionnelles se succèdent sous le semblant d'une exclusion mutuelle. Les styles font d'abord l'objet d'une classification en nombre fini ; dans cette conception deux aspects sont déterminants : la distinctivité (sociale et esthétique) et la possibilité de choix. Nous trouvons en opposition à cette première notion celle du style en tant que principe d'organisation uniformisant. Ainsi, nous avions vu que l'Encyclopédie propose une classification des styles en nombre fini à laquelle Condillac oppose un nombre infini de styles organisant chacun une œuvre individuelle. Au moment où on abandonne le nombre fini de styles en tant que possibilité de choix et de distinction, le rôle du style en tant que principe d'organisation interne et uniformisant apparaît au premier plan.

A l'époque que nous venons d'ébaucher, on assiste à un retour à la conception des styles en nombre fini, à la différence près, mais décisive, qu'il n'y a pas de choix possible. Dans cette *nation une et indivisible*, il ne peut être question de se distinguer par son style. Cette conception se trouve encore radicalisée après Thermidor quand l'*uniformité* sera inscrite en lettres capitales à l'ordre du jour. Le *style analytique*, uniforme et très «scripturaire», est proclamé seule forme d'expression possible de la jeune république. Cette unité interne du style démocratique émane des lois de la logique et de l'écriture. A cet égard, les deux tentatives de synthèse sont diamétralement opposées : le Règlement de l'Ecole Normale a pour objectif l'uniformité tout en conservant des éléments proches de l'oral tandis que Mercier réinstaure l'infinité des styles dont le principe d'organisation est le *Sujet créateur*.

NOTES

[1] V. Ozouf, 1970, Cobb, 1981, Baczko, 1989.

[2] Baczko, 1989.

[3] Grégoire a prononcé le premier rapport sur le vandalisme avant Thermidor, le deuxième et le troisième après Thermidor, Michel, 1988, Schlieben-Lange/Knapstein, 1991.

[4] Ozouf, 1970, Meinzer, 1988 et 1992.

[5] Brunot, 1967 : «Le Directoire. Indifférence et veulerie» (323 sq.).

[6] Le 16 fructidor an II, la Convention suspend la proposition de loi du 2 thermidor (Merlin de Douai) qui interdit «l'enregistrement d'aucun acte, même sous seing privé, s'il n'est en langue française». Pour d'autres mesures dans ce sens, v. Brunot, 1967 : 291 sq. et 311 sq.

[7] Pour les premières entreprises statistiques qui portent aussi sur les langues régionales, v. Bourguet, 1989 (avec bibliographie détaillée).

[8] En ce qui concerne l'enquête de Coquebert de Montbret, v. Brunot, 1967, Bourguet, 1989. Les sources sont loin d'être exploitées systématiquement du point de vue linguistique.

[9] V. note 4, 19.

[10] Pour les Idéologues en général : Picavet, 1891, Moravia, 1974, Schwartz, 1984, HEL 4, 1, Busse/Trabant (éd.), 1986; pour Destutt de Tracy : Kennedy, 1978, Goetz, 1993; pour Cabanis : Staum, 1980a; pour Volney : Gaulmier, 1951. Il s'agit de renvois sommaires; pour des bibliographies plus détaillées je renvoie aux ouvrages cités et à Schlieben-Lange et al., sous presse. En ce qui concerne les expériences des futurs Idéologues pendant la Terreur : Gusdorf, 1978, Schlieben-Lange/Knapstein, 1986 et 1988.

[11] Moravia, 1974 : 322.

[12] Gaulmier, 1951 : 291.

[13] Moravia, 1974 : 212.

[14] Je pense surtout au vaste projet de systématisation proposé par Lancelin dans son Introduction à l'analyse des sciences de 1801/1802.

[15] V. Auroux/Kaltz, 1986.

[16] Cabanis : Projet d'une bibliothèque universelle à l'Institut National, an V, republié dans Cabanis, 1956, vol. 2 : 511.

[17] Cabanis an III : Leçons d'histoire, republié dans Cabanis, 1956 : 592.

[18] Le projet pédagogique a été l'objet d'interprétations très différentes : Duruy, 1882, Hippeau, 1881/1883, Picavet, 1891, Allain, 1891, Brunot, 1967 (Le français et l'enseignement, p. 299 sq.), Gusdorf, 1978, Compère, 1981, Baczko, 1982, Schlieben-Lange, 1992.

[19] Hordé, 1979, Désirat/Hordé, 1981 et 1982, Chevalier, 1986, Chevalier/Delesalle, 1986.

[20] Schlieben-Lange, 1992.

[21] J'ai publié en annexe de l'article cité en note 20 la liste de professeurs de Grammaire générale et des manuscrits et imprimés conservés (sur la base du fichier établi par Marie-Madeleine Compère, des manuscrits conservés dans A.N.F 17 1344 et des indications de Ms et Mmes les conservateurs des Archives Départementales).

[22] Hültenschmidt, 1987.

[23] Hahn, 1971, Staum, 1985/86, Simon und weitere.

[24] Régaldo, 1976.

[25] Moravia, 1979.

[26] Busse, 1986.

[27] Riberette, 1970, Balayé, 1988.

[28] Bonnet (éd.), 1988, Déotte, 1993.

[29] En France, c'est Pierre de la Ramée qui change profondément la rhétorique. Pour les domaines de survie, Fumaroli, 1981.

[30] V. ci-dessus note 19.
[31] Rupp, 1986.
[32] V. Moravia, 1979.
[33] Storost, 1971 et 1972, Schlieben-Lange, 1989b.
[34] Le programme concernant le français se trouve dans le sixième chapitre du deuxième volume des Elémens d'idéologie de Destutt de Tracy.
[35] Trabant, 1984, Schlieben-Lange, 1989b.
[36] Pour l'histoire de la réflexion sur l'écriture au XVIIIe siècle : David, 1954 et 1965.
[37] Pour la comparaison des sens et leur aptitude à servir de base à un système sémiotique : Trabant, 1988, et Gessinger sous presse.
[38] Labarrière, 1986, Schlieben-Lange, 1986, Trabant, 1994.
[39] Schlieben-Lange, 1986.
[40] V. en haut p. 175.
[41] Condorcet est très clair sur ce point. Il fait, au début de son *Esquisse*, une distinction nette entre histoire conjecturale (qui aurait des ressemblances avec le procédé génétique) et histoire documentée.
[42] Je me réfère avec cette tripartition à la distinction entre universel, historique et individuel introduite dans la linguistique par E. Coseriu (Schlieben-Lange, 1983). En ce qui concerne le traitement de l'histoire dans le programme idéologique : Chevalier/Désirat/Hordé, 1976, Auroux/Désirat/Hordé, 1982, Oesterreicher, 1983.
[43] Cette redéfinition est d'autant plus remarquable que les parties du discours constituent un noyau extrêmement stable de la réflexion linguistique depuis deux mille ans. Une équipe du CNRS sous la direction de Sylvain Auroux travaille depuis quelques années à la reconstruction de cette tradition (Auroux, 1986b et 1990).
[44] Neumann, 1987.
[45] La théorie de l'actualisation a été développée par Charles Bally et Eugenio Coseriu.
[46] Pour l'histoire de la catégorie : Auroux, 1980, et Joly, 1980.
[47] V. Branca, 1981.
[48] V. Delesalle/Désirat, 1982, Auroux, 1984.
[49] V. Trabant, 1983, et Schlieben-Lange/Kreuzer, 1983, Schlieben-Lange, 1989b.
[50] Pour les dangers des écritures idéographiques : v. le chapitre 6.2.1.
[51] V. Mormile, 1967, Auroux, 1986a.
[52] Bourquin, 1980, Haßler, 1992.
[53] Destutt de Tracy, 1803 : 122 et 129.
[54] Storost, 1972 : 297.
[55] Pour le problème général de la langue scientifique, v. le chapitre précédent, surtout note 49.
[56] V. note 19 de ce chapitre.
[57] Pour le contexte de la discussion autour des styles énumérables Gumbrecht/Pfeiffer, 1986.
[58] Pour l'évaluation des images : Zollna, 1990.

La voie vers la liberté et vers l'écriture

Nous avons suivi le trajet de la pensée linguistique pendant la décade révolutionnaire, pensée qui, bien qu'ancrée dans la philosophie des Lumières, est née dans les irritations de la prise de conscience, de la dynamique et de la pluralité linguistiques dans un premier temps pour aboutir au modèle de l'uniformité. Une uniformité linguistique qui correspondrait à l'unité économique, sociale et politique, à la liberté, à l'égalité et à la nation et serait en même temps le symbole de ces unités. Les Idéologues ne faisaient que radicaliser ce discours sur l'uniformité en bannissant ce qui était resté suspect de diversité : la voix, les images, en prenant leurs distances par rapport aux implications politiques de la Terreur.

Le legs de la pensée linguistique révolutionnaire est double. D'une part, elle impose l'identification de l'unité politique à l'unité linguistique, identification à laquelle aucune politique linguistique ne peut échapper jusqu'à nos jours. D'autre part, elle institue le modèle d'une langue bien faite, construite sur les principes de l'analogie qui se substituerait aux langues capricieuses et historiques en éradicant tous les germes d'une possible diversification. Cette langue bien faite s'est libérée des contraintes situatives (pour parler avec Karl Bühler : elle s'appuie sur le champ symbolique — *Symbolfeld* —, au détriment du champ déictique — *Zeigfeld*) ; elle est uniquement constative en énonçant des vérités scientifiques sur une nature pré-existante et immuable (c'est-à-dire ni constructive, ni performative) ; elle est monologique et répudie le dialogue qui n'aurait aucun sens (sinon pédagogique) vu l'identité de la nature sur laquelle on parle. Puisqu'il n'y a qu'*une* vue juste des choses qui pourrait être voilée par un défaut de Lumières, l'unique finalité admise du dialogue pourrait être de dévoiler la vérité encore obscurcie. D'où la dévaluation des expériences contradictoires et des perspectives divergentes. A cela correspond une sémantique de la détermination (opposée au vague des langues historiques). Les principes de l'analogie produisent une langue uniforme opposée aux langues soumises à l'usage et aux caprices de l'arbitrariété. Cette langue analogique est considérée sous l'angle de son rapport à la nature; son caractère social est dénoncé sous forme d'une interprétation restreinte du principe de l'arbitrariété qui se réduirait au règne des caprices et des bizarreries. C'est une langue épurée des images susceptibles de faire émerger un monde intermédiaire entre la pensée et la nature, d'où la lutte anti-rhétorique. Et enfin, c'est une langue écrite, et ce en lettres alphabétiques suivant de près les sons (sans permettre à des images hiéroglyphiques de créer un univers symbolique indépendant) et détruisant simultanément l'autonomie de la voix et de ses manifestations corporelles (intonation, rythme, timbre de la voix). L'écriture alphabétique correspond le mieux aux qualité requises d'une *langue bien faite*.

Qu'en est-il de ce double legs de nos jours? Comment interpréter aujourd'hui, d'une manière juste — et pour employer une formule minimaliste — le moins nuisible, le principe suivant lequel l'unité linguistique doit correspondre à l'unité sociale et politique? Le Romantisme allemand avait opposé au principe révolutionnaire *une nation-une langue*, sous la même forme, celui d'*une langue-une nation*.

Le principe révolutionnaire partait de la priorité du social et du politique, le linguistique n'étant que le symbole d'une unité autrement constituée. Les solutions sociales et politiques promues par la Révolution . liberté et égalité sont en principe universelles. Dans cette perspective, la voie française serait le modèle valable pour l'humanité tout entière. Ce modèle n'a que deux défauts : un défaut théorique et un défaut empirique Le défaut théorique est de ne pas penser la diversité, son existence préétablie et ses valeurs possibles (en ceci la pensée révolutionnaire correspond à la pensée internationaliste du marxisme). Le défaut empirique consiste en ce que l'identité virtuelle du français et de l'universel se heurte à la réalité historique : la politique linguistique appliquée à des communautés linguistiques déjà constituées et qui vivaient des expériences traumatiques de dépossession culturelle et par là identitaire; les guerres napoléoniennes furent perçues dans le reste de l'Europe comme une invasion nationale française et non pas comme divulgation d'un modèle universel de vie sociale et politique qui tout en en gardant quelques apparences était en pleine voie d'auto-destruction.

Le principe opposé du Romantisme avait ceci de bien : il pensait la diversité, formulait le droit à la différence et suppléait par là au défaut théorique du principe français. Mais aussi, la pensée de la diversité, du moins dans sa forme vulgarisée, comportait de sérieuses faiblesses tant sur le plan théorique qu'empirique. Premier défaut : celui d'ignorer le plan universel, de ne pas situer la pensée de la différence par rapport à un niveau abstrait, quelqu'abstrait qu'il soit. Deuxième défaut : la priorité non problématisée du culturel et du linguistique par rapport au social et au politique. Cette priorité va légitimer des états-langue, voire des états-race sans donner le moyen de les critiquer quant à leur constitution sociale et politique. Troisième objection : celui de ne pas être assez radical. La réflexion sur la diversité s'arrête au niveau de la nation-langue qui, à son tour, est homogène jusqu'à la conséquence extrême de la purification ethnique. Une pensée de la diversité ne devrait pas s'arrêter là.

Les années écoulées depuis le Bicentenaire montrent clairement que la pensée linguistique de la Révolution, tant dans sa formule française que dans sa contrefaçon allemande, domine de nos jours encore la politique. Nous voyons plus nettement que jamais les apories des deux formules sans avoir trouvé les moyens de les surmonter. Les rapports de l'universel et du national, les priorités du sociopolitique ou bien du linguistique-culturel sont plus problématiques que jamais. Il faudrait, pour surmonter ces apories, un discours «antinomique» (nous renvoyons ici à Kant), c'est-à-dire d'accepter que deux propositions contradictoires puissent être vraies selon le niveau auquel on se réfère. Une politique linguistique dans l'esprit des Droits de l'Homme devrait équilibrer les niveaux de l'universel, de l'historique (communautaire, national) et de l'individuel.

Quant à l'image de la langue formulée et propagée par les Idéologues, nous en pouvons constater la victoire factuelle deux cents ans plus tard, à la fin de ce siècle. La technologie informatique exige une «langue bien faite» à l'image de la pensée idéologique : langue qui fonctionne sans contexte ni sujet, par conséquence ni dialogique, ni monologique (l'auteur pouvant assumer la responsabilité de l'énoncé ayant disparu). La sémantique de la détermination s'impose (les propositions de *fuzzy semantics* n'étant que des stratégies pour dominer l'indétermination); les caprices de l'usage sont éradiqués. Le langage informatique fonctionne, bien sûr, sans images ni voix. Le foisonnement des voix et des images qui nous entoure n'a rien à voir avec la réalité langagière des ordinateurs.

Il s'agit de systèmes sémiotiques secondaires, factices, simulés, qui ne servent qu'à nous voiler le fonctionnement invisible du transfer d'informations. Images et voix sans réalité qui font semblant de nous faire percevoir quelque chose là où il n'y a rien qui serait accessible à nos sens. Perfectionnement ou perversion du rêve sensualiste de la langue parfaite qui nous rend indépendants de nos sens et qui crée, pour mieux fonctionner, un second univers perceptible non ancré dans la nature ?

Le progrès dans les médias a de loin dépassé les utopies littéraires du type *Newspeak* d'Orwell qui paraissait déjà très bien correspondre à la *langue bien faite* des Idéologues. L'image de la langue humaine dominante de nos jours est celle des métaphores empruntée au domaine informatique : langue des modules, des interfaces et des réseaux. La victoire des Idéologues et la marginalisation de toute autre image de la langue est complète. Dans cette perspective, la pensée historique et variationniste sur le langage du XIXe et de la première moitié du XXe siècle apparaît comme un intermezzo, une hésitation avant le retour de l'Idéologie qui s'était déjà amorcé dans les travaux du Cercle de Vienne. C'est avant tout le développement technologique qui a frayé le chemin à cette victoire tardive : pendant que l'historicisme s'efforçait de dénoncer les erreurs, voire le caractère non scientifique de la grammaire générale, la technologie faisait tout pour en préparer le *come back*, irréversible cette fois.

L'histoire conjecturale d'un Condorcet apparaît à nouveau sous forme d'une sociologie des acquis évolutionnaires (evolutionary acquisitions). Le développement sémiotique du langage d'action à travers la langue vocale et écrite vers l'informatique n'aurait-il pas ce statut ? La langue nationale uniforme et universalisée ne serait-elle pas un autre acquis de ce genre ? Les acquis évolutionnaires n'ont besoin ni d'évaluation positive ni de volonté politique, ils s'imposent par la force des choses. L'histoire de cette force qui s'impose est-elle une histoire des progrès du genre humain ? Les correspondants de Grégoire avaient évoqué le danger d'un retour à la voix ; Volney avait prévenu du retour à la barbarie. On serait tenté de penser que poursuivre dans cette voie nous mène tout droit vers la barbarie et la perte définitive des Lumières. Il faut penser la diversité et le dialogue, les voix et les images si l'on veut créer une nouvelle image de la langue parfaite et humaine ainsi que le faisait Humboldt à Tegel, à l'encontre de la fatalité, de l'irréversibilité de l'évolution.

C'est l'étude des conditions d'émergence et des premières manifestations de la pensée d'uniformisation tant nationale qu'interne aux langues que je viens de proposer.

Bibliographie

AARSLEFF, Hans (1977), Guillaume de Humboldt et la pensée linguistique des Idéologues, dans André JOLY, Jean STEFANINI (éd.), *La Grammaire Générale. Des Modistes aux Idéologues*, Lille, 1977, 217-241.

ACHARD, Pierre (1988), Révolution française et linguistique externe, dans *Mots*, 16, 195-200.

ACTON, Harry B. (1959), The philosophy of Language in Revolutionary France, dans *Proceedings of the British Academy*, 45, 199-219.

AGULHON, Maurice (1979), *Marianne au combat : L'imagerie et la symbolique républicaines de 1789 à 1880*, Paris.

ALCOUFFE, Alain, BRUMMERT, Ulrike (1985), Les politiques linguistiques des Etats-Généraux à Thermidor, dans BOYER, GARDY (éd.), 1985, 51-77.

ALLAIN, Ernest (1891), *L'œuvre scolaire de la Révolution (1789-1802)*, Paris.

ARMOGATHE, Jean-Robert (1973), Néologie et idéologie dans la langue française au XVIIIe siècle, dans *Dix-huitième siècle*, 5, 17-28.

AULARD, François-Alphonse (1882-1885), *Les Orateurs de l'Assemblée Constituante, de la Législative et de la Convention*, Paris.

AULARD, François-Alphonse (1885/6), *L'éloquence parlementaire pendant la Révolution française*, Paris.

AULARD, François-Alphonse (1890), *La presse officieuse pendant la Terreur*, Paris.

AULARD, François-Alphonse (1909), *Le culte de la Raison et le culte de l'Etre Supreme (1793-1794)*, Paris.

AULARD, François-Alphonse (1914), *Les Grands Orateurs de la Révolution*, Paris.

AUROUX, Sylvain (1979), *La sémiotique des encyclopédistes*, Paris.

AUROUX, Sylvain (1980), Le concept de détermination : Port-Royal et Beauzée, dans *Studies on Voltaire and the 18th century*, 192, 1237-1245.

AUROUX, Sylvain (1986a), Le sujet de la langue : la conception politique de la langue sous l'Ancien Régime et la Révolution, dans BUSSE, TRABANT (éd.), 1986, *Les Idéologues*, Amsterdam-Philadelphia, 259-278.

AUROUX, Sylvain (1986b), Les parties du discours dans la stratégie cognitive de la grammaire générale, dans *ZPSK* 39, 685-694.

AUROUX, Sylvain (1988), Beauzée et l'universalité des parties du discours, dans Claire BLANCHE-BENVENISTE *et al.* (éd.) (1988), *Grammaire et histoire de la grammaire (Hommage à la mémoire de Jean Stéfanini)*, Aix-en-Provence, 37-58.

AUROUX, Sylvain (1989), La conception politique de la langue, la Révolution Française et la démocratie, dans *Zeitschrift für Phonetik, Sprachwissenschaft und Kommunikationsforschung*, 42, 619-626.

AUROUX, Sylvain, DESIRAT, Claude, HORDE, Tristan (1982), La question de l'histoire des langues et du comparatisme, dans *HEL 4*, 1 : 73-81.

AUROUX, Sylvain, KALTZ, Barbara (1986), Analyse, expérience, dans *Handbuch politisch-sozialer Grundbegriffe in Frankreich, 1680-1820*, 6 : 7-39.

AVENEL, Henri (1900), *Histoire de la presse française depuis 1789 jusqu'à nos jours*, Paris.

BACZKO, Bronislaw (1975), Le temps ouvre un nouveau livre à l'histoire. L'utopie et le calendrier révolutionnaire, dans *Pour une histoire qualitative. Etudes offertes à Sven Stelling-Michaud*, Genf, 179-194.

BACZKO, Bronislaw (1978), *Lumières de l'Utopie*, Paris.

BACZKO, Bronislaw (1982), *Une éducation pour la démocratie*, Paris.

BACZKO, Bronislaw (1984), Utopie und Pädagogik in der Französischen Revolution, dans *Freibeuter*, 19, 30-44.

BACZKO, Bronislaw (1989), *Comment sortir de la Terreur*, Paris.

BALAYE, Simone (1988), De la Bibliothèque du Roi à la Bibliothèque Nationale, dans BONNET (éd.), 1988, 37-48.

BALIBAR, Renée (1976), Le Français «national», dans *Diglossie et littérature*, Valence, 51-67.

BALIBAR, Renée (1985), *L'institution du français*, Paris.

BALIBAR, Renée (1989), La propagation sociologique du français et l'élémentation exigée par l'institution du français républicain scolaire, dans ROUEN (éd.), 1989, 233-239.

BALIBAR, Renée, LAPORTE, Dominique (1974), *Le français national*, Paris.

BARNY, Roger (1978), Les mots et les choses chez les hommes de la Révolution Française, dans *La Pensée*, 202, 96-115.

BARTHELEMY, Guy (1988), *Les Savants sous la Révolution, La Manne*

BAUM, Richard (1975), Die Ideologen des 18. Jahrhunderts und die Sprachwissenschaft, dans *Historiographia Linguistica*, 2, 67-90.

BAUM, Richard (1989), Das Experiment mit der Vernunft. Wahrheit und Methode im Zeitalter der Französischen Revolution, dans SCHLIEBEN-LANGE (éd.), 1989, 25-53.

BELLANGER, Claude, GODECHOT, Jacques, GUIRAL, Pierre, TERROU, Ferdinand (éd.) (1969), *Histoire générale de la presse française*, Paris.

BENREKASSA, Georges (1988), Die Französische Revolution und das Autobiographische : Überlegungen und Forschungsvorschläge, dans KOSELLECK, REICHARDT (éd.), 1988, 398-408.

BERLET, Charles (1913), *Les provinces au XVIIIe siècle et leur division en départements*, Paris.

BERNARD-GRIFFITHS, Simon *et al.* (éd.) (1992), *Révolution française et vandalisme révolutionnaire*, Clermont-Ferrand.

BEURDELEY, Paul (1893), *Les catéchismes révolutionnaires*, Paris.

BIERBACH, Christine (1991), Die Französische Revolution und die Sprache(n) : langue de la liberté vs égalité des langues, dans Manfred ENGELBERT, M. KNAUF (éd.), *Romanistik und Französische Revolution*, Bochum, 1991, 87-107.

BLAKEMORE, Steven (1988), *Burke an the Fall of Language. The French Revolution as Linguistic Event*, Hanover/London.

BLANCHARD, Marc Eli (1980), *Saint-Just et Cie : la Révolution et les mots*, Paris.

BLUM, Carol (1986), *Rousseau and the Republic of virtue*, Ithaca/London.

BOCHMANN, Klaus (1981), Neue Überlegungen zu den Folgen der Französischen Revolution für die französische Sprache, dans *Beiträge zur romanischen Philologie*, 2, 213-221.

BOCHMANN, Klaus (1988), Sprache und Revolution. Die Sprach(en)politik in den bürgerlichen Revolutionen vom 17. bis zum 19, Jahrhundert, dans SCHLIEBEN-LANGE (éd.), 1988, 16-28.

BOCHMANN, Klaus (1989), La glottopolitique dans la Révolution Française et ses reflets italiens, dans *Beiträge zur romanischen Philologie*, 28, 237-246.

BOCHMANN, Klaus, BRUMME, Jenny (1989), La glottopolitique dans la Révolution française : un modèle pour d'autres? Les cas de l'Italie et de l'Espagne, dans ROUEN (éd.), 1989, 241-249.

BOCHMANN, Klaus et al. (1993), *Sprachpolitik in der Romania*, Berlin/New York.

BONNET, Jean-Claude (1988), La «sainte masure», sanctuaire de la parole fondatrice, dans BONNET (éd.), 1988, 185-222.

BONNET, Jean-Claude (éd.) (1988), *La Carmagnole des Muses*, Paris.

BORDES, Philippe, MICHEL, Régis et al. (éd.) (1988), *Les Arts de la Révolution 1789-1799. Aux Armes et aux Arts*, Paris.

BOUINEAU, J. (1986), *Les Toges du pouvoir ou la révolution du droit antique (1789-1799)*, Toulouse.

BOURGUET, Marie-Noelle (1988), *Déchiffrer la France*, Paris.

BOURQUIN, J. (1980), *La dérivation suffixale au XIXe siècle*, Lille/Paris.

BOYER, Henri (1985), Argumenter en langue dominée : un programme textuel complexe. A propos de l'écrit politique occitan sous la Révolution, dans BOYER, GARDY (éd.), 1985, 299-312.

BOYER, Henri (1989), Le «patois» efficace? Une approche sociopragmatique des mises en textes de la Révolution en langue minorée, dans BOYER et al. (éd.), 1989, 443-472.

BOYER, Henri (1990), Motivation et fonctionnement de l'imprimé politique en occitan de la période révolutionnaire, dans *Mariana*, 191-195.

BOYER, Henri (1991), Fonctionnement dialogique de patois en domaine occitan autour de la période révolutionnaire, dans *Dictionnaire des usages socio-politiques*, 5, 159-182.

BOYER, Henri et al. (éd.) (1989), *Le texte occitan de la période révolutionnaire (1788-1800)*, Montpellier.

BOYER, Henri, GARDY, Philippe (éd.) (1985), *La question linguistique au Sud au moment de la Révolution française*, 2 vol. = Lengas 17/18, Montpellier.

BRANCA, Sonia (1982a), Destutt, lecteur de Beauzée, dans *HEL 4* 1, 47-51

BRANCA, Sonia (1982b), Changer la langue, dans *HEL 4*, 1, 59-66.

BRANCA, Sonia (1985), Le loyaume des mots, dans *Lexique*, 3, 47-64.

BRANCA-ROSOFF, Sonia (1986), Luttes lexicographiques sous la Révolution française. Le Dictionnaire de l'Académie, dans BUSSE, TRABANT (éd.), 1986, 279-297.

BRANCA, Sonia (1987), *Constitution des français normés*, thèse, Aix-en-Provence.

BRANCA-ROSOFF, Sonia (1988), Les mots de parti-pris, dans *Dictionnaire des usages socio-politiques*, 3, 47-74.

BRANCA-ROSOFF, Sonia (1989), Modèles rhétoriques à l'œuvre dans un corpus de français écrit non conventionnel : 1790-1793, dans ROUEN (éd.), 1989, 251-263.

BRANCA, Sonia, LOZACHMEUR, G. (1989), Buée : des mots contre les mots. Un dictionnaire polémique en 1792, dans *Le français moderne*, 57, 13-30.

BRANCA-ROSOFF, Sonia, SCHNEIDER, Nathalie (1994), *L'écriture des citoyens*, Paris.

BRASART, Patrick (1988), *Paroles de la Révolution*, Paris.

BROCH, Ilona (1991), *«Sprachjakobinismus», Studien zu Begriffen, Metaphern und Symbolen der Französischen Revolution und ihrer Rezeption in Deutschland 1790-1835*, mémoire de maîtrise, Frankfurt/Main.

BRUNOT, Ferdinand (1937), Du caractère de quelques innovations dans le lexique français de l'époque révolutionnaire et impériale, dans *Comptes rendus de l'Académie des Inscriptions*, 47-64.

BRUNOT, Ferdinand (1937/1967), *Histoire de la langue française*, vol. IX et X, Paris.

BUSSE, Winfried (1981a), *François-Urbain Domergue*, Habiliitationsschrift, Stuttgart.

BUSSE, Winfried (1981b), Domergue, grammairien patriote, dans Horst GECKELER et al. (éd.) (1981), *Logos Semantikos. Studia linguistica in Honorem E. Coseriu*, Berlin-Madrid, 1981, 371-384.

BUSSE, Winfried (1985), «Cassons ces instruments de dommage et» : glottophagie jacobine, dans BOYER, GARDY (éd.), 1985, 127-144.

BUSSE, Winfried (1986a), «La langue française est un besoin pour tous». A propos du jacobinisme linguistique, dans BUSSE, TRABANT (éd.), 1986, 343-372.

BUSSE, Winfried (1986b), «L'index de la raison» : Les rapports sur la bibliographie de Domergue et de Grégoire, l'an II, dans GUILHAUMOU, SCHLIEBEN-LANGE (éd.), 1986, 169-177.

BUSSE, Winfried (1988), La Commissiom du Dictionnaire de la langue française : Les Idéologues (1801-1803), dans *Dictionnaire des usages socio-politiques*, 3, 175-193.

BUSSE, Winfried, TRABANT, Jürgen (éd.) (1986), *Les Idéologues*, Amsterdam-Philadelphia.

BUSSE, Winfried, DOUGNAC, Francoise (1991), *François-Urbain Domergue*, Tübingen.

Cahiers critiques du patrimoine 2 (1986) = Révolution-Contre-révolution

CALVET, Louis-Jean (1974), *Linguistique et colonialisme*, Paris.

CANTAREL-BRESSON, Yveline (1982), *La naissance du musée du Louvre. La politique muséologique sous la Révolution d'après les archives des musées nationaux*, 2 vol., Paris.

CENTRE MÉRIDIONAL D'HISTOIRE (éd.) (1990), *L'espace et le temps reconstruits*, Aix-en-Provence.

CERTEAU, Michel de, JULIA, Dominique, REVEL, J. (1975), *Une politique de la langue : La Révolution française et les patois*, Paris.

CHARMASSON, Thérèse (1990), L'histoire des sciences et de techniques de la période révolutionnaire aux Archives Natuíonales, dans *Scientifiques et sociétés pendant la Révolution et l'Empire*, Paris (CTHS), 9-24.

CHARTIER, Roger (1986), Lectures paysannes. La bibliothèque de l'enquête Grégoire, dans *Dix-huitième siècle*, 18, 45-64.

CHARTIER, Roger (1991), *Les origines culturelles de la Révolution française*, Paris.

CHARTIER, Roger, COMPERE, Madeleine, JULIA, Dominique (1976), *L'éducation en France du XVIe siècle au XVIIIe siècle*, Paris.

CHAURAND, Jacques (1989), Entre l'oralité et l'écriture : le registre communal de Mesbrecourt (Aisne) 1792-1793, dans *Le français moderne*, 57, 31-38.

CHERVEL, André (1977), *... et il fallut apprendre à écrire à tous les français*, Paris.

CHEVALIER, Jean-Claude (1986), Grammaire philosophique et enseignement des Ecoles Centrales, dans BUSSE, TRABANT (éd.), 1986, 207-218.

CHEVALIER, Jean-Claude, DELESALLE, Simone (1986), *La linguistique, la grammaire et l'école 1750-1914*, Paris.

CHEVALIER, Jean-Claude, DESIRAT, Claude, HORDE, Tristan (1976), Les Idéologues : le sujet de l'histoire et l'étude des langues, dans *Dialectiques*, 12, 15-31.

CHRISTMANN, Hans-Helmut (1977), Zu den Begriffen génie de la langue und «analogie» in der Sprachwissenschaft des 16. bis 19. Jahrhunderts, dans *Beiträge zur romanischen Philologie*, 16, 91-94.

COBB, Richard C. (1970), *The Police and the People*, Oxford.

COBB, Richard (1981), Thermidor or the Retreat from Fantasy, dans *Essays in Honour of H.R. Trevor-Roper*, London, 272-295.

COMPERE, Marie-Madeleine (1981), Les professeurs de la République. Rupture et continuité dans le personnel enseignant des Ecoles Centrales, dans *Annales Historiques de la Révolution Française*, 53, 39-60.

CONEIN, Bernard (1981), La position du porte-parole sous la Révolution française, dans *Peuple et pouvoir*, 153-164.

COSERIU, Eugenio (1967), L'arbitraire du signe. Zur Spätgeschichte eines aristotelischen Begriffes, dans *Archiv für das Studium der neueren Sprachen und Literaturen*, 204, 81-112.

COSERIU, Eugenio (1970), François Thurot, dans *E.C. : Sprache, Strukturen und Funktionen*, Tübingen, 153-158.

CROSLAND, Maurice P. (éd.) (1969), *Science in France in the Revolutionary Era*, Cambridge/Mass.

DAMAGGIO, Jean-Paul (1985), La question linguistique à Montauban (1789-1793), dans BOYER/GARDY (ed.), 1985, 145-155.

DARNTON, Robert C. (1968), *Mesmerism and the End of Enlightenment in France*, Cambridge, Mass.

DARNTON, Robert (1971), Reading, Writing, and Publishing in Eighteenth Century France, dans *Daedalus*, 100, 214-257.

DARNTON, Robert (1979), *The Business of enlightenment*, Cambridge/Mass.

DARNTON, Robert, ROCHE, Daniel (ed.) (1989), *Revolution in Print : the Press in France 1775-1800*, Berkeley.

DAVID, Madeleine (1954), Degérando et le triple problème de l'écriture du XVIIe au début du XIXe siècle, dans *Revue philosophique*, 144, 401-411.

DAVID, Madeleine (1965), *Le débat sur les écritures et l'hiéroglyphe aux XVIIe et XVIIIe siècles et l'application de la notion de déchiffrement aux écritures mortes*, Paris.

DEBBASCH, R. (1988), *Le principe révolutionnaire d'unité et d'indivisibilité de la République*, Aix-en-Provence.

DE BAECQUE, Antoine (1993), *Le corps de l'histoire. Métaphores et politique (1770-1800)*, Paris.

DE CLERCQ, Jan, DESMET, Piet, SWIGGERS, Pierre (1992), Idéologie et lexicographie à la fin du XVIIIe siècle, dans SCHLIEBEN-LANGE et al. (ed.), 1992, 135-156.

DELESALLE, Simone (1986), Le statut de l'homonymie avant la sémantique, dans *Autour de Féraud*, Paris, 83-90.

DELESALLE, Simone, DESIRAT, Claude (1982), Le pouvoir du verbe, dans *HEL*, 4, 1, 35-45.

DELOCHE, Bernard, LENIAUD, Jean-Michel (ed.) (1989), *La culture des sans-culottes*, Paris-Montpellier.

DELON, Michel (1988), *L'idée d'énergie au tournant des Lumières (1770-1820)*, Paris.

DEOTTE, Jean--Louis (1993), *Le musée, l'origine de l'esthétique*, Paris.

DESIRAT, Claude, HORDE, Tristan (1975), Les écoles normales : une liquidation de la rhétorique?, dans *Littérature*, 18, 31-50.

DESIRAT, Claude, HORDE, Tristan (1978), Formation des discours historiques, *Langages*, 45.

DESIRAT, Claude, HORDE, Tristan (1981), La fabrique aux élites. Théories et pratiques de la grammaire générale dans les écoles centrales, dans *AHRF*, 53, 61-88.

DESIRAT, Claude, HORDE, Tristan (1982), Circulaires sur l'enseignement de la grammaire, dans *HEL*, 4, 1, 133-135.

DESMET, Piet, ROORYCK Johan, SWIGGERS Pierre (1990), What are words worth? Language and ideology in French dictionaries of the revolutionary period, dans John E. JOSEPH, Talbot J. TAYLOR (ed.), *Ideologies of Language*, London/New York, 1990, 162-188.

DESPOIS, Eugène (1868), *Le vandalisme révolutionnaire : fondations littéraires, scientifiques et artistiques de la Convention*, Paris.

DHOMBRES, Nicole (1989), *Les savants en Révolution. 1789-1799*, Paris.

DHOMBRES, Nicole et Jean (1989), *Naissance d'un nouveau pouvoir : sciences et savants en France 1793-1824*, Paris.

Dictionnaire des usages socio-politiques (1770-1815) (1988), fasc. 3 : Dictionnaires, normes, usages, Paris, INALF (Collection St-Cloud).

Dictionnaire des usages socio-politiques (1770-1815) (1991), fasc. 5 : Langue, occitan, usages, Paris, INALF (Collection Saint-Cloud).

Dix-huitième siècle, 21 (1989).

DONNADIEU, Jean-Pierre (1990), Montpellier : L'occitan en Révolution, dans *Mariana*, 163-174.

DORIGNY, Marcel (1988), Le lexique politique de la Révolution à travers les écrits tardifs de Louis-Sébastien Mercier, dans *Dictionnaire des usages socio-politiques*, 3, 151-174.

DOUGNAC, Françoise (1981), *F.-U. Domergue, le Journal de la langue française et la néologie lexicale*, thèse, Paris.

DOUGNAC, Françoise (1982a), La néologie, dans *HEL*, 4, 1, 67-72.

DOUGNAC, Françoise (1982b), Aspects de la néologie lexicale dans le Journal de la langue française de Domergue, dans *LINX*, 7, 7-53.

DOUGNAC, Françoise (1986), Les sociétés linguistiques fondées par F.-U. Domergue, dans BUSSE/TRABANT (ed.), 1986, 299-322.

DROIXHE, Daniel (1978), *La linguistique et l'appel de l'histoire (1600-1800)*, Genève.

DUNN, Susan (1990), The French Revolution and the language of terror, dans *Partisan Review*, 57, 345-353.

DURUY, Albert (1882), *L'Instruction Publique et la Révolution*, Paris.

EHRARD, Jean (1970), *L'idée de nature en France à l'aube des Lumières*, Paris.

EHRARD, Jean, VILLANEIX, Paul (ed.) (1977), *Les fêtes de la Révolution* (Colloque de Clermont-Ferrand, 1974), Paris.

EICHINGER, Ludwig M., LÜSEBRINK, Claire (1989), Gespräche über die Sprache, dans Brigitte SCHLIEBEN-LANGE (ed.), *Fachgespräche in Aufklärung und Revolution*, Tübingen, 1989, 197-240.

ERFURT, Jürgen, Sprachwerk(eln) und Sprachwandel(n). Über J.L. Ménétras «Journal de ma vie» und die Skalierung schriftinduzierten Sprachwandels im Französischen, dans *OBST*, 47 (1993), 147-183.

ERFURT, Jürgen, MÜLLER, Ralf (1987), Jakobinische Sprachpolitik. Versuch ihrer Rekonstruktion aus Texten der Révolutions de Paris, dans *Linguistische Arbeitsberichte Leipzig*, 62, 40-70.

ERFURT, Jürgen, MÜLLER, Ralf (1989), La glottopolitique jacobine dans la pratique langagière du journalisme, dans Rouen (ed.), 1989, Paris, 265-272.

FEBVRE, Lucien (1926), Langue et nationalité en France au XVIIIe siècle, dans *Revue de synthèse historique*, 42, 19-40.

FLAHERTY, Peter (1987), Langue nationale/langue naturelle : The Politics of Linguistic Uniformity during the French Revolution, dans *Historical Reflections*, 14, 311-328.

FORMIGARI, Lia (1972), *Linguistica e antropologia nel secondo settecento*, Messina.

FORNER, Emmanuelle (1992), Un discours en Révolution. La Projet des «Publicistes Patriotes» 1793, dans *AHRF*, 287, 47-61.

FOUCAULT, Michel (1966), *Les mots et les choses*, Paris.
FOURNIER, Georges (1982), La fin de l'Ancien Régime : une régionalisation manquée?, dans *Amiras*, 2 : 3-23.
FOURNIER, Georges (1985), La langue des assemblées locales en Languedoc pendant la Révolution, dans BOYER/GARDY (ed.), 1985, 157-177.
FOURNIER, Georges (1989), La production toulousaine, dans BOYER *et al.* (ed.), 1989, 367-423.
FOURNIER, Georges (1991), Usages de l'occitan dans la vie politique locale pendant la période révolutionnaire, dans *Dictionnaire des usages socio-politiques*, 5, 11-38.
LE FRANCAIS MODERNE, 57 (1989), Numéro spécial à l'occasion du Bicentenaire de la Révolution Française.
FRANCE, Peter (1983), Rhétorique traditionnelle et éloquence révolutionnaire, dans *XI congrès de l'Association Guillaume Budé*, Pont à Mousson, 166-168.
FRANCE, Peter (1985), Eloquence révolutionnaire et rhétorique traditionnelle : Etude d'une séance de la Convention, dans *Saggi e ricerche di litteratura francese*, 24 (nuova serie), 143-176.
FRANK, Manfred (1983), *Was ist Neostrukturalismus?*, Frankfurt/Main.
FRAYSSENGE, Jacques (1985), Le problème de la langue en Rouergue pendant la Révolution d'après l'Enquête Grégoire sur les patois, dans BOYER/GARDY (ed.), 1985, 179-184.
FREY, Max (1925), *Les transformations du vocabulaire français à l'époque de la Révolution (1789-1800)*, Paris.
FUMAROLI, Marc (1981), *L'Age de l'Eloquence*, Genève.
FURET, François, OZOUF, J. (1977), *Lire et écrire. L'alphabétisation des Français de Calvin à Jules Ferry*, 2 vol., Paris.
GALABERT, François (1899), Le père Sermet à Montauban, dans *Révolution Française*, 36, 396-405.
GARDY, Philippe (1986), L'écrit provencal des temps révolutionnaires : l'ombre portée d'une langue absente, dans *Cahiers critiques du patrimoine*, 2, 17-32.
GARDY, Philippe (1989), Autour de Pierre Bernadau : le silence bordelais ou la traduction impossible, dans BOYER *et al.* (ed.), 1989, 425-440.
GARDY, Philippe (1990), Les modèles et les ruptures. Originalité et conformisme par rapport aux écrits antérieurs et postérieurs, dans *Mariana*, 185-190.
GARDY, Philippe (1991), Langue d'Oc, dans *Dictionnaire des usages socio-politiques*, 5, 117-157.
GASPARD, Claire (1988), Les Almanachs de l'an II, dictionnaires de la vie politique. dans *Dictionnaire des usages socio-politiques*, 3, 87-98.
GASPARD, Claire (sous presse), Le thème dela Montagne, dans GEFFROY (ed.) (sous presse).
GAUGER, Hans-Martin (1973), *Die Anfänge der Synonymik : Girard (1718) und Roubaud (1785)*, Tübingen.
GAULMIER, Jean (1951), *L'Idéologue Volney (1750-1820)*, Beyrouth.
GAULMIER, Jean (1977), Cabanis et son discours sur les fetes naionales, dans EHRARD/VILLANEIX (ed.), 1977, 479-484.
GEFFROY, Annie (1986), Les dictionnaires socio-politiques 1770-1820, dans *Autour de Féraud. La lexicographie en France de 1762 à 1835*, Paris, 1986, 193-210.
GEFFROY, Annie (1988), Les dictionnaires socio-politiques 1770-1815 : une bibliographie, dans *Dictionaire des usages socio-politiques*, 3, 7-46.
GEFFROY, Annie (sous presse), *Langages de la Révolution Française*, Colloque St-Cloud, 1991.
GEIGER, Wolfgang (1989), *Paris accapareur! Pour une éparisianisation de l'histoire de la Révolution française*, Morlaix.
GESSINGER, Joachim (1994), *Auge und Ohr*, Berlin.

GESSINGER, Joachim, VON RAHDEN, Wolfert (ed.) (1989), *Theorien vom Ursprung der Sprache*, Berlin.

GIEDION, Sigfried (1982), *Die Herrschaft der Mechanisierung*, Frankfurt/Main.

GILLESPIE, Charles P. (1987), Science and politics, with special reference to Revolutionary and Napoleonic France, dans *History and Technology*, 4, 213-223.

GIORDAN, Henri (1976), Politique et pratique du français national, dans *Pluriel*, 6, 27-32.

GIRARDET, Raoul (1986), *Mythes et mythologies politiques*, Paris.

GLASER, Hermann (1994), *Industriekultur und Alltagsleben*, Frankfurt/Main.

GOETZ, Rose (1993), *Destutt de Tracy. Philosophie du langage et science de l'homme*, Genève.

GOHIN, F. (1903), *Les transformations de la langue française pendant la deuxième moitié du XVIIIe siècle*, Paris.

GOMBRICH, Ernst H. (1979), The Dream of Reason : Symbolism of the French Revolution, dans *British Journal for Eighteenth Century Studies*, 2, 187-205.

GUEDJ, Denis (1988), *La Révolution des savants*, Paris.

GUIBERT-SLEDZIEWSKI, Elisabeth (1985), Les idéologues, une approche de l'homme un et indivisible : le cas de Volney, dans *La Pensée*, 246, 102-112.

GUILHAUMOU, Jacques (1986a), L'élite modérée et la «propriété des mots» (1791). Propagation et usage des mots dans l'opinion, dans BUSSE/TRABANT (ed.), 1986, 323-342.

GUILHAUMOU, Jacques (1986b), Les Jacobins et la langue provencale : L'initiative des «missionaires patriotes» marseillais en 1792, dans *Cahiers critiques du patrimoine*, 11-124.

GUILHAUMOU, Jacques (1986c), Antoine Tournon et la Grammaire des sans-culottes (1794), dans GUILHAUMOU/SCHLIEBEN-LANGE (ed.), 1986, 42-76.

GUILHAUMOU, Jacques (1986d), Les mille langues du Père Duchène. La parade de la culture populaire pendant la Révolution française, dans *Dix-huitième siècle*, 18, 143-154.

GUILHAUMOU, Jacques (1988a), Bibliographie. Langue et discours pendant la Révolution Française, dans *Mots*, 16, 177-190.

GUILHAUMOU, Jacques (1988b), Rhétorique et antirhétorique à l'époque de la Révolution française, dans *La légende de la Révolution française*, Clermont-Ferrand, 149-159.

GUILHAUMOU, Jacques (1988c), Zeitgenössische politische Lebensgeschichten aus der Französichen Revolution (1793-1794) : Autobiographischer Akt und diskursives Ereignis, dans KOSELLECK/REICHARDT (ed.), 1988, 358-378.

GUILHAUMOU, Jacques (1989a), *La langue politique et la Révolution française*, Paris; traduction all. : *Sprache und Politik in der Französischen Revolution*, Frankfurt/Main.

GUILHAUMOU, Jacques (1989b), La langue politique et l'évènement pendant la révolution française, dans *Le français moderne*, 57, 79-89.

GUILHAUMOU, Jacques (1989c), Un traité d'économie linguistique pour la Révolution française, dans ROUEN (éd.), 1989, 287-294.

GUILHAUMOU, Jacques (1992), *Marseille républicaine (1791-1793)*, Paris.

GUILHAUMOU, Jacques (éd.) (1988), *Langages de la Révolution française = Mots*, 16.

GUILHAUMOU, Jacques, MALDIDIER, Denise (1988), La langue française à l'ordre du jour (1789-1794), dans *Mots*, 16, 131-154.

GUILHAUMOU, Jacques, SCHLIEBEN-LANGE, Brigitte (éd.) (1986), *Langue et Révolution = LINX*, 15.

GUIOMAR, Jean-Yves (1990), *La nation entre l'histoire et la raison*, Paris.

GUMBRECHT, Hans Ulrich (1978) : *Funktionen parlamentarischer Rhetorik in der Französischen Revolution*, München.

GUMBRECHT, Hans Ulrich *et al.* (ed.) (1981) : *Sozialgeschichte der Aufklärung in Frankreich*, München.

GUMBRECHT, Hans Ulrich, Karl-Ludwig PFEIFFER (ed.) (1986), *Stil*, Frankfurt/Main.
GUSDORF, Georges (1973), *L'avènement des sciences humaines au siècle des Lumières*, Paris.
GUSDORF, Georges (1978), *La conscience révolutionnaire : Les Idéologues*, Paris.
HABERMAS, Jürgen (1968), *Strukturwandel der Öffentlichkeit*, Neuwied.
HABERMAS, Jürgen (1973), Wahrheitstheorien, dans Helmut FAHRENBACH (ed.), *Wirklichkeit und Reflexion*, Pfullingen, 211-265.
HABERMAS, Jürgen (1988), Die Einheit der Vernunft in der Vielheit ihrer Stimmen, dans *Merkur*, 42, 1-14.
HAFEN, Thomas (1994), *Staat, Gesellschaft und Bürger im Denken von E. J. Sieyès*, Wien.
HAHN, Roger (1971), *The Anatomy of a Scientific Institution : The Paris Academy of Sciences 1666-1803*, Berkeley/Cal.
HARTEN, Elke (1989), *Museen und Museumsprojekte der Französischen Revolution*, Münster.
HARTEN, Elke und Hans-Christian (1989), *Frauen-Kultur-Revolution : 1789-1799*, Pfaffenweiler.
HARTEN, Hans-Christian (1990), *Elementarschule und Pädagogik in der Französischen Revolution*, München.
HARTWEG, Frédéric (1988), Sprachpolitik, Sprachideologie und Französische Revolution im Elsaß, dans *Zeitschrift für Phonetik, Sprachwissenschft und Kommunikationsforschung*, 41, 199-207.
HASSLER, Gerda (1991), *Der semantische Wertbegriff in Sprachtheorien vom 18. bis zum 20. Jahrhundert*, Berlin.
HEINTZE, Horst (1958), Beredsamkeit und Rhetorik in der französischen Revolution, dans Horst HEINTZE/SILZER, Erwin (ed.), *Im Dienste der Sprache. Festschrift für Victor Klemperer*, Halle/Saale, 276-297.
HEL, 4, 1 (1982).
HERDING, Klaus (1988), Visuelle Zeichensysteme in der Graphik der Französischen Revolution, dans KOSELLECK/REICHARDT (ed.), 1988, 513-552.
HERDING, Klaus, REICHARDT, Rolf (1988), *Die Bildpublizistik der Französischen Revolution*, Frankfurt.
HERMANN, Gustave (1900), Une chanson révolutionnaire en patois périgourdin, dans *Révolution Française*, 39, 508-514.
HIGONNET, Patrice (1980), The politics of linguistic terrorism and grammatical hegemony during the French Revolution, dans *Social History*, 5, 41-69.
HIPPEAU, Célestin (1881), *L'instruction publique en France pendant la Révolution*, Paris.
HORDE, Tristan (1979), Une société à la recherche de son école (an IV-an X), dans *Pratiques*, 22/23, 160-178.
HÜLTENSCHMIDT, Erika (1987), *Die Ecole Normale des an III*, Habilitationsschrift Siegen.
HÜLTENSCHMIDT, Erika (1991), Enzyklopädien, Wissensdifferenzierung und Sprachwissenschaft um 1800, dans Gert SCHUBRING (ed.), *Einsamkeit und Freiheit neu besichtigt*, Stuttgart, 1991, 57-90.
HUNT, Lynn (1983), The Rhetoric of Revolution in France, dans *History Workshop Journal*, 15, 78-94.
HUNT, Lynn (1984), *Politics, culture and class in the French Revolution*, Berkeley.
JÄGER, Hans-Wolf (1981), Die These von der rhetorischen Verschwörung zur Zeit der Französischen Revolution, dans *Text und Kontext*, 9, 47-55.
JOLY, André (1980), Le problème de L'article et sa solution dans les grammaires de l'époque classique, dans *Langue française*, 48, 16-27.
JULIA, Dominique (1981), *Les trois couleurs du tableau noir*, Paris.

JÜTTNER, Siegfried (1993), Buchberedsamkeit. Frankreichs Aufklärer zwischen Dichtung und Wissenschaft, dans Lothar BORNSCHEUER et al., *Glaube, Kritik, Phantasie*, Frankfurt/Main, 1993, 83-117.

KAILUWEIT, Rolf (1991), Sprechen und Schweigen : das Scheitern der französischen Sprachpolitik im besetzten Katalonien 1810, dans Brigitte SCHLIEBEN-LANGE/Axel SCHÖNBERGER (ed.), *Polyglotte Romania*, Frankfurt/Main, 295-337.

KAMPER, Dietmar, TRABANT, Jürgen (1990), Apokalypse oder neue Dignität? Ein Gespräch über die Zukunft der Sprache, dans *LiLi*, 79, 110-128.

KENNEDY, Emmet (1978), *Destutt de Tracy and the Origins of «Ideology»*, Philadelphia.

KENNEDY, Emmet R. (1980), The French Revolutionary Catechisms, dans *Studies in Voltaire and the Eighteenth Century*, 191, 1031-1033.

KNAPSTEIN, Franz-Josef, SCHLIEBEN-LANGE, Brigitte (1989), La théorie sémiotique et linguistique des Idéologues et la position des langues historiques, dans Dieter KREMER (éd.) : *Actes du XVIIIe Congrès International de linguistique et de philologie romanes (Trèves, 1986)*, tome VII, Tübingen, 141-147.

KOCH, Peter, OESTERREICHER, Wulf (1985), Sprache der Nähe. Sprache der Distanz, dans *Romanistisches Jahrbuch*, 36 : 15-43.

KOCH, Peter, OESTERREICHER, Wulf (1991), *Gesprochene Sprache in der Romania*, Tübingen.

KOSELLECK, Reinhart, REICHARDT, Rolf (ed.) (1988), *Die Französische Revolution als Bruch des gesellschaftlichen Bewußtseins*, München.

KRAUSS, Henning (1988), *Literatur der französischen Revolution. Eine Einführung*, Stuttgart.

LABARRIERE, Jean-Louis (1986), Le signe écrit, l'éducation et la démocratie. Quelques remarques à partir du chapitre V de la Grammaire de Destutt de Tracy, dans BUSSE/TRABANT (éd.), 1986, 167-179.

LAFARGUE, Paul (1894), La langue française avant et après la Révolution, dans *L'Ere Nouvelle*, version allemande dans *Ergänzungshefte der Neuen Zeit*, 15 (1912), 1-47.

LAFONT, Robert (1985), Le possible et l'impossible dans l'intertextualité du sens : à propos d'un «discours civique», dans BOYER/GARDY (éd.), 1985, 313-330.

LAPLACE, R., TOURNIER, M. (1970), Deux siècles de vocabulaire politique : Elaboration d'une nomenclature (1770-1969), dans *Cahiers de lexicologie*, 17, 74-86.

LAPORTE, Dominique (1976), Les politiques de la langue, dans *Diglossie et littérature*, Valence, 69-84.

LARTICHAUX, Jean-Yves (1977), Politique linguistique de la Révolution Française, dans *Diogène*, 97, 77-96.

LATRY, Guy (1991), Un spectacle intéressant. Remarques sur des textes gascons landais de l'époque révolutionnaire, dans Dictionnaire des usages socio-politiques, 5, 65-79.

Le français moderne, 57 (1989).

LEITH, James A. (1965), *The Idea of Art as Propaganda in France 1750-1799*, Toronto.

LEITH, James A. (1968), *Media and Revolution : Moulding a New Citizenry in France during the Terror*, Toronto.

LEITH, James A. (1980), Space and Revolution : Architectural Planning in Paris during the Terror, dans Donald D. HORWARD (ed.), *Proceedings of the Consortium on Revolutionary Europe*, Athens, 1980, 28-42.

LEROI-GOURHAN, André (1964), *Le geste et la parole*, Paris.

LESO, Erasmo (1977), Note sulla retorica giacobina, dans D. GOLDIN/G. FOLENA (ed.), *Retorica e politica*, Padova, 143-159.

LESO, Erasmo (1981), Appunti sul lessico politico italiano nell'età giacobina, dans *Cultura Neolatina*, 41, 27-40.

LESO, Erasmo (1989), *Vocabolario Giacobino*, Padova.

Linguistische Arbeitsberichte, 62 (1987), Leipzig.

LEVALLOIS, Jean-Jacques (1990), La Méridienne de Dunkerque à Barcelone et la détermination du mètre (1792-1799), dans *Scientifiques et sociétés pendant la Révolution et l'Empire*, Paris, 423-440.

LÜDI, Georges (1986), Le discours d'assemblée perverti. Représentations de la variation du français à l'époque de la Révolution, dans GUILHAUMOU/SCHLIEBEN-LANGE (éd.), 1986, 9-41.

LÜSEBRINK, Claire (1986), Un défi à la politique de la langue nationale : la lutte autour de la langue allemande en Alsace sous la Révolution française, dans GUILHAUMOU/SCHLIEBEN-LANGE (éd.), 1986, 146-168.

LÜSEBRINK, Hans-Jürgen, REICHARDT, Rolf (1986), Oralität und Textfiliation in rezeptionspragmatischer Perspektive, dans Günther BERGER (ed.), *Zur Geschichte von Buch und Leser im Frankreich des Ancien Régime*, Rheinfelden : 111-143.

LÜSEBRINK, Hans-Jürgen, REICHARDT, Rolf (1990), *Die Bastille. Zur Saymbolgeschichte von Herrschaft und Freiheit*, Frankfurt/Main.

LYONS, Martyn (1981), Politics and Patois : the linguistic policy of the French Revolution, dans *Australian Journal of French Studies*, 18, 264-281.

MAINGUENEAU, Dominique (1991), *L'analyse du discours*, Paris.

MANNONI, Stefano (1994), *Une et idivisible. Storia dell'accemtramento amministrativo in Francia*, Milano.

MARIANA (Comité, ed.) (1990), *La Révolution vécue par la province. Mentalités et expressions populaires en Occitanie* (Actes du colloque de Puylaurens, 1989), Béziers.

MARTEL, Philippe (1984), La Révolution en occitan ou quand les Lumières s'encanaillent, dans *Lengas*, 16, 33-49.

MARTEL, Philippe (1985), Parler au peuple, Sisteron, 1789, dans BOYER/GARDIN (éd.), 1985, 287-297.

MARTEL, Philippe (1988), Les «patois» pendant la période révolutionnaire : recherche sur le cas occitan, dans *Mots*, 16, 191-194.

MARTEL, Philippe (1989), Les textes occitans de la période révolutionnaire : un peu de géographie, dans BOYER *et al.* (ed.), 1989, 219-243.

MARTEL, Philippe (1991). Republiquen, rouyalisto, sans-culotto et istoucrato: texte occitan et lexique politique, dans *Dictionnaire des usages socio-politiques*, 5, 39-63.

MATHIEZ, Albert (1904), *Les Origines des Cultes Révolutionnaires*, Paris.

MCCLELLAN, Andrew L. (1988), The Musée du Louvre as Revolutionary Metaphor During the Terror, dans *Art Bulletin*, 70, 300-313.

MEINZER, Michael (1988), Der französische Revolutionskalender und die «Neue Zeit», dans KOSELLECK/REICHARDT (ed.), 1988, 23-60.

MEINZER, Michael (1992), *Der französische Revolutionskalender (1792-1805)*, München.

MELLER, Horst (1992), Liberté, Egalité, Fraternité. Revolutionäre und konterrevolutionäre Dreifaaltigkeiten, dans Dieter HARTH/Jan ASSMANN (ed.), *Revolution und Mythos*, Frankfurt/Main.

MERLE, René (1986), L'intervention publique en dialecte, traces écrites, de la Pré-Révolution à la République, dans *Cahiers critiques du patrimoine*, 33-110.

MERLE, René (1989), Le texte occitan et francoprovencal du grand Sud-Est, dans BOYER *et al.* (éd.), 1989, 247-365.

MERLE, René (1990), L'utilisation de l'occitan et du francoprovencal dans les textes de la période révolutionnaire, dans *Mariana*, 175-184.

MICHEL, Pierre (1988), Barbarie, Civilisation, Vandalisme, dans REICHARDT/SCHMITT (ed.), 8, 7-49.

MILLIOT Vincent (1988), Les «cris» révolutionnaires : mots d'ordre et réflexion politique dans les titres de la littérature pamphlétaire, dans *Livre et Révolution* (= *Mélanges de la Bibliothèque de la Sorbonne*), Paris, 145-156.

MONREAL-WICKERT, Irene (1977), *Die Sprachforschung der Aufklärung im Spiegel der großen französischen Enzyklopädie*, Tübingen.

MORANGE, Jean, CHASSAING, Jean-François (1974), *Le Mouvement de Réforme de l'enseignement en France 1760-1798*, Paris.

MORAVIA, Sergio (1968), *Il tramonto dell'illuminismo*, Bari.

MORAVIA, Sergio (1974), *Il pensiero degli Idéologues*, Florenz.

MORAVIA, Sergio (1979), *La scienza dell'uomo nel Settecento*, Bari.

MORMILE, Mario (1967), *Desfontaines et la crise néologique*, Roma.

MORMILE, Mario (1973), *La néologie révolutionnaire de L.-S. Mercier*, Rom.

MORNET, Daniel (1969), *La pensée française au XVIIIe siècle*, Paris.

MORTIER, Roland (1990), La langue «révolutionnée», dans *The Hebrew University Studies in Literature and the Arts*, 17, 39-60.

MUCHEMBLED, Robert (1978), *Culture populaire et culture des élites dans la France moderne*, Paris.

NATALI, Jean Bapt. jr. (1976), *Une approche sémiologique du discours révolutionnaire*, thèse, Paris (R. Barthes).

NERDINGER, Winfried et al. (ed.) (1990), *Revolutionsarchitektur*, München.

NEUMANN, Werner (1987), Sprachhandlungsauffassungen an der Wende vom 18. zum 19. Jahrhundert, dans *Jahrbuch 1986 des Instituts für deutsche Sprache*, Düsseldorf : 121-142.

NORA, Pierre (éd.) (1986), *Les lieux de mémoire*, Paris.

OESTERREICHER, Wulf (1981), Wem gehört Humboldt? Zum Einfluß der französischen Aufklärung auf die Sprachphilosophie der deutschen Romantik, dans *Logos Semantikos*, vol. I, Berlin/Madrid, 117-135.

OESTERREICHER, Wulf (1983), «Historizität» und «Variation» in der Sprachforschung der französischen Spätaufklärung, auch : ein Beitrag zur Entstehung der Sprachwissenschaft, dans Bernard CERQUIGLINI/Hans Ulrich GUMBRECHT (ed.), *Der Diskurs der Literatur- und Sprachhistorie*, Frankfurt/Main, 167-205.

OESTERREICHER, Wulf (1986), Ere française et Deutsche Bewegung : Les Idéologues, l'historicité du langage et la naissance de la linguistique, dans BUSSE/TRABANT (ed.), 1986, 97-143.

OESTERREICHER, Wulf (1990), «Die Sprache der Freiheit». Varietätenlinguistische Präzisierungen zur Historiographie von Sprachpolitik und Sprachauffassung der Französischen Revolution, dans Werner HÜLLEN (ed.), *Understanding the Historiography of Linguistics*, Münster, 1990, 117-136.

OESTERREICHER, Wulf (1993), Verschriftung und Verschriftlichung im kontext mediales und konzeptionelles Schriftlichkeit, dans Ursule SCHAEFER (ed.), *Schriftlichkeit im frühen Mittelalter*, Tübingen.

OZOUF, Mona (1970), De Thermidor à Brumaire : Le discours de la Révolution sur elle-meme, dans *Revue historique*, 234, 31-66.

OZOUF, Mona (1976), *La fête révolutionnaire 1789-1799*, Paris.

OZOUF, Mona (1984), *L'Ecole de la France*, Paris.

OZOUF-MARIGNIER, M. (1989), *La formation des départements. La représentation du territoire français à la fin du XVIIIe siècle*, Paris.

PALMER, Robert R. (1975), *School of the French Revolution*, Princeton, N.J.

PALMER, Robert R. (1985), *The Improvement of Humanity : Education and the French Revolution*, Princeton, N.J.

PANCERA, Carlo (1986), *L'utopia pedagogica rivoluzionaria (1798-1799)*, Roma.

PARKER, Harold Talbot (1937), *The Cult of Antiquity and the French Revolutionaries*, Chicago.

PAUL, Alain (1991), Bertrand Barère et la question des langues minoritaires, dans *Dictionnaire des usages socio-politiques*, 5, 81-116.

PELLEGRIN, Nicole (1989), *Les vêtements de la Liberté. Abécédaire des pratiques vestimantaires françaises de 1780 à 1800*, Aix-en-Provence.

PERONNET, Michel (1985), Réflexions sur «une série de questions relatives aux patois et aux mœurs des gens de la campagne» proposée par l'abbé Grégoire le 13 août 1790, dans *Lengas*, 17, 79-96.

PIC, François (1985), L'inventaire du Texte occitan de la période révolutionnaire, dans BOYER/GARDY, 1985, 201-225.

PIC, François (1989), Essai d'inventaire des textes en occitan de la période révolutionnaire (1788-1800), dans BOYER *et al.*, 1989, 15-216.

PICAVET, François (1891), *Les Idéologues*, Paris.

PILLORGET, René (1985), The Cultural Programmes of the 1789 Revolution, dans *History*, 70, 386-396.

PLÖTNER, Bärbel (1988), Die Regionalsprachen in der Großen Französischen Revolution, dans *Linguistische Arbeitsberichte Leipzig*, 62, 19-40.

PLÖTNER, Bärbel (1989a), Die Regionalsprachen in der Französischen Revolution, dans Manfred KOSSOK/E. KROSS (ed.), *1789. Weltwirkung einer großen Revolution*, Berlin, 1989, 140-159.

PLÖTNER, Bärbel (1989b), Les «patois» dans le feu de la dispute, dans *Zeitschrift für Phonetik, Sprachwissenschaft und Kommunikationsforschung*, 42, 581-586.

QUEMADA, Bernard (1968), *Les dictionnaires du français moderne*, Paris.

QUENIART, Jean (1981), Alphabetisierung und Leseverhalten der Unterschichten in Frankreich im 18. Jahrhundert, dans GUMBRECHT *et al.* (ed.), 1981, vol. 2 : 113-146.

RANFT, Theodor (1903), *Der Einfluß der Französischen Revolution auf den Wortschatz*, thèse Gießen.

RASHED, Roshdi (ed.) (1988), *Sciences à lèpoque de la Révolution française*, Paris.

REGALDO, Marc (1976), *Un milieu intellectuel : «La Décade philosophique» (1794-1807)*, Lille.

REICHARDT, Rolf (1982), Zur Geschichte politisch-sozialer Begriffe in Frankreich zwischen Absolutismus und Restauration, dans *Zeitschrift für Literaturwissenschaft und Linguistik*, 47, 49-74.

REICHARDT, Rolf (1985), Einleitung, dans *Handbuch politisch-sozialer Grundbegriffe in Frankreich 1680-1820*, vol. 1, München, 39-148.

REICHARDT, Rolf (1988b), Revolutionäre Mentalitäten und Netze politischer Grundbegriffe in Frankreich 1789-1795, dans KOSELLECK/REICHARDT (ed.), 1988, 185-215.

REICHARDT, Rolf (1989a), *Das Revolutionsspiel von 1791*, Frankfurt/Main.

REICHARDT, Rolf (1989b), Von der politisch-ideengeschichtlichen zur sozio-kulturellen Deutung der Französischen Revolution, dans *Geschichte und Gesellschaft*, 15, 115-143.

REICHARDT, Rolf, SCHLIEBEN-LANGE, Brigitte (1989), Die Französische Revolution als Revolution der Kommunikation und der Sprache = *Avant-Propos à l'édition allemande de Guilhaumou*, 1989, Frankfurt/Main, 9-19.

REICHARDT, Rolf, SCHMITT, Eberhard (ed.) (1985 sq.), *Handbuch politisch-sozialer Grundbegriffe in Frankreich 1680-1820*, München.

RENZI, Lorenzo (1981), *La politica linguistica della Rivoluzione francese*, Napoli.

RENZI, Lorenzo (1990), Vision du monde, politique, linguistique chez l'Abbé Grégoire, dans *Wissenschaftliche Zeitschrift der Universität Leipzig*, 39, 360-367.

RIBERETTE, Pierre (1970), *Les Bibliothèques françaises pendant la Révolution 1789-1795*, Paris.

RICKEN, Ulrich (1974), Zur Sprachdiskussion während der Französischen Revolution, dans *Beiträge zur romanischen Philologie*, 13, 303-318.

RICKEN, Ulrich (1976), Zur Neologie-Diskussion des 18. Jahrhunderts und ihrer Fortsetzung nach der Revolution, dans *Wissenschaftliche Zeitschrift der Universität Halle*, 26, 109-118.

RICKEN, Ulrich (1978a), L'abus des mots : thème des Lumières, dans *Sitzungsberichte der Akademie der Wissenschaften der DDR*, 5, 157-163.

RICKEN, Ulrich (1978b), Merciers Néologie : ein Werk der Revolution?, dans *Lendemains*, 11, 87-95.

RICKEN, Ulrich (1983), Remarques sur la discussion linguistique pendant la Révolution française, dans *Atti del XIV Congresso internazionale di linguistica e filologia romanza*, Amsterdam, 647-661.

RICKEN, Ulrich (1984), *Sprache, Anthropologie, Philosophie in der französischen Aufklärung*, Berlin.

RICKEN, Ulrich (1990), *Sprachtheorie und Weltanschauung in der europäischen Aufklärung*, Berlin.

ROBIN, Régine (1970), *La Société Française en 1789 : Semur en Auxois*, Paris.

ROCHE, Daniel (1982), Présentation de Journal de ma vie, Jacques Louis Ménétra, Paris.

ROCHE, Daniel (1988a), Bruch und Kontinuität im Zeitalter der Französischen Revolution : Der Beitrag der Autobiographien zur Präzisierung der politischen Visionen, dans KOSELLECK/REICHARDT (ed.), 1988, 379-397.

ROCHE, Daniel (1988b), *Les Républicains des Lettres*, Paris.

ROGER, Philippe (1988), Le débat sur la «langue révolutionnaire», dans BONNET (éd.), 1988, 157-184.

ROUEN (Colloque de, éd.) (1989), *La Révolution française et les processus de socialisation de l'homme moderne*, Rouen.

RUPP, Gerhard (1986), «In der Anarchie der Sprache eine gar schöne Ordnung» sehen. Ästhetische Schulung durch Stilübungen im Literaturunterriche des 18. Und 19. Jahrhunderts, dans GUMBRECHT/PFEIFFER (ed.) (1986), 394-410.

SAJOUS, Michèle (1988), Le Dictionnaire néologique des hommes et des choses de L.-A. Beffroy de Reigny : un dictionnaire «anti-révolutionnaire» ou «contre-révolutionnaire»?, dans *Dictionnaire des usages socio-politiques*, 3, 99-132.

SCHEERER, Thomas (1988), «Peuple français, écoute». Parlamentarische rhetorik nach 1789, dans Henning KRAUSS (ed.), *Literatur der Französischen Revolution*, Stuttgart, 168-191.

SCHEINFUSS, Katharina (1973), *Von Brutus zu Marat. Kunst im Nationalkonvent 1789-1795*, Dresden.

SCHERFER, Peter (1983), *Untersuchungen zum Sprachbewußtsein der Patois-Sprecher in der Franche-Comté*, Tübingen.

SCHIVELBUSCH, Wofgang (1979), *Geschichte der Eisenbahnreise*, Frankfurt/Main.

SCHLIEBEN-LANGE, Brigitte (1976), Von Babel zur Nationalsprache, dans *Lendemains*, 4, 31-44.

SCHLIEBEN-LANGE, Brigitte (1979), Das Übersetzungsbüro Dugas (1791/92), dans Rolf KLOEPFER (ed.), *Bildung und Ausbildung in der Romania*, vol. 2, München, 1979, 513-526.

SCHLIEBEN-LANGE, Brigitte (1980), Die Sprachpolitik der Französischen Revolution, dans *Komparatistische Hefte*, 1, 41-51.

SCHLIEBEN-LANGE, Brigitte (1981), Die Französische Revolution und die Sprache, dans SCHLIEBEN-LANGE (ed.), 1981, 90-123.

SCHLIEBEN-LANGE, Brigitte (1982), Introduction à la section : «Attitudes», dans Norbert DITTMAR/Brigitte SCHLIEBEN-LANGE, *La sociolinguistique dans les pays de langue romane*, Tübingen, 219-224.

SCHLIEBEN-LANGE, Brigitte (1983), Schriftlichkeit und Mündlichkeit in der Französischen Revolution, dans Aleida et Jan ASSMANN/Christof HARDMEIER (ed.), *Schrift und Gedächtnis*, München, 1983, 194-211.

SCHLIEBEN-LANGE, Brigitte (1984a), Vom Vergessen in der Sprachwissenschaftsgeschichte. Zu den «Ideologen» und ihrer Rezeption im 19. Jahrhundert, dans *Zeitschrift für Literaturwissenschaft und Linguistik*, 53/54, 18-36.

SCHLIEBEN-LANGE, Brigitte (1984b), Über Ursprung, Fortschritt und Universalität des Provenzalischen, dans *RZLG*, 8, 515-532.

SCHLIEBEN-LANGE, Brigitte (1985a), Die Wörterbücher in der Französischen Revolution (1789-1804), dans REICHARDT/SCHMITT (ed.), 1985, vol. 1/2, München, 1985, 149-189.

SCHLIEBEN-LANGE, Brigitte (1985b), La politique des traductions, dans BOYER/GARDY (ed.), 1985, 97-126.

SCHLIEBEN-LANGE, Brigitte (1986a), Tu parles le vieux langage. Le Dictionnaire Républicain et Révolutionnaire de Rodoni, Citoyen de Génève, dans GUILHAUMOU/SCHLIEBEN-LANGE (éd.), 1986, 77-97.

SCHLIEBEN-LANGE, Brigitte (1986b), Le traitement lexicographique du changement et du conflit des significations linguistiques pendant la Révolution Française, dans *Autour de Féraud. La lexicographie en France de 1762 à 1835*, Paris, 1986, 173-183.

SCHLIEBEN-LANGE, Brigitte (1986c), Athènes éloquente/Sparte silencieuse. Die Dichotomie der Stile in der Französischen Revolution, dans GUMBRECHT/PFEIFFER (ed.) (1986), 155-168.

SCHLIEBEN-LANGE, Brigitte (1986d), Les Idéologues et l'écriture, dans BUSSE/TRABANT (ed.) (1986), 181-206.

SCHLIEBEN-LANGE, Brigitte (1987a), Die «indétermination des mots». Ein sprachtheoretischer Topos der Spätaufklärung, dans Werner NEUMANN/Bärbel TECHTMEIER (ed.), *Bedeutungen und Ideen in Sprachen und Texten*, Berlin, 1987, 135-146.

SCHLIEBEN-LANGE, Brigitte (1987b), Das Französische. Sprache der Uniformität, dans *Zeitschrift für Germanistik*, 8, 26-38.

SCHLIEBEN-LANGE, Brigitte (1988a), Grégoire neu gelesen, dans KOSELLECK/REICHARDT (ed.) (1988), 561-570.

SCHLIEBEN-LANGE, Brigitte (1988b), Die Traditionen des Sprechens und die Traditionen der klar-konfusen und klar-distinkten Ideen über das Sprechen, dans Jens LÜDTKE et al. (ed.), *Energeia und Ergon, Studia in honorem Eugenio Coseriu*, Tübingen, 451-462.

SCHLIEBEN-LANGE, Brigitte (1988c), Le «style féroce» de louis-Sébastien Mercier : l'écriture de l'inoui, dans *Dictionnaire des usages socio-politiques*, 3, 133-150.

SCHLIEBEN-LANGE, Brigitte (1989a), Elemente einer pragmatischen Sprachtheorie in den Grammaires Générales um 1800, dans *Zeitschrift für Literaturwissenschaft und Linguistik*, 76, 76-93.

SCHLIEBEN-LANGE, Brigitte (1989b), Wissenschaftssprache und Alltagssprache um 1800, dans Dieter CHERUBIM/Klaus MATTHEIER (ed.), *Voraussetzungen und Grundlagen der Gegenwartssprache*, Berlin/New York, 1989, 123-138.

SCHLIEBEN-LANGE, Brigitte (1989c), Stereotyper und internalisierter Dialog, dans Brigitte SCHLIEBEN-LANGE (ed.), *Fachgespräche in Aufklärung und Revolution*, Tübingen, 1989, 241-255.

SCHLIEBEN-LANGE, Brigitte (1989d), Les Idéologues : ein Forschungsprogramm der Spätaufklärung, dans *Dialektik*, 18, 295-311.

SCHLIEBEN-LANGE, Brigitte (1990a), Mongin, Idéologue de la Meurthe, dans Hans-Josef NIEDEREHE et al. (ed.), *History and Historiography of Linguistics*, vol. 2, 541-557.

SCHLIEBEN-LANGE, Brigitte (1990b), Die Sprachpolitik in der Französischen Revolution. Uniformierung in Raum, Zeit und Gesellschaft, dans *Die Französische Revolution. Impulse, Wirkungen, Anspruch*, Heidelberg, 1990, 75-92.

SCHLIEBEN-LANGE, Brigitte (1990c), Zu einer Geschichte des Lesens (und Schreibens), dans *RZLG*, 15, 251-267.

SCHLIEBEN-LANGE, Brigitte (1991), Die Namen von Zeit und Raum, dans *Zeitschrift für Phonetik, Sprachwissenschaft und Kommunikationsforschung*, 44, 585-596.

SCHLIEBEN-LANGE, Brigitte (1992a), La Grammaire Générale dans les Ecoles Centrales, dans SCHLIEBEN-LANGE et al. (ed.), 1992, 213-262.

SCHLIEBEN-LANGE, Brigitte (1992b), Reichtum, Energie, Klarheit und Harmonie, dans Susanne ANSCHÜTZ (ed.), *Texte, Sätze, Wörter und Moneme*, Heidelberg, 751-586.

SCHLIEBEN-LANGE, Brigitte (1994a), Promiscue legere und lecture publique, dans Paul GOETSCH (ed.), *Lesen und Schreiben im 17. und 18. Jahrhundert*, Freiburg, 183-194.

SCHLIEBEN-LANGE, Brigitte (1994b), Analogie und Natur in einem Orthographieprojekt der Französischen Revolution, dans Richard BAUM et al. (ed.) : *Lingua et Traditio*, Tübingen, 165-182.

SCHLIEBEN-LANGE, Brigitte (sous presse), La Révolution Française, dans Sylvain AUROUX (ed.), *Histoire des idées linguistiques*, vol. III, Paris, 1994 (sous presse).

SCHLIEBEN-LANGE, Brigitte (1995), La construction des champs déictiques dans la sémi-oralité, dans Rika van DEYCK (ed.), *Diachronie et variation linguistique*, Gand, 115-128.

SCHLIEBEN-LANGE, Brigitte (ed.) (1981), *Sprache und Literatur in der Französischen Revolution = Zeitschrift für Literaturwissenschaft und Linguistik*, 41 (1981).

SCHLIEBEN-LANGE, Brigitte (ed.) (1988), *Sprache und Revolution = Zeitschrift für Literaturwissenschaft und Linguistik*, 72 (1988).

SCHLIEBEN-LANGE, Brigitte, KNAPSTEIN, Franz-Josef (1986), L'expérience révolutionnaire des Idéologues et leurs théories sémiotiques et linguistiques, dans GUILHAUMOU/SCHLIEBEN-LANGE (éd.) (1986), 133-145.

SCHLIEBEN-LANGE, Brigitte, KNAPSTEIN, Franz-Josef (1988), Les Idéologues avant et après Thermidor, dans *AHRF*, 271, 35-59.

SCHLIEBEN-LANGE, Brigitte, KNAPSTEIN, Franz-Josef (1991), L'image de la Révolution dans la pensée des Idéologues, dans SCHLIEBEN-LANGE et al. (ed.), 1991, 173-185.

SCHLIEBEN-LANGE, Brigitte et al. (ed.) (1989, 1991, 1992, 1994), *Europäische Sprachwissenschaft um 1800*, Münster.

SCHLIEBEN-LANGE, Brigitte (sous presse), Le style laconique, dans GEFFROY (ed.) (sous presse).

SCHWARTZ, Elisabeth (1984), *Les Idéologues et la fin des Grammaires Générales Raisonnées*, Lille.

SEGUIN, Jean-Pierre (1985), Le Journal de ma vie de J.-L. Ménétra : une syntaxe populaire?, dans *Mélanges de langue et de littérature française offerts à Pierre Larthomas*, Paris (ENSJF), 437-450.

SEGUIN, Jean-Pierre (1992), L'ordre des mots dans le Journal de J.-L. Ménétra, dans *Grammaire des fautes et français non-conventionnels*, Paris (GEHLF), 29-37.

SEIFERT, Siegfried (1989), *Die Zeit schlägt ein neues Buch in der Geschichte auf*, Weimar.

SERGIJEWSKI, Maxim (1938/1979), *Geschichte der französischen Sprache*.

SERMAIN, Jean-Paul (1986), Raison et Révolution : le problème de l'éloquence politique, dans BUSSE/TRABANT (ed.), 1986, 147-165.

SERMAIN Jean-Paul (1989), La part du diable. La rhétorique et ses enjeux pendant la Révolution française, dans *Il confronto letterario*, Pavia, vol. IV, 95-113.

Service des Calculs et de Mécanique Céleste du Bureau des Longitudes (ed.) (1989), *Le Calendrier Républicain*, Paris.

SOBOUL, Albert (1974), Egalité. Pouvoir et danger des mots, dans *AHRF*, 46, 371-379.

SPRIGATH, Gabriele (1980), Sur le vandalisme révolutionnaire, dans *HRF*, 239, 510-535.

STAROBINSKI, Jean (1977), Eloquence and Liberty, dans *Journal of the History of Ideas*, 38, 195-210.

STAROBINSKI, Jean (1981), *1789. Die Embleme der Vernunft*, Paderborn.

STAUM, Martin (1980a), *Cabanis*, Princeton.

STAUM, Martin S. (1980b), The Class of Moral and Political Sciences 1795-1803», dans *French Historical Studies*, 11, 371-397.

STAUM, Martin (1985/86), The Enlightenment Transformed : The Institute Prize Contests, dans *Eighteenth Century Studies*, 19, 153-179.

STEIN, Jay W. (1961), *The Mind and the Sword*, New York.

STOROST, Jürgen (1971), *Studien zur Herausbildung der chemischen Fachsprache in der französischen Sprachgeschichte*, Halle.

STOROST, Jürgen (1972), Zur Herausbildung der Grundsätze der modernen französischen Fachsprache der Chemie im ausgehenden 18. Jahrhundert, unter Beachtung des philosophischen einflusses von condillac, dans *Beiträge zur Romanischen Philologie*, 11, 291-311.

SWIGGERS, Pierre (1986), Grammaire et lexique au XVIIIe siècle, dans *Autour de Féraud*, 63-71.

SWIGGERS, Pierre (1993), Politique de la langue et description linguistique en France à l'époque de la Révolution, dans *Travaux de linguistique et philologie*, 31, 399-421.

SWIGGERS, Pierre, DESMET, Piet (1990), Ordre des choses et ordre des mots. Le Néologiste français de Reinhard, dans *Wissenschaftliche Zeitschrift der Humboldt-Universität zu Berlin*, 39, 917-920.

SZAMBIEN, Werner (1986), *Les projets de l'an II : concours d'architecture de la période révolutionnaire*, Paris.

TENRET, Philippe (1973), *Le Discours Révolutionnaire : Rhétorique et Idéologie*, Diss. Baltimore, Maryland.

TEYSSEIRE, Daniel, Des Idéologues contre l'excès des mots, dans *Mots*, 16, 155-173.

THIELSEN, K. (1987), *Die Sprachpolitik der Französischen Revolution und die katholische Kirche*, Erlangen.

THOMAS, Jacques (1953), Dialecte et patois. Esquisse d'une étude sémantique, dans *Romanica Gandensia*, 1, 93-117.

TRABANT, Jürgen (1981), Die Sprache der Freiheit und ihre Feinde, dans SCHLIEBEN-LANGE (ed.), 1981, 70-89.

TRABANT, Jürgen (1983), Das Andere der Fachsprache, dans *LiLi*, 51/52, 27-47.

TRABANT, Jürgen (1985), Die Einbildungskraft und die Sprache. Ausblick auf Wilhelm von Humboldt, dans *Neue Rundschau*, 96, 161-182.

TRABANT, Jürgen (1988), Vom Ohr zur Stimme, dans Hans Ulrich GUMBRECHT/Karl Ludwig PFEIFFER (ed.), *Materialitäten der Sprachwissenschaft*, Frankfurt/Main, 63-79.

TRABANT, Jürgen (1994), Europa, China und die durablen Zeichen. Noch einmal über das Kapitel V der Grammatik von Destutt de Tracy, dans SCHLIEBEN-LANGE *et al.* (ed.) (1994), 9-26.

TRÄGER, Claus (1983), Sprache des Jakobinismus. Jakobinismus der Sprache, dans *Zeitschrift für Germanistik*, 2, 134-141.

TRAIMOND, Bernard (1985), Gascon et français sous la Révolution dans les Landes de Gascogne, dans BOYER/GARDY (ed.), 1985, 185-193.

VECCHIO, Sebastiano (1982), *Il circuito semiotico e la politica. Linguaggio, nazione e popolo nella Rivoluzione Francese*, Acireale.

VECCHIO, Sebastiano (1986a), Langue nationale et grammaire pendant la Révolution. La France et l'Italie, dans BUSSE/TRABANT (ed.) (1986), 373-394.

VECCHIO, Sebastiano (1986b), « Les langues sont pour les peuples ». Matériaux pour l'étude de la linguistique militante sous la Révolution française, dans GUILHAUMOU/SCHLIEBEN-LANGE (ed.), 1986, 98-132.

VECCHIO, Sebastiano (1989a), Langue de la liberté et liberté des langues, dans *Le français moderne*, 57, 99-108.

VECCHIO, Sebastiano (1989b), Quelques présupposés d'une politique linguistique : Grégoire et Manzoni, dans *Zeitschrift für Phonetik, Sprachwissenschaft und Kommunikationsforschung*, 42, 572-580.

VECCHIO, Sebastiano (1990), *Democrazia linguistica. Il dibattito in Francia e in Italia tra Settecento e Ottocento*, Palermo.

VERNUS, Michel (1988), Lectures et pratiques de lecture en Franche-Comté, dans *Livre et Révolution* (= *Mélanges de la Bibliothèque de la Sorbonne*), Paris, 165-178.

VIDLER, Anthony (1988), Grégoire, Lenoir et les « monuments parlants », dans BONNET (ed.), 1988, 131-154.

VIGUIER, Jules (1895), Episodes inédits de l'histoire de la terreur à Marseille, dans *Révolution Française*, 28, 40-65.

VOVELLE, Michel (1976), Le discours de la déchristianisation, dans *Religion et Révolution. La déchristianisation de l'an II*, Paris, 205-235.

VOVELLE, Michel (1985), *La mentalité révolutionnaire*, Paris.

VOVELLE, Michel (1986), La langue comme enjeu politique dans la Provence révolutionnaire, dans *Cahiers critiques du patrimoine*, 2, 9-15.

VOVELLE, Michel (1993), *La découverte de la politique*, Paris.

VOVELLE, Michel (ed.) (1981), *Les intermédiaires culturels. Actes du colloque du Centre méridional d'Histoire sociale*, Aix-en-Provence.

VOVELLE, Michel (ed.) (1986), *La Révolution française : images et récit (1789-1799)*, 5 vol., Paris.

VOVELLE, Michel (ed.) (1988), *Les Images de la Révolution Française*, Paris.

VOVELLE, Michel (ed.) (1989), *L'Image de la Révolution Française*, Paris.

ZOLLNA, Isabel (1990) : *« Einbildungskraft » (imagination) und « Bild » (image) in den Sprachtheorien um 1800*, Tübingen.

Sources manuscrites

ARCHIVES NATIONALES, Séries F 17 1001 sq. et AA 32.
ARCHIVES DÉPARTEMENTALES (pièces relatives aux Ecoles Centrales).

Sources imprimées

LES ACTES DES APOTRES, Paris, 1789-1791, 1796-1797.

AFFICHES DE LA COMMUNE DE PARIS, 1-247 (14-juin 1793, 28-mars-1794 = 8-germ-II), Paris, réimpression (EDHIS), Paris, 1975.

ARCHIVES PARLEMENTAIRES, 1-97, Paris, 1881-1993.

AULARD, François-Alphonse (1903-1909), *Paris sous le Consulat. Recueil de documents pour l'histoire de l'esprit public à Paris*, Paris.

AULARD, François-Alphonse (1915), *Recueil des actes du Comité du salut public*, Paris.

BACZKO, Bronislaw (1982), *Une éducation pour la démocratie. Textes et projets de l'époque révolutionnaire*, Paris.

BOUCHE, Henri (1792), *La Counstitucién Francézo*, Paris.

BRANCA-ROSOFF, Sonia, SCHNEIDER Nathalie (1994), *L'écriture des citoyens*, Paris, 147-281 (textes écrits dans les Bouches-du-Rhône entre 1793 et 1794).

BOURGUET, Marie-Noelle (1989), *Déchiffrer la France*, Paris (contient les textes relatifs aux enquêtes statistiques sur les départements sous le Directoire, le Consulat et l'Empire).

BUÉE, Adrien-Quentin (1792), *Nouveau Dictionnaire, pour servir à l'intelligence des termes mis en vogue par la Révolution, dédié aux amis de la religion, du roi et du sens commun*, Paris.

BUTET DE LA SARTHE (1801), *Abrégé d'un cours complet de lexicologie*, Paris.

CABANIS, Pierre-Jean-Jacques (1802), *Rapports du physique et du moral de l'homme*, Paris.

CHANTREAU, Pierre-Nicolas (1790), *Dictionnaire national ou anecdotique pour servir à l'intelligence des mots dont notre langue s'est enrichi depuis la Révolution, et à la nouvelle signification qu'ont reçue quelques anciens mots...*, Politicopolis.

CONDILLAC, Etienne Bonnot de (1798), *La langue des calculs*, Paris, édition critique (éd. : Anne-Marie Chouillet, Sylvain Auroux), Lille, 1981.

CONDORCET, Jean-Antoine-Nicolas-Caritat (1795), *Esquisse d'un tableau historique des progrès de l'esprit humain* (publié par P.-C.-F. Daunou et Mme M.-L.-S. de Condorcet), Paris.

La DECADE PHILOSOPHIQUE, t. I-XXVI, Paris, an II-1804.

DE CERTEAU, Michel, JULIA, Dominique, REVEL, Jacques (1975), *Une politique de la langue*.

DEGERANDO, Joseph-Marie (1800), *Des Signes et de l'art de penser considérés dans leurs rapports mutuels*, Paris.

DELOCHE, Bernard, LENIAUD, Jean-Michel (1989), *La Culture des Sans-Culottes*, Paris (contient des textes relatifs à la politique culturelle).

DESTUTT DE TRACY (1801-1815), *Elémens d'Idéologie*, Paris.

DICTIONNAIRE DE L'ACADEMIE FRANCAISE (5e édition) (1798), Paris.

DICTIONNAIRE LACONIQUE, véridique et impartial, ou Etrennes aux démagogues sur la Révolution française (1791), Patriopolis.

DICTIONNAIRE RAISONNEE de plusieurs mots qui sont dans la bouche de tout le monde et ne présentent pas des idées bien nettes (1790), Paris.

DOMERGUE, Urbain, *Journal de la langue française, 1791-1792*.

DOMERGUE, Urbain, *Adresse aux communes et aux sociétés populaires de la République Française*, édition nouvelle dans Busse, 1985, 139-143.

ENCYCLOPEDIE ou Dictionnaire raisonné des sciences, des arts et des métiers, par une société de gens de lettres (1751-1765), Paris/Neufchâtel.

ENCYCLOPEDIE METHODIQUE (1782-1832), Paris.

LA FEUILLE VILLAGEOISE, Paris, sept. 1790 (prospectus) - 23-therm-an-III.

GALLAIS, Jean-Pierre (1790), *Extrait d'un dictionnaire inutile, A 500 lieues de l'Assemblée Nationale*.

GATTEL, Claude-Marie (1797), *Nouveau dictionnaire portatif*, Lyon.

GAUTIER, P.N. (1791), *Dictionnaire de la Constitution*, Paris.

GAZIER, Augustin (1880), *Lettres à Grégoire sur les patois de la France (1790-1794)*, Paris, réimpression, Genève, 1967.

GUILLAUME, James (éd.) (1889), *Procès-verbaux du Comité d'Instruction Publique de l'Assemblée législative*, Paris.

GUILLAUME, James (éd.) (1891-1907), *Procès-verbaux du Comité d'Instruction Publique de la Convention Nationale*, Paris.

HIPPEAU, Charles (1883), *L'Instruction Publique en France pendant la Révolution*, Paris.

LA HARPE, Jean-François (1797), *Du Fanatisme dans la langue révolutionnaire, ou de la persécution suscité par les barbares du XVIIIe siècle contre la religion chrétienne et ses ministres*, Paris.

LANCELIN (1801), *Introduction à l'Analyse des Sciences*, Paris.

LAVOISIER, Antoine Laurent, BERTHOLLET, Claude-Louis, GUYTON DE MORVEAU, Louis Bernard, FOURCROY, Antoine-François (1787), *Méthode de nomenclature chimique*, Paris, réimpression, Paris, 1994.

MAURON, Claude, EMMANUELLI, François-Xavier (éd.) (1986), *Textes politiques de l'époque révolutionnaire en langue provençale*, Saint-Rémy de Provence.

MENETRA, Jacques-Louis (1982), *Journal de ma vie* (présenté par Daniel ROCHE), Paris.

MERCIER, Louis-Sébastien (1798), *Le Nouveau Paris*, 6 vol., Paris.

MERCIER, Louis-Sébastien (1801), *Néologie ou vocabulaire de mots nouveaux, à renouveler, ou pris dans des acceptions nouvelles*, 2 vol., Paris.

MONGIN, F.B. (1803), *Philosophie élémentaire*, Nancy.

MORELLET, André (1801), *Du Projet annoncé par l'Institut National de continuer le Dictionnaire de l'Académie française*, Paris.

NODIER, Charles (1833), *Recherches sur l'éloquence révolutionnaire*, Paris.

NOUVEAU DICTIONNAIRE FRANCAIS (1818), Paris.

NUOVO VOCABOLARIO filosofico-democratico (1799), Venezia.

Le PERE DUCHESNE (1790-1794), édition préparée par Frédéric BRAESCH, Paris, 1922-1939, réimpression avec une introduction par Albert Soboul, Paris (EDHIS), 1969.

PETIT DICTINNAIRE DES GRANDS HOMMES (1790), Paris.

POUGENS, Marie Charles Joseph (1794), *Vocabulaire des nouveaux privatifs français*, Paris.

PROJET d'une nouvelle forme d'orthographe, dans Schlieben-Lange, 1994b, 174-182.

RAPPORT RONDONNEAU, dans Schlieben-Lange, 1985b, 117-125.

REINHARD, Karl Friedrich (1796), *Le Néologiste Français*, Nürnberg.

RIVAROL, Antoine (1797), *Discours préliminaire du nouveau dictionnaire de la langue française*, Paris.

SAINT-JUST, Antoine-Louis-Léon (1800), *Fragmens sur les institutions républicaines*, Paris.

Service des Calculs et de Mécanique céleste du Bureau des Longitudes (1989), Le Calandrier Républicain (décrets relatifs au calendrier révoutionnaire).

SNETLAGE, Léonard (1795), *Nouveau Dictionnaire Francais*, Göttingen

Les SYNONYMES JACOBITES (1795), Paris.

THUROT, François (1796), traduction et Annotation de HARRIS, James, *Hermès*, Paris.

TOURNON, Antoine (1790), Sur l'influence des mots et le pouvoir de l'usage, dans *Mercure National*, 14 déc. 1790, réimpression (avec commentaires) dans Archives et documents de la SHESL, seconde série, num. 1, 1989, 13-16.

TOURNON, Antoine (1794), *Eléments de la langue nationale ou Grammaire des Sans-culottes*, extraits publiés dans Guilhaumou, 1976c, 71-76.

TUETEY, Louis (1902-1903), *Procès-verbaux de la commission des monuments*, Paris.

TUETEY, Louis (1912), *Procès-verbaux de la commission temporaire des arts*, 2 vol., Paris.

VECCHIO, Sebastiano (1986), Langue nationale et grammaire pendant la Révolution. La France et l'Italie, dans Busse, Trabant, 1986, 373-394 (contient les textes de plusieurs propositions relatives à l'orthographe française).

VOLNEY, Constantin François (1825), *Leçons d'histoire prononcées à l'Ecole Normale en l'an III de la République Fraançaise*, Paris.

WÖRTERBUCH DER FRANZÖSISCHEN REVOLUTIONSSPRACHE, Paris (Nürnberg), 1799.

Annexe

Les mesures prises dans le domaine de la culture et de la politique linguistique pendant la Révolution Française

22/12/1789	Commencement de la restructuration du territoire
14/1/790	Décret relatif aux traductions
8/5/1790	Rapport de Pusy sur la nécessité de rendre uniforme les poids et mesures (AP 15 : 440-443)
13/8/1790	Grégoire publie et distribue son questionnaire : « Une série de questions relatives aux patois et aux mœurs des gens de la campagne »
10/1790	Formation de la « Commission des monuments »
27/10/1790	« Rapport fait à l'Académie des sciences (...) sur le titre des métaux monnayés et l'échelle de division de toutes les sortes de mesures » (Guillaume, 2 : 19)
22/11/1790	« Instruction concernant la conservation des manuscrits... » (Deloche/Leniaud : 51-60)
25/12/1790	« Instruction pour la manièr de faire les états et notices des monuments de peinture... » (Deloche/Leniaud : 59-60)
19/1/1791	Dugas est chargé de faire les traduction dans les « idiomes méridionaux »
19/1/1791	Rapport fait à l'Académie sur les poids et mesures

19/3/1791	Rapport fait à l'Académie des sciences (...) sur le choix d'une unité de mesures (Guillaume, 2 : 19)
20/3/1791	«Instruction conernant les châsses...» (Deloche/Leniaud : 61-62)
15/5/1791	«Instruction pour procéder à la confection des catalogues de chacune des bibliothèques... (Deloche/Leniaud : 63-73)
10 et 11/9/1791	Rapport sur l'instruction publique, fait par Talleyrand-Périgord (AP 30 : 447-480 et 562)
14/10/1791	Fondation du Comité d'Instruction Publique (AP 34 : 225)
20 et 21/4/1792	Rapport sur l'organisation générale de l'instruction publique, fait par Condorcet (AP 42 : 192-195 et 227-245)
11/7/1792	Rapport fait à l'Académie des sciences (...) sur la nomenclature des mesures linéaires et superficielles (Guillaume, 2, 19)
18/10/1792	Décret sur l'élargissement de la «Commission des monuments» (Guillaume, 2 : 7-8)
6/11/1792	Débat relatif à la politique des traductions (Rapport Dentzel, AP 53 : 205-206)
25/11/1792	Rapport de l'Académie sur les poids et mesures (AP 53 : 583)
19/1/1793	Rapport fait à l'Académie des Sciences (...) sur l'unité des poids et sur la nomenclature des ses divisions (Guillaume, 2 : 19)
20/2/1793	Organisation d'un dépôt des archives au Louvre (AP 59 : 34-35)
18/4/1793	Discours Chalvet à la Convention sur l'enseignement de la langue française (AP 62 : 635-645)
29/5/1793	Rapport fait à l'Académie des Sciences sur le système général des poids et mesures (Guillaume, 2, 19)
6/6/1793	Rapport Lakanal sur le vandalisme (Guillaume, 1 : 477-478)
10/6/1793	Rapport Lakanal sur le «Jardin National des Plantes» et l'organisation du futur «Museum d'histoire naturelle» (Guillaume, 1 : 479-486)
13/6/1793	Décret sur l'ouverture d'un «concours pour la composition des livres élémentaires destinés à l'enseignement national» (Guillaume, 1 : 492-494)
13/7/1793	Plan d'Education Nationale de Lepeletier, présenté à la Convention Nationale (Guillaume, 2 : 31-66, AP 68 : 661-675)
18/7/1793	Suppression de l'Académie Française
19/7/1793	Déclaration des droits du génie (= décret sur la propriété littéraire, Guillaume, 2 : 80-82)
1/8/1793	Décret sur la destruction des tombeaux de St-Denis (AP 70 : 108)

1/8/1793	Rapport Arbogast et projet de décret sur l'uniformité et le système général des poids et mesures (AP 70 : 70-74 et 112-118, Guillaume, 2 : 13-20)
8/8/1793	Rapport de Grégoire relatif à la suppression des Académies (AP 70 : 519-523, Guillaume, 2 : 240-258)
10/8/1793	Ouverture du musée du Louvre
15 et 18/8/1793	Décrets sur des «mesures conservatoires à l'égard des objets précieux pour les arts et les sciences» (Guillaume, 3 : 318-323)
28/8/1793	Nomination de la «Commission des arts» (Guillaume, 2 : 489-490 et 508-510)
20/9/1793	Rapport Romme sur l'Ere de la République (AP 74 : 549-557)
5/10/1793	Projet de décret sur la fixation de l'ère française et sur la nouvelle division de l'année (AP 76 : 120-121, Guillaume, 2 : 579-587)
18/10/1793	Décret sur la suppression des signes de royauté (Guillaume, 2 : 653-655)
21/10/1793	Décret relatif à l'enseignement primaire (AP 77 : 365-366, Guillaume, 2 : 679-683)
23/10/1793	Loi sur la conservation des trésors d'art
24/10/1793 (3-brum-II)	Rapport Fabre d'Eglantine sur la nomenclature des mois et des jours (AP 77 : 496-508, Guillaume, 2 : 693-713)
24/10/1793 (3 brum-II)	Rapport Romme sur les abus qui se commettent dans L'exécution du décret relatif aux emblèmes de la féodalité (AP 77 : 487-489, Guillaume, 2 : 661-664)
1/11/1793 (11-brum-II)	Tutoiement obligatoire
5/11/1793 (15-brum-II)	Décret sur les fêtes civiques
10/11/1793 (20-brum-II)	Première fête de la liberté et de la raison
11/11/1793 (21-brum-II)	Rapport Domergue sur la bibliographie générale
18/12/1793 (28-frim-II)	Rapport Mathieu sur la «Commission des Monuments»; suppression de cette commission et remplacement par la «Commission temporaire des arts» (AP 81 : 629-634; Guillaume, 3 : 171-181 et 186-190)
10/1/1794 (21-niv-II)	Rapport Grégoire sur les inscriptions des monuments publics (AP 83 : 183-186)
16/1/1794 (27-niv-II)	Second rapport David sur la nécessité de la suppression de la «Commission du Muséum» (Guillaume, 3 : 274-277)
21/1/1794 (2-pluv-II)	Rapport sur les Bibliothèques Nationales (Guillaume, 3 : 309-310)

24/1/1794 (5-pluv-II)	Romme critique différents cas de vandalisme (AP 83 : 604; Guillaume, 3 : 333)
27/1/1794 (8-pluv-II)	Rapport Barère sur les idiomes (AP 83 : 713-716; Guillaume, 3 : 349-355)
28/1/1794 (9-pluv-II)	Ouverture d'un concours pour les livres élémentaires (Grégoire) (AP 84 : 25; Guillaume, 3 : 370-372)
1/2/94 (13-pluv-II)	Fabre demande que la loi du 8-pluv soit étendue aux Pyrénées-Orientales (AP 84 : 162)
9/2/1794 (21-pluv-II)	Concours pour l'élaboration d'un système de montres décimales (AP 84 : 716; Guillaume, 3 : 430-431)
9/2/1794 (21-pluv-II)	Adresse aux communes et aux sociétés populaires de la République française (Domergue)
13/2/1794 (25-pluv-II)	Boissy d'Anglas : « Quelques idées sur les arts... »
18/2/1794 (30-pluv-II)	Décret étendant aux départements de la Meurthe et des Pyrénées Orientales le décret du 8 pluv. sur l'enseignement de la langue française (AP 85 : 694)
15/3/94 (25, vent-II)	Vicq d'Azyn : Instruction sur la manière d'inventorier et de conserver, dans toute l'étendue de la République, tous les objets qui peuvent servir aux arts, aux sciences et à l'enseignement
11/4/1794 (22-germ-II)	Rapport Grégoire sur la bibliographie (Guillaume, 4 : 120-128)
30/5/94 (11-prai-II)	Rapport Grégoire relatif aux jardins botaniques (Guillaume, 4 : 509-511)
4/6/1794 (16-prai-II)	Rapport Grégoire sur la nécessité et les moyens d'anéantir les patois et d'universaliser l'usage de la langue française (AP 91 : 318-326)
8/6/1794 (20-prai-II)	Fête à l'Etre Suprême
6/7/1794 (18-mess-II)	Organisation d'un jury pour juger les livres élémentaires (AP 92 : 435; Guillaume, 4 : 753-756)
20/7/1794 (2-therm-II)	Rapport Merlin de Douai sur les idiômes étrangers dans les actes (AP 93 : 367-368)
31/8/1794 (14-fruc-II)	1er Rapport Grégoire sur le vandalisme (AP 96 : 150-157)
14/9/1794 (28 fruc-II)	Rapport Grégoire sur les costumes des législateurs et des autres fonctionnaires publics
27/9/1794 (6-vend-III)	Création de l'Ecole Normale
29/9/1794 (8 vend-III)	Rapport Grégoire sur l'établissement d'un conservatoire des Arts et Métiers (Guillaume, 5 : 61-64)

3/10/1794 (12-vend-III)	Ouverture du musée Lenoir
8/10/1794 (17-vend-III)	Rapport Grégoire sur les encouragements (...) aux savants (Guillaume, 5 : 103-105)
29/10/1794 (8-brum-III)	Second rapport Grégoire sur le vandalisme
16-17/11/1794 (26-27 brum-III)	Décret sur les Ecoles Primaires (Lakanal) (Guillaume, 5 : 224-237)
14/12/1794 (24-frim-III)	Troisième rapport Grégoire sur le vandalisme
25/2/1795 (7-vent-III)	Lakanal présente son projet de décret sur les Ecoles Centrales (Guillaume, 5 : 541-544)
7/4/1795 (18-germ-III)	Rapport Prieur sur la necessité et les moyens d'introduire dans toute la République les nouveaux poids et mesures (Guillaume, 6 : 51)
25/6/1795 (7-mess-III)	Création du bureau des longitudes
15/10/1795 (23-vend-IV)	Rapport Daunou sur l'Instruction Publique (Guillaume, 6 : 786-793)
24/10/95 (3-brum-IV)	Loi sur l'organisation de l'Instruction Publique (Guillaume, 6 : 869-873)
6/10/98 (15-vend-VII)	Convocation du Conseil d'Instruction Publique
1/5/1802 (11-flor-X)	Substitution des Ecoles Centrales par les lycées
31/12/1805 (10-niv-XIV)	Suppression du Calendrier Républicain

Table des matières

Avant-propos 5

Chapitre 1
**LE DISCOURS SUR LES SIGNES
ET LA LANGUE PENDANT LA RÉVOLUTION FRANÇAISE**

1.1. Les signes et la langue 9
1.1.1. La Révolution de la langue 9
1.1.2. «Logomachie» et «loyaume des mots» 10
1.1.3. Le vide symbolique 10
1.1.4. L'historiographie révolutionnaire face à la Révolution de la langue ... 11

1.2. Un discours sur les signes et la langue 13
1.2.1. Activités linguistiques vs discours sur le langage 13
1.2.2. Discours vs textes 15
1.2.3. Discours linguistique(s) des Lumières et discours révolutionnaire(s) ... 15
1.2.4. Les contradictions à l'intérieur du discours révolutionnaire ... 16
1.2.5. Le réseau discursif 17
1.2.6. Un discours prophétique? 19

1.3. L'histoire 20
1.3.1. Les durées de l'historiographe 20
1.3.2. L'histoire des Révolutionnaires 24

Chapitre 2
DIAGNOSTIC D'UNE RÉALITÉ MULTIFORME

2.1. Oralité et écriture 35
2.1.1. L'oralité dans la Révolution Française : idéal et réalité 40
2.1.2. Les transitions 46
2.1.3. L'oralité fictive 59
2.1.4. Des fragments discursifs en bricolage 59

2.2. La diversité linguistique 61
2.2.1. Les pratiques linguistiques dans le Midi durant la Révolution 62
2.2.2. La réflexion sur la diversité linguistique 63
2.2.3. Les variétés diatopiques et diastratiques du français 71

2.3. Les mots nouveaux et les changements sémantiques 72
2.3.1. Comment décrire les changements et les conflits sémantiques 74
2.3.2. Les mots et les choses 83
2.3.3. Le sujet de la langue 86

2.4. Les images 88
2.4.1. Le vide symbolique 88
2.4.2. La prolifération 89
2.4.3. La pesanteur 92

Chapitre 3
LE PROGRAMME POLITIQUE

3.0. Un nouveau discours 99

3.1. Unité/diversité 103

3.2. Uniformité (analogie, nature) – universalité 108
3.2.1. Uniformité 109
3.2.2. Analogie 111
3.2.3. Nature 111
3.2.4. Universalité 113

3.3. Un vaste projet d'uniformisation 117
3.3.1. L'espace 120
3.3.2. Le temps 121
3.3.3. Les noms des entités spatiales et temporelles 122

Chapitre 4
L'UNIFORMISATION DE LA LANGUE

4.1. L'orthographe/la prononciation 139

4.2. La grammaire 144

4.3. Le dictionnaire 147

4.4. La formation des mots 158

4.5. Le style/les images 161

Chapitre 5
L'UNIVERSALISATION DU FRANÇAIS

5.1. L'universalisation dans le temps 169

5.2. L'universalisation sociale 172

5.3. L'universalisation dans l'espace 174
5.3.1. L'universalisation dans l'espace : une tâche de l'ère française 174
5.3.2. De l'instrument au symbole de la Révolution :
       la langue de la liberté 176
5.3.3. La dévalorisation symbolique des autres langues 177
5.3.4. La réduction de l'universel au national 178

Chapitre 6
LA LANGUE BIEN FAITE

6.1. L'idéologie 186
6.1.1. Les expériences 186
6.1.2. Les institutions 194
6.1.3. Le programme de recherche 195

6.2. Les choix linguistiques 201
6.2.1. L'écriture alphabétique 208
6.2.2. La Grammaire Générale 218
6.2.3. La formation des mots 225
6.2.4. L'indétermination des mots 229
6.2.5. Le style analytique : la rhétorique en exil 235

La voie vers la liberté et vers l'écriture 243
Bibliographie 247
Annexe 267

PHILOSOPHIE ET LANGAGE
Collection publiée sous la direction de Sylvain AUROUX, Claudine NORMAND, Irène ROSIER

Ouvrages déjà parus dans la même collection :

ADAM : Eléments de linguistique textuelle.
ANDLER et al. : Philosophie et cognition - Colloque de Cerisy.
ANSCOMBRE / DUCROT : L'argumentation dans la langue.
AUROUX : Histoire des idées linguistiques - Tome 1.
AUROUX : Histoire des idées linguistiques - Tome 2.
AUROUX : La révolution technologique de la grammatisation.
BESSIERE : Dire le littéraire.
BORILLO : Information pour les sciences de l'homme.
CASEBEER : Hermann Hesse.
CAUSSAT : La langue source de la Nation.
CHIROLLET : Esthétique et technoscience.
COMETTI : Musil.
COUTURE : Ethique et rationalité.
DECROSSE : L'esprit de société.
DOMINICY : La naissance de la grammaire moderne.
DUFAYS : Stéréotype et lecture - Essai sur la réception littéraire.
EVERAERT-DESMEDT : Le Processus interprétatif - Introduction à la sémiotique de Ch. S. Peirce.
FORMIGARI : La sémiotique empirique face au kantisme.
GELVEN : Etre et temps de Heidegger.
GUILHAUMOU-MALDIDIER-ROBIN : Discours et archive. Expérimentation en analyse du discours.
HAARSCHER : La raison du plus fort.
HEYNDELS : La pensée fragmentée.
HINTIKKA : Investigations sur Wittgenstein.
ISER : L'acte de lecture.
JACOB : Anthropologie du langage.
KIBEDI-VARGA : Discours, récit, image.
KREMER-MARIETTI : Les racines philosophiques de la science moderne.
LAMIZET : Les lieux de la communication.
LARUELLE : Philosophie et non-philosophie.
LATRAVERSE : La pragmatique.
LAUDAN : Dynamique de la science.
LAURIER : Introduction à la philosophie du langage.
LEMPEREUR : L'argumentation - Colloque de Cerisy
MAINGUENEAU : Genèse du discours.
MARTIN : Langage et croyance.
MEYER : De la problématologie.
MOUREY : Borges, vérité et univers fictionnels.
NEUBERG : Théorie de l'action.
PARRET : Les passions.
PARRET : La communauté en paroles.
SCHLIEBEN-LANGE : Idéologie, révolution & uniformité de la langue.
SHERIDAN : Discours, sexualité et pouvoir (Michel Foucault).
STUART MILL : Système de logique.
TRABANT : Humboldt ou le sens du langage.
VANDERVEKEN : Les actes de discours.
VECK : Francis Ponge ou le refus de l'absolu littéraire.